农民专业合作社
调查与辅导

NONGMIN ZHUANYE HEZUOSHE
DIAOCHA YU FUDAO

仵希亮　著

中国农业出版社
北　京

序

王征兵

　　20 世纪 80 年代初，我国在农村实行了一项重大改革，将农村集体经营制度转变为土地家庭承包制（最初叫家庭联产承包责任制），极大地调动了农民生产积极性，农业生产得到了较快的发展，使农产品短缺问题得到了有效解决，基本实现了农产品供需平衡。但当积极性发挥到极致时，新的问题又出现了。单个农户与大市场无法有效对接，农户无法把控市场，导致农产品价格剧烈波动，尤其是每次农产品价格下跌，都会给部分农民带来惨重的损失；农户与农产品加工企业没有对等的价格谈判权，最后导致许多农产品加工企业成为利润丰厚的大企业、名牌企业，而农户依然收入微薄，甚至贫困；单个农户无法解决农作物病虫害统防统治的问题，导致单个农户再有积极性也难以有效防治病虫害；单个农户缺乏科学的农产品营销方法，经常只能廉价将农产品卖给收购商，等等。看来仅有积极性是不够的。家庭承包制的局限性到了 21 世纪更加显现，同时，社会各界包括农民自身也都达成了共识：必须为家庭承包制寻找新的突破口。那么这个新的突破口是什么呢？大家都认为是农民专业合作社，这个认识也高度一致。于是，在 2001 年，国家开始呼吁和鼓励农民发展农民专业合作社。2006 年，《中华人民共和国农民专业合作社法》正式颁布，从法律的角度确定了农民专业合作社的合法地位。随后，农民专业合作社如雨后春笋在各地不断涌现，数量呈几何倍数增长。截至 2020 年，全国农民专业合作社的总数已经超过 200 万个。然而，一个不可否认的事实是真正办得好的合作社凤毛麟角。那么为什么方向是对的却办不好呢？

　　我作为一个农业经济问题研究者，一直也在思考这个问题，但我从1988 年攻读硕士研究生起，研究的重点是中国农业经营方式，并提出了我的观点：中国农业经营方式应是精细密集农业。这一观点最早以题为"发展精细密集农业"的文章发表在 1991 年 3 月 9 日的《人民日报》上，更为系统的观点以题为"中国农业经营方式：精细密集农业"的论文发表在管理学顶级期刊《管理世界》（1995年第5期）。随后又发表了多篇论文，并出版专著来阐述自己的观点。对于农民专业合作社的重视和思考是缘于一个偶然的原因。

2007年的一天，时任我校（西北农林科技大学）校长孙武学找到我说："征兵，前几天我校举办了一个农民培训班，其中一个来自西安市阎良区的学员张小平来到办公室，给我送来了他种的甜瓜，甜瓜质量很好，很好吃，他想成立一个合作社组织更多农民一起种，这样阎良甜瓜就会在市场上有更大的影响力，但他不知道如何组建合作社，更不知道如何管理合作社，还有就是优质甜瓜如何做到优质优价？你能不能帮助他组建甜瓜合作社并帮助他销售优质甜瓜？而且不能收费，必须是免费服务。"我爽快地答应了孙校长。我答应的原因不仅因为他是校长，因为我也很想对农民专业合作社做一些研究，更想为农民做一些真真切切的实事。于是，我把我的博士研究生、硕士研究生以及一些年轻老师组建成一个研究团队，开始对农民专业合作社进行系统研究。本书的作者仵希亮就是这个研究团队的重要成员之一，他当时正在西北农林科技大学人文学院农业与农村发展专业攻读博士学位。我虽是经济管理学院的教授，但我在经济管理学院和人文学院同时招收博士生和硕士生，仵希亮虽隶属于人文学院的博士生，但他的导师是我。

那么如何研究农民专业合作社？如何帮助张小平组建和运营合作社呢？我们从两个角度着手：一是查阅相关文献，包括国家和地方政府关于农民专业合作社的政策文件、其他人的研究论文和研究报告等；二是深入农村进行调查。博士研究生仵希亮主动要求承担去农村调研的任务，我同意了他的请求。

2008年4月，仵希亮在与我多次交流后，做了充分准备，奔赴陕西省西安市阎良区以及其他地区进行调研。他调研不是蜻蜓点水，而是住在农村，深入许多农户，进行深度访谈。

为了能让农民说实话，与他多交流，他拿着照相机到农村为老人和小孩拍照，在城里把照片洗出来后，再去村子把照片送给他们。有时为了更深入地交流，他去镇上买些凉菜和酒，晚上跑到农户家，与农民边喝酒边聊合作社的事情，因为年轻的农民白天都到城里打工去了，他就晚上和他们交流。他发现农民对他这个陌生人有戒备，不愿意多交流，也不愿意说心里话，但只要各自半斤酒下肚，就海阔天空地聊了起来。我曾多次告诉仵希亮以及我的其他学生，与不同人打交道要有不同的方式。与农民打交道就要用农民的方式。

仵希亮不仅能吃苦，与农民同吃同住，而且他还很细心，把他在农村半年的调研做了详尽的记录。这些记录不仅包括研究所需要的资料，比如农民是否愿意加入合作社，农民对合作社有什么意见和建议，成员在合作社中遇到什么困难，如果农民不愿意加入合作社，那么他的顾虑是什么，等等，而且包括了研究之外的很多细节，如几月几日与谁见了面，在那儿吃饭了，吃了什么；去哪个合作社，在什么地方等人，等了多长时间；在什么地方坐车；在什么地方买资料，等等。这些记录，无论与合作社的研究直接相关还是间接相关，或者表面上看与研究没有关系，但这些都是真实的记录，这些记录可以佐证仵希亮以及我们研究团队所写的研究报告、研究论文都是依靠真实调查写出来的，而不是坐在大学办公室想出来的，杜撰出来的。

仵希亮点点滴滴的这些记录都反映在他的《农民专业合作社调查与辅导》这本书里。书中所记录的人和事绝大部分都是真姓名、真地址、真事情，就是要让这些记录经得起验证。但是还有少部分人和地址用＊来代表，因为他们涉及一些负面的事情，比如有成员说他之所以退出某合作社是因为合作社理事长财务不公开、贪污合作社的钱，那么这个合作社的理事长是否贪污钱，只是这个成员的一面之词，我们作为一个研究人员也没有权力调查核实，如果把这个合作社以及理事长的真实名字写出来，可能涉嫌诽谤、污蔑，因此只能用＊代替他的名字，因为我们对事不对人。我们只研究这种事情、这种现象以及农民的一些真实想法。

《农民专业合作社调查与辅导》中，前半部分是关于合作社调研的记录，后半部分是关于调研的计划和报告。计划中，反映了仵希亮调研之前的一些设想，代表了他对合作社的一些预判以及他认为值得调查和研究的问题。调研之后的报告主要反映了他调查思考之后的结果以及认识和反思，当然也包括他无法解决的问题和思而不得其解的困惑。

由于仵希亮的调查和研究是在我的指导下进行的，所以他调查的计划以及调查之后总结报告，大部分都是与我商量、沟通的，因此我们在共同思考和研究农民专业合作社发展存在的问题。如果要细说，那么农民专业合作社存在的问题可以列出几百种，这些林林总总的问题许多也都写在《农民专业合作社调查与辅导》这本书里，读者可以在里面慢慢细品。但我认为核心是三大问题：一是信任问题，合作就需要彼此信任才能合作，但现实中相当一部分合作社的成员不信任合作社理事长，理事长也往往不信任成员，所以许多农民对合作社的态度是要么不参加，要么参加了也不参与合作社的任何活动，更不会入股了，导致许多合作社即使成立了，也是有名无实，合作社常常成为理事长一个人的合作社。二是管理问题，管理涉及合作社的人员、资产、运营等，但最关键的是合作社成员的管理，如何调动成员积极性是最大的难题，管人是一门复杂的学问，但大部分合作社理事长对此一窍不通，导致合作社理事长往往成为光杆司令，于是我奔走各地到处演讲《管理的艺术》，尤其是我提出的"十二人性"理论，但也只有极少数人能领悟其中一二。三是农产品营销问题，农民加入合作社就是想获得更多的利益，然而这种利益最有效的获得方式就是合作社不但能将成员的农产品卖出去，而且能卖个好价钱。如果农民加入合作社与不加入合作社获得利益是一样的，他就觉得没有加入合作社的必要。市场营销在大学里是一个专业，不仅本科有这个专业，研究生也有这个专业，足见市场营销里面内容之多，方法之多，技巧之多，但合作社里的成员包括理事长基本没有上过大学，更没有学过市场营销，所以，绝大部分合作社缺乏农产品市场营销的能力和水平，因此合作社就失去了吸引农民加入合作社的动力。十余年来，我在农村为农民专业合作社讲授《农产品市场营销方法与技巧》超过500场次，听众超过10万人次，略感欣慰的还是有少部分人能领悟到其中的真谛，将自己的农产品甚至合作社的农产品卖了好价钱，这里面就包括我们指导的由张小平创办的西安市阎良区科农瓜菜专业合作社。该合作社的甜瓜一直卖得很好，不仅畅销，而且价格高，为成员带来了实实在在的好处。

在调查研究过程中，我们重点剖析研究了张小平创办的阎良科农瓜菜专业合作社，在张小平不懈努力下以及我们的辅导、帮扶下（主要是由仵希亮在当地直接指导该合作社的发展），张小平和他的合作社取得了许多成绩：2016 年张小平获得了阎良区"瓜王"的称号，他还获得了全国优秀党员、陕西省首批高级职业农民等荣誉。他领导的阎良科农瓜菜专业合作社，种植甜瓜 263 公顷，有成员 300 多人，2012 年被评为陕西省百强合作社，合作社所办种植园 2015 年被评为陕西省省级现代农业园区，获 750 万元资助（省政府 500 万元，当地政府配套 250 万元）。

《农民专业合作社调查与辅导》一书，虽然有的记录的是调查中的一些琐事，但在这些琐事中你能体会到一个博士对中国农民专业合作社的思考和探索，也许这些思考和探索对你的研究或者合作社的发展有所启迪。

王征兵，西北农林科技大学经济管理学院教授、博士生导师，国务院学位委员会第六届学科评议组成员，教育部新世纪优秀人才，中共中央组织部"全国干部教育培训好课程主讲人"，西安乡村振兴研究院院长。

目　　录

序

上篇　调查与辅导日志

4 月

目录

目　录

下篇　辅导计划与报告

上 篇

调查与辅导日志

4　月

4月6日　星期日　三月初一　晴　杨凌①

与王征兵老师座谈

下午 3 点去西北农林科技大学（以下简称"西农"或"西农大"）经济管理学院 206 办公室与王征兵老师座谈，王老师就陕西省西安市阎良区关山镇某村农民专业合作社面授机宜，谈了想法。

一、对阎良的基本概况介绍

阎良区有甜瓜 5 万亩②，西农在当地建立农业专家大院，提供技术，发展了阎良甜瓜。但农业仅靠技术是不够的，西农准备在当地发展农民合作组织，以农民的合作来促进当地经济的更进一步发展。以人文社科建设当地经济文化社会，使农民专业合作社成为当地发展的亮点，与农业专家大院相辅相成，共同发展。该村已有甜瓜、蔬菜合作社。

二、对阎良的工作安排

对已成立存在的农民专业合作社进行完备完善，制度完善，健全档案，可给以制度、市场营销培训支持。

1. 对于章程制定，可根据当地特色，结合农业部农民专业合作社范本制定。完善的章程保证合作社程序透明、民主、公正。

---

① 日志以 2008 年开展活动最多，以 2008 年日志为主，也有 2009 年部分日志，但内容较少，而且无相关重要内容，因此未在日志内容中体现，2009 年调查内容主要反映在 2009 年相应的辅导报告中。日志题目不仅标识时间和天气，也包含所在位置信息，如位置没有变动，则在下一个日志中不标识出来，如有变动，则标识出新的位置。

② 亩为非法定计量单位，15 亩＝1 公顷，下同。

2. 要建好合作社发展档案,对已有资料进行复印,未有资料自己去建。要建好动态资料库,对重要会议进行记录。对当地拍照,进行图片资料的收集整理。

3. 对农民专业合作社进行培训。可基于当地进行培训,也可到杨凌进行培训;可对精英进行培训,也可对群众进行培训。

4. 第一次去要把合作社存在的问题调查清楚。可采用问卷调查、专家教授座谈或发补助的形式进行调查。

5. 准备长期驻点,建立实验基地,以方便后续者成批蹲点、驻点调研。在村内租用农户一间房子,安排妥当。

6. 以农民专业合作社业务为主,综合发展,开展乡村建设,参照温铁军模式,借鉴梁漱溟经验,促进当地农村社会发展。

7. 对于其他人员的选派,由仵希亮负责,待人数不足时再从王征兵老师的硕士生中选派。其他老师的学生也可考虑,但需要事先与王征兵老师商量。

4月10日　星期四　三月初五　阴①

上午 10 点在经济管理学院又见王征兵老师,商谈下去事宜。

王征兵老师对我所发给他的工作计划及阎良甜瓜协会资料认同,我可以按这一工作计划来开展工作。

1. 下去之前要从人文学院开一介绍信,要请王征兵老师先打个电话。

2. 要接触几个协会,看哪个协会有发展有潜力。对于协会的评价,可从会长能力和人品上考察,大公无私和组织能力是两大考虑标准。张小平是第一个考察对象,但不是唯一,要看他的人品及能力如何,再决定是否发展。

3. 资金从学校经费中先借出,支出要开发票。发票抬头:西北农林科技大学。

4. 从这批资金中拿出一部分用来购买设备、数码相机和录音笔,每个价位都定在 2 000 元左右。

5. 这次农民专业合作社主要针对甜瓜方面协会,可暂不管蔬菜协会。

---

① 日志部分中对于没有次级标题的日期标题,不再在目录中反映。目录标题只是保留具有的次级标题。

6. 不要有太多许诺。不要有许诺，不要轻易许诺。如有许诺一定要履行许诺。

7. 刘宇翔的调查表设计与发放，看这次时间是否足够，否则留到下次去做。

4月14日　星期一　三月初九　阴

访谈西安阎良区科农瓜菜合作社理事长张小平

上午10点，从杨凌坐车去了西安，从西安转车到阎良，又坐城乡公交到了关山，在一家旅馆安顿下来，后去了西农甜瓜站。在站内见到了科农瓜菜合作社的张小平理事长①，后来又过来一个副理事长，即冯朝阳副理事长，我们便开始聊，从中了解个大概。

1. 甜瓜两茬，第一茬2月开始，6月结束。如从西农甜瓜站引入苗子仅需60天就见效益。6月之后为第二茬，口感及甜度都不如第一茬。

2. 合作社成立于2007年12月23日，入股20万元，大部分以大棚设施作为固定资产入股。有28名社员，9名股东，每人一股200元，共1 800元，其中包含阎良区农技站郭智勇的一份技术股。

3. 甜瓜种植以租地种植为主，每亩500元，但一块土地上仅能种上二三年，便无肥力，不再适合种甜瓜，可改种其他作物。搁置三四年后方才可以再种甜瓜。

4. 合作社中种植存在问题，地不统一，品种不统一。陕西不许土地入股，只能采用租的形式。品种不统一，使收购成了难题。

目前合作社种植有三个品种：①一品天下208，西农大＊老师推荐引种；②冠秦新早蜜；③玉龙，种植还不到10亩，是新品种，仅试验种植。

5. 缺乏资金。合作社想搞示范园，大棚木结构易坍塌，钢木结构实用，全钢结构更好。目前打算发展钢木结构，想从西农借款30万元，无息贷款。

---

①　张小平于2018年6月9日因病去世，年仅53岁，笔者曾于2017年8月20日去陕西省人民医院看望他，他在此之前体检时发现肺部有囊肿，也许因为他生前抽烟太多。这一次见面，就成了我们相见的最后一面，之后彼此又打过几个电话。在他过世之后，才知道他的情况。在此深切怀念。

6. 在技术上社员共享，以手机联系相互沟通，不愿意为非会员解决技术问题，手机接听要钱，话费贵。

7. 已经注册了商标，正要印制包装，想让西农帮助印，正准备在阎良电视台上做广告。

8. 社员除郭智勇之外，不会使用电脑，不会开机，不会关机。

9. 合作社名称为：西安市阎良区科农瓜菜专业合作社，经营范围在阎良区内活动，不限于关山镇。

10. 科农合作社不与当地村委接触，不发生关联，没有关系往来。

11. 张小平除自己卖过瓜之外，没有做过其他方面的经营。

访谈阎良区农技站站长姚建华

与陕西省西安市阎良区农业技术推广站姚建华站长聊聊，了解他对西农经管团队的需求：

1. 做好发展规划。

2. 与具体实践和现实生产结合起来。

3. 利用国家惠农政策，争取实际项目具体发展合作社。

4. 拓展市场有什么更好的办法？大市场、小市场、本地市场、外地市场如何联系起来？

5. 科农合作社刚开始成立时是以科技农户种植业为发展开端，以后发展别的合作，如产前生产资料的购买，产后农产品的销售。

谈论阎良区农技站技术员郭智勇

1. 对于组织建设中的细节问题，如何计算评估股份？入股形式如何转化为可衡量的尺度？比如大棚如何入股？财务上如何做账？后来加入的股东，股份如何计算？

学校支持如何与合作社经营结合在一起？

2. 对人员进行培训，比如财务方面。不仅有理论，而且能够参观考察其他合作社，从其他成功的合作社中借鉴经验。

4月15日　星期二　三月初十　晴

访谈临潼区农户心声甜瓜专业合作社理事长贾相志

今天中午，西安市临潼区农户心声甜瓜专业合作社贾相志理事长来访。在关山旅社与我交谈。我就临潼区农户心声甜瓜专业合作社做了初步了解。过几天还要去临潼区现场查看。

1. 阎良附近四个合作社，都是由西农大扶持起来的，阎良区关山镇有科农合作社，阎良区武屯镇有合作社，富平县张桥有合作社，临潼区相桥镇有贾相志农户心声甜瓜专业合作社。

2. 贾相志发展甜瓜种植有 5 年，去年种植 35 亩，今年为 60 亩，有大棚 20 多个，为陕西省规模最大。现有千亩地可以示范，准备发展上万亩。20 个大棚全部为钢筋结构。60 亩土地为承包经营，使用邻村土地。

1 月育苗，甜瓜 10 月 1 日结束，以后打算种菜。

3. 嫁接苗子可以解决长久种植问题，不用换地种植。

4. 目前品种混杂，不利于瓜果销售。

5. 包装方面，去年是编织袋包装，不上档次，自己的果，打别人的牌子，今年要自己上包装。

6. 有网站，网站名为"农户心声"。自己的孩子在上大学，孩子帮助组建，家中可以上网。

7. 农民商品意识很重要，如何提高农民意识，合作社要企业化管理。

8. 甜瓜可供苗，供苗是发展方向，去年供苗不好，今年供苗多，有两三亩。

9. 目前注册资金 40 多万元，还没有其他股东加入，要不断发展。

10. 甜瓜要上档次，要进超市。上海对甜瓜的需求是，品质要好，瓜要大。

11. 新区（临潼）甜瓜发展比老区（阎良关山）发展快。

访谈其他瓜农

今天下午去西北农林科技大学阎良甜瓜站附近地里对农户进行访谈。

农户一：40 多岁的妇女，有一个大棚。

自认自己的规模小，她自己育苗，所种甜瓜大小不一。她从没有去过西农大甜瓜站，虽然甜瓜站只是一路之隔，在自己家的土地前。

农户二：赵曙光[①]，西安市阎良区曙光西甜瓜种业服务推广站站长，向周围农户供苗。

他向周围农户销售苗子，品种为五月雪。他认为品种和技术是核心竞争力，品种和技术决定农户的瓜是否好卖，是否能盈利。品种更新换代快，如手机一样，只有更新的品种才能迎合市场。

目前推广站由他一家经营，不是合作社机制。

对于 * 为会长的 * 甜瓜协会的看法，他们是建立协会向国家要钱，在当地没有多大的影响力。甜瓜协会是由政府推动的。

薄皮瓜不易运输，厚皮瓜易于运输，不易坏。

农户三、农民四、农民五：都是苏赵村村民。

对于合作社不了解，当地没有合作社。

阎良甜瓜协会对市场的监管，对于青瓜上市，只是砸外地客商收购后的青瓜，不砸本地人的瓜[②]。

西北农林科技大学甜瓜站的技术员在理论上可以，在实际经验操作上还是欠缺。

4 月 16 日　星期三　三月十一　晴

访谈司立征老师（一）

下午与西北农林科技大学资源环境学院司立征老师在西北农林科技大学甜瓜站进行访谈，他长期在甜瓜站驻点。

---

① 农民命途多舛，本文访谈人物赵曙光，与我在阎良多有接触，并参与我们开展的多个活动，但其不幸于 2009 年前后因病过世，在此怀念。

② 本调研对青瓜上市给以很多视角的观察，针对不同人的观点，综合起来，青瓜上市是由多种因素造成的，从青瓜上市问题可以见到农民组织化的必要性，但农民专业合作社只是农民组织化起来的一种选择。

1. 甜瓜分种子、育苗、销售、深加工四个环节，都有利润。合作如能融入地膜、农资合作更好。

2. 对于合作社的支持，支持工作放在阎良，富平、临潼暂不考虑。

贾相志缺营销。张小平是西农重点推荐扶持的劳模。

3. 深加工一块目前还没有项目切入，具体问题还需与阎良区政府商谈。在阎良当地有赵曙光自己摸索出一种腌制的加工方法，但阎良区政府对赵曙光不扶持，不支持。

4. 目前合作社资金不是问题，区政府已有专项经费。如何使农民组织起来，组织建设是个大问题。

5. 甜瓜深加工不在于品种，比如说赵曙光的甜瓜可以加工成甜瓜干，其他品种也可以加工成甜瓜干。

访谈赵曙光及其他农户

1. 种子是从甘肃引进来的。

2. 对于甜瓜深加工，自己试验，已腌制成果脯，如今还有放存。

3. 他去过全国很多地方，对甜瓜种植有研究。安徽和县、山东莘县都有种植，其他地方有少面积种植。

4. 厚皮瓜易于运输，但甜瓜存放都不能超过一个星期，也不能存放在地窖里，与香蕉不同。发展厚皮甜瓜是个趋势，薄皮甜瓜不易运输。

5. 湿度大则易生虫害，阴天下雨的地方不易于生长，只有种在大棚内，犹如给甜瓜罩了一把伞，与外界隔离起来，要发展大棚甜瓜。

6. 康桥村是前几年撤乡并镇撤下来的，几年前为康桥镇。

下午访谈一农户（西安市阎良区关山镇苏赵村农户）：

1. 种了两亩地甜瓜，品种很杂、很多。品种虽多，但都甜，能卖一样的价格。

2. 一亩地投入两千多元，能卖五六千元，保赚稳赚。年龄大了，身体不允许种得更多。知道附近有一个甜瓜协会。

访谈阎良区科农瓜菜合作社副理事长冯朝阳

下午访谈冯朝阳理事：

1. 合作社目前仅设理事会，没有经理层管理者，理事会人员全部不发工资。

2. 自己所种 10 亩地，明年打算种 50 亩。种甜瓜短、平、快，从西农大甜瓜站育苗，迅速搭棚种植，60 天便见效益，4 月底摘瓜上市。到 5 月 20 日就忙完了，便撤棚回家。

3. 甜瓜不管好坏都能卖出去，但价格低，有人会赔。甜瓜种植每亩投入三千多元，亩产效益最高达到上万元，如张小平去年就达到上万元。有人收入七八千，有人四五千，有人一两千，后一种人会赔，他们往往跟随别人刚开始种植，没技术，不会管理。

4. 青瓜上市是因为人们等不及，甜瓜不够卖，客商需求多，自己熟瓜供应不上，只得卖生瓜。客商收购生瓜是因为客商不懂，错把生瓜当熟瓜买。

访谈杨凌＊公司工作人员

甜瓜站内作物种子是由＊公司提供，如一品天下 208。

1. ＊公司是西北农林科技大学园艺学院老师所开办的公司，可能独立于西农大①。

2. ＊公司甜瓜销售面向全国，由县级经销商来经销。＊公司知道哪里有大的甜瓜市场，比如黑龙江、安徽萧县都有大的甜瓜市场。从＊公司那里可获得甜瓜分布状况及品种分布状况。

3. ＊公司注册资金 100 万元，年销售收入能达到八九百万元。种子公司发展规模都不是很大。袁隆平的公司是别人打袁隆平的旗号，该公司已经上市了。

---

① 其实不是园艺学院开办，而是园艺学院教师＊与人合伙开办的公司。

4月17日　星期四　三月十二　晴　临潼

去　北　贾　村

中午打电话给贾相志①，他是西安市临潼区相桥镇张八村北贾组人。他骑摩托车前来关山镇上接我，见面之后才知道，上次来的给我印象极好的人不是贾相志，上次是冒名顶替的。看来在这一点上，贾相志做的不妥。

坐上他的摩托车，二十分钟左右后到了北贾组，又往南走了不远，就是贾相志的甜瓜基地。他的规模虽然看起来很大，实际上没有他所说的60亩规模，后来听人说只有40多亩。我与他们在田间地头转了几圈，又到大棚内看了看，合拍了几张像。他的40多亩是雇人来种，人工开支男工每月1 000元，不管吃住。

随后去了他的家里，上了二楼，有一招牌，上写有"农户心声瓜菜专业合作社"。楼上有两间房，外间是培训教室，悬挂规章制度，有二三十个小桌，内间是办公室、老板桌、茶几和崭新的电脑。我上网试试，网速可以，宽带。

与他们交谈，先后去了几个人，但都是地里干活的人。贾相志是把合作社手续办了，但没有其他股东，因此与其他人的交谈也没获得什么信息，且是当着贾相志的面，这些人不便于说话。贾相志和他的妻子都是一样注意穿着，穿戴很为讲究，他妻子衣服崭新，皮鞋锃亮。

贾相志开口便谈是要资金的问题，他要扩大规模，要向政府要资金。对于其他，他也不能明确谈出问题，仅能说甜瓜地要规模生产，工厂化管理，要提高农民商品意识，更要提高农民素质。

见贾相志无东西可谈，我便告辞。一路向东，转了一大圈，徒步行走，希望能够找到瓜农询问一下情况。这边不比关山镇附近，虽有瓜棚，但不见人。后来在村里找了几个人，前去攀谈起来。这边种瓜没有什么组织化，只是自家种植，有人根本不知道合作社是什么样的事物。他们大都是40岁左右，没有经历过合作社运动。他们没有合作社概念。待我表达一下合作社的作用后，他们便立即明白了，知道了统购统销的意义，合作社可以降低成本、提高价格，他们很愿意加入这样的组织。

---

① 工商注册登记合作社法人代表为"贾相字"。

又与当地农户交谈，他们是北贾组农户，种甜瓜两年，但是赔了钱。在技术上不懂，瓜生虫厉害，卖不上价格。于是，便赔了本，种甜瓜不挣钱，不如做其他营生，或出去打工。由此看来，甜瓜种植不是人人都可以种植好，只有技术专业户方能发展起来。

见天下起雨来，我从北贾村雇了一辆摩托回到关山镇，花了15元。路上雨点很大，摩托开得飞快，雨点打在脸上，力量很大。我一直叮咛开车师傅谨慎慢行。

午饭没吃，回到关山，下午四点多钟，吃碗水饺后便又去了甜瓜站。在甜瓜站对面，我又去找赵曙光师傅聊天，他对当地比较了解，有自己的看法。以下是与赵曙光的访谈内容：

1. ＊甜瓜合作社是套国家的钱，本身项目不大，在当地没有多少影响力。

2. 自己的农业推广中心，政府不收税，但每年需要交工商注册费1 000元。

3. 如今干实事的人不多，国家政策是好，可到了下面基层就变相执行，或不执行。

访谈司立征老师（二）

后去了西农大甜瓜站，与司立征老师聊起来，常宗堂老师在旁。

1. 发展合作社，要发展西农大影响下的合作社，与甜瓜站联系合作。

2. ＊之前是个小混混，后混成村主任，他们村较早发展甜瓜，受到阎良区政府的支持，区政府先后投入一百多万元。他的合作社现今是徒有虚名。＊与常老师关系可以，但与＊关系不好。我可以打着常老师的旗号前去找他。

3. ＊，富平人，他的合作社组织体系更不完善，在人员不齐的情况下，先注册了合作社。

4. 西农大甜瓜站是非营利性的，与外面个人或合作社有竞争关系，但西农甜瓜站在技术传播上愿意别人复制技术，待一种新技术出现之后，两三年便有人模仿。甜瓜站要带动当地经济发展。甜瓜每年以一万亩的规模增加。

至于甜瓜站与当地甜瓜种植户及组织的关系，阎良甜瓜需大于求，在不同等级档次上可拉开距离，可面对不同消费需求。甜瓜站不怕竞争，面对不同消费市场，有自己的定位。

5. 甜瓜加工国内没有样板，与其他果品加工比较，相同处可以借鉴，不同之处便是研究之处。

6. 需编写合作社的教材，让人们能够自己教育自己。我如要当合作社理事长助理，效果不太好。

要抓关键，制度、机制建设是关键问题。

只有有用的东西方可学习，要注意讲课内容。单独的教育培训效果不太好，头两次还可以，后几次课便没人去听了。

7. 如需我做理事长助理，可由甜瓜站出面协调，由区里主管部门决定。

8. 张小平有很多想法很不错，他领过一帮子人到海南考察过。

9. 需要编写合作社的培训材料，针对合作社理事长进行培训，比如可以上有关领导学课程。但如何编这个培训材料是关键问题。

10. 农民理事几个人谁也不服谁，关键是让农民看到好处，便可加入进来。对于农民来说，加入后能给农民什么好处呢？

11. 农民合作社需要融入农资、地膜、农药等经销商，使之上中下形成一条龙。

12. 技术扩散传播特别快，西农甜瓜站不怕模仿，甜瓜站的作用便在于推广技术，不怕当地人复制技术。

阎良甜瓜从无到有，从 2003 年开始，到今年为止已有 5 万亩，每年以 1 万亩的速度增加，这归功于西农甜瓜站的技术推广。

4月18日　星期五　三月十三　阴　阎良

访谈咀子村蔬菜种植户

今天歪打正着，本打算去康桥村（属西安市阎良区关山镇）访谈周围甜瓜户，却是多坐了一站路，从（阎良区）新兴街道办咀子村的路口下了车，误闯到了一田间地头的庵子里，访谈了农户，进行了四五个钟头的长时间座谈，这次是以调查表格填写的方式切入。

与一河之隔的关山镇不同，新兴这里种的是蔬菜，每天都有车辆来拉。一年四季除了冬季，都有青菜不断，这里已形成了市场，常年如此，农户把菜卖给菜贩（代办，也即经纪人），菜贩则是联络信息，替外界客商收购蔬菜，菜价随天气不定，经常变化，农户在菜价上没有主动权，任由菜贩给价。菜贩一般是新兴当地蔬菜协会的会员，他们替外地客商收购蔬菜，大都是本村人士。

他们帮我填写调查表格。凡是上了初中的人都可以顺利地填写下来，至于眼睛不好的则是由他们来选，我帮助他们念。

1. 菜要种得早，否则以后的价格不高，卖不上价格。菜不能在一块地上种的时间过长，否则病菌多，易死。种菜要倒茬，种上两年之后就要倒茬，换地。

2. 对西农蔬菜站没去过，以为是个形式，承包给了个人，只不过是做个样子。

3. 种菜一般是夫妻两个人种，5亩地左右，年轻人一般都出去打工去了。5亩地种菜年收入能达到两三万元。

4. 菜户抱怨菜价不高，菜卖不上价钱。后来打听到，这是由代办点控制了价格，当天卖菜没有价格，过两天后才给出价钱，当时由代办点记下卖菜数量。

协会是菜贩子的组织。卖菜没价，协会会员坑菜农。

直接批发价格还可以，自己批发给别人。但批发市场针对本地消费市场，外地客商则是在乡下田间地头大量收购。

5. 农户种菜仅需要技术就可以了，对市场、经营、人文社科知识不需求。他们想学好技术，多产优质西葫芦，多卖上价格。

6. 六七月份，辣子、茄子在市面上都多了起来，大棚的菜便卖不上价格。后开始种苞谷了。

7. 技术上没有统一培训，一般都是自己摸索。

8. 农资不方便统一购买，有的人用现金买，有人可以赊账。如大家一块买，农资店可以集中送回来。

9. 当天应该标价，由农户决定是否卖西葫芦（农户建议）①。

10. 西农大专家仅在乡镇培训，一般没下到乡村中。培训时间一般在冬季，自小麦种在地里之后便有了时间。

---

① 卖菜没价为阎良当地的一个现象，这就是一个风险分担机制建立的问题。同样的问题也存在于全国其他地方，详细见《农村大众》2014年10月14日所报道《农民卖菜，价格自个说的不算》所报道山东青州菜农卖菜难的问题。

11. 效益好坏与天气有关，即便使用温室也不一定有效益。冬季温室一般种黄瓜和芹菜，有一年芹菜仅是一斤①几毛钱，大赔，有很大市场风险。

12. 农民之间贫富差距不大，但农业与其他产业之间差距大。

4月19日　星期六　三月十四　雨

访谈新兴街道办咀子村蔬菜代办点

今天早上下起雨来，可我仍需去新兴对菜农交易进行了解。搭上公交车，在咀子村下车，有几个点在收菜，我调查了几个代办点。下面是对一个代办点老板进行的访谈。

1. 卖菜没价的原因。代办点竞争的结果，怕菜户在代办点之间来回跑，互相拆台。蔬菜协会应给以告示，给以行情公示，看菜农是否愿意卖。

2. 技术上从未被带动过，从没被培训过。大家需要技术，怕蔬菜病死，老百姓很伤心。

3. 蔬菜协会是做样子，有名无实。

4. 西农蔬菜站，开检疫证明时去西农蔬菜站一次，大车拉菜需要检疫证明。仅这一次去过，以后从来没去过。

5. 当地菜的销售渠道是外地车来收购，三原、蒲城、西安、宁夏、包头都有车过来收购。

采　访　瓜　农

在咀子村的收购点了解些情况，并请代购点人员作了调查表格填写，做了两份。从咀子村沿路往回走，过了康桥村，我刻意寻找瓜农。走到田地里，见一辆自行车在一块瓜棚里扎着，我揭开瓜棚，看见瓜农一个人坐在棚内，就打了招呼，进入棚内，与瓜农聊起天来，做了访谈。

1. 新兴的菜市场变迁有几年历史，先前在西安市阎良区街道上有蔬菜市

---

①　斤为非法定计量单位，1斤＝500克，下同。

场，外来客商统统到菜市场上进货。菜农可以直接与菜商交易，菜农可得到较高价格。但后来便有较多的代办点产生，使菜农不能直接与外来客商发生交易，菜农不能卖上价格，代办点从中获取很大利润。菜农对此抗议，区政府干涉，致使代办点解散，但又重新在乡下聚集，又形成代办，使瓜农不能与外来商户直接发生交易。

其实代办（也即经纪人）应帮助外来商户组织货源，提取佣金，不应该直接对菜农进行收购。卖菜没价使得菜农获取不了当天信息，使得他们抱怨很多，叫苦不迭。市场售菜渠道应该怎样建？

甜瓜不同于蔬菜，蔬菜是天天都有供应，而甜瓜则是在一个月内交易完毕，甜瓜的交易是由代办点组织货源和客源，牵线瓜农与外商，由瓜农与外商直接议价，使农户不觉被盘剥。

2. 康桥的吴三九人不错，能为本村百姓办实事，为村修了路，发展了本村经济，从外边争取了很多项目。吴三九社交能力可以。＊甜瓜专业合作社有自己的种植基地，甜瓜较早上市，一般农户赶不上这个时间。

3. 康桥镇撤销时，当地康桥村曾到西安市抗议过，反对撤销镇编制。该镇撤销后经济不如以前，集市大不如以前繁荣。当地居民办理身份证还需要到关山去办，距离太远。以前的康桥镇要比关山镇富裕。

4. 甜瓜种植是按密度，而不按一枝结几个甜瓜，保持合理株距（大概20厘米一株）。一亩地所结甜瓜数量都是差不多。不管一枝结几个甜瓜，甜瓜亩产量都差不多。赵曙光一枝2个瓜，株距40厘米，前者（20厘米株距）每亩需2 000个种子，较费种子，而后者（40厘米株距）每亩仅需1 000个种子。后来听冯朝阳说，前者为单蔓整枝，每亩需2 000苗，后者为双蔓整枝，每亩需1 000苗。单蔓整枝上市早，产量小，但早期瓜价高；双蔓整枝上市晚，产量大一些。

5. 嫁接瓜不用倒茬。

6. 甜瓜品种多，形状多，外商有不同需求。而现在西葫芦菜品种单一。

7. 旱瓜水葫芦，瓜是要旱的，葫芦是要水的。西葫芦生长需要温度，温度影响西葫芦的产量。

8. 西葫芦收购时发生代办点争抢的局面，是因为天气原因，货源少，农户种瓜产量少。代办点为保证供货渠道，便产生争抢农户的局面。

9. 政府需干涉代办点、取消代办点。代办点一年可收入几万元。代办是有关系熟人联合起来一块来对付农户。

当地市场是根据当地瓜的多少来决定，由当天的温度天气来决定。现在供应市场完全由代办商操控了。

代办的货源有保证。老代办可以发展新代办，靠提成来组织货源。

代办把外来客户控制了，代办成了牟利工具。

沿路没市场，由外商来收购。招商要保证货物交易在商人与菜农之间进行。政府要保证外来客商的利益，不使货源被代办所控制。

10. 农户瓜农买种子有很大的问题，种子换包装太多太频繁，换汤不换药，换包装后，10 元的种子可以卖到 30 元，老品种可以卖上高价钱（换包装后）。品种使人混淆，瓜的名字太多。代售点太多，种子名称太多。

大机构（西农）如卖种子，瓜农放心。私人设点太多，提成太高，混杂，使人不放心，包装需要统一。

购买协会或合作社育苗能否避免种子上的风险？育苗要考虑是否经济。天气会影响育苗行情，自己育苗可以省钱。

买种子一般去老店买，去年去哪家买的，今年还去那家买，一般不会改变经销点去买其他店家的。

对于种子好坏的评价，一般在技术上不会影响对种子的判断，农户种植都没问题。对于种子的评判，可在同样种植该种子的农户中比较评判。

11. 国家对农业投资不少钱，但落不到农户手里。国家的补贴农资在私人店内卖，3 月到 5 月供应，到了 4 月，私人往往中止供货，仅提供高价农资。农资私人店的理由是没货了，货卖完了。尿素化肥高价 97 元，补贴价为 87 元。农民在新农村建设中没得到实惠。

12. 育苗从 1 月中旬开始到 1 月末，四五天育一次，反复育，用电热丝加热。

13. 大棚温度高，湿度大，对人身体不好。甜瓜没有虫，但需杀菌。

4 月 20 日　星期日　三月十五　阴

访 谈 苏 赵 庄

（西安市阎良区关山镇）苏赵庄访谈瓜农两人：

1. 都没去过甜瓜站，工作忙，没时间去。愿意去西农甜瓜站听技术培训，但没人通知，没人组织。

2. 愿意成立合作社，大家相互协作，合作社确实有好处。

3. 商品意识要高：瓜好，有甜度。

4. ＊不行。＊人员都是高墙毕业生，从监狱出来的。好人做不了。＊是帮上级完成任务，从上而下，不管老百姓死活。＊不管村民事情，不是服务型。

5. 种子市场混乱。如果"红阎良"需求好，瓜农都需要"红阎良"，则市场会出现许多"红阎良"，都是换过包装的，百姓不知道买哪一个。

"小籽正交"系列这两年行情好，明年价格就上涨。就有不同包装的真真假假的"小籽正交"出现。

6. 赵曙光是卖种子为主，他的卖瓜地理位置好，离甜瓜站近，他的瓜需求要好于其他人，许多人在他这里买，经济条件好的人去买他的瓜，到了收瓜时节，他家地头会停许多辆轿车来买瓜。

7. 客商不懂瓜，操心，怕收了生瓜。不一定能保证收到好瓜，瓜农可能坑客商。代办要保证客商挣钱，以便明年客商再来，保证有回头客。

8. 阎良甜瓜市场形成过程。2001年是第一年，2008年是第八年。2001年的交易在阎良，但交易少，西安市是大市场。2002年由于政府的推介，在关山便形成了市场。市场主要在苏赵村与关山镇之间，康桥不是主要市场，临潼区相桥镇不是主要市场，相桥镇北贾村仅零散分布。

甜瓜协会是挣钱的，不管人的死活，对外地客商收费第一年30元，第二年收费50元，第三年收费300元，一年比一年高。

9. 甜瓜主产区面积一年一年地递减，成本从1 000～3 000元，甜瓜难伺候，活多。人力价格越来越高。

10. 赵曙光的甜瓜果脯是在蒲城由别的厂商加工。秋季瓜可以加工成果脯，果脯与品种有关系，否则有苦味。成熟瓜不能做果脯，不成熟的瓜可用来做果脯，需要五成熟。二茬瓜每斤三四角都可卖，可做果脯。一茬瓜单价每斤九角或一块，瓜农卖瓜主要是第一茬瓜。

甜瓜可加工成果汁，含糖量高，需深加工。要选成熟好的瓜，头茬瓜要卖上价格，二茬瓜可以卖上四五毛钱。

甜瓜要深加工，要形成产业，否则阎良甜瓜行业就会完了，甜瓜行业（阎良）形势危急。

11. 新兴（街道办）市场，代办与菜农是对应的，代办人数也多，之间有竞争。每家菜农都有自己的代办，可以向不同代办提供，一家农户可以供应许多代办，应付代办。代办需与农户保持好关系，否则在关键时候收不到菜（瓜）。不同代办与不同菜农会形成很微妙的关系，菜的价格自然而然地表现出来。

菜的品种单一，不像甜瓜一样，甜瓜品种多，菜的品种一样，如西葫芦一样，茄子一样，由此决定菜的价格有所限定。

访谈苏赵庄甜瓜经纪人（代办）

1. 阎良甜瓜市场从城区转到关山镇是近几年的事情。

2. 经纪人与客商联系，是看汽车车牌是什么地方的，非本地，经纪人主动上前打招呼。

甜瓜协会主要管理康桥的甜瓜市场。但康桥不是主要市场，关山镇是主要市场。

支付经纪人的佣金为每斤 2 分。

3. 经纪人之间的竞争，以诚待人，为客收好瓜，不能收生瓜。

经纪人没人培训过，没人组织过培训。

4. 蔬菜没价的解释，河南、甘肃的价不同，收购价不同，河南可能低，甘肃可能高。没法统一价，距离远近的差价便是代办的利润。

5. 自己以前在阎良做生意，回来后做经纪人。

6. 甜瓜收购后便当即包装，以网包装或以箱子包装。河南距离近，以网包装为主，距离远的则用箱子包装。

访谈 * 甜瓜协会副会长代经济

访谈 * 甜瓜协会副会长、阎良区关山镇代家村村主任代经济。

1. * 甜瓜协会，有"*"牌甜瓜，他好久没去过。

2. 甜瓜协会是在考察山东寿光蔬菜协会后成立的，由康桥村、康村、代家村三个村的村主任组成班子，一个会长和两个副会长。

山东寿光蔬菜协会是由公司代运营。统一标准，以高于市场的价格收购。蔬菜协会垄断了市场，在各个国家都有办理处，有专业人员脱产工作。农户不按标准则有菜卖不出去。机构大，菜农都加入了。外来客商要通过协会来收菜。

代家村甜瓜发展较早，政府有"一品一村"政策，比康桥村要早。

3. 甜瓜协会机制不健全，改变了本质，目的是套国家的钱，名存实亡。合作社成立是为套国家的钱，为了得到国家的扶持资金。

自己没有信心，很失望。

各村委都很忙，村主任在协会仅挂了名，没时间去参与管理。

4. 甜瓜协会的农资部是强制性筹资，大家对理事长不信任。但农资店成了＊会长的一家独有，有一百多万元的资产。大家虽交了钱，拥有股份，但占比例太小。

本地的瓜农所想不同，打算不同。有的是为了卖生瓜，有的是为了卖熟瓜，要看哪一个能上价钱。

5. 协会收瓜从来没赚过钱。群众意识差，为了抢价，不待瓜成熟就把青瓜卖了。客商与协会竞争，有时为了竞争便把生瓜与熟瓜一块收。百姓则是看价格卖瓜，谁的价格给的高就卖给谁。

6. 协会是民间组织，没有法律保护。合作社不同于协会，有法律保护。

7. ＊是协会会长、村委主任、＊供销社主任。＊供销社前一届班子瘫痪了，＊被聘请去做了供销社主任，现今倒成了国家干部。

8. 协会能保证客商都收到好瓜，但由于协会营销部人手少，不能为客商收到足量的瓜。凡是经过协会收瓜的客商，回去都挣了钱。否则客商收到生瓜，回去都赔死了。

9. 百姓虽种了多年瓜，但在技术上没提高。百人百性，才叫百姓。

4月21日　星期一　三月十六　阴雨

访康桥甜瓜基地

上午整理资料，写访谈材料。下午便出去做调查。与昨天相比，今天天气有了很大变化，早上风很大，温度下降，到了下午天便下起雨来，使得天气格外冷了。我带有衣物，里外多穿了几层，便去了（西安市阎良区关山镇）康桥无公害示范基地调研。

天下着雨，风吹着，下了公路，走到乡间小路上，我满皮鞋都是泥。在示范基地，走进大棚，与几户瓜农访谈。调查一份表格需要半小时，我找了三户农家访谈，花费了好长时间。调查结束后，已是快至晚上七点，由于天气冷的缘故，路上没什么行人，显得很荒凉。康桥这边，基地另一边便是富平县，这里也是两县市（阎良区与富平县、西安市与渭南市）交汇处，显得很偏远荒凉。回到关山镇，天要黑了。

与康桥无公害甜瓜示范基地三户瓜农访谈，并做了调查表格。

1. 甜瓜基地是 2006 年 9 月建设的，当时是统一建设，阎良区农业局每亩补贴 2 000 元。建棚成本算下来，每亩 3 000 元，收入能达到 5 000 元，亩纯收入 2 000 元。

每户人家有南北两个棚，大概七八亩。

大棚建设钢架由区农业局统一构建，农膜、钢丝则由＊的农资店统一提供，农资店为＊个人经营。

＊所销农资，可以赊账，先记账，以后再付款。基地瓜农也可在其他店面购买农资，市场价格一样，都不打折。

田地租金交与协会，水电费统一交与协会，租金和水电费为协会收入。

对于基地瓜农，协会不断举行科技讲座培训。基地每周都有区上科技人员来查看，提供技术帮助。

2. 外商过来收购甜瓜，不打本地品牌，自己提供包装，不让其他人知道阎良产瓜，防止同行者过来抢瓜，怕同行过来收瓜。合作社应走自己的品牌化之路，自己打开销路，不能仅当介绍人。自己要有品牌，合作社销量有限。

3. 基地第一年所使用的品种是统一的，后来各家便分开去买，自己种，品种不统一。

土地是一年三茬种植，甜瓜是第一茬，玉米是第二茬，蒜苗是第三茬。基地由北峰公司建棚。

对于病害防治，是以小黑板写来下通知的。把病害防治方法写下来，写在黑板上。

加入协会，不交会员费，也没投入股金。

4. 没学习过《中华人民共和国农民专业合作社法》。

5. 大家都对＊给予肯定。

6. 我对基地示范户访谈并不具有代表性，还有其他非基地的瓜农。

7. 建基地前后，收入比较，收入翻一番。以前：投入 2 000 元，收入

3 000 元；以后：投入 3 000 元，收入 5 000 元。基地第一年投资大，投入一万五六，其中自己出一部分，另一部分在农资店赊账。

8. 瓜农的借贷，从农资上可以赊账，可以解决资金问题。

9. 富平由于行政区域管辖权不同（不属于西安市，而属于渭南市），以生瓜上市，影响阎良甜瓜的价格。

4月22日　星期二　三月十七　晴

采　访　一　天

今天天气不错，虽是晴天，由于昨天下雨的缘故，今天温度不高。今天我打算去（西安市阎良区）武屯镇西农蔬菜站查看，看一下周围农民组织发展状况，采访一下群众。

一早出发，从阎良转车，便在阎良大的超市查看了一下当地土特产状况。去了晶众家乐超市及爱家超市，经过寻访都没阎良本地特产。爱家超市杂货部的陈部长有打算发展一下本地土特产，与本地合作社或企业合作。

在汽车站坐上去叉里的汽车，在武屯①下车，下车地点即是当地蔬菜协会（也即合作社），打听当地人，这里几乎没开过门，没营过业。去了不远处西农的蔬菜站，正在建设，估计 7 月份便可建好。这里的大棚都种上了菜，如黄瓜、番茄、辣子都有，有些大棚是示范品种之用，有些大棚是生产之用，所种蔬菜对外销售，由本地商贩来拉。蔬菜站由农学院负责，刘老师负责日常运营，杨老师负责技术，杨老师已经退休，他是一个有多年种植经验的老专家。当地建设用地及房屋设施硬件都是由阎良区政府提供的，西农仅是提供人才和技术上的支持。中午我与刘老师、杨老师一起在镇政府食堂吃饭。

饭后，他们休息，我聊一会便告辞，对田间地头的瓜农、菜农访谈。他们

---

① 西安市阎良区武屯镇（如今为武屯街道办事处）曾为秦国古都栎阳，商鞅变法之地，阎良一地合作社对应古时秦国，别有意义。商鞅变法，推行法制，改变中国历史进程，使秦国统一诸国，结束战国纷乱局面，展示出法制强大力量。《中华人民共和国农民专业合作社法》自 2007 年颁布以来，面临法不下乡、农民难以合作的情形，此对当下法治中国有着种种挑战。商鞅变法，尊农重农，以农为本，反对其他行业与农争人口，当时种地纳粮，品种单一，市场经济不发达，没有如今农业市场存在的种种问题。

很需要技术，需要培训，不懂病虫防治，又无人请教。从武屯坐车，在新兴街道井家村下车，这里有一个标准蔬菜基地，我与基地农户聊天，方知这里是由西安一大老板所建，又分批承包给个人。这里农户单独经营，农资自己购买，蔬菜收获后由自己销售，没有联合。

徒步行至新兴街道，在新兴街上，不停行走，反复寻找，就是发现不了蔬菜协会。后来方才发现，原来协会招牌被大风刮翻了，从路旁已看不到这个标识。与旁边店面打听，协会几乎没开过门，只是到了冬季卖些果蔬，这里不怎么经营。

我又继续向西走，到了一家代办，前去访谈，自我介绍来历。这家代办正是协会的副会长，对于协会，他没有信心，大家经营不到一起去，领导人很关键。我让他为我填了一份调查表格。我又访谈了西安过来的蔬菜客商，他也是我的老乡，与我操着相同方言，他是安徽阜南人，属于河南方言区，在西安经营蔬菜多年，跑过全国各地菜市场，到处寻找行情，寻找商机，到处调菜，他为我介绍了蔬菜的销售模式，他极力推荐把蔬菜分为三六九等，分开销售，例如甘肃临洮和定西的市场模式就值得推荐。

访谈之后，我又继续前行，到了一家名叫"新兴园"的国家级无公害示范基地查看，这里原为新兴街道办所建，前一段时间由农户分散经营，现又承包给一个人经营，全部是该农户自己种植和他所雇用的人手来种植。他也抱怨当前农资价格太贵，能与别人合伙去买才能够便宜下来就是非常不错的事情。

与他匆匆访谈，便赶紧告辞，此时已是下午6点多钟，怕赶不上车，误了回程。等了一会，便坐车返回。今天从早上7点出发，一天在外，调查一天，心中已有大概状况。

访谈晶众家乐超市销售人员：
1. 无阎良当地特产，没有包装，没有商标。
2. 甜瓜仅在收获季节在超市里有卖。

访谈爱家超市杂货部陈部长：
1. 没有阎良当地土特产，虽有陕西土特产，为陕西其他地方特产。
2. 甜瓜上架时，该超市阎良甜瓜仅有两个品牌，所售都是武屯的甜瓜，而不是关山的甜瓜。
爱家超市有当地的枣，但没品牌，散装上市。

3. 爱家超市有上阎良本地品牌土特产的打算，正想找甜瓜商合作。我可以与果蔬水产部的丁部长联系。

4. 如果想要在超市内拍照，需要西农开上介绍信。

访谈西农蔬菜站刘老师：

1. 农学院所建，是西农在蔬菜方面的第一个示范站。

2. 在陕西农科院没并入西农之前，农科院都有自己的专家大院，只不过当时资金不富裕，合并之后资金就多了。

3. 蔬菜站所产蔬菜如黄瓜、番茄、茄子、辣子都由商贩来拉，以供应当地市场，价格是市场价格。

4. 基地由阎良区政府和西农共建，当地政府出地、盖房，提供硬件设施，西农出人，出技术，提供人才和技术支持。水电费由西农来付。

5. 冬季时节可以育苗，可以供应周围群众。冬季如天气很坏，周围群众如果没条件育苗，可以用我们的温室育苗。

6. 蔬菜要反季节种植，提高价值，要精品包装，提高档次。

7. 农户、瓜农种植多年，虽有经验，但在理论上总结不足，不能正确控制用肥量、用药量。

8. 技术传播方面，由西农出师资，由政府搭建舞台准备对全区所有乡镇技术人员进行培训，然后由技术人员对全区进行指导。区—镇—村，逐级培训，不直接面对菜农。

9. 在产后服务方面，与当地蔬菜产销组织、蔬菜协会进行合作，在蔬菜品质上首先给予保证，要保证品质，再品牌化，精细包装，发展深加工。在储藏上、包装上还是空白，要适合大车长途运输，这样能运输更远一些，价值更大一些。

访谈武屯镇东头附近的瓜农菜农（两人）：

1. 代办与农户要有长期关系，前期、后期都要保持交易关系，代办要保证一直要菜，要与菜农长期合作。代办之间价格差不多，新兴与武屯价格差不多。

代办能发挥作用，能组织货源，代办可以联系当地人组织货源，保证客户的大吨位、大数量要货。

2. 蔬菜甜瓜种植可以一条龙服务，可以成立一个组织，该组织可卖农资化肥，同时提供技术帮助，如种子、育苗、农资、防病技术、销售可一条龙服务。

3. 西葫芦周期长一些，从正月开始育苗，到 6 月份基本结束，后期价格很低，赚不到钱。

4. 武屯虽种有甜瓜，但镇政府不牵头联系，使当地瓜农技术上缺乏指导，武屯镇政府做得不够好。

瓜农有病乱投医，甜瓜得病得不到指导医治。

＊部门＊是哄人的。政府技术指导得不到落实，打科技电话，虽口头答应要来，但总没有来指导。仅在电话中指导，不到地里来看，不如卖药的厂家所提供的售后服务。

5. 技术培训对瓜农来讲，可从上午 11 点到下午 4 点，在这之前之后是收棚、放棚的时间。

讲课人知识最好能用于实际生产当中。培训地方一般在武屯镇政府。联系方式由瓜农、菜农互相通知，互相联系。上课方式是讲课并发材料。

6. 收菜与收瓜不同，卖菜模式应该改变一下，改变一下思路，当天应给一价格。不像现在当天不给价格，过几天则是各个代办价格有所差别，有八角，有九角，不统一。

经纪人与外来的客商（菜贩子）一样是永远赔不了。

7. 武屯蔬菜协会，武屯蔬菜专业合作社是经纪人的联合体，不是菜农的组织。

8. 合作社有优势，几家可由一个人共同技术指导，可以实现技术共享。能提供农资更好，一条龙服务。现在农资店虽多，但都不懂技术，只卖自己的农资，没有相关联的技术提供。

一个村二百多亩地可以养活一个技术员。

西农能提供技术，西农可办一家农资店，有许多瓜农愿意去购买，但前提条件是能够提供技术服务。

9. 技术培训能去现场培训最好，在田间地头培训。

武屯当地所建大棚，1 600 元一亩的补贴现今还没补贴到位。如到第二年仍是不给，农户积极性则会被打消，第二年不会再去建这个大棚。大棚建设是区上农业开发项目。

访谈新兴井家高效蔬菜示范园农户一：

1. 该基地是由西安一老板个人所建，以每个棚（6 分地）1 500 元的价格承包给农户、菜农。没有技术的人则不愿承包。人家建好，自己投资薄膜和种子。

2. 黄瓜卖给超市，番茄去阎良批发市场批发，西葫芦卖给代办。

黄瓜不能运输，不便于运输。番茄是见红就收，等放置于市场就完全红了。

黄瓜和番茄不便于、不能够长途运输。而西葫芦、辣子、茄子便于长途运输，远距离运输。西葫芦经常有内蒙古和宁夏过来的车来拉。

3. 外地车到本地拉菜需要办一个证（检疫证），有了此证就能在本地畅行无阻。

4. 本地蔬菜产量小，一个代办收不了一车。需要好几个代办共同收方够装一车。

代办在车没来之前，提前一天过来，看看行情，让人提前收货。

做代办特别劳神，如果收不齐则需要来回奔波，想方设法。比如 10 吨的车仅装了 6 吨，余下的 4 吨要加高价格，通过提高价格来收，保证 10 吨货的运回。

代办对一个客户负责到底，即来了车就想方设法、调动一切自己的小代办去收，不能只装半车，再让客商去找其他代办去收余下的半车。总代办给分代办一分的利去收菜。

有发展前景的代办是要去上头源头市场多联系一个车，有了销路，保证市场；另一方在本地能收菜户的菜，多揽几个村的菜农，保证能全部收下菜农的菜，使菜农一心一意放心地供应自己。

5. 建议阎良政府领导出去推广阎良所产的菜。

6. 单独经营，农资自己购买。菜种是从杨凌科研所购买。

不要二手种子，二手种子不能保证品质，要第一渠道进货，第一手渠道有品质保证。

访谈新兴井家高效蔬菜示范园农户二、三：

1. 该基地是由西安老板私人投资，国家也有补贴。

2. 高陵县有六七百亩的大规模蔬菜基地，他们接受统一指导。

3. 阎良有好几个蔬菜批发市场，这个基地的蔬菜有黄瓜、茄子、番茄，一般在附近的蔬菜批发市场销售。

访谈新兴蔬菜专业合作社赵副会长：

1. 合作社搞得不太好，瓜农没加入，都是经纪人加入。合作社不收会员费，也没吸纳股金。

成立了四五年，没有实质性运营，不好搞，没有一个真正的合作社组织。当初为政府引导，参观的地方不少。寿光做的是不错。北方不如南方。

牵涉到经济因素。文化程度达不到，意识不强。

协会没收入也没开支。

协会最好有一个有文化的人来引导。高中文化就不行，现在至少大专，没文化就是不行。

现在形势是各奔前程，各管自己。

农民不好领导，没有意识。农民是自由的，哪个有利益就卖给哪个。

领导出发点是好的，但在具体执行中易犯错误。

绿色通道不管用，本地能用，外地用不了，满载能用，空车不能用。

2. 现今主供市场为西安，西安市场决定阎良市场价格。前几年则由宁夏、延安市场决定价格。现今延安的菜还要倒卖到西安。

3. 协会没有收入，运行不起来。

访谈西安蔬菜客商：

1. 阎良瓜农十个人有九个人是代办，是经纪人。阎良这里有大大小小的经纪人。

2. 绿色通道仅限于本地，外地不管用。满车管用，空车便不管用。

3. 菜农怕卖便宜了，客商是怕买高了，故此双方都不说价了。其中主要问题是菜农的事，菜农害怕卖便宜了。

户县①卖菜有价，可以去看。

4. 阎良当地卖菜模式，好坏菜都放在一起来卖，不愿分出好坏，不愿分出三六九等，好坏一块卖。客商如果来挑，则是收不到货，收不了菜。

以甘肃临洮和定西的销菜模式来看，当地是乡镇政府有交易市场，蔬菜由农户分为三六九等，摆在市场里卖。不同客商可以竞价，分类收购。菜农之间也有竞争，菜的好坏有比较，使得好菜能卖上高价。临洮和定西每个乡镇都有一个交易市场，有早市（早上摘）和晚市（下午摘，晚上卖）。

阎良市场应在不同乡镇设一市场来进行交易，使外商与瓜农直接交易，代办只提一分钱的代办费。

代办如果挑菜，挑出菜的好坏，则菜农就不卖了，菜农会拉到别的代办那

_____

① 2016 年，户县改名鄠邑区。

里去卖。菜农商品意识差。

5. 西葫芦长得很有讲究，太大不好，不能放在地里任由它长大。以当前家庭人口数，大的吃不完，中等为好，不待西葫芦长大，就可摘了。

大小西葫芦面对市场不同，大城市要小西葫芦，乡镇则喜欢大一点的西葫芦。

6. 阎良菜好坏一块拉回了，客商卖给小贩，小贩则拣出分类，分个三六九等，好菜卖高价，坏菜卖低价。吃亏的是西安市民，菜价高。

7. 客商与代办有长久关系，代办与菜农有长久关系，在收菜高峰与低峰就要保持联系，要长期合作。

8. 甘肃临洮和定西当地也没农民组织，但当地有市场。

9. 收菜的经纪人都是亲戚邻居关系，关系好。但小经纪人挣不了大钱，大经纪人挣钱。

4月23日 星期三 三月十八 晴

又 到 康 桥

今天打算是要去＊合作社看看，前几天虽到协会、合作社、村委门上看了看。但大门紧闭，没有进去过，当天吴会长不在家，我是提前过去，并访谈了群众。

今天上午与＊联系，打了几个电话给他，他在阎良办事，中午请人家吃饭。下午三点又打电话给他，他还在办事，就先过去了，来到康桥村，走访了一户瓜农。后一个人到甜瓜协会参观，拍摄了些资料。从墙上悬挂介绍材料来看，＊甜瓜协会①为 2003 年开办，技术团队全部为西农专家，有五六人之多，

---

① 调研日记当中，我有较大的篇幅关注这个协会，因为在合作社没有成立之前，当地的产业组织便是＊甜瓜合作社，其成立是借鉴山东寿光的产业组织模式。以徐旭初老师所讲，在《中华人民共和国农民专业合作社法》没有颁布之前，在南方省份，合作社就一直存在，而北方地区则是以产业协会存在。《中华人民共和国农民专业合作社法》颁布之后，北方很多的产业协会都纷纷转登记注册为农民专业合作社。农业产业协会属于社会团体组织，需要以农业职能部门为主管单位，并进一步在民政部门注册登记，协会作为非营利组织，有盈余不能分配。而农民专业合作社存在之后，合作社作为一个工商性质的经营主体，可以直接在工商局登记，成为企业法人，不需要找职能部门认领挂靠，因此农民专业合作社就有很大的独立性，而且盈余可以按交易额分配，还有二次返还。

大部分为园艺学院的教师。这里有往年的包装，今年仍有大量存货。村委、协会、合作社、＊会长的农资店及＊会长的家都在一栋楼住着。＊会长的农资店规模很大，雇有专人经营。

后来＊会长回来了，他仍旧在忙，听人讲，他准备上一个洗浴项目。他雇用的人在切割油罐，以作贮水塔用。他没时间和我谈合作社的事情，其他人又没人能谈得上，我便只好知趣地告辞，改天再来过。或见此情况，永远不要再过来。

我又到康桥南街，找康桥相枣合作社的人访谈。这家相枣合作社挂在一家农资店门面上，负责人是东丁村主任。与来这买药的东丁村枣农聊天，大家没有技术合作，很是失望，对合作社很有意见。

与＊聊天访谈，他们告诉我农资店经营的内幕消息，谈了康桥＊的事情，又谈及临潼石榴专业合作社的事情，谈了很多。到了晚上八点，我方才匆匆赶回，路上已没车，天也黑了下来，我步行好长一段路才遇到一辆出租车，交了七元钱，方回到关山镇。

采访半天，收获颇多，农村事情很杂很多，工作不易开展。农民很自由，哪有利益就往哪去。如何使农民团结起来，看利益需求，需利益相引导，但同时还有风险，农民不愿意谈及风险。

访谈关山镇一家农资店老板（关山旅馆对面）：

1. 农资店要经销品牌，代理不同品牌。对熟人可便宜，可以记账，团购也可以便宜，有机肥"四兄弟"（Four Brother）65元，可以便宜到60元卖。

2. 农民的账好要，要保证产品质量，质量好的产品，账好要。

赊账的作用有两个方面：①赊账要看自己的农资产品是否合格好使；②西甜瓜的投资量大，赊账给瓜农买农资算是信用贷款，借贷了一部分资金。

3. 国家肥料补贴仅补贴常规牌子的陕化或渭化的二胺或尿素，对于其他的有机肥不补贴。

农户领取要签字。

4. 关于瓜种、菜种的经营问题。真品价格要贵，有利润诱使，假种子便仿制起来。

5. 大家都在讲合作社在骗人，＊农资专业合作社是骗人的。

访谈康桥村一瓜农：

1. 没想加入该地合作社。

2. 阎良甜瓜在没形成市场之前大面积种植西瓜，但西瓜种一年之后十年便种不成，阎良土地基本上已轮回种了一遍。种西瓜也是承包地，到处承包别人的地。

以前阎良西瓜在西安有市场，形成规模。

在种甜瓜之前曾有一段时间种植"白兔娃"（薄皮，很脆，不是很甜）。

西瓜在阎良当地发展了十几年，到了 20 世纪 90 年代末才结束。当时种西瓜都是小棚来种，没有大棚。

西瓜当初种植规模形成，不是政府主导的结果，是市场与农户自我选择的结果。瓜与菜相比较，农户看哪种有效益，就仿照起来了。

甜瓜有些不同，开始种植之初，没有人主动组织。待达到一定规模，就有人来组织，村委便组织技术培训，适当地进行了引导。

3. ＊突然成了村主任，以前跑运输，跑四轮。＊的前任干得不好，干不下去，去干其他生意了。还在前任之前，由 ＊ 的哥哥任村主任，干得不错，卸任后去开了面粉厂。

＊经营有农资店，＊饭店，又有一个在建项目（不知道是什么项目）。

4. 甜瓜协会仅是管康桥这一块，关山镇不易管到。

5. 甜瓜产业只能再搞三四年，行业会萎缩下去，甚至消失。原因是投资大，产量有限。

过几年的发展趋势是向蔬菜发展。菜总体来说要比甜瓜有前景，菜的产量还是不错的，今年菜价行情还算可以。

卖菜没价已形成气候，不易改变。

6. 嫁接西瓜吃起来不好吃，西瓜不嫁接又没办法。嫁接西瓜与不嫁接西瓜放在一起，因品质不行，卖不上价格。

访谈东丁村枣农（他是去农资店买药为枣树打药，我是在农资店对他进行了访谈）：

1. 该村相枣历史悠久，有老枣树，一人抱不下。种枣规模已形成，枣树苗免费提供，卖枣树有效益。

2. 上级人员仅是形式上的视察。在技术上的指导，有时开个会，把种枣户叫上来开个会之后就离去了。开会时候，有些人还不知道开会，开会叫人是针对性地叫某些人。

销售上各顾各的，谁也不管谁，有人来收枣的，价格便宜，装箱再卖。

3. 枣树难种，对于枣树病的治疗，看什么样的虫，什么种类的虫，再打什么样的药。

4. 枣农很愿意、很喜欢别人帮助他们销售枣。

访谈康桥农资店女店主：

1. 技术员有自我摸索出来的，不按实际情况来解决。有自己的农药供应，所开药方是为了销售自己的药，而不管有无效果。

2. 种子价格上涨的原因是市场需求。育种公司如果没有存货种子了，则去其他单位拿，所有的育种公司都是如此，便使价格整体上涨了。

3. 国家补贴农资短缺的解释：农资店资金有限，仅能拿有限的资金去进一定数量的补贴农资。补贴农资能进多少与农资店资本大小有关系。她的农资店进了 240 袋陕北所生产的补贴尿素，每袋销售出去，都要农户签名记录。待 240 袋尿素销售完之后，便不易进到这样的补贴农资。

凡是购买农资的都要给现钱。

访谈 ＊：

1. ＊为人不可以，但通过一定的手段，可以为群众办些事。

2. 农资店比较多，但懂技术的专业方面的人比较少。现在的人都是各方面都能活络的人，专业技术方面的人比较少，农资店应该有懂技术的人。

3. 计划经济时代的培训是全面系统的培训，群众主动参与。自从土地承包之后，政府举行的培训是自上而下、形式上的培训，群众也不好好听，有时只有给钱才去。

4. ＊是套国家的钱，甜瓜站的技术人员也有人滥竽充数，有些人对甜瓜不懂。

5. 农村各个组织虽争取到了国家的项目支持，但是领导水平不行，不能把大家组织到一块。

6. 对于农产品市场营销的培训，要针对个人特点，每个人都有不同需求，每个人都有不同的喜好。某些人可能即使没有市场营销方面的培训，在思想上就比较活跃，很热衷此行当。有些人可能是不愿意接受培训，不喜欢。

7. 近期阎良区政府对于经纪人可能进行培训。

以往年的经验，对于经纪人的培训，经纪人愿意听。但是如果要交钱，经纪人便不去了，不愿意交钱。

8. 农民是最不好教育的。农民是难管的。

9. 对于我是否访谈上面区上领导的问题，上级领导只是传达文件，布置任务，再做工作汇报，而不管执行中出现的问题，不管如何执行。

以关山镇和康桥村路灯为例，平时不亮，只是过年春节才亮。

10. 阎良主要种春季菜，大荔和蒲城种秋季菜，大荔和蒲城秋季菜不错，但欠缺春季菜。阎良菜主要是春季菜，秋季不成规模，种植零散。

阎良和其他的地方应交流经验，互通信息，把大荔和蒲城秋季经验引进过来。大荔和蒲城今春在种西瓜。

秋季菜是露天作物，自然生长。春季菜是大棚作物，需要很多的技术。自然条件改变，则要求技术上改变。

11. 当地不兴当地货。当地即便有技术不错的技术员，当地农户也是信不过。只有外来的教授才能造成一种神秘感，对当地农户有吸引力，但能否在技术上进行指点仍是个问题。

12. ＊合作社的理事长也是＊村主任，当兵出身，想套国家的钱。合作社是前几年所办，当时只能以供销社的名义来办。

13. 自土地承包后，供销社是由地方承包，向上级单位上交承包费。上级供销社仅有几个人是财政上发工资，余下的便从下级各个部门、各个供销社收取费用来维持工资发放。上级对下级供销社仅在某些事项上检查一下。

下面的供销社没有沟通，上下级人员都互不认识。

行业歧视的问题，政府部门歧视经贸方面的人，歧视供销社系统的人，现今经贸单位都不是好单位，不是就业的好单位。

14. ＊农资、＊农资合作社为西安某一老板所搞，估计可能由市上生产资料公司出面来办的。不提供给连锁店任何服务，没有技术服务，没有资金支持，也不联系。他们套国家的钱。

15. ＊石榴专业合作社是套国家的钱。新闻报道都是坐在办公室里写出来的，政府领导对下面不管。农民没人管，到处乱跑。

16. 种子包装的问题：政府不懂，也不了解下面市场，也不知哪一个品牌好。

甜瓜种子最早是甘肃武威甜瓜研究所所产，甜度高，厚皮。

农民不管种子好坏，只要上市早，能卖钱，便选择这样的种子，要求上市早，不管品质好坏①。

一个品种，一样种子，可以搞十几个包装，交给不同的经销商代理，多占市场。包装虽然不同，但种子是一样的，产地联系电话都是一样的，技术规格都一样，但价格不一样。

政府不知道这个事情，也没人来调查这个事情。

17. 对于杨凌所产种子的认识，个人公司利用杨凌优势，假冒伪劣，败坏了杨凌的名声。

4月24日　星期四　三月十九　晴

访谈新农甜瓜站项目负责人朱绪让老师：

1. 甜瓜七成熟就上市了，虽然是生瓜，一样上市。

2. 培训一般是在农闲季节，放至冬天，在育苗之前，每年12月份。我们西农人文社科团队可与园艺学院放在一起进行培训。

4月28日　星期一　三月廿三　晴　杨凌

今天下午，王征兵老师把我喊去，去经济管理学院206办公室。王老师与我座谈。王老师看了我所写工作汇报，很为满意，我把工作做细致了，工作汇报所写的也是比较详细。

1. 王老师同意我的计划，我准备对阎良甜瓜收获再观察一段时间，甜瓜收获季节是观察农民组织的好时机，不要错过这个时机。

2. 我可以选择别的地方去看，去别的地方调查，做调查表格，可在杨凌当地做调查表格，也可以去临潼石榴专业合作社做调查表格，还可去河南郑州做调查表格。

3. 我们与合作社的关系。合作社是我们的研究基地，是我们的示范点。

---

① 调查当中，当地农民所反映的甜瓜种子混乱问题，当地政府也是管理不到位，农林局的种子站仅仅管理大田作物的种子。甜瓜种子自有它自身的逻辑，品牌多，重视市场营销，农民如果买到质量差的种子，就耽误一季的收入。但甜瓜种植，一年只种一季。

4．我的第一期工作汇报做得详细，精致，我是下了精力。王老师表扬了我。

5．在费用花费方面，西农团队与合作社各花各的钱。西农团队如何给钱，如何有效给钱？要把钱花到点子上，要做出有意义的事情来。西农团队不怕花钱，5万元花完还可以再要。不是不给钱，关键是如何花到点子上。

要做四两拨千斤的事。比如一国际组织对杨凌某一组织无息贷款，以不收利息的形式让对方自我发展。又比如，对于丹凤县农民的支持，可以免费送鸡苗的形式进行。

6．对于培训的问题，所有费用由我们来付。培训有两种形式：①我们西农老师可以去，这些费用由我们来支付；②他们来杨凌也可培训，一切费用也由我们来付，包括吃住行。

我们西农老师去阎良讲课，可由当地政府组织，让更多的合作社去听，不限于一两个合作社。对于来杨凌培训，只选一部分合作社来听。

在课程设计方面，可围绕合作社来讲。目前师资还有问题，教师不足，但可以找一些在这方面有研究的研究生来讲。

7．下次下乡去阎良的有两个事情：①做调查表格，一个月做完，两个月做完都可以。②再观察和思考一下。做什么样的工作有效果？如何能够四两拨千斤？做什么事才能有显著的效果？

8．如需帮助，可选帮手。

5 月

5月12日　星期一　四月初八　地震·晴　阎良

5·12地震

今天上午来到阎良关山，安置在甜瓜站内，中午在甜瓜站内吃饭，面条，不太好吃，没吃饱。下午收拾一番，收拾妥当，便于五点多钟出去调查访谈，有两三个钟头。

中午午睡时，两点多钟，感觉摇晃，醒来就看见电棒（日光灯）、风扇在摇动，晃得厉害，赶快跑了出来，睡眼蒙眬，见到朱绪让老师他们都已出来了，地震了。常宗堂老师上网查了新闻，四川汶川县发生了强烈地震，7.8级。如此的不幸。晚上从网上又知道几千人已经死亡，许多学生在上课时，教学楼塌了，被压在下面。

湖 南 客 商

下午在代家村调查，外来客商已开始收瓜，收瓜十多天了，5月初就已开始了，现在逐渐增多，价格一天比一天降低，开始时每斤1.90～1.80元，后来渐渐降低，今天是每斤1.30～1.20元，再过上十多天，便赶到收瓜高峰。以瓜农来讲，等价格降至七八角钱一斤时，瓜农便没了利润。

客商是从湖南、湖北、安徽、河南、山西过来的居多，他们在这里驻守，再过一段时间便可考虑去大荔县收了。大荔县的甜瓜比阎良这边晚成熟一段时间，因此客商便先选择了阎良这里。湖南的谭老板一年四季做水果生意，去不同的地方寻找货源，同样是甜瓜，二三月份时从海南进甜瓜。他收的甜瓜以塑料袋套了之后，装入纸箱，再拉回湖南，贩卖给批发商与小商贩，商贩再拆箱

农民专业合作社调查与辅导

散卖。甜瓜大小不一，每箱重量不一，可统一过秤，每个箱子按二斤除皮。

谭老板从湖南长沙过来，从长沙过来的有五六十家之多，大家有所竞争。谭老板贩瓜多年，前几年在山东潍坊收瓜被司机骗了。那辆车是套牌，牌照是假的，所收的甜瓜都被骗了去。现今的谭老板吃一堑，长一智，对车辆选择比较慎重，选择物流公司来做，从网上查找物流公司信息，由物流公司来保证长途运输。目前在长沙那里，不愁销路。凡有甜瓜都能卖出去，这边只需去收瓜，尽快去收，加快速度，保证货源的供给。谭老板在代家村有两个收购点。

谭老板说，湖南人喜欢吃很甜的甜瓜，阎良这边的甜瓜很甜，"红阎良"这个瓜种不错，糖分很高。他所收的瓜都是熟了七八成，有甜度，这种甜瓜愈是白，愈是成熟。以现在的收购量，一两天一辆车，装满便可以运送到湖南。山东潍坊甜瓜不如陕西甜瓜甜。

"收下拣"代办

在另一个收购点上，路边写一招牌，"收下拣"。上去一问，是专意收小瓜。我尝了一下，小瓜挺甜，但价格仅是大瓜的一半，也即五六角钱一斤。这一收购点专收小瓜，装入丝网袋内，卖到河南新郑。这种瓜专门卖到乡下，供乡下人来吃，价格便宜，是熟了的瓜，很甜。凡是有青色的瓜，都是不熟的瓜，或是半生半熟的瓜，这种瓜也叫"一口香"，能在农村市场找到自己的定位。

又访谈了一个收购点，安徽合肥人过来收瓜，他收瓜几十年，能准确地认出瓜，在收瓜过程中不断地挑拣，拣出不熟或是不甜的瓜，他对瓜极为了解。他把瓜套了塑料袋，便装上丝网，堆放在一起。

与常宗堂老师聊天

晚上回去与常老师聊天，了解一些事情。

1. ＊公司为＊老师所开，＊的主要精力在公司，而不在甜瓜站，＊精于经商，在技术上有欠缺。

2. 不了解＊公司的种子来历，不知道"一品天下208"是什么来历。现在的种子市场品名有很多，不规范。

3. 西农所示范推广的"一品天下208"，交与农户种植，后需要高价回收这一品牌的甜瓜，运至北京送人，西农是在做亏本的买卖。

4. 常老师对"一品天下208"的态度，前景未卜，不知能否示范开来。

5. ＊所承担国家星火计划项目，20万元经费，拿去其中10万元用于自己公司，用来买车。而另外10万元则被区农业部门拿了去。

6. 西农在阎良设甜瓜站，甜瓜种植时间短，易见成效。西农由此便可向国家要钱。

5月13日　星期二　四月初九　晴

上午9点钟又去了代家村，调查收瓜情况，此时代家村内路口，堵车严重，汽车前行不得，行驶不动。后来见有一辆警车过来，有几名交警来指挥交通，过一段时间，道路情况渐好。

甜　瓜　代　办

采访代办王文华，他是阎良区新兴街道办水北村二组人，他经历阅历很深，见多识广，自己是在区粮食局做过合同工，做过产品深加工，办过企业，又做过村干部，现是阎良新兴蔬菜协会会员，一直做蔬菜生意。他为大学生村官讲过课，向当地政府写过信。他认为：

1. 当地农民商品意识低，不待甜瓜成熟，就急于上市，对客商不负责，有损当地的声誉。蒲城那边则不一样，那里是等甜瓜熟了以后再上市。阎良区应该提高农民的商品意识。

2. 甜瓜应该是流水线作业，一条龙服务，育苗的专育苗，有所分工，专业化生产。

二　道　瓜　贩

顺代家村向东行走，出了代家村，沿路两边，有当地瓜农销售本家甜瓜。

他们都有三轮摩托车,有不同的客商前来看瓜,讨价还价,商量之后再来交易。我访谈了一位附近蒲城过来的客商(后来方知他是二道贩子)。他夫妻两人,开一比较大的农用三轮车,所挂的牌照为陕E,属渭南蒲城的牌照。他们收瓜一般收不满一车,就近销售给外地来的大的客商。外地客商收瓜速度不快,如直接与瓜农发生交易,毕竟所收数量有限,满足不了所要求的量,二道贩子可以帮助外来客商收瓜。

这样的二道贩子很多,都是收了一上午才收了半车,就近倒卖给外地客商,他们所用都是很大的杆秤,瓜农对此很不放心,会提到杆秤的问题,但最后还是很乐意卖给他们。

1. 收瓜交易时间,最忙时间是早上6点到8点。

2. 二道贩子也是看瓜给价,对于好瓜也愿意给出高价。

3. 瓜的行情是一天一天往下掉,今天是每斤1.00~1.30元,按质论价。

4. 对于甜瓜挑拣得厉害,在称重后又除皮重的过程中,贩子会挑出不好的瓜,这个时候瓜农与贩子冲突争执最激烈。贩子不愿要其中的不好的瓜,而瓜农则是不愿意,双方争执,相互争瓜,最后达成妥协。

甜瓜站示范户

今天西农甜瓜站来了四辆大巴,载着西农园艺专业的学生来上《蔬菜学》这门课,由带队老师及甜瓜站的常老师两人共同授课。学生在大棚内学习之后,便吃了甜瓜,已有为他们准备好、切好的甜瓜等待他们吃。他们吃后还想带走些,但站内没有了,他们中有些便跑到门外,从其他农户那里买些带回去,但不是"一品天下208"。"一品天下208"瓜大,吃着可以,里面的籽像是无籽西瓜的籽,已经退化,吃的过程中可以不用吐籽,直接吃。"一品天下208"与"红阎良"比起来,前者可以走高端市场。

甜瓜站内没有瓜可摘,目前瓜还没成熟。现今领导前来参观,以及西农老师前来甜瓜站参观,需要带回去大量的瓜。这些瓜是由示范户供应,示范户把瓜卖给西农,西农再加以包装后,供应出去。

目前示范户所种甜瓜基本上出销告罄。他们自己地头都已有人前去买,大都是阎良当地政府购买。明天将有上海的大客户前来购买,在甜瓜站装车。

通过示范户的案例，使我更加坚定"产品决定论"的信念，一件产品要严格质量管理，要有上乘的质量，好的质量能赢得客户，能使客户对产品质量有所把握，再以此决定所在地的市场。上海客户前来订购高品质的甜瓜，对甜瓜品质有所了解，有了预期，他们便能在上海为阎良甜瓜找出一份高档市场。

阎良甜瓜市场品质不一，鱼龙混杂，不同客商来到这里，都能找到自己的产品。合作社所提供的甜瓜定位于高端市场，在产品规范控制上下足功夫，把甜瓜分出三六九等，给客户一个清醒、清晰的认识，使客户基于当地市场定位消费市场，便于规范销货渠道。

访 谈 冯 理 事

晚上 7 点过后，去冯理事的瓜棚里聊天谈话，他们夫妻两个都在。我了解一下合作社的近况，冯理事收瓜已告一段落，一茬瓜已收完。他把瓜分拣好后包装一下，用西农的包装，一盒 6 个，能卖二三十元钱。他的瓜销售形势非常不错，很早就销售完了。

合作社逐渐清闲起来，到了七月份便没事情了，七月份便有较多空闲时间，到时可以集中培训。

张小平及冯朝阳所面对的市场是领导市场、单位市场，都是领导前来参观，单位前来，送礼之需。这些都是单位行为。

访 谈 赵 曙 光

晚上去赵曙光那里坐了一会，据他讲，他所种的"五月雪"普遍能比市场价卖高一角钱。

1. 蒲城有两个加工厂，可以加工甜瓜果脯。
2. 甜瓜果脯采用材料是下拣甜瓜，生瓜、苦瓜、小瓜都可入下拣。

5月14日　星期三　四月初十　晴

为科农瓜菜专业合作社收瓜一天

昨天，张小平、冯朝阳让我帮忙做些事情，他们今天组织收瓜，向上海发瓜，我帮助他们记账。

从昨天晚上就开始准备，去关山镇买些稿纸，写下一百多份甜瓜的品名，以便明天张贴于装有甜瓜的丝网内。我忙活到半夜。

今早6点多钟起床，7点多钟吃饭时，张小平、冯朝阳他们便来了，我前去帮助记账，每过一次磅就需记一次，对于一家的总数量及金额需汇总，到了下午还需把这些所有瓜农的账汇总算在一起，反复比较，以防差错。由我记账，另一人开钱，一人则是专门负责过磅，还有人需去分拣甜瓜，监督瓜农的行为。合作社总共有三个人过来，而且这三个人不断地有事，来回走动，而我则是寸步不离。

经过一天的工作，共收了甜瓜十吨，今天下午便发往上海去了。收瓜是一项综合工作，需协调方方面面的事情，财务、拣瓜、装袋、联络司机，都要去协调好，监管好。从收瓜装车，到达上海，交付客户手中，是一系列过程，有一系列的事情要做。使客户所需要的瓜如数如质地到达客户手中，这是个很有学问的工作。我知道，在收瓜过程中，有瓜农以次充好的现象，在雇用工人把瓜装入网袋过程中，工人有窝藏瓜、偷瓜的现象，这些都是悄悄发生，直到晚上才被我发现。

在收瓜的过程中，不断有单位过来，有农林部门要开产品产地证的，有新闻单位前来采访的，这批去上海的瓜很引起关注。但对于这次的销售，我有些不解。晚上与常老师访谈聊天。

1. 今天科农合作社仅有三人出现，还需要我帮忙。科农虽说有八个股东，但实际上仅有三个人，其他人都是徒有虚名，挂名而已。

2. 这次发往上海的甜瓜，收购价为每斤1.40元，以高价来吸引瓜农卖好瓜，售价为每斤1.70元，也即到了上海售价为每斤1.70元，科农合作社需支付车费（4 000元）、装网费（500元），以两万斤甜瓜来算，科农合作社最后得不到利润。

常老师讲，农林局给补贴。这次行为是为了宣传见证阎良区政府在上海推介甜瓜有所成效，是为打开上海销路，宣传阎良甜瓜品牌。

3. 张小平完成的是形象工程。

4. 张小平的瓜大，品质没有冯朝阳的瓜好，张小平可能使用了膨大剂。农户种甜瓜品质不易统一，各种因素影响瓜的品质，比如甜瓜叶片保留多少就会影响瓜的大小。

5. 农产品的品质规范是一个值得研究的问题，如何使农产品规范化，正如毛巾产品一样，无论怎样生产，都可保证一样的品质。农产品如何保证品质，如何统一规范？

日本的做法是，在一定温度下，一定湿度下，有序生产，并使生产条件一定，促使产品大小、品质统一，如此便统一规范了农产品①。按农产品的成熟先后轮流采摘，使农产品在一定时间内得以不断采摘，保证不断供应。

6. 大宗农产品受市场影响大，一天一个价，高端市场则是比较稳定。

7. 常老师做农业科技推广工作，二三十年间，从来没有见过农民有好的组织化。常老师以前在蔬菜公司工作过，对于公司的市场化形式颇为了解。

8. 果蔬损耗大，只有对半利，方能保证可持续经营，比如今天收瓜1.4元一斤，到上海只有卖到2.8元一斤，方能保证有钱可赚。

5月15日　星期四　四月十一　晴

下午访谈冯理事，请他做刘宇翔调查表格（二）。调查表格共两页，第一页语言可以被接受，第二页则不易被人理解，语言不通俗，理解有难度，估计有50％农民不会填写。

5月16日　星期五　四月十二　晴

访谈康桥甜瓜种植基地农户（一）

今天早上，6点多钟出发，一路骑自行车去康桥。路经代家村、康村，再向西，便见不多收瓜点，过了康桥则看不到收瓜的。

---

① 笔者于2019年前后在河南新乡原阳县小刘固农场调研，这里有日本农业技术推广专家川崎广仁尝试以日本工厂生产经验种植草莓。

我先去了康桥甜瓜种植基地，找了几个农户座谈，本想让他们填一下调查表格，目前正是卖瓜季节，农户正忙于采摘，我不便让他们来填表格了，只能在他们洗瓜时坐在一旁与他们交谈，农户、瓜农要在10点之前把瓜拉到市场上交易，否则便卖不到价格。

访谈了给丁武权帮忙的杨向武：

1. 产量一亩地最低能达到4 000斤，一般能达到5 000斤。

一棵苗子0.3元，自己家育苗。

2. 宋锦科为杨向武的表姐夫，经营种子。20世纪90年代就在此处有六七亩地经营西瓜，亩产值能达到五六千元，而当时一般农户仅能卖到两三千元。宋锦科的商品意识好，他曾是康桥甜瓜协会的技术专家，是本土专家，更接地气。

国家对建棚农户免费供应钢架。

种子有纷争，农户种植效果不一定好。

访谈康桥甜瓜种植基地农户（二）

访谈基地瓜农：

1. 小籽系列为东北地区所产。

2. 以前是自然坐果，没多大劳动量，但需要时间长，成熟晚。当时去西安市场卖给果贩了。如今去西安市场则是劳人，太麻烦。

现在是人工用激素坐果，三四天就授粉完毕，人工劳动量大。

20世纪90年代种甜瓜时，当时种子一袋80元，价格很高。

3. 其中一瓜农为甜瓜协会产销部长，但目前正在自己家地里忙活，不参与协会的销售事情，协会销售另有人去做。

4. 甜瓜协会为 * 自己投资，自己投资自己赚钱，是理所应当的。但同时要为大家服务，帮助大家销售瓜，为大家打开销路。

农民脑子简单，好的就好，差的就差，没有保证。这几户瓜农不想入股，不想太多的事情。

5. 六月底，二茬瓜结束，开始种秋，种玉米，种秋季甜瓜（甜瓜地里套棉花）。

随后去高加望（康桥瓜农）地里，他在忙于销售，有一个西飞驻地派出所的人开警车来购买，购买了几箱，准备用于送人。高加望个人种了两棚，种的是"早雪"品种，吃起来不甜。我把上次为他拍的照片送给他。又去新兴街道办咀子村，来到丁祥明田地里，与他聊一会，把上次所拍的照片给他①。目前西葫芦每斤价格为 0.1 元。目前也是大量采摘辣子的时节。

又去 ＊ 甜瓜协会

去了 ＊ 的甜瓜协会，了解了一些情况。

1. 协会在供销社找了一间门面，与相邻的门市统一装修，＊甜瓜合作社在这里挂出了牌子，但大门紧锁。

2. 在这一门面后的巷子里有一个大院，为供销社的地，15 亩，名为 ＊ 大酒店，为外来收瓜客商免费提供住宿。但如今也是大门紧锁，里面到处是建筑材料，想是正在建设。

3. 在 ＊ 的农资经营部，里面屋内有一批甜瓜，且有人正在装箱，有领导开车前来要瓜。

有一个从阎良开三轮车的瓜贩，他刚从 ＊ 附近收购一车瓜，在 ＊ 这里买印有 ＊ 合作社的包装，5 元钱一个。＊ 直接把合作社的包装卖了出去，让人家打着合作社的品牌。

访谈湖南郴州客商

中午在一当地餐馆内吃饭，吃面皮，与一湖南郴州来的客商谈话，他由一当地代办所带领，正要前往武屯收瓜。

1. 武屯的甜瓜晚熟些时间，目前能在武屯收到好瓜。他们在关山镇收瓜告一段落。

2. 目前在湖南市场，还有广西的甜瓜，陕西甜瓜与广西甜瓜价格差不多，后者要贵上 1 角钱。

3. 他们两人一辆摩托车，轻装简行，待收瓜以后，找一辆当地的车送往

---

①　我们在调查中，注重与农户交朋友，用所带相机为农户拍照，在照片上打上西北农林科技大学字样，冲洗出来，送给农户。

湖南。对于货运安全性是没有办法保证，只能选择本地汽车货运。

4. 湖南郴州前来收瓜的客商仅他一家。

去关山镇政府东院

关山镇政府东院就在康桥当地。找主抓农业的副镇长王卫华，未见着，便去了农业办公室，访谈了办公室人员周东亮和王斐。

1. 西农前来培训的事项，不应由镇政府来做，不应由镇政府农业办公室来做，应该直接找农林局联系。

镇政府农业办公室不管合作社的事情，合作社的事务不属镇政府管辖。

2. 镇农业办公室正在统计该镇甜瓜种植人数、收入情况、甜瓜种植面积。

他们认为即使把这些文件交给村委来做，村委也会敷衍了事，不认真行事，还不如自己来做，他们认为他们的数字是准确的。

3. 王斐是 2007 年山东农大农经本科毕业，山东人，去年考上了西安市公务员，以全市第二名的成绩考上的，被分派到了这里工作。他认为，山东省公务员不好考，便来到了西部，这里不如东部地区竞争激烈。他在毕业之前有三四次公务员考试经历，他抛弃在家乡的工作观念，在陕西阎良乡下工作，按公务员待遇，一个月工资 2 700 多元，与西安市公务员相比较，乡下福利不如西安市好。

访 安 同 兴

中午饭后，去康桥供销社安同兴家里座谈，来到了他们的农资店。安同兴做农资经销，并主推一个秋季辣子品种，他颇为了解社会，对阎良这边形势情况很为了解，实话实说。

1. 辣子种子经销户佛展茹前来找他，抱怨今年辣子长势不好，不如去年。今年颜色发黄，使市场价格受到影响，以现今每斤一块多钱的价格，普遍低于其他品种。

安同兴认为，种子长势受后天种植因素影响，他指责农户的种植方法不当，农户不会种植。

2. 佛展茹为富平县留古镇西何村人，他做过村会计，是技术能手，技术要比宋锦科好得多，他是很有心思的人，种菜之时，买菜之时，每天都记有日记，对前几年的蔬菜行情都有记录，以公历来算，以此可以作为今年和未来几年行情指导参考[①]。

行行业业研究起来，都有很大的学问，要用心去研究。蔬菜种植要因地制宜，不同土壤，不同温度都对蔬菜长势有很大影响。

3. *人品不行，技术也不行，但会宣传自己，能为自己谋利益，推销自己的种子，不断地换包装。他当初种瓜，形势不错，拉到西安后卖到不错的价格。他不向其他瓜农讲种子是什么品种。

4. 当地瓜蔬市场不规范，不成熟，政府没有引导，没有提供参考价。这边市场不成熟，不如山东成熟。

5. 甜瓜市场专有客商要生瓜，把收的生瓜用药水催熟，在其他地方转手倒卖。比如郑州客商收购生瓜，在郑州催熟，在郑州市场上倒卖给河北市场。

6. 生瓜交易对瓜农及客商都有损害，瓜农为了抢价会采摘生瓜，外地客商受损，外地市场对"阎良甜瓜"这一品牌不认同，便会断了阎良甜瓜的销路，最终受损害的将是瓜农。当地商品意识低，外地是按瓜菜的尺寸来给甜瓜、蔬菜分类。

7. 治瓜、治虫、治人，是一个道理，治人的药也可以用在治瓜上，比如青霉素可以被用来治瓜，比单独的农药效果要好得多。

8. 富平县留古镇种菜多，种瓜少。

9. 种瓜菜有技巧，如果栽得稠，前期结的可以，中后期则不可以。天气热，温度上来，稠的作物则不易开花，结不了果。

要想方设法使作物养分能转移到果子上。

10. 大棚作物为人工控制，要保证各种因素的平衡，这需要很大的劳动量。否则要自然通风，让它自然生长，这样生长时间长，结果慢。

光、温、水、气、肥要协调发展。

你哄地，地也哄你，种地要把肥料上够。

11. 打药要看农药浓度，一定量的药也要配上一定量的水，要看药水配兑量。

---

① 此做法如同河南省原阳县小刘固农场日本人古川一宽种植草莓，把曾在丰田汽车公司工作经验带到种植草莓上，记录数据，以数据来预测草莓市场行情走势。

要掌握害虫的活动规律，要在傍晚打药，此时虫子已饿了一天，趁着傍晚时分天气阴凉时出来吃食，此时是打药最佳时机。

12. 收奶也有代办，这个价格也是奶户数量与周边乳品厂平衡的结果。有时价格也受秤的影响，价格高则秤可能不准确。

13. 养殖需要信息，需有市场信息，才能去养。

访谈康桥乳业公司经理

访谈康桥乳品公司经理，询问牛奶收购组织化情况。

1. 收奶是有代办，这个价格也是奶户与周边乳品厂平衡的结果。

2. 当地除了加工牛奶之外，还加工羊奶。

合作社可以打破行政区划，不受行政区划的限制。合作社比较有前景。

3. 关山镇的奶牛养殖场为福建老板所建，所挤牛奶卖给制奶厂，双方也没固定关系。制奶厂在货源充足时会对牛奶质量有较高的要求，卡得比较严。在奶价比较高的时候，奶牛养殖场便会把牛奶销售给另一个制奶厂。由此可见出双方关系不紧密。

4. 康桥乳业所制奶是对奶的初步加工，加工制成奶粉后，就销售到南方。蒙牛、伊利在陕西都建有乳品厂，当前制奶企业之间的竞争是奶源的竞争。

康桥乳业公司为 1986 年所建，开始为集体企业，现在是股份制企业。

5. 牛奶加工的前提是要保证奶源好，没有好的奶源，后面再严格的牛奶加工也无济于事，因此收奶工作很重要。

养牛对奶源影响不大，关键在于在挤奶后牛奶保存问题，挤奶后保存时间是否过长，牛奶是否变质，是否向牛奶中添加了其他东西。挤奶过程很重要，要使牛奶品质得以保存。

6. 每个村都有代购员，负责本村牛奶与羊奶的收购，乳业公司会为他提供一个冷藏库。与此同时，乳业公司还是对代购员不放心，每天都会派出两辆奶车，派人协助代购员收奶。

7. 分散饲养，集中挤奶。这是中国的特色，也是目前的推广模式。由农户自养两三头牛，利用自家秸秆来养，到村头挤奶站集中挤奶，挤奶站由制奶厂所建。奶农到挤奶站统一挤奶、压榨、冷藏。

8. 合作社与制奶厂的关系，制奶厂可以提供技术辅助，教他们如何压榨，制奶厂也可以向合作社提供冷藏设备。

瓜农使用催熟剂

到了下午，回到甜瓜站，西农的老师都回来了，首席专家＊老师坐着自己的车也回来了。明天，孙武学校长要带客人过来，他们便提前到来，先准备一番，为甜瓜做精品包装，明天准备让客人带回去。

晚上，＊与＊交谈，我旁听了一下。

1. 杜拿出＊的瓜，杀开了一个，仔细品尝。怀疑＊使用了催熟剂，为甜瓜抹了药水。这一甜瓜吃出皮来，不是自然成熟。如果是自然成熟，皮就转化为果肉，质量就减轻了。

＊不置可否，含笑不语。

2. ＊想向西农要一辆车，＊答应给一辆普通桑塔纳车。

与　＊　聊　天

与＊的司机＊聊天：

1. ＊公司为＊成立，公司人员20多人。公司成立于90年代，但一直未挂牌，直到近几年才正式挂牌。＊一直销售经营种子。

2. 杨凌＊甜瓜专业合作社为＊公司所成立，＊为理事长，会员共有5名。合作社与公司一样在＊大厦4楼上办公，有自己独立的办公室。

3. ＊的父亲＊在李台乡＊庄建有＊猕猴桃专业合作社，目前仅有一个股东，即＊一个人。会员没有什么证件，会员与非会员区分不大。据＊所说，合作社成立的目的是争取国家补贴资金。

5月17日　星期六　四月十三　晴

孙武学校长带团来访

上午10点多钟，孙武学校长带领一部分客人来甜瓜站参观，孙校长介绍：

1. 甜瓜站的建立是基于 1989 年 * 在阎良开始的试验，已经做了大量的工作。在条件成熟时，西农便在此地着手甜瓜站的建设。

2. 孙校长强调，当务之急是要发动群众进行科技示范，把示范户组织起来。

自助旅游团购瓜

在领导来参观的过程中，有人前来问路，后车开了过来，他们是路过，从西安过来，想到甜瓜站参观一下。他们在甜瓜站买了 40 个甜瓜，4 元钱一个。他们品尝了为领导所切开剩下的甜瓜，赞不绝口，直喊真甜。他们很高兴带甜瓜回去，他们还询问，哪有农家乐，准备中午在附近吃饭。

我开始还不在意，到了晚上，便想起了这件事。反复思量，在北京顺河有甜瓜采摘节，而在陕西阎良为什么不挖掘旅游资源，怎么不利用临潼旅游优势，来宣传自己呢？阎良应该整合旅游资源，融合各个景点，利用本地特色来发展自己。阎良是航空城，有可以参观的地方，阎良关山镇甜瓜种植已经有一定年数，可以在 5 月份搞一个节日，或是采摘月，推出优质甜瓜，占领当地高端市场。在甜瓜基地附近发展农家乐，以解决旅客吃饭的问题。

1. 开展旅游事业，以旅游来促进销售，以旅游来促进宣传，使阎良航空、甜瓜、蔬菜、古迹、农家乐融为一体，使旅游无缝隙，使旅客无障碍地在阎良旅游。

2. 利用 5 月水果较少的季节，使 5 月成为甜瓜采摘节，吸引游客前来参观，使甜瓜成为旅游中的一个亮点。

3. 发展甜瓜深加工，使一年四季有甜瓜，向"好想你"枣业公司取经学习。

5月18日　星期日　四月十四　晴

奶牛养殖情况

访谈苏赵村的赵村村民吴某某：

1. 阎良这边养奶山羊较多，也有养牛的，以关山镇苏赵村来讲，仅有几家养牛，余下的养殖户养羊。

2. 一头牛的投入：所买成牛 8 000～10 000 元。对奶牛要喂饲料、麸子，奶牛喂食营养要搭配，优质奶牛日产奶最多可达 100 斤，奶牛一年产奶 5 个月，一年生一个牛犊，可达到一年一胎，一般是 9 月怀胎。

3. 收奶是由养牛户挤奶卖给收购点。收购点有专门的设备可以测牛奶的纯度，以手感及眼看可以比较出奶质的好坏。

养牛户也可以去挤奶站挤奶，挤奶站有专门的设备，可提高挤奶的速度，能挤出更多的奶。这比起传统的奶牛户手工挤奶具有更大的优势。

4. 这边农户一般一家养奶牛两三头，在关山镇东部有一托牛小区。托牛小区在当地不是很多。

5月19日　星期一　四月十五　晴

又是周一，距上周地震已是一个礼拜，从今天开始连续三天为全国纪念汶川大地震哀悼日，中午 2：28，汽车、火车、轮船鸣笛，早上国旗降半旗，全国静哀三分钟。在阎良甜瓜站这里，我与司立征、常宗堂老师及袁老师都是边看电视，与电视镜头一样，站立静哀三分钟。

又去爱家超市

上午我去了阎良区，来到了爱家超市，考察蔬菜甜瓜市场的情况。

1. 当地的甜瓜市场。超市内甜瓜价格 2.3 元/斤，而超市外则为 1.5 元/斤，超市价高。超市甜瓜没有品牌包装，没有阎良地产标识，虽超市可为甜瓜包装，但都是一般的水果包装，没有特别的精品包装。当地甜瓜在爱家是以散装上市出售的。

2. 除阎良当地甜瓜以 2.3 元/斤出售之外，在超市还有其他品种的甜瓜，不同于阎良当地甜瓜，这些甜瓜有脆甜瓜（3.00 元/斤）、金甜瓜（5.80 元/斤）、哈密瓜（5.80 元/斤）。外地甜瓜价格普遍高于本地甜瓜价格。

3. 爱家超市蔬菜大部分都是做了一次性的餐盒（透明）包装，上有爱家超市的物价条码及原产地标志，从原产地标志可以看出，蔬菜由陕西阿荣曼蒂克科技公司提供，由高陵县通远镇何村无公害蔬菜基地生产。我在怀疑，阎良本地即是蔬菜生产基地，怎么还由外地供应蔬菜？

短暂一会儿，待在超市，就见有市民购买这种包装好的蔬菜，这种蔬菜看来是很受欢迎的。

在回关山的路上，与车上的乘客聊天，了解当地的一些情况：

1. 阎良当地没有旅游业，没有展览馆，更没有航空方面的展览馆[①]。

2. 在关山这边没有农家乐，听说在武屯有农家乐[②]。

5月20日　星期二　四月十六　晴

一炮（茬）瓜、二炮（茬）瓜空闲时间

这两天从代家村经过，发现在代家交易的车辆日益少了。今天访谈了冯理事，了解了情况。

1. 这几日第一炮（茬）甜瓜已经下去了，第二炮甜瓜还未成熟，待第二炮甜瓜下来时又会有许多客商前来，到时价格还能达到0.7元/斤。

2. 目前甜瓜价格为1.20元/斤，是由于甜瓜少了，价格反而能贵了些。但这种价格难有保证，市场保证不了这种价格。故此农户所种甜瓜不知道这时的具体价格如何，便要提早卖，在提早的市场有个规则，果品要赶早上市，愈晚，价格愈是低贱。

3. 二炮瓜目前长势良好，即将成熟，大概还有十天时间。

4. 农户一般在自家地里育苗，苗子比较适应自家土壤。且在自家地里育苗，种植方便，距离上很近。冯理事选择从甜瓜站进苗来种。

---

① 就在同年9月份，西安阎良航空科技馆建成开馆。

② 后来去阎良和富平之间的荆塬上见到几家农家乐，而且与水果采摘园配套，并有相关合作社。2017年《中华人民共和国农民专业合作社法》修改之后，第三条农民专业合作社业务类型增加了"农村民间工艺及制品、休闲农业和乡村旅游资源的开发经营等"内容，如此农家乐作为合作社业务类型之一，可以注册为农家乐专业合作社。

水果店包装箱情况

今天去了阎良，在街上走访了两家水果店，查看了水果的包装状况。

1. 有大量无产地、无阎良标志的包装，上面仅写有"甜瓜"字样。

2. 有部分标有"阎良甜瓜生产基地"字样，有联系人及联系电话，但无具体生产单位，联系地址为"阎良关山镇"。该包装箱虽有阎良部分信息，但明显看出，这不是正规机构出售的。

3. 所走访两家水果店，其中一家有很多包装箱，顾客可以任意挑选包装箱来盛放所购买的甜瓜。其中有＊专业合作社的箱子，估计是从＊专业合作社所购买的箱子。

5月21日　星期三　四月十七　晴

今天在甜瓜站另一个房内见到一个"福根"增根剂，为＊公司与另一个公司一同生产，另一个公司的名字放在第一个位置，这个包装挺有意思，前后全都张贴了不干胶。这一种产品换了包装，张贴了＊公司的名号。由此可见，是＊公司换了包装。以司立征老师的说法，这一增根剂效果并不好。

与司立正和常宗堂老师谈话：

1. ＊公司以引种为主，育种为辅，大多品种为引种过来。

司老师、常老师对＊公司内部事情不知，不了解＊公司事情。

2. 去年也即2007年甜瓜试种70多种，最后确定千玉1号为引种品种，今年再没试其他品种。

3. 杂交种子为专业育种，在某种性能上（如早熟性）有所改善，这种杂交种子一般不能留种。

普通种子也有很好的品种。普通种子是从上好的作物（如甜瓜）中挑选出来，留下的种子，综合品质好。这种种子是自然生长，属于自然规律，更有生命力。

蜜蜂授粉，自然通风授粉，品种更有生命力。

4. 作物分为育种和种植两部分，司老师的土肥属于后者种植的一部分。现今存在一种情况，育种和种植相互分离，育种专家不会种植，不知道作物的长势，也不知道作物的生长阶段。

5. 常老师认为，陕西本地大差不差，合作社都没什么发展，没有实质性开展工作，合作社就是协会。以他建议，我可以去南方浙江考察，学习浙江先进的经验，回来对合作社进行指导。

6. 阎良当地温室没有发展起来。以常老师的调查研究，温室投入 1 元，能有 2 元的效益，而大棚投入 1 元，仅有 0.65 元的效益，因此温室是有效益，目前应在阎良本地发展温室。温室虽有效益，但前期投资大，温室温度对人体危害要少得多，且可以发展甜瓜吊挂瓜，发展商品瓜，提高甜瓜的商品性。

7. ＊以前在阎良推销种子，有一年所推销种子产出的甜瓜果形不好，农户到区政府投诉上访，＊在阎良当地瓜农之中没有位置。

以常老师对甜瓜站的认识，甜瓜站仅是社会一因素、一现象，＊也是如此，社会很复杂。

张小平的卖瓜逻辑

晚上张小平理事长开一辆三轮摩托车，来拉甜瓜包装，拉走包装 15 件。他讲这些包装一天就可以用完。

他明天要为灾区捐 600 元，区上让他上电视新闻讲几句话。他是区上的政治人物，要评为区上 2008 年优秀共产党员，其实他是 2007 年入的党，刚入党一年多，他便要讲话。他是农林系统培育的政治明星，基层人物代表，是阎良新闻的采访人物，是农业战线的发言人。他作为甜瓜种植大户，又是合作社理事长，是区劳模，又将是区优秀党员。凡是区上农业方面、甜瓜方面的事情，他总是代表基层人物。他与各部门关系密切，联系多。他今年所种的瓜也是主要销售给阎良区政府各部门。

据司老师讲，张小平的区劳模是甜瓜站扶持的结果。但同时张小平自己还是有些想法，有自己的思路。他是西农甜瓜站的种植示范户，西农需要他这一扇窗户，他是西农"大学＋政府＋基地＋农户"科技示范模式的示范户代表，他的发言能证明西农在阎良这块所做科技推广工作的成效。

因此，地方政府及大学，即阎良区政府与西农都需要某些人物作为自己的见证人，新闻上经常有这些人物。这些人物的曝光率很高，他们是新闻专业户，新闻主要针对他们进行采访，张小平便是其中的典型人物。

张小平从中受益自不待说，与西农的紧密关系，使他在甜瓜站争取到了一间房子，并有办公设备，包括电脑。西农为张小平提供了甜瓜包装，可供他们免费使用。张小平本人在电视上做了广告，打开了自己家甜瓜的销路，他的瓜卖给政府部门，所卖价格高，销售快。

帮拟捐献发言稿

张小平理事长明天要上新闻发言讲话，要为灾区捐款发言讲话，他让我帮他拟下初稿，我为他写下了百十字的发言稿，后与他商讨修改一下，便定下了稿子。

5月22日　星期四　四月十八　晴

早上七点多钟，吃了早饭过后，便骑自行车去了代家，看看甜瓜收购情况。这几天，当地第一炮（茬）瓜已销售差不多了，第二炮（茬）瓜还未下来，因此瓜比较少些，且大多质量都是中下等，没有以前的瓜好。在去代家的路上，明显看出，瓜商在抢购甜瓜，有的瓜商提前到村外路口等待过往瓜农车辆，进行拦截，以便取得货源。这一段时间，货源少了，每斤价格便在1.10～1.20元。

寻访代办、司机、瓜农

寻访了一个关山镇本地代办，以及前来拉瓜的运输司机。

1. 司机为河南新密人，经常在河南与陕西之间跑运输。他们能在一年四季找活，陕西这边有农产品一年四季供应，过一段时间蒲城西瓜便要成熟了。陕西苹果最多，司机常到陕西贩运苹果。

2. 代办费2分，一车大概有200元的代办费。客商能找几个代办同时收瓜，比如，这里的新郑客商专收下拣瓜，招了三个代办同时收瓜。

代办之间不存在必然联系，如有新客商过来收瓜，自己忙于收瓜，则介绍新客商到熟人那里收瓜，而自己不收取任何介绍费用。

甜瓜代办发展下级代办，成为链条的情况不多，大多是各自为伍，互不联系。

3. 瓜商贩运到新郑，也有竞争。在新郑当地也有不同地方过来的瓜，有从山东济宁过来的瓜，与陕西阎良的甜瓜有竞争关系。从产地收瓜到新郑市场上去卖，一斤能挣上0.1元，一车可以挣到两千元左右。

4. 瓜农催熟甜瓜，用催熟剂催熟的情况这几年不多了，现在的"红阎良"品种用催熟剂不起作用。不比以前，甜瓜"早雪"系列易被催熟。红阎良自然成熟的瓜皮会呈现黄色，而用催熟剂则不能有这一效果，不出现黄色。

瓜商收生瓜到新郑用药水催熟转卖到河北，不是实际情况。现今卖瓜、购瓜一般都要去原产地直接拉，不会通过中间商。

5. 大磅、小磅之争。二道瓜贩卖瓜给外来客商，怕折秤，力争用大磅去秤，称整车后除皮，这样避免外商挑拣，避免在小磅一秤一秤地称的过程中吃亏。而且过大磅可以节省时间，再去做其他的生意。相反，客商则是力求用小秤称，一秤一秤地去称，以便挑拣。

二道贩子存在，能对瓜的质量进行把关，进行分级，能为客商收到好瓜，但二道贩子与瓜商是多对多的关系，关系不固定，是市场关系，以市场法则进行交易。瓜商谁出的价格高，二道贩子则把甜瓜卖与谁，而瓜商对产品挑挑拣拣，要想方设法压低价格。

6. 本地人组织甜瓜到外地去卖。本地人做瓜商去外地经营的是不多。有一个例子，本地有人组织甜瓜到湖北沙市去卖，但需有当地人负责销路，由销售代办来负责组织市场。

7. 前几年"早雪"系列较多，这种瓜已有裂纹，瓜形不好，且催熟之后就看不出来。而这几年种"红阎良"的多，果形好，不便于被催熟。

8. 代办与客商之间首次联系接触，是通过相互询问，讲清条件之后再合作。代办坑客的事情较少，他们之间有很紧密的联系，有的有好几年的关系。

9. 不同省份对瓜的质量需求不同。例如，湖南要求瓜好，装箱运送，而河南则是要不好不坏的瓜。这与不同省份的不同经济发展水平有关系。

湖南人收瓜价格高，便可收到好瓜，以价格来保证瓜的品质。

10. 其中一个代办自己家里还务（种）了十亩甜瓜，除做代办之外，自己还忙于地里的活。现今物价涨得厉害，比如一根竹竿以前为0.5元，现在是2.5元，如此大的农业投入，使种地不划算，他家准备减少甜瓜规模，明年准备只种 3 亩。

这家代办（即以前湖南客商谭老板的代办），已种甜瓜 10 年，种瓜历史 20 年，最初是种西瓜。

这家代办为湖南瓜商小谭收瓜，一车大约 10 吨，代办费 200 元，他一共为小谭收了八九车瓜，挣一两千元。蒲城以西瓜为主，过一段时间西瓜便要下来，蒲城甜瓜面积不大，且分布比较零散。

11. 代家村以前的甜瓜温室基地倒闭失败，原因在于两点：温室没建设好，不保温，使温室内甜瓜成熟比大棚甜瓜还要晚，温室有名无实。基地雇工是镇政府雇佣当地的村民，村民缺乏激励，为自己家干活和为基地干活用力不同，在自己地里干活特别卖力。

西农科技推广处来人

西农科技推广处宋西德副处长前来看望，上午过来的，带来了啤酒、饼干，随从两人，为司机及拍照人员。宋处长去大棚看了一圈，并被拍了照。

宋处长得知我是前来考察帮助合作社建设的事情，很为高兴，并对王征兵老师盛赞一番，王征兵老师所做的经管研究，挺有思路，能打开局面，宋处长询问了工作开展情况，并做了指示：

合作社建设，我们需要做两件事：一是帮助做好规划，二是建立完善章程。

他要求要有阶段性的报告呈报上去。

随后宋处长和司立征老师一起去访谈示范户，拉了许多箱精品包装甜瓜，便回去了。他们上午已经去过武屯蔬菜实验示范园。

合阳复合肥厂家代表

今天，合阳复合肥厂区域经理前来这里为司立征老师送肥料，司老师做土肥工作，他用该厂家的肥料来看能否解决重茬、病虫害太多而不能种植的问题。我就农资销售模式问题访谈了该厂的区域经理，他主要负责西安地区。

1. 他们厂在乡镇直接设点，不设县市级经销商，以厂家区域经理直接负责各乡镇销售。一个乡镇设一家经销点,具体乡镇下边集市如何设点则由经销商自己选择,厂家不作参与。

乡镇经销点发展下级集市分销店的原则一般是利用熟人关系。厂家不帮他们设分销,否则,厂家所设分销点虽属于乡镇经销商管,但它们之间的关系不熟,易形成恶性竞价。

厂家直接对乡镇销售,设乡镇经销商,使经销商竞价限制于非常小的范围,这一销售模式也可称之为直销。

2. 各经销点除经销合阳复合肥之外,还经营其他农资产品,即使同样都是复合肥,经销点对于同类产品要经销两三个品种,给农户以选择的余地。

3. 各经销点卖价的技巧。不主张各经销点降低价格来促进销售,但可在复合肥、农药、种子综合加总算下来后少收些零头,算是优惠。更好的销售方法是不用现金优惠,而是送物品,比如送电饭锅。

这种优惠能促进销售,比单独降低价格更有好处,使顾客不知价格降到哪了,从哪个商品降低价格,这便于厂家对销售进行管理和对市场进行控制。该复合肥区域经理刻意对各经销商传达这种销售技巧和方法。

5月23日　星期五　四月十九　晴

晚上七点过后,饭后骑自行车去了附近的苏赵村,到了苏万灵家。上次到他们家访谈,这次是回访,并带回了他们全家人合影照片。

苏万灵去年在甜瓜收获季节做了代办,今年在铁路上找到了活儿,是带工,手下领了50个人,在去延安的铁路上拉扯铁丝网,封闭铁路,西延线要提速了,他们这几十人是负责电焊,工钱每人每天40元,苏万灵是带工,按50人的人数每人提5元钱,他是小包工头,在他上面还有一个大的包工头。

以他去年做代办的经验来讲,代办帮瓜商叫瓜,组织瓜源,而瓜商负责过秤,忙时代办全家都要上去帮助收瓜,去组织瓜源,今年甜瓜产量不如去年,受去年大雪天气影响,产量偏少。去年销量大,一天能收两车货,而今年两天才能收一车货。

5月24日　星期六　四月二十　晴

华县黄瓜种植户来甜瓜站参观

今天上午甜瓜站有一批人前来参观，从华县毕家乡某一个村①过来，村委组织该村的黄瓜种植户，包了一辆公交车来参观。这批参观队伍不同于以前机关过来的人，他们来了之后对技术很是热心，与甜瓜站的技术老师交流最多，询问个不停。我对他们这种主动态度很有兴趣，便与他们中的个别人交流起来。他们种黄瓜刚三年，是大棚种瓜，利用国家政策，国家给了农业补贴，刚建立起了温室基地。他们这次参观便要学习经验，准备种些甜瓜。参观费由村委出，由村委组织。

＊为他们进行讲解，分析了甜瓜的独特质量优势及上市的季节优势，鼓励大面积发展种植甜瓜。他讲到阎良这边所种植甜瓜供不应求，特别是精品甜瓜，有些农户地里大棚已被某一单位承包。他认为甜瓜需求很大，特别是5月份为水果淡季，青黄不接，刚开始下杏，接下来就是甜瓜，市场有很大需求，甜瓜种植不限于阎良，可以放射开来。如果华县有所种植，他可以让西农提供培训，让华县农户去西农上课。

甜瓜站农民主动学习科技知识确实让人感动，他们的参观给我留下了深刻印象，我随他们一同走进地里听课，与他们谈话，与他们交流。

爱家超市所卖的瓜存在问题

前几天去阎良所买三个甜瓜，让甜瓜站的老师们品尝，我们进行了交流，爱家超市甜瓜存在的问题如下：

1. 超市人员不懂瓜，不能识别瓜，不能直接叫出瓜的品种。

2. 超市所标示的甜瓜品名与实际甜瓜品种不符，比如所标示的伊丽莎白其实就是娇子系列，名不副实。

①　后查取资料，估计此村为陕西省华县毕家乡拾村，该村是陕西省华县最早建设日光温室大棚的村之一，曾建有大棚53座，主要以黄瓜种植为主。

3. 超市所放的瓜时间太长，影响了口味及品质。比如金甜瓜不熟，时间放得过长，用手捏起来就有些软①，吃起来没甜瓜味，不新鲜，不好吃。

5月25日　星期日　四月廿一　阴

甜　瓜　育　种

昨晚与＊公司人员聊天，这两日他们过来几个人，到渭南走访了解情况，调查农户，并到蒲城拍摄了一些西瓜用户的视频资料，他们自带了高清晰的SONY摄像机，早上就出发了。

后来与＊公司人员聊天，他们自己育种，在甘肃长期驻有人员，让当地农民种瓜，后收购种子，选种方法是用大池子放进甜瓜瓤发酵，种子的价格为每千克几千元。

访谈代办戴强娃

早上饭后将近八点，我骑车又去代家，代家街道车辆稀少，许多瓜商已走，甜瓜交易很少，现在是甜瓜一炮（茬）瓜将要结束，二炮（茬）瓜未大量下来，交易市场冷清。

1. 下拣瓜的用途。新郑客商所收下拣瓜拉回新郑，卖给小贩，小贩在农村市场用小麦换瓜，河南小麦多。

2. 金香玉的包装有问题。昨天我见有人用的包装为金香玉的标识。在河北廊坊及甘肃有金香玉品牌，阎良这边的小籽品种以及208品种都是金香玉品种系列，在陕西不用"金香玉"这一称呼。

＊改变了包装，自己起了名称"一品天下208"。208品种成熟晚。

3. 今天收购价格为1.20元/斤，二茬瓜已经下来，但是不多，有些农户为抢价，在二茬瓜未充分成熟时就已上市。

---

① 甜瓜放存时间过长，就会糖化发软。由此甜瓜不待成熟而摘，防止过度成熟而不便运输。在甜瓜品种培育中，有的果皮厚，易于长途运输，可防止伤到瓜肉。

4. 许多代办都是利用自家门面房来收瓜。

冯朝阳理事

从代家返回又走访了冯朝阳，他在浇水，从早上 6 点开始，10 亩地需浇 30 个小时方能浇完。我告诉他今天有雨，他方停下，他又拨打了天气预报电话，确认真的有雨，此时已浇水将近 4 个钟头。他做了无用功。这几天二炮（茬）瓜将要下来，他们夫妻两个在拆棚拔竹竿。

1. 冯朝阳所种的品种多是小籽系列，没怎么种 208 品种。他认为 208 品种成熟晚，赶不上好价格。虽然 208 品种含糖量高，品质好，但不能早熟，决定了它没有种植市场。

张小平所种品种大部分为 208 品种，是因为张小平有销路，甜瓜站、阎良区政府都能提供销路。张小平所种 14 亩地能全部满足上述单位需求。冯朝阳由此不需要再种。

2. * 是贩卖瓜种，用甘肃武威、河北廊坊的种子，打自己的旗号，廊坊有一大的育种基地。

* 是与宋锦科合伙，后来才加入进来。* 所卖农资化肥较晚，卖种子也较晚。后因利益分配不均，难以合作，于是各自分开了。

3. 中拣瓜的概念。这几天，我发现路上收中拣瓜的较多，便请教了冯朝阳。中拣瓜是指处于商品瓜与下拣瓜之间的瓜。

目前，第一炮（茬）瓜将要结束，有大量下拣瓜、中拣瓜上市。

4. 合作社目前仅挂有章程，并未有详细纸张性章程。

5. 七月种瓜结束，冯朝阳撤棚回去，便开始计划下一年的事情。

访谈奶山羊养殖户

在冯朝阳的地头，有一苏赵村的村民在割草，他家中养有奶山羊三只，正割草喂羊。今天天气即将下雨，要多割些草，以便储存。

1. 他家喂了三只奶山羊，割些草喂，掺些饲料，但以草所喂的量居多，饲料为辅。山羊每天喂上两次，晚上和早上喂。雨天要提前割草，为羊多储备几天的草。

每天一只羊挤奶六七斤。奶山羊一般是每年二三月产奶，3月产奶量最多。产奶时间能持续半年，到10月结束。

2. 奶牛产奶量为每天五六十斤，不能达到100斤，但所喂饲料也是较多，一天需要几十元的饲料。

奶山羊相比较起来则是投资少，易于控制，易于饲养。

3. 目前山羊奶价为0.90元/斤，不比前一段时间1.40元/斤的价格。有时一斤仅能卖到五六角钱，因此价格不同。

有流动车辆奶贩来回流动收奶，本村也有代办。不同代办之间所收价格不同，奶农考虑方便之需，差不多都是就近销售。

4. 奶山羊需要挤奶，考虑方便，如果有挤奶站在本村，奶农会考虑去挤奶站挤奶，如此可以节省时间，人工去挤奶太占用时间，尤其是奶牛更需要长时间去挤。

5. 挤奶的羊奶质量控制很有学问。奶农可以向奶中加水，加增稠剂，加化学药品，以欺骗代办和厂商①。向奶中加水，代办可用仪器量出浓度，看是否合乎标准。奶农的对策是向奶中加入化学药品使奶增稠。

向奶中加水对奶的影响不大，厂家炼乳可以炼出水分。而对于加入化学药品则难以保证炼乳的质量。

青川县6.4级余震

到了下午，休息，没有出去，待在住处，下午四点二十四分，感觉到地有所晃动，又看见室内悬挂的电扇、荧光灯在摇晃，便确认了地震。此时，我坐在桌子前面整理资料，见地震，便出去了。在甜瓜站做实验的研究生王加蓬在院里，他指着室内晃动的电扇，也在讲地震了，后来中央电视台报道，四川省青川县发生了里氏6.4级余震。

---

① 随后不久，2008年八九月份三聚氰胺事件爆发，在陕西临潼的银桥乳业并没有查出三聚氰胺。

5月26日　星期一　四月廿二　阴　临潼

访谈临潼石榴协会柏会长

早上6点前就醒了，开始收拾行李，把行李放置到朱绪让老师那里，我自己又收拾了一些物品，打成一个包裹。快到7点半，出门坐车，赶到关山镇汽车站，搭乘关山去临潼的汽车。关山去临潼的汽车，一天两班车，上午及下午各发一次。这边的车所拉乘客主要是乡村的乘客，他们都携带了许多的东西，这一段时间拉甜瓜的人比较多，阎良产甜瓜比较多，甜瓜是走亲访友携带的礼品。这段时间正值甜瓜下来季节，携带甜瓜去看望亲友是很合时宜的。携带甜瓜的乘客都是用尼龙袋装上一大袋，很有排场。

汽车发车时，座位没有坐满，在路途中，渐渐不断地上来一些人，快到临潼时，车上已没有剩余的座位。这路车不同于阎良到关山的汽车，主要针对路途中的乡村里的人，解决了农村中的交通问题，群众坐车是按时间到路边等候，于每天的某一时间段在路旁等候车来，形成规律。

在临潼地界上，路况很坏。车从这样的路经过，到了关山或临潼，车辆都是需要洗刷的。临潼这边所辖的乡镇太多，有很多农村人口，乡村经济看似赶不上阎良，这里喂牛户较多，从关山过来的路上有银桥、伊利这样大的乳制品企业。一个龙头企业对当地经济发展有非常大的促进作用。但当地同时有银桥、伊利这样的同质性企业，以及大大小小的乳制品初加工厂，它们之间有竞争关系，对奶源进行竞争。真不知道这是怎样一个格局①。

快到临潼时，又耽搁了半个多小时，众多汽车相互争抢加油，加油站排满了车队，等待加油有半个多小时。到了临潼车站，我出站打车，行走不远出租车司机就把我放在西大街，他不知道合作社，也不知道合作社所在的西关街75号。询问行人，也是一样，大家对这个石榴协会、石榴合作社没听说过，也不知道西关正街在什么地方。我在附近的农机公司三楼找到地方住了下来，一天20元。

---

① 后来调研，确实在阎良，一个村里有不同奶站，彼此分属于不同公司所辖，但有些奶站也不稳固，相互拉奶农前去挤奶。但银桥为发展奶源，投资建设村里奶站，这样奶源便稳固些，由此银桥也避免了三聚氰胺问题的出现。

中午饭后，在附近转转，寻找西关街 75 号，多方打听，反复寻找，终于在一个没有标识的小区前找到了这个地方。这是一个国营乳品厂，现如今倒闭了，前些年时石榴协会在此租用了一个仓库，租用了一年多，去年便搬走了，搬走有一年多了。我与门前的名叫门美丽卖冰棍的女士聊天，了解一些情况：

石榴协会是做生意人所组织的，没有内容可以参观，我来临潼这里调查是在浪费时间，没有价值；临潼这里到处都是石榴园，都是农户个人种植。

门美丽又向我讲述她女儿的情况，她女儿大学毕业，现在就业状况不是很好，她很担心，也很同情学生上学的辛苦。

我绕道人民路，转了一圈便返回到住处，由于转了很久，很热，很累，休息一下。

到了 4 点钟时，我联系了石榴专业协会的柏永耀会长，他在临潼区人大办公，后来才知他除了是石榴专业协会的会长之外，还是区人大教科文卫委员会的主任，我与他下午聊天有两个钟头，直至下班后才离去。

1. 柏会长是从渭南地区农业技术学校林果专业毕业，20 世纪 90 年代在中国农业出版社出版过石榴种植方面的专著《石榴栽培新技术》，先是在秦陵街道办事处工作，主管农业，后来到了区上工作，现如今在区人大教科文卫委员会任主任。柏会长平时忙人大的工作，节假日、休息时间则忙协会的事情。

2. 石榴协会成立于 1999 年，在区科协指导下开展工作，在民政局注册，是技术性协会，2000 年后改为石榴专业合作社，是陕西省农林厅重点发展的十个合作社试点单位之一。合作社目前有了许多荣誉。1999 年时仅做技术工作，没有从事经济业务。技术问题解决之后，又要面对销售问题，协会、合作社都不懂销售问题。

3. 合作社目前忙于生产，所谓生产是田间管理、严格品质、统一标准、实施无公害种植。合作社主抓生产和销售，销售是一个大事情，也是合作社所欠缺的技能，合作社的柏理事长对销售工作认识比较薄弱。

目前合作社销售工作是在石榴收获季节联系市场，但与此同时有许多人跟从，竞争起来，大家都卖不上价钱。为避免激烈竞争，合作社准备走高端路线，准备出口石榴，去年已出口 20 吨，今年还需加大力度，走外贸市场。合作社有团体优势，可以组织种植，这是个人做不了的。

4. 石榴有四个环节：良种苗木、种植技术、产品销售、深加工。合作社主要在做种植和销售。至于苗木，以前搞过一段时间，从云南引进过新品种，但易死亡，石榴怕冷。对于石榴品种对比试验，目前没有人来做，国家对此投入也是很少，农技推广站为计划经济所遗留下来的产物，现今无专人负责，个人技术达不到。柏会长希望能与西农合作，能在石榴方面，利用临潼多年的石榴种植优势，基于合作社的基础，希望西农能在临潼建一个示范园，由西农、临潼区政府、临潼石榴专业合作社联合起来，进行建设。

现今临潼石榴种植没有统一品种，60％的人种植"净皮甜"品种。

至于石榴的深加工，临潼有一小部分企业在做，合作社不准备涉足深加工。

5. 合作社曾涉足过农资经营，但品种单一。具体某一品种，易受其他农资商的挤兑，他们在价格上拼命降价，使这一品种不挣钱，但可以在其他品种上挣钱。合作社由于经营品种单一，竞争不过品种齐全的农资店。

6. 石榴种植是沿袭以前计划经济的种植模式，种植在自己家的责任田，没有种植大户，都是零散经营。

7. 现今是生产与销售不平衡、不对称，生产技术不存在问题，已有多年经验。但在销售上存在很大问题。本地人拉石榴到外地市场上销售，挤兑外地客商，然后临潼人自己又相互竞争，使石榴利润大幅下降。生产者去市场交易，几家合为一车，不计成本去卖，拼命地降低价格。合作社走到哪里，百姓就跟随到哪里。

8. 与阎良的新兴蔬菜协会（王增强）、＊甜瓜协会（＊）有所接触，＊不同这里，＊是村委会主任、协会会长，能把各种资源整合在一起。

9. 分红利已有五年，原始股份为300元一股，开始每股分30元，今年每股分82.3元（成立合作社之后，做了外贸生意）。

石榴专业合作社一直没有对管理人员发过工资。

10. 在临潼当地有几家石榴汁加工企业，柏会长还不知有口香糖的石榴果片存在。

11. 无公害生产存在困难，无公害生态农药在效果上不如高毒农药，从节约成本上来讲，百姓倾向于使用高毒农药。这也是合作社在销售农资上存在的困境。

国家对无公害产品的管理比较混乱，没有具体的标准，消费者不能识别出。这样合作社的销售便出现了困难，合作社虽有品牌，但大家（单家独户的散户）都卖临潼的石榴，合作社品牌凸显不了优势。

12. 石榴种植户与石榴专业合作社关系不固定，虽年底再按交易量分红，但市场上农户不受约束,谁出的价格高便卖给谁,谁对质量要求低、同时价格开得高便卖给谁。农户可以随时退出合作社,而选择在自由市场去交易。

13. 严格意义上的合作社不多,公司行为的合作社很多,大家看起来似乎都是合作社,但实质不同,真正严格意义上的合作社很少。

14. 股份公司与合作社有很大不同。其一,合作社是一人有一票的话语权,少数服从多数,但事实上话语权往往掌握在少数人手中。其二,60%的利润是按交易量来分,当年利润扣除 10%的公积金后,全部分配出去。

股份制公司股份不同等,谁的股份多谁就可以当董事长,可以当总经理,少数人说的算,且企业盈余可以留出大部分用于投入再发展。

15. 合作社经营农资,与厂家合作有风险。厂家以利益为追求,而且引进新品种农药有风险,若引入失败,会使大量害虫滋生,损失的不仅是经济,而且还会带来许多社会问题。

合作社不仅是有经济问题存在,而且存在大量社会问题。

16. 农业技术不同于专利技术,具有外溢性,农民会仿照,且在新技术推广过程中,农民不一定接受,或接受不完全、态度不积极。因此,许多从事农业技术的人很早地就退出了农业行业,而农业技术这方面的外溢性大,回报率低,无利可图。西农毕业的学生多年以后,大多数人都不在第一线从事农业技术工作了。

17. 产销必须分离,不能自产自销,自产自销是原始模式,生产者专做生产,销售者专做销售。

18. 云南石榴的生长期从 3 月到 11 月,水分多,吃起来显得饱满,果实不一定大,但籽粒大些。

临潼石榴 5 月开花,9 月中旬采摘,10 月中旬成熟以后要采摘完,因为怕冻,要适时采摘,吃起来才显得风味浓厚。

19. 石榴在临潼种植面积 12 万亩,为全国最大,标准化种植亩产商品果 2 000 斤。主产区为斜口街办、骊山街办、代王街办、秦陵街办,这些地方整个称为石榴产区。

农户如何选择品种,选哪些品种,是否种植石榴,农户是有自己的比较,与其他品种有产值比较,与其他产业也有产值比较,由此,农户做出自己的选择,政府规划,干预不得。农户行为是市场行为。

石榴树活的比较长,就怕冻,易被冻死。渭河以北种植石榴如受冻果面不好看,且不如临潼这边石榴那么艳红。

石榴不好储存，虽然有西农教授多年研究（刘老师，专门对石榴储藏进行研究），但仍没能解决好储存问题。

20. 合作社组织机构设有监事会、理事会、分会、小区经理，小区下面还有组长，人员很多。

合作社管理层的分配机制如何去做，合作社的管理级别如何去定，这些都值得研究，合作社的销售是个经营问题，合作社的分配是个公平问题。

石榴专业合作社目前还是没钱，农民专业合作社都是刚起步，没有根基，存在困难。

石榴专业合作社这几年不如当初单纯推广技术时那样迅猛，发展得缓慢了。

21. 石榴专业合作社在产品包装中附带有一个产品追踪卡，上面有详细联系方式，这样的质量保证体系全国少有，石榴专业合作社做得算是好的。

22. 石榴园的大户和土地承包问题，石榴园为包产到户时分下的土地，当时是按人口来分，搞的是均田制。如今随着家庭人口的变化，如子女出嫁，长辈离世，后辈继承多少便不同了。

石榴园不仅有土地承包的问题，还有土地上的树，因此标准就难说了。石榴是几代人的事情，承包标准难以划分。

石榴不同于蔬菜、甜瓜，石榴是木本植物，蔬菜、甜瓜是草本植物，草本植物周期短，变动频繁，需要倒茬，石榴不存在重茬问题。

石榴又不同于苹果，苹果面积大，产业大，国际贸易已做开了市场。

23. 有成效的合作社不一定有经验。有的合作社是基于当地的政策和环境，不一定有经验，虽然有成效。这犹如农产品，由于自然环境、气候状况、地势土壤因素，在优质产区，它们长势好，结果多，但不一定是因为技术好。

柏会长建议我在合作社研究上应该多找些有经验的合作社，多学习些经验，不一定非得找成效好的合作社。

要想成为农业专家，就需要首先成为农民。要有一种牺牲精神、投入精神，深入实际，观察体验，身先士卒，要发扬一种投入精神。

24. 石榴专业合作社之前试探性从云南、四川、国外引种，但都没有成功，这些品种怕冻，目前专业合作社从当地品种中选种。

石榴当年种植，三四年后开始结果，上产量则是五年以后。

传统农技推广部门是计划经济时期设置的部门，到了市场经济条件下则运转不了，像是多余的零件，现今社会便改变了模样，做起销售来，成立了合作社，做起了石榴销售，但是对石榴生产一无所知。

25. 农药的害处。不正确地大量使用农药往往造成害虫增多，当不使用农药或少用农药时，农业害虫反而不多。就像前些年滥用老鼠药时有大量老鼠，而现在不使用老鼠药时，老鼠反而不多。这便牵扯到生态环境问题，当过度使用农药时会破坏生态，使害虫产生抗药性，更加大量地滋生，单就依靠农药解决不了问题。这一段时间，合作社在讨论病虫害防治时，就农药使用的问题进行过讨论。

因此，合作社需要放在一种大的环境中去考虑长远利益，不能不计长远，合作社也要考虑社会环境。

26. 合作社未来5年不准备深加工。原因有两点：一是投入资本大，合作社没钱；二是产品难找销路，合作社需自找销路，合作社在这方面欠缺。

合作社目前做生产和贸易，待贸易发展积累资本之后，再做农产品的深加工。苗木与贸易相比，贸易算是最挣钱的。

27. 合作社明年准备在代王街道办事处搞上几十亩土地做育苗、品种引进、整枝修剪等对比示范。

石榴专业合作社想与西农进行合作，利用西农推广经验，在临潼合作社建一个专业大院。西农在推广模式上有经验可取，西农可与当地政府及石榴专业合作社联合来做，即"西农＋临潼区政府＋石榴专业合作社"三方进行合作。

28. 日本的经验。柏会长2005年去过日本参观，对于日本经验很有感触。日本自民党有大批会员，要获得农民支持，便需要在政策上照顾农业，利于农业的发展。

日本本国不产石榴，石榴自美国进口，每个石榴能卖到七八百日元（合人民币七八十元），这与国内对照，中国每斤石榴如能卖到七八元，农民就满意了。

29. 出口的品质。去年出口20吨货物，但初始打算出口50吨，余下30吨包装存放在库房。这是因为合作社没有这么多符合要求的产品，因此，为了保证品质，便没有出口。

这20吨石榴出口之后，品质很受好评。今年要继续扩大出口。而且外贸上可以把价格再提高些。合作社要在品质上严把质量关，高规格，严要求。

30. 石榴专业合作社准备在内部结构上改变一下，把农资销售与石榴销售合为一体，合为供销部，以前的小区经理变为柜组经理。柜组是这样的概念，出口集装箱20吨为一柜，以前的小组便变成了柜，小区经理便变成了柜组经理，对这20吨集装箱进行负责，对从农资供应到技术指导到石榴销售要全盘负责。

合作社会员不是以行政区域为单位进行划分的，而是以产业进行划分的。

31. 柏会长之所以被安排到临潼区人大教科文卫委员会任主任，以他自己的说法，是因为当地政府为了便于统一指导和带动本地的石榴产业。他目前除了做好人大的本职工作外，业余时间还是在合作社的内部事务管理上。

5月27日　星期二　四月廿三　阴

访 谈 秦 陵 村

上午整理昨天的谈话资料，与柏会长谈话两个多钟头，所整理出的资料很多，我录音两个小时，整理资料收听也需要至少两个小时，加上思考书写的时间，便需要三个钟头。因此今天上午，我就没有出去，待在住处整理了一上午。

中午吃了午饭后，上网一小时，查找些资料，到了下午三点，方去秦陵。我是想从秦陵周围了解石榴的种植情况。我顺便参观了秦陵遗址公园，直到六点秦陵下班。在园内我见到陵墓上种植了许多松柏与石榴。目前，石榴正在开花，红色的，很是鲜艳好看。出园时，我向工作人员询问石榴成熟季节对于果实如何管理，秦陵公园工作人员说已将陵墓上种植的石榴包于种植户，由种植户进行管理，秦陵公司对游客采摘石榴不负责。我在陵墓上也见到"禁止采摘石榴，否则罚款 10 元一个"的字样。

在我来秦陵的路上，已见路两侧有很多石榴，我从秦陵遗址公园出来后，顺着秦陵公园西侧的墙寻访石榴种植户。虽然见石榴园旁有小屋，但小屋都是空着的，不见有人，想必在石榴成熟采摘季节时，便需要有人值守。

来到了一个后来才知道的名叫秦陵村的村子，村里有一部分房屋都已拆了，村民在搬迁，据说连附近的石榴地都被秦陵遗址公园征收去了，秦陵遗址公园要在这边建一个展览馆。我来到村中，到了一个门市部询问店主，后又与村民庞崇芳、郑选利进行交谈。

1. 胡王村种植较早，土质较好，为砂石土地，秦陵村前些年种了小麦，后来改种了石榴。

2. 前几年到外地（北京、天津、上海）去卖，但大家都去外地卖时，集中在一地时，就有了竞争，都卖不上价格，现在路费也高，油价高得很，使大家都有了担忧，不如在自己家门口卖。在外地卖有风险要小心，有的老汉卖的不够路费，有的收到了假钱。

这几年到市场卖与小贩，当地临潼区政府对市场管得很严，规范一专用市场去交易，不准占用街道销售。

外来客商也有前来收石榴的，对于石榴大小都有要求，分门别类，分层分级，大石榴受欢迎。

3. 秦陵村有十几个组队，600人，目前秦陵公园在扩地欲建展览馆，有七八个队都在拆迁。

4. 石榴树下的草。石榴树下的草可以保墒，但吸取了大量养分，与石榴树争肥，需要除去。

5. 前几年石榴抢价，不熟就卖。南方客商不买临潼石榴，临潼石榴不熟，前几年前来的上海人、广东人现今都不来了。

前几年政府规定，9月14日以前不许卖，现在不管了。

6. 村民的石榴技术靠悟性，依靠经验。协会组织技术学习比较少，村民也没有种石榴的技术书可看。

去年石榴冻死的很多，一场大雪，冻死了许多石榴树，有的农户所种植石榴全都冻死了。有的人在石榴树干上缠上塑料布也无济于事，不起作用，照样冻死。比较有经验的做法是在树根处封土。秦王陵上40年的石榴树照样被冻死。

7. 石榴苗木繁殖可采取插苗或嫁接方式。石榴需要苗木有两种情况：一是刚开始种植石榴或冻死；二是品种不好，需要换品种。有些石榴的品种不好，不好吃。

石榴苗木没有形成商品化，村民一般从所种植好的石榴树上取枝条，截取几十节后插入地中，生根育苗。对于石榴品种需要研究和探究，村民需要一个口味好、抗冻、抗虫的好品种。

8. 有人专收古石榴树。大的石榴树有平房那么大，一个石榴树能卖到4 000元。山东有人来收。树大，所结石榴越奇形怪状的越有需求。

5月28日　星期三　四月廿四　晴

走访临潼当地超市

走访临潼当地客都、人人家两个超市，了解石榴产品深加工情况。

1. 石榴片为西安市所生产,没有当地(临潼)加工企业。西安所生产的石榴片有的标明"临潼石榴片"字样,有的直接是"石榴片",而不写"临潼"。

石榴片成分为"石榴、果肉、白砂糖",但不知具体的果肉是什么果肉,这三者所占的比例为多少?

2. 超市有石榴酒销售,最贵大瓶装 75 元一瓶,最便宜的小瓶装 15 元一瓶(375 毫升),客都超市所摆放的石榴酒都为临潼区秦俑石榴酒厂生产。

石榴酒成分为石榴汁、蜂蜜,酒精度为 10%,酒体呈红色(微红),口味及包装整体有些类似于葡萄酒。

以前听当地村民讲,石榴酒是由没有商品性的下拣石榴所做。

3. 超市无石榴果汁卖。

4. 今天所走访的农户是岳建锋,他们家有石榴醋可以食用。我没有问超市有没有该类石榴醋出售。

5. 人人家营业员对业务不熟练,服务态度也不好,两家超市都有回避开发票的倾向。

6. 我所买的石榴片为陕西西安思乡食品有限公司所产,厂址位于西安市灞桥区。该公司生产陕西特产,不限于石榴片,所生产的产品很多。该公司把不同地方的农产品深加工之后,依靠自己精美包装和布货渠道,有了自己的核心竞争力,能从农产品深加工中获得较大利润。与此同时,公司对于陕西农业发展做出较大贡献,能够提高农民收入。因此,农产品深加工要独具慧眼,要有整体营销概念,把握几个营销关键点,掌握顾客的需求,在多元化市场需求中开辟出自己的独特空间。

我需关注"特产经济""特产产业"。西安思乡食品有限公司不拘于某一类产品,它专做陕西区域特产。由此我头脑里有了问题,石榴加工成醋和酒,是否含糖类的农产品都可以如此加工?比如,利用甜瓜来生产甜瓜醋和酒?

访谈协会会员、骊山街道办胡王村岳东组村民岳建锋

下午去骊山街道办胡王村岳东组找岳建锋访谈,岳建锋为合作社会员,自己家种有 4 亩石榴,除此之外,利用业余时间做苗木生意,但石榴为主要收入来源。

1. 协会在春季(2—4 月)、冬季(10—12 月)集中学习,一次能有两三

百人，目前快至 6 月，石榴花正开，家家都很忙。我要做表格调查，可在年底会员大会召开时，那时人员集中，更为合适。

2. 自己家的石榴前几年走外地，如今则去市场上交易，卖给小贩。至于精品包装的石榴，拿箱子来包装石榴，箱子上印有经销商的电话。

协会刚做销售不久，以前专做技术，去年通过协会走了一些货，但是不多。

3. 协会去年分红，岳建锋共 30 股（每股 10 元），分得红利 80 多元。

4. 协会以行政区域为单位设有分会，分会下面有会员。小区经理是在石榴比较集中的地方设置的。岳东组没有小区经理。

岳东组有五六个协会会员，平时自愿交流，没人领导，没人专门负责。

5. 石榴价格与去年相比有下降趋势，四川石榴对临潼石榴有竞争威胁，四川石榴主产于四川攀枝花、会理，四川石榴耐储存，便于运输（可能是因为果皮厚的缘故），因此有较大的商品性。

6. 协会收会员费每年 36 元，以作提供技术、打印资料之用。协会费用除靠会员交费之外，还有国家补助。

7. 石榴上市正值阴历八月到十月水果空缺期，此时苹果刚下来，苹果价格高，石榴有很有利的优势。石榴是送朋友的最佳礼品。

8. 协会所收会员石榴不能满足要求，就与非会员发生交易，收购非会员的石榴。

9. 参加协会也有好处，可以开阔视野，增长见识，在理论和理念上领先。

岳建锋此外还做苗木生意，但石榴是主业。现今，各级地方政府都要绿化，引进成木，易有成效，而不引用苗木来种。成木移栽成活率高。岳建锋做成木生意，帮助联系销售百年老树和几十年的石榴树。

当地水质很好，岳东组旁边在建临潼区博物馆，从区内搬迁出老博物馆。岳东组背靠骊山，山上泉水含有矿物质，水质很好，附近有个长庆油田疗养院，临潼这边是陕西的休闲胜地，有许多单位的培训机构驻扎。临潼犹如贵州省贵阳市花溪区，花溪区是贵州、贵阳各大单位培训机构驻扎最多的地方，花溪区是贵阳最休闲的地方。

临潼街道上的温泉洗浴中心，大都是从山上所拉的温泉水，专有人做温泉水的生意，以保温罐车来拉温泉水出售给洗浴中心。

岳东组虽然在骊山脚下，近靠秦王陵、兵马俑，但受到旅游影响不大，没有直接从旅游中受益。

访谈骊山街道办胡王村寺沟组村民

　　早上晨练，爬上骊山，中午下山，在胡王村寺沟组的一个小卖部停了下来，休息一会，与村民访谈。

　　访谈了村民王汉学及小卖部店主——一位七十二岁的老太太，老太太精神抖擞，眼不花、耳不聋，比较健谈。

　　1. 寺沟组石榴有一百多年历史，现今仍有古树，全村如今都种植了石榴。在此之前，石榴虽有种植，但不是主产，之前种有小麦、玉米。这些年来，石榴种植的人多了起来。这片地方为石榴原产区，斜口街道办、代王街道办为后来发展起来的石榴产区，刚有几年的时间，且那里的石榴不好吃。石榴与土质有很大关系。石榴以山上种植最好，比如这里石榴是最好的。但这里的种植有一大问题是用水问题。不如岳东组，岳东组有生产队时所打机井，能保证灌溉供给。因此，寺沟组的石榴长势不好，靠天来决定长势，村民为此投入也是不多，比之岳东组则是投入少了一半，仅投入几百元钱，而岳东组设施好，且每亩投入了一千多元。

　　2. 石榴技术上存有一定的问题。对于一般问题，大伙可自行解决。目前，有三大病，需要解决。所售的农药不能杀死害虫，喷洒农药解决不了问题，即使把害虫放到药瓶中也杀死不了。

　　临潼区设有园艺站，村民可前去咨询，并可在园艺站购买农药，园艺站出售农药。蚜虫基本上防止住了，但目前食心虫还防治不了。

　　3. 村上有百年的石榴树，但逐渐少了，有专人做古树生意，向外贩卖古树，古树可做绿化之用。

　　4. 寺沟组的名字与骊山的石翁沟有关，在山上有一个石翁寺。寺院有几个人驻守，有女性老年人。石翁寺的收入来源是山下信徒的功德捐献，还有山下信徒随手带来的食物。寺院内的开支，比如寺院修复及住持的生活食用就来源于此。

　　寺院是村民的精神慰藉，村民家中有争吵，有纷争，便会去寺上寻求慰藉，可在寺内吃饭，也可留宿，借此缓解情绪，释放压力。以小卖部店主老太太所讲，寺院是一个慈善机构。

　　与此相比较，在寺沟组本村内也有一个寺院，在二天门处，为村上 * 所建，是新建的寺庙，这个寺庙挂羊头卖狗肉，以营利为目的，只收大钱，不收小钱，如果交钱少了，寺内"女尼"则故意说些不吉利的话。钱捐献的多了，所得的话也好。

这些女尼是乔装打扮，在寺内是女尼，在寺外便又是另一装束，又回到寻常百姓模样。寺内曾请过高人，但是高人来到这个寺院，大失所望，便离去了。

常来该寺内的人是临潼区各单位的人，部队的官兵也常来此寺。

5. 加入协会与不加入协会之间的区别是，在石榴剪枝上有一定的区别。岳东组在整枝上有技术。

6. 前20年所种石榴是以自己吃为主，剩余的拿去卖，因此，石榴树种植不多。这20年石榴种植多了起来，随着面积扩大，便以外销为主，现今石榴种植都是这些年新种的，最长时间不超过20年。

7. 牛奶问题。寺沟组有喂奶山羊的，但是养羊户不多，也有几家是喂牛的，所养的牛两三头或三四头。当地并没有放羊的，都是从山上割草来喂，如此可以节省时间，不被放羊占用太多时间。

本村羊奶和牛奶所卖是自我销售，不出门就可以销售掉。寺沟组是上山锻炼所经之地，每早有锻炼的人从此经过，从农户家所购鲜奶带回去。寺沟组奶农不愁销路，每天都有锻炼者自己找上门来买。除非牛奶产量多了，有了剩余，方才把多余的牛奶卖给收奶点。

当地所经寺沟组爬山锻炼者早上有一二百人，下午还有一些。

5月29日　星期四　四月廿五　阴

访 谈 赵 盈 盈

下午坐车又去秦陵村，这次去赵背后组，找石榴协会销售部部长赵盈盈访谈。先去了岳沟组，由前天所认识的大妈带路，前去赵盈盈家。等了半小时，与村民聊天，后见了赵盈盈回来，与她聊了起来。

1. 小区。以前协会分会已不存在，后采用小区标准，任用小区经理。现在是采用柜组组织，由柜组组长负责，现共有9个柜组。柜组的标准为30亩以上，合柜20吨。这里的柜组是由秦陵村的三个组组成。

石榴亩产优质果2 000斤，而普遍产量为每亩3 000~4 000斤。

2. 这边石榴易有划痕，需轻拿轻放，小心谨慎。否则皮坏了，则不耐运输。

当地有一种"天红蛋"品种，虽然皮厚，但不好吃，树不耐冻。而另一种"净皮甜"，为大家普遍种植，薄皮，好吃。

四川会理石榴在外地有很好的销路，对临潼石榴有很大的冲击。四川石榴销售好的原因，是由地方政府带头，设立办事处，搞推介。

3. 临潼区政府参与性不高，这两年情况有所改变。去年由区政府组织录制中央电视台《金土地》节目。前几年当地没有石榴市场，政府为了创卫，这几年加大重视，但区委书记、区长没出去推介过石榴。

石榴节从 1991 年就开始有，政府没有大力投入，开展得不好。

合作社 2002 年以来开始做展销，零销多，批发少，会员家里有大量石榴需要去卖，需要人手，而不能专注于零售。这两年开始专注于批发，进行柜组生产。

4. 合作社的发展历程。从以前的研究会—协会—合作社逐步发展。从做技术逐渐做起了销售，以先进的技术生产出优质的果子，但还要销售出去，销售很关键。

前几年大家出外销售，雇佣车辆，去碰运气，如果大家都聚到一起，价格则会很低。

5. 这里的石榴醋是由农户自家做的，因为没有加入香料，所以不香。西北农林科技大学的陈锦屏教授有研究。

对于石榴酒的制作，这也有一家酒厂生产。而对于石榴汁的制作，在西安有一家工厂制作石榴汁，而河南大量制作石榴汁，渭南也有一些厂家在做。石榴酒、石榴汁都是用次果生产，次果果形不好，但做果汁还可以。

6. 赵背后组有会员 19 个。

7. 赵盈盈对"代办"一词概念模糊。但据她所讲，果汁厂专门委托有人来收石榴。

8. 石榴地里能否放羊？杂草会影响长势，要锄去。但需人工专门种草，种某一种草，以此排除其他草的生长，进行保墒。这种草可以培养一种虫，该虫是害虫、蚜虫的天敌。因此，选择生草可以培养害虫天敌，人工创造一种生态环境。

树下种草、喂羊，草不一定够吃，反而可以养鸡、养兔。但养鸡、养兔则不好养，麻烦，需要技术，且忙石榴时，家禽便没人专门管理。

前几年种黑木耳，利用树下阴影，尝试性去搞，但由于没技术，最终失败。

9. 家家养狗。待石榴成熟后就需专门带狗到地头去看管，防止有人偷石榴去卖。

10. 代王、斜口、秦陵与骊山石榴种植有多大差别？在卖价上有多大差别？

临潼石榴发展轨迹是骊山—斜口—秦陵—代王。

这四个街道办果子质量都差不多，即使果子质量差不多，但骊山有市场，便于当地销售，而其他地方没有市场，比如，代王街道办没市场，在获得市场信息方面不灵通，从而影响了销售。

11. 有无大棚石榴？以便提前上市？尚不清楚。不知道石榴是否可用设施大棚来栽。

但石榴树可以通过整枝剪枝来控制住长势。低洼地不利于种植石榴树，低洼地在冬季时易形成冷气滞留，从而造成冻害。

12. 当地旅游景点、手工艺品由谁提供？秦陵村有参与的吗？有手工艺生产吗？

秦陵当地以家庭为单位，自己生产。没有组织进行集中统一生产。

本地下河村有手工艺培训。

赵盈盈有搞手工艺的想法，但活忙，工作忙。

13. 吃面吃麦如何解决？买面粉价格高，买麦自己磨。余下麸子可以用来养狗、养鸡。此外麦麸可以用来换大米，以此改善生活。而大米商贩则把收集到的麦麸卖给养殖户。

回去时，又经过岳沟组，与庞崇芳阿姨聊天，她对秦陵农高会有浓厚兴趣，从来没去过，今年想去。她不知农高会时间，要我在农高会召开时打电话给她①。

5月30日　星期五　四月廿六　晴

访谈斜口村民

上午打电话给柏永耀会长，想去斜口、代王看看。柏会长告知，当地负责

---

① 后来我确实联系了庞阿姨，但最终没有成行，是为遗憾。

人忙于检查生产。于是，我便自己去了，先去了斜口街道，中午又去了代王街道。

1. 临潼西泉没有种植，五泉所种大多是小麦，即将成熟，又种了猕猴桃，10 月份成熟上市。

到了斜口，斜口西临路北种有石榴，路南骊山脚下也有石榴种植，以柏会长所讲，骊山向西南 15 公里也种有石榴。

2. 在斜口街道高沟村平三组与一位阿姨聊天，她叫杨桂荣，60 多岁，在地里干活，在石榴地里锄草。她地里草比较少，很干净，而邻近地有几块杂草丛生。以杨阿姨来讲，两家专门打麻将，靠麻将收入，有一家编织草席，他们都有收入。

以杨阿姨来讲，最迫切需要有人帮助他们销售石榴。她对我调查不感兴趣，唯一要求我能帮助她的就是销售石榴。

3. 在代王街道，代王以西为旅游区，有兵马俑、秦陵，代王以东则看不见路两边石榴种植。代王以东都是金黄色的小麦，小麦已经成熟，村民们正在收割小麦，乡村公路上摆满了小麦，摊晒，由过往车辆碾压。在代王南骊山脚下有石榴种植，我去了一个叫庞岩村的村子，农户在山下地里种了麦子，在地势不好的沟内种了石榴，面积不多。以当地人所说，沟内的石榴不好吃，不如骊山街道的石榴。

4. 后来以柏会长所讲，山下有石榴种植，900 米以上的高度便很少有石榴种植。

5. 在临潼西关去西安的高速路口，往西走就是斜口街道办，有许多卖水果的，目前清一色地卖杏。我上去了解情况，这边水果销售都是周围村民所做，他们土地大都被征了去，自己家所种的果树较少，如自己家所种水果如不够卖，则会从别处贩些水果来卖。他们所卖水果不一定都是自家所产。

再次访谈柏永耀会长

下午 2 点多，回去临潼，柏会长打来电话，我前往见他。在区人大三楼，我见到了柏会长，同时还有两个副会长在，我与他们交谈一阵，他们就是我要去找的斜口街道张铁村和代王街道庞岩村的人。

1. 网上邮购情况：作礼品来送，礼品装。直接邮寄给客户，量不大。

2.《金土地》《致富经》录制是否收费？

《金土地》是由临潼区政府联系来做的，柏会长不知情。

《致富经》是要看节目质量如何来决定是否收费。部分节目收费。如项目价值大，质量高，节目组感觉有东西可以挖掘，便会免费去做。

3. 去年20吨石榴出口走的是哪一港口？石榴出口，自己没有外贸权。去年交给别人代理，自己不知道出口到哪里了。

4. 石榴园下养殖问题。土地比较分散，不集中，不便于养殖。

5. 石榴产业没有萎缩的趋势，还将继续向代王一带发展。合作社所建的示范园将在代王建设，合作社要把科技放在最前沿处。

产业发展是由市场决定，由市场要求来引导，不是某一组织、某一政府所能够决定的。

6. 合作社是由成员组成的，凡是成员必须入股。而协会则由会员组成，凡是会员必须交会员费。合作社成员不能称为股东。

7. 对于农资销售，合作社统一进货渠道，对所进农药要严格把关，合作社起标准化作用。

8. 山东枣庄有石榴种植，有两三万亩规模。当地石榴深加工产业延伸较长。

9. 政府所起作用。临潼是旅游业主导，农业没有收入，临潼政府有时工资就没法发，领导没去外地推介。渭南全都是农业，政府更没有收入。而阎良则是由西飞集团提供了大量税收来供养财政，阎良突显出农业。

10. 石榴怕碰不是皮薄的问题，而是皮内含有草宁，与空气接触氧化后变黑。石榴本身皮较厚。

11. 入股方式及后来入股如何计算？

不以农业设施入股，不以技术入股，全都是以现金入股。未来技术可以入股，但如何去做，还未明确下来。

对于入股的后来者又如何计算股价问题。入股以一年为周期，一年分红一次。有人离去，有人新加入。每股10元，不限数额去认购，话语权一人一票。以总金额数量大小及每个成员投入金额所占比例进行年底分红。

12. 合作社成员要求至少5人。

13. 石榴专业合作社想在石榴示范上与西农合作，他们请我回到杨凌后再联系他们，并准备来西农会见一下科学技术推广处的人，具体就合作的事情进行商谈①。

14. 石榴产业合作社自己有短信系统，凡有事、凡有会议便以群发方式发信息联系大家。

5月31日 星期六 四月廿七 晴 阎良

回到阎良，这几天需了解甜瓜销售的情况。西农甜瓜站已开始收甜瓜，但甜瓜大量下来还需要几天。

甜 瓜 站 （一）

我今天上午去了大棚之中，对产量做了一下估计，一间大棚，一行15枝，单蔓甜瓜，一蔓结一个甜瓜，大概一斤重。一个温室公共60行，如此算下来便是900个甜瓜，一个温室能产1 000斤左右的甜瓜，这是一炮（茬）瓜的产量。这里共有11个大棚，如此便有一万斤的产量。加上二炮（茬）瓜就能有两万斤产量。如能以1元/斤来算，甜瓜所卖仅是两万元的收入，加上春季育苗收入，西农甜瓜站最多能达到10万元的收入。而听朱绪让老师讲，每年西农在甜瓜站上投入经费是60万元。西农甜瓜站上还有平时水电及十几个工人工资支出，仅厨师就需每月发工资600元。甜瓜站开支很大，听常宗堂老师讲，前一段时间甜瓜长大，仅吊瓜所用钢丝就用去了一万多元。

我见到了一份甜瓜站工资支付表，2008年3月份所发工资就有十几人，这些都是甜瓜长年站所用人员工资，包括朱绪让940元，厨师600元，在＊公司工作的张继涛及为＊开车的＊都开有工资，每月600元。因此＊公司里有部分人的工资是由甜瓜站所发，而人员则为＊公司工作办事②。

在甜瓜站门口的办公室内看到了前来参观的登记册，现在来参观的比之去年少了很多，去年刚建好，前来参观的人很多。阎良区领导多次过来，西农人

---

① 我回到杨凌，就此询问西北农林科技大学科技推广处宋西德副处长，其回复说，学校不愿意在临潼建设专家大院，只有当地政府出钱，聘请西农专家才可行，西农大做石榴种植研究的教师不多。

② 此话为当年观察，自己工作后，发现甜瓜站这些收入，有些应该为固定人员工资，有些为一些人员的补助，不能全当工资，否则当年这些人仅凭靠这些收入，真是太低了。

多次过来。今年来参观的人很少。

办公室还有一个技术咨询册，对技术进行咨询的来访都要登记下来，有人负责专门接待。去年刚开始技术咨询工作做的可以，登记咨询的人很多，一天就有几个人来咨询，而现在不见有人来咨询。有电话来了，不管是什么电话，一般都不接，无人专门负责接电话。咨询登记册上更没有人记录，去年富平的赵可合曾是接待人，而今年根本没有见他的人影①。

访 谈 冯 朝 阳

下午又去了冯朝阳地里，了解这一周来所发生的事情。

1. 前几天又为上海客商收了一车瓜。在关山冯朝阳地头，在北冯村张小平地头，在临潼相桥镇贾相志地头，三个地点同时收瓜。后来装车共有12吨发往上海。

到了上海，上海客商拒收货，这次发货品种杂，大小不统一，质量不过关，上海客商很不满意。这次交易便败坏了合作社的名誉。以阎良瓜农讲，这是"丢人"。

2. 这车货是部分甜瓜出了质量问题，是贾相志所供的货出了问题。贾相志以次充好，大大小小，不同品种混装在一起，蒙混过关，缺乏监管。

贾相志所交甜瓜是自己所种40多亩甜瓜地所产，他种了十几个品种，大大小小，品种很多，规格极不统一。

合作社人手共三个人，张小平与贾相志关系好，郭志勇与贾相志是同学，他们不便于监管贾相志，如找其他村民去监督贾相志，易接受贾相志的贿赂，使监督失效。

而我的建议，严把质量关口，质量第一，宁肯收货不齐，也不能轻易降低质量标准。收贾相志的瓜便利用了熟人关系，致使供货出了质量问题，损害了集体利益。

3. 冯朝阳理事及其他村民在论及贾相志所种甜瓜大小差异程度时便讲到，大的甜瓜犹如西瓜，特别大。村民谈及此瓜时，便笑得合不拢嘴，认为贾相志品种太多，单个品种规模都达不到，因此他今年甜瓜销售便存在了困难，如此

---

① 赵可合与甜瓜站发生了不快，有了争执，之后很少来甜瓜站。

今年会发生折本的可能。

　　贾相志个人经营甜瓜却做起了为国家示范品种的事情，没有得到补偿，而仅免费获得种子。西北农林科技大学甜瓜站虽然是科技示范机构，今年所种品种统一，全都一样。

　　4. 今天甜瓜市场为 0.7 元/斤，以冯朝阳讲，目前市场仅有降价可能，而不会再涨。

　　5. 这几天的工作安排，去贾相志、张小平、赵可合那里去看一看。

　　6. 富平、临潼种瓜都不如阎良关山这里，农民技术不行，技术决定种瓜的好坏，而不在于地势和土壤。

6 月

6月1日　星期日　四月廿八　晴

又去代家市场

旱上饭后，八点，骑车向代家去，经过相桥路口，到了北冯，到张小平地里查看。经过了代家，这些日子二炮（茬）瓜都已下来，瓜量很大，市价不高，今天每斤五六角钱，前来拉瓜的客商较多，道路上时有堵塞。

1. 前段时间，专收下拣瓜的新郑客商，现在也收起了上拣瓜、中拣瓜，现在甜瓜便宜，这里所收最高每斤给不到 5 角。新郑客商现在一天走上一车瓜，大概 10 吨。

2. 又到下一处，我来访谈过，房东代办以前为湖南小谭，今天则为两个分别来自河南平顶山和太康的客商收瓜。

太康客商以每斤 5 角钱价格收瓜，拉回去能贩到 9 角。他们一年四季在外贩卖水果。甜瓜在山东莘县也有所产，为温室甜瓜，季节较早，但不好吃。

太康客商对瓜大小没有要求，但要求成熟度要好，不要青瓜。太康客商在 5 月份没有来拉瓜，当时价高，在河南太康市场销售不动，现今价低了，便来进货拉回去。

这家代办大批量收二道贩子的瓜，现今二道贩子的瓜很多，二道贩子可以根据客商需要而收瓜，他们所收瓜的质量一般比较统一。客商对二道贩子所收的瓜满意之后，下次便会继续委托这个二道贩子收瓜。

3. 甜瓜再过十天便要下去了，市场逐渐消失。

4. 以新郑客商来讲，他不收石榴，认为石榴和甜瓜不同，吃法不同，石榴吃起来麻烦，且不如甜瓜有糖分，石榴是华而不实的东西。

5. 听太康客商说，河南商丘准备开始种植甜瓜。

6. 代办戴强娃的爱人拣了四个早蜜甜瓜让我带上，据她讲，早蜜品种挺甜，但个头小，亩产量低，故此，这几年种的人少了。

到了张小平地里，他们夫妻两个在采收甜瓜，我上去帮忙拣瓜。张小平为阎良一水果零售商采摘瓜，该水果商在阎良专供高档水果，对于货源他有选择，专拣好的水果产品来拉，一般自己上门去挑。今天张小平的甜瓜交易价格为1.1元/斤。我与他们座谈聊天一会。

1. 为上海收瓜之所以出现问题，在于当天张小平较忙，西农同时有人前来地头拉瓜，张小平左右兼顾，抽不开身，郭志勇又去了西安，分三个地方收瓜，人手不够。对贾相志太相信了，以致出了差错。

2. 合作社想做农资生意。而我认为，农资作假多，竞争厉害，合作社可以在采购农资上进行联合，但不能想从农资上赚钱，合作社要在农资上联合采购，服务本社会员，而不能舍本逐末，忘记了本行优势而去做外行。

上海这个客户就是一个例子，目前有客户可以服务，合作社要脚踏实地去做事，从零起步，要做好头一个客户，不可舍此而好高骛远，不务实际。以我所讲，合作社应专注于联系销售，做好市场动员，把好质量关，把产品看作生命线。

农资经营是为了服务会员生产，而不能把农资当作合作社的主业，不能舍本逐末。

与上海客户经营交易的态度，是要与一人做千次生意，不能与千人做一次生意。要做好重点客户的服务工作。

3. 张小平拿出一个瓜，让我比较一下与甜瓜站的区别，我比较不出。张小平自己认为甜瓜站所用设备、设施高级，但所种出来的甜瓜不一定好，吊瓜技术不一定先进、领先。且甜瓜站温室缺少阳光，甜瓜甜度与太阳照射时间的长短有关，而甜瓜站正是缺少阳光。

4. 与水果商聊天。水果商专门到各地区寻找果源，拣优质水果去卖。他在阎良做高档水果生意，干的时间长，阎良机关单位送礼所用水果有许多都从他那里买，这个水果商自己进货，不贩卖水果，自己找到果园，前去选购，专挑精致水果。他是阎良经营石榴第一户。他常开着三轮车到各处选购各种水果，再通过自己的店面零售出去。

5. 张小平、水果商认为，临潼石榴农户没有商品意识，素质太差，对石榴使用农药太多。

6. 我表示待他们不忙时，我将带他们去杨凌看看，去其他地方学习参观，张小平很高兴，表示愿意前往。

7. 二炮（茬）瓜与一炮（茬）瓜的区别是二炮瓜肉少，瓤小，而瓜腔大。二炮瓜生长期短，天热，成熟快，吃起来不如一炮瓜甜。以水果商来说，阎良昼夜温差大，甜瓜需要昼夜温差，否则，甜瓜长不起来。

8. 讲到张小平能否脱产专业经营合作社时，张小平担心没人发工资，自己目前地里收入是主要的，但自己地里可雇人来种植，如此便有时间来经营合作社。

晚上张小平打来电话，上海客户已以每斤1.6元的价格把瓜收下。他与这边已达成谅解，双方就第二车瓜进行了协商，待第二车瓜的买卖结束，上海客商还想让收第三车瓜，后天便要去收瓜。

6月2日　星期一　四月廿九

物品交付，开出收据

7点饭后，前去冯朝阳的地头说话。我带去了文件夹、档案盒、笔记本，交给了冯朝阳，以便合作社建档之需，文件夹、档案盒用于存放档案，笔记本用于会议记录。我在物品侧面都标出品名，专供科农合作社使用。

我于5月初在杨凌购买好带回，5月12日来阎良之后一直没人来甜瓜站，我所购物品没法交付。虽见了张小平，与他谈及此事，他一直很忙，从来没到合作社里办公，他把物品先保存在我那里，现如今快一个月，我来阎良也快一个月，如交付不了，我的工作便没办法开展。

今天便把物品带到张朝阳那里，交付与他，他欣然接受。按照程序，他为我打了一张收条。以后凡是有物品交付，我都需要对方开一张收据，待我把这些收据集中起来，就是工作开展成就的展示。

1. 目前市场上有这种情况，以冯朝阳所说，青瓜可能会集中上市。果农集体行动是市场行为，集中上市青瓜，不待瓜成熟，市场价便是以青瓜为参照的价格，熟瓜没有比较优势。

这几天便需下去看一看青瓜的市场。

以冯朝阳讲，客商委托合作社来收瓜便可收到好瓜。

2. 明天要收购瓜，一元钱一斤，在冯朝阳地头收瓜。

基于上两次的经验，一定要严把质量关，要收好瓜，一筐一筐地过，以冯朝阳所说，认瓜不认人。

当场说好价格，严把质量关，但不当场给现金，只给收据，待两天后再给现金。

6月3日　星期二　四月三十　晴

帮合作社收瓜

今天又帮合作社收瓜，早上八点过去，在冯朝阳地头收瓜。我与冯朝阳两人收瓜，他拣瓜，我过秤。一天下来，收了一万两千多斤，加上张小平在北冯所收的瓜总共下来便有12吨货可走上海，明早装车，后天可到。

中午骄阳似火，很热，我们依旧在太阳底下收瓜。我骑车到关山镇上，跑了老远的距离吃了午饭。

1. 这次收瓜，1元/斤，所收的瓜都是所熟悉周边人的瓜，其他人的瓜则不收。合作社准备以此人群为基础进行收瓜，不久便发展他们为成员。

2. 收瓜要拣，有些人则是故意拉些不好的瓜过来，投机取巧，以此蒙混过关。比如张增平三番五次拉不合格的瓜过来，且有大批的瓜被拣了出来，他为此还生气。

3. 来卖瓜的还有冯朝阳的亲戚，冯朝阳便没监管，郭智勇也没有监管，我更不便于监管①。收瓜人的亲戚卖瓜，品质如何保证，这个事情全都由收瓜人自己来负责，是否更好呢？

又如，张小平理事长自己的瓜及他亲戚的瓜又由谁监管呢？这个监管漏洞对合作社起到多大的影响？

---

① 如今反观，我当时有不想得罪人的心理，合作社自己人不管，我作为外人又如何去管？如何设计制度呢？由此，在合作社利益与个人利益之间，需要有个平衡，人不能把事情做绝，要有个余地。现实社会真是水至清则无鱼，在合作社与个人之间，只有合作社所带来的利益大于个人利益时，才能够运行下去，合作社才最终胜出存在，否则合作社就在个人寻租中消亡了。由此我们感谢合作社当中坚持原则的那些成员们，只有他们给合作社带来的正能量，减少了一部分成员的寻租，使合作社得以运行下去。

收瓜人由谁来监管呢?

4. 收瓜过程中,大小分拣成了一项重要工作? 能否由机器来做这部分工作呢? 能否把苹果的自动分拣机应用到甜瓜大小分级上呢?[①]

5. 张小平理事长嘱咐,在收瓜过程中进行拍照,以便作为档案资料。

6. 郭志勇从张小平那里获知我将带他们出去参观考察的事情。他们非常愿意前往,并表示到 7 月便有时间。我立即表示,我带他们去参观成熟的合作社,在未带他们去之前,我必须自己先参观一下,先考察好后再带他们过去。郭志勇提及浙江温岭合作社发展得不错。

6月4日　星期三　五月初一　晴

早上饭后八点,又去冯朝阳地头,此时张小平已经过来。冯朝阳的瓜已装成丝网,后来大车来了,又喊来人装车,装了 336 袋,共 11 吨货。我在一旁看人装车,装车也有讲究,搭配不好时容易碰伤。我在旁看着,安排人员装瓜时轻拿轻放,防止碰伤。

装瓜过程中,有许多工序,从地头采摘下来,过磅过秤,装入丝网,装上汽车,后又卸车,又经人手挑拣,摆上超市,后到了消费者手中。这一环节过程都是有讲究的,在经人手时需注意小心,防止人为碰伤。装卸车的队伍比较多,没有行业限制,几个人便可以形成队伍。这一队伍需有人负责,对装卸操作过程有所规定,要严格要求自己人,轻拿轻放。在一样的市场价下,谁的碰伤少,安放货物安全稳固,谁就有回头客。

做生意,做经营,是个前后关联、无缝隙、无漏洞的系统工程,马虎疏忽不得,需认真负责。农民做经营更是有严格要求,在某些事上不能靠经验,靠

---

① 之后见山东龙口凯祥有限公司出品甜瓜选果机、甜瓜分拣机。其他厂家也有生产。针对甜瓜温室大棚湿度高,加上喷洒农药,长期待在大棚里,对瓜农身体有害。张小平曾向孙武学校长提出甜瓜采摘机问题。西北农林科技大学有农业机械学院,但在当时估计也难以研制出来。因为甜瓜采摘不仅仅涉及技术问题,也涉及经营规模和组织化问题。如今十多年过去,无论是温室大棚甜瓜或露天甜瓜,都有相应采摘设备。在温室大棚中,有采摘瓜蔬机器人,在露天瓜地中,有大型的甜瓜采摘机。农民也有自发创造,在温室大棚里设一滑索,减少采摘困难。露天采摘中,配合人工采摘,采用机械传送带装车,更具有实用性。甜瓜无论是从种植到采摘,随科技发展,人工智能的投入,甜瓜人工劳作越来越少。但具有挑战性的是,科技转换现实生产力的实用性、土地经营规模及组织化程度都影响到甜瓜农业的现代化水平。

感性去办，要严格按程序、按章程来，经大伙商量，找出一科学合理的方法来。

为上海收瓜总结

上午十点多钟，大车已经走了，合作社让郭志勇一个人跟车，他去上海就上次瓜的质量问题赔礼道歉，并察看上海瓜的销售行情。

大车走后，张理事长带着几个人一块儿去镇上吃饭，我也被一起叫上，吃了水盆羊肉，类似羊肉汤，10元一份，如今羊肉价格就是贵。

午饭后，在冯朝阳处，冯朝阳把我所捐献文档材料拿出来，我用相机拍照下来，以作见证。张理事长认真地看了这些材料，并翻看了笔记本，上面有我所写的第一次为上海收瓜的记录，日记文体。张小平对冯朝阳交代了照此做记录，以便日后参考，可以查阅比较，利于以后工作开展。

1. 张小平提出，能否把领导在他家地头收瓜卖瓜视察的照片找出来，用此作合作社的照片资料。

2. 在冯朝阳地头，与前来检测瓜并开无公害证明的农林局质检员聊天。他讲，以前农林局曾与＊合作社打过交道，但现在不打交道了。他今年没怎么为＊合作社开过无公害证明。

前几年与＊合作社打交道过，＊合作社以前是甜瓜协会，协会不种瓜，仅收瓜。

甜瓜协会基地所种的甜瓜也没有质量标准，农户散乱经营，自我销售。甜瓜协会在技术指导上没有统一标准。

3. 张小平在背地里向我讲冯朝阳的甜瓜太小，而他却只能在背后抱怨，不便在冯朝阳面前讲。因此，如何不说抱怨话，如何在事前防止事故发生便牵扯到建立机制问题。一个合理的机制虽麻烦些，但一个合理机制可以保证所收的瓜符合标准。

4. 听货车司机所讲，上海甜瓜客商专门配送超市，对物品有严格的要求。上海客商对物品的采购是与不同地方的合作社进行打交道，他们愿意与合作社打交道。

5. 听张小平的侄子提及苹果分级的问题，苹果以大小重量来分级分等，不用秤来称，而是用一个环来套，有一个标准环，若能套得住的便是合格的。

甜瓜分等便可借此经验。

6. 据郭志勇昨天所讲，合作社准备去云南种甜瓜，以使甜瓜早些上市，我问及为什么不去海南种甜瓜，他讲海南土地承包费太贵。

6月6日　星期五　五月初三　晴　杨凌

打电话给经济管理学院研一学生李纲，李纲为经济管理学院王礼力老师的学生，他们前一段时间为王礼力所指导一个合作社进行策划，在校园内贴出告示，公开征集合作社社标。就此，我对合作社的相关情况进行询问。

1. 合作社没有采用所征集的会标。

2. 合作社是由村支书所办，支书本人任合作社的理事长。

3. 李纲对合作社的进展状况不太清楚，他不负责此事，已经好久没有前去这个合作社。李纲没有向我介绍到底由谁负责这个合作社建设。

6月7日　星期六　五月初四　晴

6月5日回到了杨凌，今天在学校走访了园艺学院的张新领老师，他是园艺学院 2007 级博士，以前在郑州开了个胡萝卜研究所，我向他讨教种子经营的问题。

1. 种子行业不易发展大，不如饲料行业。农业中饲料行业很大，是很赚钱的行业。猪吃饲料，正如人需要吃饭一样，所需量很大。

后来，又听一个在 * 公司的老乡所讲，种子行业一样能赚钱，大田种子以量取胜，量比较大，同样非常赚钱。但调货不方便，需大宗调货。而甜瓜种子调货可以通过邮寄方式。

2. 目前，种子市场很乱。许多单位可以套种，以高价格去买别人的种子。便有人会出高价格收购走了。套种是有风险，对于客源的纯正性不能保证，不能保证是某一个品种。

6月9日　星期一　五月初六　晴

晚上去了王征兵老师家，了解近况，聊了一会，并询问与合作社相关的问题。

1. 对于培训，来杨凌这边，可以请来三个人参加成教学院乡镇长培训班或其他。

2. 对于培训，去阎良那边也可以组成团队，集中两三天讲课。西农这边可找四五个老师组成团队。课程设计由西农经营团队负责，对于阎良合作社仅有三个人的情况，王老师建议可动员群众参加。

6月12日　星期四　五月初九　晴　阎良

前几日与＊公司人员聊天，他是我一个老乡，我便了解到＊公司的一些情况。

1. ＊公司是套种与育种相结合。

2. ＊公司在甜瓜站所种西瓜仅示范试验一小部分，不是＊公司西瓜种子的全部。

3. 黑龙江是东北三省中甜瓜种植面积最大的省份，以薄皮瓜为主，甜度不如这边。

前去帮科农专业合作社送戳（印章），送到阎良区农技站郭志勇处。在二楼电子农务科找到郭志勇，他刚从上海甜瓜市场考察回来，我与他交流了一下，了解上海情况。

1. 合作社为上海收瓜三车，后两车销售状况不好，第二车是瓜形不好，大大小小，现今销售就有积压，难处理，5角钱一斤都处理不出去。第三车瓜则是由于二炮（茬）瓜，甜度不够，不易销售。第二车瓜的质量影响了第三车瓜的销售，甜瓜的品质不好，会一下子砸了甜瓜的牌子。

2. 上海的本地甜瓜市场是由周边地区供应，比如嘉兴、南汇，当地有甜瓜种植。郭志勇这次所去仅是看了市场，而没去看供应甜瓜的种植基地。

甜瓜市场有精品甜瓜，包装极其精美，郭志勇拍下了图片，我拷走了几张。

3. 阎良所供三车甜瓜，是由客商向超市散装供货，市场价格为 1.7 元/斤。甜瓜质量问题直接影响到销售，超市不愿意要阎良甜瓜的供货。

晚上，与朱诸让老师、常宗堂老师聊天，了解甜瓜站的一些情况。

1. 去年，甜瓜站上的李胄老师所组织甜瓜销售到北京市场，都没有赚钱，北京销路没有打开。今年，便没有再往北京发货。

2. ＊人品不行，所欠育苗钱还未还给西农。＊以前在甜瓜站工作过一段时间，但与西农甜瓜站有很多争执。贾相志要比＊强一些，＊在技术上不行。

西农甜瓜站与赵可合已有一年多没来往。

3. 具体到所发工资的表格上有＊公司人员，还有代家村村主任代经济，据常老师讲，这是报上名字统一一起领取的经费，但在具体发放中灵活安排，以实际用工量支付。名单上的人员不一定能领取到工资。

4. 甜瓜站上的人员相互有怨言，在背后说对方如何不是，有意见不当面提。

5. 听朱老师讲，以前的陕西农科院建立了许多农家大院，但项目结束后就荒废了，位置是好的，当地政府还能利用，否则便成了抛在荒山野岭上的"废弃庙宇"。

现今，农民各有心计，自有打算，不重视专家，他们觉得专家没有实际操作经验，不立足于实际。

农业系统没有钱，除了每年的农业专项资金外，再没有别的钱。

科农不应该多收瓜，应该收好瓜。

6. "一品天下208"仅由张小平一人来种，张小平勉强自己种植，勉强供应机关单位和西农。张小平的兄弟张亚平就不种208品种，张亚平不能获得像张小平一样的销路，由此208品种推广就有了问题。

6月13日　星期五　五月初十　晴

上午去了冯朝阳地里，送去上次所拍照片，与他们夫妻两个交谈一阵。

1. 上海第三次收瓜，不是瓜的品质不好，不是瓜不甜，而是对方为了压价故意这样讲的。

冯朝阳为我杀个瓜，我品尝一下，口味还可以。

2. 现在甜瓜市场价为 0.28 元/斤，冯朝阳经过挑选，瓜能卖到 0.5 元/斤。

冯朝阳今年所种有 9 亩地，收入能达到七八万元，达不到 9 万元。

对张小平销售预测，亩产能达万元，14 亩地能卖 14 万元，而成本则需要至少 4 万元。

3. 至于我为合作社成员照相、照全家福的想法①，眼前不是时候。待甜瓜收获结束、玉米播种之后，也就是到七月份，此时便是照相的好时机。

4. 秋季所种的玉米，收割下来，便能补偿一年的土地租赁费。

5. 讲到市场上包装问题，目前都是采用丝网袋来装，而不用纸箱来装。甜瓜下来初期，甜瓜怕压，可用纸箱来装。现今在甜瓜末期则是不怕压，用丝网袋来装。

去赵曙光地里，他在选瓜，准备送往省科技厅，以他所讲昨天已送了锦旗。他所代理的五月雪品种就是省科技厅某单位的。

他的瓜个头小，大小不一，五月雪不甜，不好。

他的瓜种植不得方法，一炮（茬）瓜和二炮（茬）瓜混在一起，普遍个头偏小。

从临潼何寨回来，走相桥，路过贾相志的甜瓜地，便停下来了解近况。贾相志不在，他爱人在，我与他爱人和其他所雇工人一同聊聊。

1. 他们讲，今年销售形势不错，主要走西安市场，下午洗瓜，晚上拉瓜去西安，早上卖瓜，上午回来，休息后再准备下一车。

贾相志还准备种秋季瓜，以工人所讲，春秋两季每亩一共才卖到七八千元。

2. 在谈及品种的表现时，贾相志爱人和工人一致推荐 208 品种，他们讲，208 品种的瓜形、甜度、早熟度都是可以的，明年准备大批量种植。

3. 在谈及资金需求时，他爱人和工人都感叹资金的短缺，太缺资金了。

晚上在甜瓜站与朱绪让老师聊天，我刚从何寨回来，此时已经是晚上

---

① 为瓜农照相，是我们了解接触瓜农、与其增加友谊的调查工作方式。在照片一角打印有西北农林科技大学字样和校徽，借机宣传学校。

9：30。

朱老师讲，甜瓜育苗不是看技术，看设备，而是看操心程度。甜瓜站设备先进，但是在育苗时不放在心上，便有大量苗子被冻死。农户育苗用心去育，在自己家炕上育苗，所育出的苗子很好。甜瓜站对面的一个农户便是用自家的炕育出了非常好的苗。

6月14日　星期六　五月十一　阴雨

甜 瓜 站（二）

天气晴了几天，开始下雨了，从昨晚就开始下了，白天阴天，今晚便又下了起来。

晚上雨下得很大，电路短路，电脑用不了，大家便坐在一起聊天。我拿上一盒烟，与常老师、牛师傅（门卫）聊天，朱老师今天中午已坐我同学的汽车回了杨凌。大家所聊的是甜瓜站的事情，讲＊与甜瓜站之间的关系，这也是我所感兴趣的。

1. ＊很忙，平常不来甜瓜站，不能对甜瓜站作长远指导。＊一门心思放在公司种子运营上，不对甜瓜站进行管理。＊对甜瓜站疏于管理，就甜瓜站出纳财务由谁担任就决定不了，他对事情从不作规划，事情临到头上便喊着、嚷着让人去办。

甜瓜站的财务是挂在＊公司的财务上，甜瓜站报账开支收入挂在＊公司名下，比如甜瓜收入、育苗收入便被＊拿到＊公司去了。而＊不会用这部分收入减去费用成本，如有余留可用于甜瓜站的福利上。

＊公司所占用甜瓜站的东西太多，比如甜瓜站有一辆车，由甜瓜站出费用，而使用权却在＊公司，甜瓜站用不上车辆。又比如＊公司种的西瓜所用土地、地膜、肥料、人工都是甜瓜站的，都是由甜瓜站来开支。

＊公司人员来甜瓜站吃住，都不给费用。

＊公司是公私混在一起，已引起学校的关注，推广处、吴普特①副校长都

---

① 孙武学校长因年龄问题，于2011年1月不再担任西北农林科技大学校长，孙其信接校长之职至2017年7月，后调任中国农业大学校长，原西北农林科技大学副校长吴普特接任校长至今。

知道此事，＊公司公私不分，以公肥私。

2. ＊人际关系不好，不常来甜瓜站，不与阎良当地政府交际。他之所以成就今天的种子事业，这是由于他所打西北农林科技大学的牌子。

其他地方的示范试验站则不是"公司＋基地"模式，比如白水苹果试验站，就是纯粹研究教育基地，由园艺学院副院长赵政阳教授作为首席专家，纯粹做研究，培养研究生。甜瓜站则不同，＊公司混淆进来了。

此外，白水苹果站与当地政府的关系好，政府给了两辆车，又给了十万元。而＊则不善交际。在甜瓜站未成立之前，＊的种子曾出现过问题，被阎良相关部门罚过。

3. ＊对甜瓜站不常管理，不常来，但又不交给某一个人专门负责。甜瓜站上下总体缺乏统筹，没人总体负责。因此甜瓜站缺乏统筹规划，缺乏统一指导。

以甜瓜站上人员所说，＊是采用慈禧太后的用人方式，让人各负责一部分，相互牵扯，相互制约，不让人负责全部。

＊不常来甜瓜站，赵曙光曾有说法，曾在甜瓜站对面吹胡子瞪眼，在孙武学校长来甜瓜站时，摔打表现过。

4. ＊不能处理好甜瓜站与＊公司之间的关系，他不认为甜瓜站经营好了能更大地促进公司发展。目前，他不常来甜瓜站，不认真管理甜瓜站，使甜瓜站管理上出了问题，生产与销售不能衔接。

＊一味地卖自己的种子，不想甜瓜站的长久经营，不为甜瓜站长久经营考虑。今年育种太多，时间太长，影响了种瓜时间，使瓜上市晚了一个月。一个月的时间，使＊多卖了很多种子，但影响了甜瓜种植，使甜瓜错过了上市季节，不能卖个好价钱。今年的甜瓜都已采摘下来，但是销售不出去，量太大，坏的也多，甜瓜站的甜瓜销售成了问题。

以常老师讲，如不育太多的苗，甜瓜提早种植，则抢占了季节，5月初就可上市。甜瓜可以供给各大单位，而不会使市场销售尽交给了张小平个人。

＊从育苗中所拿的 40 万棵苗的育苗费 1.6 万元，尽归公司。

5. "一品天下 208"不是科学品名，"208"是品名，"一品天下"有夸大的成分，陕西省农林厅不让用此品名。

＊今年所用包装，图案突出了"一品天下 208""千玉一号"品种品名，而没有突显"蜜霸"品牌（科农瓜菜专业合作社注册品牌），本末倒置，错误营销。包装箱在实际使用过程中，"一品天下 208"包装箱不够，而"千玉一号"包装箱剩余太多，最后发展成了"千玉一号"包装箱里所盛的是"208"

品种瓜。

＊所设计印刷的包装箱突显了所经营的种子品种，而不是占重要位置的甜瓜具体由谁生产，是哪一个公司，是哪一个合作社生产。

由此我和常宗堂老师商议，正当做法是统一包装，不从品种区分，在箱体设计上统一形象，突出商标。具体到箱子内装什么，则在箱体侧面加上品种标识，用以相互区别。常老师建议在箱子里面再加上彩页进行宣传，使品种相互有所区别。

6. 常宗堂老师认为，甜瓜站建立两年以来，也有成绩，表现在两个方面：一是育苗上成熟规范起来。二是推出了精品瓜，使甜瓜在市场上有了品味，在价格上有了一定的高度，创历史之最。

6月16日　星期一　五月十三　阴

昨天雨下了一天，我便没有出去，目前麦收刚过，农户正点播玉米。我今天下午要去康桥甜瓜基地看看，去代家看看。

去了康桥甜瓜基地，今天天气凉，农户在地里的不多，甜瓜在收尾阶段，甜瓜渐渐少了。

1. 我走访了几个农户，这次来康桥的目的，主要是做调查问卷。农户都忙，我做的是问卷调查，由我填写，农户都忙于自己的活，他们不方便填写。

目前做的是第一部分调查填写，对于第二部分我试探性发放，大多选项农户不知概念，不知如何填写，不了解题目的意思，看来第二部分调查问卷是做不下去了。

2. 以大多数农户来讲，所接触的合作社主要是培训，大家开过几次会，都是技术培训。有些人对合作社概念不明确，没有参加过合作社的会议。合作社都收过大家的瓜，但却是精品好瓜，是一个一个挑的，量不大。

有部分人赊账欠账，欠农资账款很多，待甜瓜卖后再还。

大家都是基地农户，与合作社联系不密切，但都与合作社发生过关联。合作社提供过技术培训，收购些精品瓜，提供农资赊账，为大家提供了种植基地，但合作社除与成员发生交易之外，还收非成员的瓜。

又去代家，代家收购瓜的车少了，冷清了很多。有的客商为了收瓜，提前在村外的路旁拦车，拦下拉瓜的农户，看瓜，并讨价还价。

1. 今天每斤价格为 0.25 元，价格不等，有的瓜好，每斤能给到 0.4 元。以目前情况来看，会持续走低，不会反弹。再过一个星期，基本清尾。

目前，武屯所产的甜瓜下来了，比起关山，武屯瓜迟些，武屯没有甜瓜交易市场，所种甜瓜不集中。

2. 湖南人没有来收购后期瓜，现今基本是河南人来收后期瓜。在戴强娃家收瓜的河南新郑人，现在去了其他地方收下拣西瓜，目前是西瓜成熟的时间。

6月17日　星期二　五月十四　晴

访 谈 张 小 平

中午，张小平过来。昨天，我为他写了一些汇报材料，他刚入党一年，要转正，需要些材料。与他交谈，了解近况。

1. 前几天，我不在时，孙武学校长领着张光强书记①前来参观。张小平考虑我是否在的影响时，我便有了自己的看法。领导前来，我如碰见则见一下，否则不必专门为此前来。我在阎良是开展自己的工作，没必要让某些人知道我在开展工作，也不需要对领导汇报，领导也没让我汇报工作。因此，我在阎良的工作是按部就班，以自己的思路开展工作，不必向任何人点头哈腰，曲意奉承。我需按自己的计划开展工作，不看领导的颜色行事。

2. 张小平如今是名声在外，接触的人很多，见过许多领导，向许多领导汇报过工作。他自称与孙武学、﹡的关系很好，能从西农要来资源。他目前还要向西农甜瓜站再要两间房子，他不管甜瓜站其他人的意见。他只需把﹡搞定，其他人都听﹡一个人的。

张小平所搞的示范基地，所需 100 多万元的资金，资金从西农所筹，西农给拨款，阎良区上农业资金每亩又能给 2 000 元的扶持。

3. 张小平准备再要两间房，区科技局在此让他办个科协，5 万元的经费而最终到了张小平这里仅余下 9 000 元，其他的费用都被﹡拿了去。

以张小平讲，北冯村支书 60 多岁了，该退下来了，下一任村支书便由张

———————————

① 张光强时任西北农林科技大学党委书记。

小平来干，而冯朝阳则任主任。

4. ＊与孙武学拉关系，要读西农的研究生。阎良区常务副区长张发俭是张小平的同学。

5. ＊之所以今年种地如此多，是想向国家要钱，而目前国家的 30 多万元没有下来，国家的钱不好要。＊的开支太多，入不敷出，目前要账的人很多。

6. 去年西农园艺学院邹志荣向合作社捐赠许多科技相关的书，都分给瓜农，由他们拿回家去了。

7. 西农甜瓜站没有盈利过，不赚钱。以张小平所说，甜瓜站准备过继给他经营，甜瓜站已有人称他为张站长，甜瓜站由他接手经营，以改变不盈利的局面。

8. 西农雇工出了问题，员工干的时间长了，便变油了，不好好干活。员工下午 4 点过来上班，而 4 点之前则在家里干自己的活，来甜瓜站上班之后，先休息一下，拿上茶叶，提上壶，倒上水。一天 8 小时的工作制，而用到工作干活上的时间顶多是 5 小时。

员工抱怨工资低，有时向甜瓜站较劲。牛老师建议，能否在苏家村再招上一批人，使之与代家村这一批人形成竞争，以产生激励。

9. 前一段时间，张光强、孙学武来时，推广处韩明玉处长在谈到合作社发展时提到，要靠经销农资方能有所发展，一定要经销农资。而西农可介绍农资经营户给合作社，合作社可欠 50 万元的贷款。

孙学武让张小平提意见，给出要西农帮忙解决的问题，张小平提出了一些机械化方面的问题，诸如甜瓜如何实现机械收割①? 后期甜瓜如何能通过加工环节卖上稍高的价格，甜瓜如何实现后期的加工？

下午 5 点多钟，我去了康桥的甜瓜基地，做问卷调查，访谈农户。

1. 对于抵抗自然灾害，希望能有农业保险，防止自然灾害，如冰雹所造成的损失。

白水县有农业保险的做法，南方省市也有此类做法，希望阎良区也能有此举措。

---

① 此问题，在如今，在机械化和人工智能上不应该有问题，温室大棚吊瓜可以使用机器人，露天甜瓜可以使用甜瓜收割机械，配以人工辅助，现已在国外及西部广袤地区实现，但技术的实现受制于经营规模和从业者组织化程度。

2. 农户普遍反映，＊所搞协会不错，能为群众办些事。具体到＊自己收甜瓜的经营行为，认为理所应当。＊自己赚钱，自担风险，农户不愿承担这个风险。目前，甜瓜不愁销路，农户不指望＊能给销售多少甜瓜。

又访谈了路边的麦子贩子，他收麦贩给大户，后再贩给粮站或面粉厂。

1. 目前，粮食收购，有几个关系，有小贩与大贩，小贩组织货源，卖给大贩，大贩则联系销售给粮店、面粉厂。

小贩自己有车，农机三轮，他们收麦可以视麦子的干湿度、质量而给价，而到大贩那里则是统一价格。

小贩、大贩各有2分钱的差价可赚，大贩除去装运费之外，自己每斤便能挣上1分。

2. 麦子不能涨价，如果涨价，便会带动所有商品涨价，农资、面粉都要涨价。

3. 他了解我目前仍在读书，他建议我去国家单位工作，旱涝保收，衣食不愁，而不能在外漂泊。

4. 具体甜瓜种类表现的好坏，他如数家珍，逐一数来，表述一番。今年红阎良和208都表现不错，但红阎良是属于娇子系列，本地人换了名字而已。早蜜甜度可以，但果形小，产量不高。高抗系列则是过早发白表现出"成熟"，但实质上不熟，因此那一年大批量种植则坑害了农户和客商。但高抗待真正成熟之后自是甜度不错。

6月18日　星期三　五月十五　晴

收拾物品，下午启程去西安，在曲江宾馆，省上要开会议，"百名博士挂职基层"即将启动。西农人员从杨凌过去，我从阎良过去，我到了之后找到他们，安置下来。明天开会。

6月19日　星期四　五月十六　晴

上午照相开会，会议组织得有条有理，不愧为陕西省委组织部所组织，很顺利，各人都有分工，安排得很周到。省委副书记王侠讲话合影，省组织部部长李锦斌作了会议讲话。这是省委组织部所做的项目，能组织很多社会力量。下午继续培训。在上午后一个小时，地方组织部与高校学生进行了交接，我与阎良区委组织部副部长任飞舟进行了交谈，没有明确具体任务，只把我安置到区农林局任局长助理。

6月20日　星期五　五月十七　晴　西安

参加西安组织部会议

今天是西安市组织部召开会议，西安市组织部部长王启文作了讲话，中午宴请款待大家。阎良区委组织部部长张涌参加了会议，并带来了一个科长魏娜，我下午与魏娜一同乘车回去，周一便要去单位报到。

回来之后，在甜瓜站见到了新来的李胄老师与安成立老师，与他们聊聊，了解些情况。

1. 甜瓜是凉性物品，多吃不宜，否则会拉肚子。

秋季甜瓜受天气影响很大，如后期天气不好，阴凉天气，吃甜瓜会拉肚子。因此，秋季甜瓜市场前景有风险，不易销售。待西瓜下去之后会有市场空缺，甜瓜可以弥补这一空缺。

2. 甜瓜套种棉花有发展前景，棉花3元/斤（籽棉），亩产为500斤，可收入1 500元，而玉米仅收入1 000元，相比较而言，棉花农活会多些。

3. 安成立老师所组织策划的上海、北京的甜瓜销售，今年则是美景不再，没有组织第二次。这其中的原因，以安老师的解释，我没有搞明白，哪天再请教。

4. 今天蔬菜站的张老师又来甜瓜站，有想拉走些甜瓜的意思，是由李老师、安老师接待，但甜瓜由常老师及朱老师所管，便没能要走甜瓜。甜瓜不是任何人都可随意能要得到的。

5. 208品种不是早熟品种。208和高抗品种一样易有早熟外观，但不是成熟的表现，208有黄色的色泽。如果不发展吊瓜，在地里种植而成的爬瓜是有阴阳面的。

下午又去了冯朝阳的地里，他正在瓜地点玉米，甜瓜都摘了下来。他雇了几个农户为他点玉米，但几个人都是磨洋工，提前下班，不停地吃瓜。冯朝阳明天便要辞退他们，为了争取时间，要用机械来点玉米。待一切都收拾好之后，冯朝阳就要搬回北冯村。

对于下一步工作计划，我要去北冯村开展工作。7月份农户已从瓜地里收拾妥当，搬回家住了。他们农活不忙，因此有时间去参加集体活动。过一段时间，计划由合作社组织会员填写表格，帮我做调查问卷，而作为回报，我要为每一位会员拍全家福，费用预计一二百元。

6月21日　星期六　五月十九　阴

中午推广处的宋西德副处长来了，他来拉了50箱甜瓜，轿车里塞得满满的。我与他交谈了一下，了解一些情况。

1. 按照我的想法，王征兵老师如开讲座，可以邀请其他试验站的合作社前来听，比如可邀请山阳核桃、白水苹果、眉县猕猴桃等合作社前来听，甚至可以邀请临潼石榴专业合作社来听。

2. 临潼石榴专业合作社是想让西农为他们投钱，而西农仅为他们提供老师，而且老师的费用还需要他们自己付给。

3. 对于阎良甜瓜站合作社的扶助不限于科农一个，可以联合其他示范户，帮助其他诸如临潼的贾相志、富平赵可合的合作社进行组织建设。

在上午时，我打电话给富平赵可合，告知他这边的情况，他有事可前来关山找我，来前打个电话，我能帮助他进行合作社建设。以赵可合讲，他今年甜瓜销售情况还是不错的。

今天上午，贾相志前来还钱给朱老师。我把他喊上，了解近况。

1. 以他讲，今年甜瓜收获可以，种了40多亩，开支大，所卖的也多，总体来讲，种甜瓜赔不了钱。

2. 他今年还要种秋瓜。以他讲，他是前后考察了几个地方，在见到人家种秋瓜效果还不错的基础上，他才决定种秋瓜。虽然说，种秋瓜有风险，他还是有一定把握的。

3. 他所雇工技术上不统一，水平参差不一，因此面积大了，瓜的品质便下降了。

4. 贾相志缺少资金。他准备在农资经营上发展一下。他希望银行能给他贷些款，临潼本地有农户联合担保进行贷款的做法。

下午，我去了康桥甜瓜基地，继续做问卷调查，访谈农户。

1. 在甜瓜与苹果进行比较时，我询问了一个农户，以他讲，苹果这几年的行情好，这主要因为果汁厂多了，可以消化加工这些苹果。前些年苹果行情不行。山东与陕西苹果比较起来，陕西面积大。苹果对土壤有要求，黄土旱塬比较适合苹果生长，阎良关山则不适合苹果生长。

2. 访谈了一位70多岁的老汉，叫丁永华。他身体好，很健康，不聋不花。他做过生产队干部，经历了半个世纪，对一些问题有自己的认识。

前几年大家在甜瓜种植之后种了棉花，现在虫害多，于是不愿意种甜瓜了，都选择简单的玉米。

吴三九还可以，能为群众办些事，吴三九前一任的干部不好，不能为群众办事。现今社会需要有闯劲的干部，吴三九能为大家修路、修渠、打井。

中国目前的农民问题，在于农民多、地少。土地不能规模化经营、机械化耕作，否则会使很多农民下岗，有大量农民失业。

计划经济时代的合作社与现今的合作社相比较，以前的合作社是责任不明确，以前的土地亩产低，条件不许可，那时没有如今的肥料，水利设施也不如现今。

丁永华老先生对现今大学生的建议是，先注重能力的提高，再谈待遇。

3. 一务（种）菜农户讲，今年辣子行情普遍不好，价格相差一半，去年亩收入8 000元，今年亩收入仅为4 000元，相差一半。影响因素是多方面的，其中包括受今年地震影响，但具体到哪一个为主要因素，农户莫衷一是。

这里所种的辣子，主要销到甘肃。

4. 与丁永华的儿子丁武全交谈。他是阎良甜瓜协会销售部的部长，自己在家里经营农资，他们与宋锦科是亲戚关系，与＊都是认识，有业务往来。

以他讲，目前合作社都是形式，没有实质性经营。

上午与甜瓜站李胄老师聊天，了解些情况。

1. 他对时事有抨击。

在具体的工作选择上，李胄老师给我一条建议，做管理而不是做业务，现今做业务是受人管理，不易出成绩，做管理则是管理人，易出成绩，可整合资源。

2. 甜瓜在新兴街道办产菜区发展不了，需在产粮区发展。关山镇以前是产粮区，经济效益低，甜瓜种植易在这里推广①。

6月22日　星期日　五月十九　阴　阎良

访谈甜瓜站站长 * 老师

下午，* 来了。饭后，我与他交谈，请教些问题。前一段时间，自4月份以来，虽见过 * 老师几次，但从来没单独与他私下会话过，今天算是第一次正式地提出，向他请教合作社建设问题。他作为首席专家，应该总揽全局，对合作社建设有自己的思路，我能发现独到的一面。

1. 张小平几年甜瓜销售不错，应该总结经验，找出不足，寻找差距，统计一下今年的销售数据，看主要销售到哪里去了，余下的市场明年有多大，张小平地里能提供多少甜瓜。认真分析今年的市场，明年便能估计出市场。

高档瓜应该做好本地品牌，不能舍近求远，好高骛远，应立足于实际，扎实做本地市场，在本地打好阎良甜瓜的品牌。品牌认可度只限于本地，上海人、北京人不知道、不认可阎良的甜瓜，只有西安本地人认阎良的甜瓜，只有阎良、三原、富平人认阎良甜瓜。

外地客商仅是收便宜瓜，不认品质，以价格为准绳，外地瓜商不能带动阎良精品甜瓜的销售。合作社发展只能靠本地市场。

2. 西农甜瓜站对张小平一直扶持，今年帮助他做了电视广告，给他印刷了包装。

3. 认为西农大经济管理学院老师所授的市场营销学都是纸上谈兵，意义不大。对于甜瓜营销，需要认真调查市场，亲身体验，亲自考察市场。

比如甜瓜销售，在杨凌有一批发市场，每天早上三四点就开始批发，不同时间段则有不同消费档次的人前来批发，质量不同，价格不同。

4. * 所讲的合作社先从熟人、朋友合作开始，渐渐向其他人发展。待大家

---

① 新兴街道办紧挨阎良城区，除向外地批发蔬菜，同时供阎良城区蔬菜，而关山镇离阎良城区尚有距离，为产粮区，所种甜瓜相比较粮食而言有些效益，但种蔬菜与种甜瓜收益差不多，因此新兴街道办不会发展甜瓜产业。临潼相桥、富平张桥离城区都远，适合发展甜瓜，有了甜瓜产业，就有相应的农民专业合作社。

见到利益、见到好处便会聚拢在一起。但＊讲到，会计一定要找自己人来担当，＊认为科农专业合作社不能用外人来当会计。我对此很不认同，但我应该找一个能反驳＊的理由。

5. 我向＊请教，合作社如何加强能力建设？我们经济管理学院如何能、怎样能帮助合作社进行建设？

＊讲到，合作社建设就是为了争取国家扶持资金，向国家要钱。西农甜瓜站的帮扶就是向合作社捐些包装，给合作社做些广告，提高他们的商品意识。同时，帮助合作社介绍些客户，帮助他们销瓜。

而＊对经济管理学院如何帮助合作社建设则说不上道理来，但提及经济管理学院进行市场营销培训时，他认为经济管理学院所教的市场营销知识是过时的，跟不上时代步伐，结合不了实际。

6. ＊问我什么是销售。我没有直接答复，而是结合甜瓜市场现状，现今不是甜瓜卖不出去，而是没有好的甜瓜可卖，市场上有潜在需求，而没有合乎需求的高质量的甜瓜。甜瓜应规范品质，提高质量。

7. ＊所讲的合作社不应该走外地市场，应充分利用品牌效应，走本地市场[①]。西农孙武学校长不应该倡导阎良甜瓜去做外地市场，而应立足当地，做好当地市场。孙武学校长的思路应该调整一下。

以我所想，合作社应对产品品质严格把关，做扎实、做好本地市场，供当地送亲朋好友之需，以当地人、当地单位组织外运。

6月23日　星期一　五月二十　晴

阎良区农林局挂职局长助理

按上周五区委组织部的安排，我今天一早过来，七点多钟吃过饭后坐车，八点半便赶到了组织部。与舒元华组织员见面，在干部科的另一间办公室坐

---

① 之后在 2015 年我曾去瑞士，瑞士超市农产品虽然是国际化，来自欧盟及其他洲国家，但还是带有瑞士本土标志的当地农产品最受欢迎，因为当地农产品能够给人一种来自本土、就近取材、新鲜的感觉，因此在瑞士超市，当地农产品很受欢迎。我们在讲市场全球化、全国化的同时，能否注重一种本土农产品的宣传，只有当地制造，才有某省制造、中国制造，同时需加大当地农产品地理标志认证。

下，向正在办公的李志宏、郭鹏了解阎良这边的情况。

1. 李志宏是从武屯中学转调过来的，他原来教的是语文，现今是在组织部干部科写稿子，所写稿子理论深度高，统揽全局。

以李志宏讲，孙武学校长是从武屯中学毕业，前不久参加了武屯中学的50周年校庆。

阎良这边的高中有两个仍在乡下，而周围区县高中一般集中在区县城区，这两个高中仍在乡下的格局与阎良历史和位置有关。

2. 见组织部沙发上摆了几份资料，红头文件，是关于职位评定的通告，比如主任科员、副主任科员任定，还有职务的评定，其中还有政府财政局预算科科长的任职。我便就组织部与人事局工作范围区分请教了干部科的郭鹏。郭鹏讲，组织部是管党群机构人事，人事局是管政府机构人事。但财政局预算科科长为什么由组织部来任命，而不是由人事局来任命，对于郭鹏的解释，我还是没搞明白。

我还有一个问题不明白，具体干部任免，省市区委组织部各管什么级别的干部，比如科长由区委组织部任命，而处长和副处长则由谁任命呢[1]？

我还见了一份关于领导干部上报自身收入的红头文件，就此，我便请教了郭鹏。目前来讲，干部公布自身收入已有好多年，但仅限于党内知道，不对社会公布，仅限于党内掌握这一情况。

到了9点多钟，张涌部长已从西安回来，张涌部长、舒元华组织员带我走到不远处的农林局。在一楼，舒元华就与农林局局长打了一个电话，让他们做好准备，出来迎接。快到二楼，权利军局长领着其他领导走出办公室迎接。在局长办公室座谈一会，逐一介绍，了解基本情况后，我们便被领到农林局三楼的会议室，农林局中层以上干部都在。我坐在张涌部长左边，舒元华坐在右边记录，我们三个人坐在会议室一侧，其他人坐在会议桌的另一侧，张涌部长对面是农林局书记许建武。以许书记为中心，其他局长、科长按位置依次坐开。

1. 权局长先是介绍了各位局长、科长，逐一介绍。

2. 张部长首先讲话，对我的基本情况作介绍，并就"省百名博士服务基层行"活动作介绍，对农林局提出要求：

---

① 我硕士期间所学行政管理，因此在具体合作社的调研中，对基层政权运作也顺便询问了解，根据中国政治体制，出于党管干部原则，所有的政府层次的任命都需要党委组织部进一步确认。

（1）重视人才，充分信任，多挑担子，提供平台。农林局要积极配合好我的工作开展，可指派一位副局长专门与我联系。

（2）博士服务基层不是形式，而是双赢。对学生来讲，了解基层，深入实际，学以致用；对单位来说，有了理论指导，改变以前仅靠经验办事，农林局可以此为依靠，联系项目，引进人才。博士生的到来，就是西农的到来，就是博士生的导师与同学的到来，而且博士生可以联系省博士团与阎良农村系统，介绍更多人到阎良调研。

（3）对于博士生的到来，要严格管理，热情服务。把博士生的生活安排好，要积极提供博士生工作的环境条件。同时对博士生要严格管理，博士生也要以身作则，做好基层服务工作。

市委组织部对 40 名博士生非常热情，上次宴请时每桌放了四包软中华烟，这是西安市组织部宴请历史上从来没有的事，由此可以看出，省市组织部对此事的重视。

（4）要对学生负责，对组织负责。农林局要保证博士生的安全，组织部已把博士生交与了农林局，农林局要负责到底，要经常到工作单位去看望一下，慰问一下。博士生是农林局这帮人的"组长"（有点像是开玩笑）。

博士生在基层服务要干出成绩，与此同时要宣传阎良农业与农产品。

之后，我致辞发言。我虽做了发言稿准备，但为融入自由发言气氛之中，便简明扼要地讲明来意。张涌部长评价，阎良博士不多，我将来可来阎良工作。

3. 权局长讲话，向张涌部长报告。

（1）瓜菜提档升级，目前在摸索，要依靠西农大，需要从西农大引进人才。

（2）农林局干部学历中，以中专、大专、本科为主，研究生不多，干部队伍人才结构和文化层次要有所提高。我的到来对干部队伍有新的提高。

（3）要接待好同学、博士生，配合好博士生的工作，要安排好博士生的生活，组织上可以放心。

（4）阎良区是陕西省合作社试点示范区，博士生可以做大量工作，示范区需要博士生，农林局全力配合博士生调研。

4. 张部长作总结性讲话。

（1）阎良农业发展得好，有基地，西安市阎良区农业是试验点。到西安看农业，可以说是看阎良。

（2）博士生要用睿智的眼睛去看看阎良的农业，不要局限于甜瓜方面，其他方面也可以了解，也可以看看其他产业，看看经纪人队伍。博士生可以对整体局面提出意见，给出想法。阎良虽然只是挂职一位博士生，但区委重视，区委领导都知道，回头引荐区委领导与我认识。

找人陪博士生下去看看。

（3）博士生要干出来东西，要出成果，要自觉，不要辜负组织的希望。博士生是这个农林组织的组长。

5. 张涌部长借此机会通知一件事，就党员教育开了工作会议。

要依靠农广校这一平台积极培养党员，发挥农广校作用。农广校是农业部下属单位，采用电教授课形式，目前是培养中专学历，但长久来讲，争取培养大专学历。

农民可以当公务员，比如，北屯的周东奇是村主任，以农民身份考上了公务员。公务员考试，对学历有要求，要求至少为大专。因此，借助农广校这一平台要培养农民大专生。

阎良组织部对基层党员进行培训，在西安乃至陕西做得都非常好。

但从目前来讲，农民生源不足，上学的积极性不高，不愿意上课。原因有几点：时间有限；所学无用，不用学，对生产没有帮助；还收学费。张涌部长提议，能否少收学费，甚至不收学费。

会后，大家一起把张涌部长及舒元华组织员送至楼下。我把张涌部长送至门口，与他握手告别。会后，我去局长办公室见权利军局长，与他谈话。

1. 阎良是移民城市，共有三次移民。第一次是清朝山东移民，阎良目前有五分之一为山东人，他们说着山东话。第二次西飞建厂后移民，时间是在20世纪五六十年代。第三次是阎良建区后，由临潼五个乡镇合并而成，由此带来新的移民。

2. 目前，阎良农业有所成就，特别在信息化、科技入户、农业技术推广方面有成绩。

3. 合作社已跨区域发展了，比如科农瓜菜专业合作社就有富平人、临潼人加入。

4. 农林局的培训工作还需要人手，可由我牵头，联系西农讲课。

5. 给我准备了一间办公室，三楼正在装修。过一段时间，我就可以搬进去。办公室有一张床，可以入住里面。

6. 农林局是有两个牌子，一套班子，与畜牧局、农业综合开发办合并了。这些机构在西安市则是分开的，在省上也是分开的，农、林、畜各自为政，相互独立。前几年，阎良区农林与水务是合二为一的，称为农林水务局，权局长是从水务系统调整到农林系统上来的。

7. 江苏泰州合作社发展可以，阎良要学江苏泰州，不久要建联合社。

8. 合作社是农民散户的联合体，而不同于公司，公司是大户自己独办。

快到中午时，农林局宴请吃饭。权利军局长、邢崇军副局长、杨宝明副局长、农业科王飞科长、农经站常凯旋站长、畜牧科董西鸿科长，与我一同吃饭，对我表示欢迎。

在农林局的欢迎宴上，大家都在讨论阎良农业的发展问题。阎良地方小，必须要做附加值高的产业，在产业源头上把握。比如前几年，有些果子卖得好，周围的富平、临潼便大面积种植，阎良由此开始发展苗木，向富平、临潼提供苗木和技术，阎良始终在产业发展上走在最前沿。同样，阎良在甜瓜发展上也是如此，走在产业前沿，增加产品附加值，使甜瓜产业发展不受阎良土地少的限制，使阎良甜瓜保持长远。

以我建议，使甜瓜产业经济上升到甜瓜文化上来，从文化上着笔，增加阎良甜瓜的内涵。阎良可举办甜瓜文化节，使百姓成唱文化节的主角。政府搭台，百姓唱戏。可以建立"阎良甜瓜"网站，加大甜瓜产业的信息化建设。

在今天的经历中，我发现了自己的不足。

1. 舒元华两次对我的催促，第一次是在办公室接待时，他让我出发，而我仍在要办公人员的联系方式，让舒元华等了一会。第二次则是在三楼会议室开会，中途不尾随领导而去，一个人落在最后头，我在告诉办公人员如何去拍照。舒元华便出来催促我，我匆忙去了会议室。此时，张涌部长和农林局领导已坐了下来。我应该和张涌部长一块同时进去。

2. 与领导不能直视，不能过长时间看着对方。要知晓对视的方法和技巧。如散会时无意间看到＊看着自己，瞪着自己，而自己则与他对视一会，这样不好，应该及时把目光转移。

6月29日 星期日 五月廿六 晴 杨凌

自上周五回来以后，这几天一直在忙开题的事情，今天晚上与徐创洲①一同去了王征兵老师家，徐创洲去找导师签字，而我则是陪同。

国内合作社缺乏诚信

与王老师聊到合作社，以王老师所讲，科技推广处对合作社的辅助建设可能有 5 万元的经费。王老师举到了一个干部所说的话，目前中国还没有一个真正的合作社，这个干部跑遍了全国各地，凡是听起来不错的合作社，他都过去看，但每次都是失望。

王老师以新西兰的经历讲②，目前，国内缺乏一种诚信，大家都不相互信任，而国外的合作社则是建立于互相信任的基础之上。中国的合作社缺乏一种诚信环境。

当我向王老师汇报，我工作开展中为群众百姓拍了很多照片，并借为刘宇翔做调查问卷之际，为合作社成员拍上全家福。王老师听了很高兴，并进一步建议，我可以把照片装裱起来，装入照片框里，由此村民可以摆放于家里客厅中。

当我和徐创洲建议王老师为学生成立一个实验室，放置几台电脑，以便王老师的学生能聚在一起，平时在学术上能互相交流一下。王老师表现出很大的困难，目前西农办公室都很紧张，难以争取，学校不轻易给房子。我们对王导师建议设立办公室之事不易实现。

而我认为，王老师在阎良设立实践基地，在西农应成立一个实验室，建立一个研究团队，实践基地与实验室相互对应，实践基地与实验室是王老师培养

---

① 徐创洲，1974 年生，西安户县人，1999 年石河子大学农业经济管理专业本科毕业，2004—2011 年在西北农林科技大学读农业与农村发展专业硕士、博士，博士期间参加国家留学基金会"高水平建设大学"项目，前往澳大利亚阿德莱德大学联合培养两年，2011 年博士毕业后先后就业于陕西省社科院、陕西师范大学。在陕西师范大学工作期间，2012 年被借调到陕西省科技厅，由于操劳成疾，于 2013 年 4 月 24 日突发疾病，离开人世，年仅 39 岁，英年早逝，实为可惜，在此深刻缅怀。

② 王振兵老师在 2006 年 8 月至 2007 年 9 月，曾在新西兰梅西大学做访问学者一年。

学生的两大法宝。王老师以实验基地和实验室为依靠，可以培养学生，可以迅速地组织队伍去做课题，王老师的课题能找到合适的人去做，由组织来做更能保证王老师的课题成效风格。

王老师向我和徐创洲讲，国外合作社的启示告诉我们，中国合作社发展将是个趋势，或早或晚，总要发展。农户需要改变目前单打独斗的局面，联合在一起。

7　月

7月3日　星期四　六月初一　阴

合作社注册类型

今天是阴历"小年",六月初一。今天也是奥运圣火在杨凌传递的日子,西农大到处洋溢着节日喜庆。

下午,张小平打来一个电话,询问到一件事情,科农瓜菜专业合作社在办税务登记,关于企业经济组织类型选择上,他们不知道选择何种类型,税务局也不知道选择何种类型,张小平便打电话询问我。

我后来从网上查找资料,见有些地方的做法是以"其他内资企业类型"来注册合作社的税务登记。又有网上资料说,合作社需要去国税或地税其中的一个,就可以办理国税和地税的联合登记,在税收上初级加工而不是深加工的合作社对外销售可以免税,免的是增值税,而对于深加工则免除不了。合作社向会员提供农资可免税收,对非会员则免除不了。地税所管的营业税也免不了。

合作社也需领取一个税号,再去办理税务证。这其中便要收取手续费,需要几百元。办理税务登记最大好处是能提供发票。

理论虽是如此讲,但具体过程中则又是另一回事。于是我打电话与临潼石榴合作社的柏永耀理事长,向他请教。

1. 石榴合作社去年办了税务登记,以"其他"类型进行注册,但税费照交,由此,他们便又注销了,他们办税务证时需要交手续费。

2. 以柏永耀所讲,目前国家对合作社有许多优惠项目,但都兑现不了。例如,农民专业合作社所办证件,除了工商执照办理不收费,其他证件都要收费。

7月4日 星期五 六月初二 晴

计算机内文档资料如何管理

临潼柏永耀打来电话，他在具体工作中遇到了问题，他希望我能帮助解决一下。

他在电脑上存有许多文件，有时查找起来不易查找得到，查找不方便，文件太多。他询问我能否从技术上解决一下，我向西农大计算机学院的人请教一下，待一阵子，柏永耀可派人前来学习。

后来，我上网查找相关的解决办法，查找相关的软件，结果很为失望，这样的软件不多，技术上不成熟，搜索方法不得当。在网上QQ上恰遇我的同学张志锋，他在郑州轻工业学院教计算机课，我便请教于他。

据他所讲，Windows 自带的搜索系统能实现对全文的搜索。于是，我尝试搜索一下，对桌面上的文章可以实现搜索全文，但具体到其他地方的文件仅能对题目搜索，不能对 Word 文档的全文实行搜索。因此，这也牵扯到搜索功能的设置问题，这方面需了解与熟知。待我把搜索技术详加了解之后，再向临潼方面讲解一下。

7月9日 星期三 六月初七 晴

蒲州农民协会

天气越来越热，特别闷热。

我下午打电话给山西永济谢清华家。祁姨（祁彩云）先接了电话，与她聊了一下，谢叔又接了电话，谢叔讲话能使人更清楚些，从他那里我了解到了蒲州农民协会的大致事情[1]。

蒲州农民协会现已注销，当地政府，市及乡都不支持，待上级来检查时，

---

[1] 我曾于2005年去蒲州农民协会考察，在调查资料的基础上完成硕士论文《我国农村农民协会发展治理研究——以山西省永济市蒲州镇农民协会为例》，并在相关刊物发表文章。我以费孝通研究中国农村之方式，持续长期观察蒲州农协，并于2015年对蒲州农协回访，一直与谢叔、祁姨保持长久联系。

当地政府看似支持，但内心不太支持。蒲州农民协会不受当地政府欢迎，因此便被注销了。

协会现被改为专业合作社，在手工艺品上进行合作，具体到以前的涂料厂则运营不起来。所要规划的生态示范园则使村民有很大担忧，因为协会主张在前三年不给钱，到第四年见效益时才给付土地使用费用。村民有很大担忧，不想把地给协会。

协会现在韩阳附近办有一个农民技术学校，算是北京富平学校永济分校。学校对当地人进行技能培训，比如有计算机培训。目前，协会学习是去学校学习，而不在寨子村进行学习。郑冰把精力主要放到学校上面。

谢清华以前来过杨凌务（做）过工，今年他想于农高会期间前来看看，我表示欢迎。

师　弟　（一）

以前王征兵老师曾反复提过，去乡下调研，我可以找一个助手，最好是他的学生。这一段时间我想找些人下来，先找一个，考虑再三，找到了研一的＊，他工作过两年，下乡应该能适应些。

对于他的训练和了解，我刻意安排些事情要他做。今天安排三件事，冲洗照片，买两个 A4 硬超笔记本，买后天 11 号的火车票。我为了明白具体，便把一些具体的规格及购买地址给他写了下来。

后来他办成两件，唯独笔记本不是按我所要求的规格去买的，他去错了地方，买错了笔记本。从这件事来看，以我的打算，到他具体办事，这之间便存在沟通问题，稍有不慎，便易出现差错。因此带他下乡，对于问题及目标要严格规定，明确起来，再看他的执行力度及性情。这种工作的衔接便需双方的默契。我是有意培养带动自己的师弟师妹们，就从＊开始，但不能对他抱太多期望。一个多月的考察期，看他的表现如何。

7月11日　星期五　六月初九　晴　阎良

又去了阎良，带上＊一同过去，早上七点出发，坐火车，在西农三府湾车站转汽车，到了阎良，又坐上关山镇去向的公交，上午11：30时才到甜瓜站。午饭是在关山镇吃的，又买了些生活用品，为＊准备妥当。这段时间，＊就在这里体验锻炼，给他一段时间，以观察他是否适合这个课题。

赵 可 合

下午时，富平的富郁香甜瓜专业合作社的赵可合来访。之前我打电话给他，昨天他又打电话给我，我告之今天我来阎良，可与他相见。他刚买了一辆小面包车，开车过来。我与他访谈，了解些情况。

1. 去年12月份入股，共11人入股，最少金额为1万元，共筹得股金32万元，非入股成员共102人。

2. 赵可合在本地是甜瓜的土专家，经常去外地为人讲课，去过高陵、蒲城讲过课。

3. 赵可合准备发展"养殖小区＋甜瓜小区"相结合的模式，发展沼气池，用沼液作肥料。

4. 赵可合现今正在办税务登记证，之前已花了300元在质量技术监督局办理了机构代码本，用此代码本可办理税务登记证。

赵可合以前为其他人开过税票，国家不对合作社征税，因此合作社便向其他人开税票。

5. 赵可合经销农资，经销西农大一个老师的肥料，他没有门面，在家经销。赵可合经销种子，全部为＊公司的种子。

6. 赵可合在甜瓜站工作过一年多，曾在甜瓜站内承包过地，他向自己的示范户推销甜瓜站的肥料，这些肥料为甜瓜站老师（司老师、常老师）所研发，肥料价格太高。赵可合说，他与李胄、安成立的关系好，而对司老师、常老师则表现出很大不满。以他所说，他在西农大甜瓜站工作一年多，没得到报酬。如果这个问题还得不到解决，他将把已写好的材料传至西农大各个部门，反映情况。

下午6点多钟，张小平来了，我与他交谈，并转交了部分书籍，以此尝试性捐赠给合作社。

1. 甜瓜站目前正在育苗，准备种秋季甜瓜，这是＊尝试性地种秋季甜瓜。

2. 以农林局的意思，张小平试探性种秋季瓜，如有可能，冬季也种，很想一年四季都有甜瓜可吃。

3. 由关山镇政府协调，在关山镇南准备发展 230 亩甜瓜，关山镇政府协调了 230 亩土地。

对于甜瓜基地建立的资金，如钢架棚所用骨架建设所需资金可从西农大借款，这批款项是以借的形式筹措，以后要还。

科农合作社准备发展农资，做农资经营，农户可先使用农资，待甜瓜收了之后再付款，因此需要大量资金做铺垫。

7月12日 星期六 六月初十 晴

早饭后出发，骑自行车带＊去北冯村，两人一个车子。

先是经过张小平的地头，见他们夫妻两人在劳作，我与他们打招呼，并与他们一同回到了北冯村的家里，乘车过去。

上午在张小平家。张小平喊上周围几个人来填表格，共七个人填表，下午 4：30 便照相。中午在他们家里吃饭，张小平家正好有一个师傅帮忙装修卫生间，中午在一起吃饭，午饭简单。我事先已安排＊去到外面小卖部提上两件啤酒，共花 32 元。饭后，我们便在房内待着，冯朝阳那边联系了一批人，但冯朝阳有事出去，人不在家。故此，在张小平那里等到下午 4 点，直至在张小平那里又吃了晚饭。阎良农村下午吃饭一般是在 4 点左右，一天仅吃两顿饭，上午 9 点吃早饭，没有午饭，家家如此。我们有所不知，只能又在张小平家吃了晚饭。

凡下乡去村民家吃饭，便需买些东西，不能让人家吃亏，不能赚人家的便宜，因此需要提前打算，买些物品过去。如此下来，礼尚往来，能给人家留下一个好印象。

饭后给八家照相，包括张小平家在内。每家大概能照四张左右，按以前打算，这一照相过程是很麻烦，如何组织，需科学安排，详细规划。没经历过这种过程，心中没底，不知如何操作。是集中去照，或是去各家去照，最后证明后一种方式是有效的。去各家去照，要提前打招呼。比如今天已让人准备打扮一下，到家里去照，便能迅速集中一家人，而且在自己家中，对周围环境了解，可以克服一种害羞紧张感，能迅速找到一种自然而然的感觉。照相最需要的是放松，熟悉周围环境能克服紧张感。在具体的合影中，人与人之间的位置姿态都有讲究，高低安排也有讲究，拍合影照是一门学问。

在北冯拍照后，又去了附近的冯南，到了冯朝阳家里，冯朝阳又找了六七个人前来填表，此时已快六点，此时照相，光线有些暗。大家填完表格，见光线不好，我们便把照相时间改到明天上午8：30，那时光线正好，适宜照相。

然后骑车带＊一同回去，我一路骑车，很累，快至代家，一段很长的上坡路①，我们下车，我推车上去。骑车难行，很累。我们俩骑一辆车子，车子小，不适宜带人，不方便。现今车子问题便成了我们是否步调一致、能否统一行动的关键。

张小平、冯朝阳的甜瓜销售情况（礼品装）

张小平的甜瓜销售情况：

1. 甜瓜有部分是拉到西安去卖。

2. 有部分是以礼品箱的形式销售出去。今年销售过程中，农林局5万元，西农3.2万元，中国人民银行阎良分行1.2万元（其中含冯朝阳的8 000元）。其他单位则比较零碎。

3. 以上几家的销售为欠款方式，因为合作社目前尚不能提供税务发票，没有发票就不能要回现金。

以张小平所说，这些账是好要的，单位都有钱，不赖账。

冯朝阳的甜瓜销售情况：

1. 以冯朝阳所说，张小平售出三四千箱的礼品瓜，而冯朝阳售出一千多箱，这一千多箱销售给企事业单位。

比如，人民银行阎良分行8 000元，人事局4 000元，民政局3 000元，西农2 000元，其他企业单位1万元左右。

2. 本地市场的销售情况是依靠朋友介绍，各单位都留有冯朝阳的手机号，当地市场不愁销路，不用上门联系，客户会自己找上门来。

3. 冯朝阳在被问及对甜瓜销售未来打算时，他想在品种、质量及包装品礼箱上都有提升，他举了今年的一个例子。今年在包装箱上有一种17元一个的包

---

① 阎良关山为荆塬之末，代家又为戴家，位于荆塬之上。

装，一箱装 8 个甜瓜，整箱可卖到 80 元一箱，这种价格大大高于历史记录。

4. 对于超市，明年准备开拓超市的礼品装市场。现今超市甜瓜仅靠小贩送，一般为中下拣瓜，好的甜瓜走不进超市。

7月13日　星期日　六月十一　晴间多云

早上又去了北冯村冯朝阳那里，8：30 到的。冯朝阳忙于自己的活计，只是让她女儿陪我去找人照相，我对冯有了些意见。

去了几家，大家虽有人未参与合作社，我还是为他们照了相，这也是冯朝阳的人情。以张小平、冯朝阳为首，他们成立合作社是联合亲属、邻居、熟人，这是基于农村的人情社会。因此我为合作社照相也是为张、冯送人情。

在北冯村冯朝阳这里照相，这几户很散落，组织困难，收拾老半天，使我们多花费了好长时间。从 8：30 过去，到 10：00 方才返回，区区几个人照相就很耗时耗力。

在北冯村内有几幢别墅，很是气派。在为一家照相时，这家不愿意以这几座漂亮的楼为背景，对这楼很为气愤。后来询问方知，这楼是当地大名鼎鼎牛奶厂老板的家，由他们兄弟几个所建。这老板在关山镇苏赵村有牛奶厂，现已转卖出去了，他在北冯村又建了一个，老远就可看见这牛奶厂的高楼工厂。

听村里人讲，牛奶厂老板为富不仁，有钱无德，在盖别墅时，与邻居发生纠纷，以武力和霸道强拆人家的房屋。由此村民对这家评价不好。这老板是会做生意，但不会为人。

我发现一种现象，在农村，虽然家家在盖房上存在攀比现象，但谁家的楼房最好，与周围形成极大反差，就会孤立群众，造成群众的反感与排斥。在农村中，基于地缘及社会资本，大家需交流，穷富不能截然对立，在农村建房不能标新立异，不能太洋气，不能"示富""炫富"。

专　业　打　药

前两日在甜瓜站门口见一三轮机动车上拉有两大桶水，扯有管子在向棉花地里打农药，管子长度有 300 米。这种农药设备，以三轮的机器驱动高压水泵，管子壁极厚，在管子另一头雾化。这种打药方式是农户自买药，自己找人来打，老板仅负责把车开到地头，开动机子，按每亩 5 元钱收费。这种打药方式比自己家购置农药机械来打更方便，且雾化程度高。老板不承担用药，用药有风险，老板怕担风险。

7月14日　星期一　六月十二　阴

见权利军局长

今天上午去了农林局，见到了权局长，权局长与他一个老乡在。老乡叫李卓，与权局长同属长安人，刚任发改委副主任，公开选拔副处级干部上来的。权局长随意聊天，他谈到农民专业合作社的情况。

1. 农林局从 2003 年就开始着手专业合作社建设，到如今四五年已过去，权局长对农民专业合作社愈加模糊，以他自己的话讲，愈搞愈糊涂。

对于专业合作社愈加扶持便愈加形成了农民的依赖心，愈使农民专业合作社不能自立。权局长讲，"先发展，后规范"，让一批合作社倒下去，再扶持一批起来，如此发展下去，让人才常新，不断地有新的组织建立起来。

2. 权局长去过日本，对日本农协有些了解。日本农协很专业，单一业务，不综合发展①，比如肥料协会能获得国家大力支持，而不像中国，数量众多的农资店就对肥料协会构成竞争。中国的体制对农民专业合作社有很大影响。

3. 以权局长的老乡李卓所讲，以前他在长安任副镇长的时候，为落实上面文件指示，便依照章程成立了一个合作社。但以李卓所说，合作社仅停留在纸面上，没有实际的运营。

4. 当我问到爱家超市怎么让高陵县供菜时，权局长讲，高陵菜品种多，但数量不大，不上规模。阎良这边则是规模发展蔬菜，大量批发，因此不愿为蔬菜分级分档。阎良蔬菜直接进不了超市。

5. 阎良的冷库招商引资。瓜蔬外销必需大的冷库作为货物储备与中转

---

① 日本农协也即日本农业产业组织，其实际情况是，业务综合，为综合农协。

中心。

6. 权局长前一天在杨凌，从太白山回来后又去了扶风关中风情园。他对风情园大为赞赏。风情园是收集农村老物件展示，免费参观，吸引消费，有饮食，有客房，并有土特产可供出售带走。

权局长曾去过杨凌崔西沟，崔西沟模式也值得学习。阎良这一块农家乐普遍不上档次，不能与关中风情园和崔西沟比。

又见其他局长、书记，与之交流。据许建武书记所讲，阎良财政收入，＊所占微乎其微，大部分的财政为土地流转费所得，即从土地上所得的效益。＊飞机不好，所产飞机在国际上占不了主导地位，有的飞机运到上海使用时间不长便坏了。

7月15日　星期二　六月十三　阴

在甜瓜站上网整理资料，书写材料。前几日所拍照片，又用 Photoshop 处理，标以西农标识及科农瓜菜产业合作社标识。如此几十张照片颇费时间，照相时颇需技巧，特别在照合影时，要学会构景，要使人物主动笑，要把握好分寸，能把握人物瞬间的表情。而且人物在照相时，凡停滞太长时间，表情就会冷淡下来，越发不自然了。因此，在各就各位时就需及时把握，立即去拍，不可时间太长。

对于照片的后期处理，也需统一图案，以 5 寸去剪切，又要合成图片，加入合作社及西农大标识，需手工操作，很费时间与精力。

7月16日　星期三　六月十四　阴

下午 2 点多钟，正在休息，权利军局长过来了，他是检查工作从这里路过。与他同行的有民政局的禚昭红副局长。权局长在甜瓜站吃上西瓜，与甜瓜站人员谈话，了解情况。局内在装修办公室，待装修好后，我过一段时间再去农林局工作。

7月17日　星期四　六月十五　雨

今天虽然下了雨，但农户应该都回去了，待在家里。我利用这个时间前去调查，应该是最好时机，且目前调查表格需加快调查完毕。

早饭后去了贾相志那里，我俩骑自行车过去的。后来下起雨来，我俩在雨中进行工作，做调查表格，给人家拍照，担心雨天拍照，光线太暗，且天在下雨，人的头发会湿，这使得人看起来不好看。我在雨中拍照，也有些不方便。结果下来，雨中的雨点照不出来，在雨中照相可以伞为衬托，别有情致。

先后去了几个与合作社有关的村子调查问卷，并拍了照片，前后下来，中午没能吃饭，又下着雨，衣服单薄，又饥又饿又寒。

1. 贾相志对上次科农瓜菜专业合作社收瓜所扣 1 000 元很有怨言①。

2. 以贾相志讲，相桥镇有一副镇长，专门为他书写资料与申报项目书。

3. 贾相志不打算发展入股成员，他认为目前条件不成熟。

7月18日　星期五　六月十六　晴

农经站畅凯旋站长

上午又去农林局，到农经站那里拿阎良区所有合作社的联系方式与地址的花名单，并与畅站长进行交谈，后去楼上找到权局长谈话。

与畅站长交谈：

1. 他告诉我，今年农林局要有 200 人的培训任务待完成，其中农经站与农技站各有 100 人分担开来。

同时，供销社系统每年也有经纪人培训的任务安排，往年农林局借供销社系统培训机会一块搞。今年，农林局的培训工作还没有开展，任务仍没完成。

2. 培训所讲内容，可以讲《中华人民共和国农民专业合作社法》，目前还没有人来讲。

---

① 因科农瓜菜专业合作社牵头收瓜走上海市场，贾相志提供一部分瓜，但大小不一，种类很杂，影响总体质量。

3. 农户一般是 9 月不忙，故此，时间可以放到 9 月，10 月便有些忙。

而我认为，畅站长仅有想法，对于很多事情还不明确，所要做的事情太多。我可不参与他的想法，但具体的内容需我自己考虑，以自己的培训为准。农林局所起的作用仅是组织作用，具体到课程设计、主讲内容还是要依托西农大。

到后上楼找到权局长，与他交流一会。

1. 下周他将去浙江台州参观合作社，去南方学习合作社经验。

2. 我可以回杨凌了，他有事情再与我联系。

3. 我回杨凌与邹志荣老师联系。权局长让西农大园艺学院做一个蔬菜方面的规划，我可以协助一下邹院长。

蔬菜产业园规划是省里重点项目，准备建于武屯那里，没有棚栏，紧靠西农大蔬菜试验站。

股　金　证

下午张小平来了，他带来了一些有关成员证的资料，他想要印制些成员证。

1. 印制成员证，明确成员权利与义务、股金表及其他相关内容。

2. 张小平想出去参观，到其他合作社去看看。两周时间太长，能否一周，陕西省内有无不错的合作社，能否在陕西省内参观。

我明确表示，可以参观。但参观时间放至八月以后，也即八月是观看奥运会的时间。张小平表示能抽出时间前去参观。

3. 我向张小平表示出一种想法，能否在合作社建设过程中加入一种文艺，也即合作社举办一些活动，增加大家的凝聚力，比如成立文艺队、腰鼓队、秧歌队，举办农民运动会或歌唱、舞蹈、辩论方面的大赛，而合作社所起作用则是设一些奖品，以物质激励大家，从而起到四两拨千斤的作用①。

合作社以文艺振兴，发挥大家的积极性，文艺作用比经济建设更能见效益。

---

① 我是受山西永济蒲州农民协会影响，其不同于专业合作社，这也是温铁军、杨团这些年所主张推行的一种综合农协模式。

4. 我谈及为合作社成员继续照相时，张小平已从名单中划出了武屯镇老寨村的几个名单，其中有孙武学校长的哥哥孙文学、同学牛纪勇，我可以在他们那里调查，并为他们照相。

5. 张小平爱说话，成天笑哈哈。孙校长以前讲过，将来准备让他做甜瓜示范站的站长，张小平认为甜瓜站上的人员对他很不满意，不愿意将甜瓜站交与他经营。而张小平则认为＊是借甜瓜站来洗钱捞钱。

6. 张小平认为目前人员忙，人员不易组织到一起，农民不易组织。

7. 我提及要去武屯为合作社成员照相，并填上表。张小平则强烈建议我去武屯老寨，老寨为孙武学校长的老家，孙武学的同学牛纪勇及哥哥孙文学都在老家，我们可以前往看望。

8. 张小平讲，赵可合的甜瓜合作社的成员只有赵可合一家，没有外人入股。贾相志没有股东，没有成员。

9. 张小平讲，对于贫困户要多加照顾，多给优惠，张小平想做些社会慈善工作。

10. 张小平讲，准备借用甜瓜站这一地方办基质场，实现农村秸秆的再利用。

7月19日　星期六　六月十七　晴

今天天气晴朗，我和＊出去了一天，去各地调查，从关山到新兴，又到武屯，前后转了一圈，每人骑一辆车子，一天下来，很为辛苦，中午时分仍在阳光下前行，酷热难当。

这几天的工作表现及个人态度：＊这十多天来协助我工作，分工做调查表格，起草修改了合作社的章程，打出成员证文字版，他做了不少工作。但工作中还存在一些问题。

1. ＊在家中算是三姊妹中最小的一个，也是唯一的一个男孩。他谈到，他在家中从来没有干过活，从来没有像在阎良这里这么劳累过。他认为人是靠脑子吃饭，而不是靠体力。

2. 他在阎良没有什么打算，认为自己毕业论文与阎良及科农瓜菜专业合作社没有关系，下周三他想回去，如有需要，则于9月再来。

3. ＊个人主见很大，凡事交代给他的事情，他总是按自己的想法去做，而且常有"没关系""无所谓"的口头禅。

4. 我表示出让 ＊独自出去调查的想法时，他便断然拒绝，认为自己无法独自开展工作，需要由我陪同。

5. 但我让他写一份合作社的发展规划大纲，以此来看看他的想法，他却认为自己干不了。

对于 ＊ 的使用也是对王征兵老师学生的试探性使用，结果下来，便能得出些东西。王老师的学生平时不在一起，大家都不清楚其他人的情况，因此大家在实际工作中便发生了分歧，各人尽是表现个性。王老师的学生多而不和，没有形成团队，没有集体作战、集体工作能力。＊在这里工作十多天，就提出回去，而且平时工作中表现出很大的消极性。这使我在以后选人下乡时需提出几点要求，待他们同意方可选他们下来。

1. 如下来，要能长期坚守，且第一次下来就能待一个月以上。

2. 自己有目标，有打算，能从阎良发现自己的所需材料。

3. 有自理的能力，能适应乡下生活，不能以下乡生活为苦差事。

早上出去没有吃早饭，从甜瓜站去了康桥，找到村民高加望，送给他照片，并让他填了一份表格。我又去了另一家农资部找人为我填写调查问卷，做了四份非成员的调查。后又前行，去了咀子村，送照片给一菜农。上次为他家两岁的孙子照了两张相，这次便把照片送了回来。

经询问得知，目前辣子已到晚期，0.35 元/斤，这种价格就是后期辣子的价格，代办也给出了价格，不是"卖菜无价"的时候。现在收菜的代办明显少了。

新兴绿阎蔬菜专业合作社

昨天提前已作联系，今天便到新兴街道办绿阎蔬菜专业合作社来看，见到了王志强一个人，与他聊天，了解一下合作社的事情。

1. 合作社前身为新兴蔬菜协会，2003 年成立，协会在民政局注册，主管单位为农林局。

合作社入股 10 户，全部为大户，其中王志强自己投资 10 万元。

对于股东入股，没有协议，利润按交易额当天就分了。代办们自己组织货，大代办带小代办，大小代办分割利润，当天交易，当天分。

2．王理事长现在正做生意，用合作社办公地方安装销售汽化炉。他在各个小区都有蔬菜销售门面，店面小，可集中供应蔬菜，门面是小区生活便利店。

王理事长讲，向超市供应蔬菜的难处，超市刁难人，不好给货钱。

3．王会长讲，浙江台州合作社做得不错。

4．在咀子村，与菜农聊天时，讲到王志强的经历，以前他是新兴街道办的一般干部，现下放下去，做了蔬菜专业合作社。

5．绿阎蔬菜专业合作社没有税务登记证，不提供发票。

从新兴出来，骑车前去武屯，在武屯街上吃饭，＊显得不情愿，抱怨太热太累，从来没吃过这么大的苦。饭后，便去武屯东关的西农大蔬菜站，见到了刘老师，去大棚看了一下，他们正在育苗，准备种秋季菜。蔬菜站围栏已经扎起，大门已经建好，人员已从武屯镇政府搬了过来。

1．蔬菜站的张老师没有公司依托，仅是一个西农大的老师，与＊不同。

2．蔬菜站现在没有菜了，正在育苗，为秋菜育苗，秋菜需要在大棚内种。

老 寨 村

后经东边一条水泥路，一直向北而走，到达老寨村，即孙武学校长的老家。后来得知这条水泥路专门为老寨所修，为孙校长所修，他为家乡做了一件事。找到了孙校长的同学牛纪勇。他喊来孙校长的哥哥孙文学，又喊来同村的其他几个人，大家在一起交谈，讲甜瓜产业、合作社发展，聊天比较高兴，事后为他们照相，最后专门去了孙文学家坐了一会，为他一家照相。

1．孙校长老家为河南洛阳，20世纪20年代从河南过来，文学、武学都是生于这边。他们俩是堂兄弟，他们的奶奶是阎良本地人。现今有部分亲戚已搬回河南洛阳居住，孙校长也回去过洛阳。这里三个大院中的中间一家便是孙校长家。

孙校长是在武屯读的初中，在关山中学读高中，后去了北京农业大学读大学。他在陕西省政府任副秘书长，后去了西北农林科技大学任头一届校长。

2．对甜瓜站和科农瓜菜专业合作社的建议：

甜瓜站、合作社不仅开技术培训会，还需要到家指导，上门服务。

武屯离关山远，会议没人通知，距离便成了问题。合作社发展应该不分地域，不分远近，使大家都一样能享受服务，同样开会，同样学习。

科农合作社如能提供更多服务，会费不成问题，大家愿意提供会费，不怕花钱。

今年甜瓜，有些人的瓜大，牛、孙两人怀疑有人打了膨大剂（而我听常老师讲，牛纪勇的208品种甜瓜个头不大，自然成长。）

张小平的示范园不应建在路边，不能顺应领导的意图，搞形象工程、政绩工程。示范园应结合水利基础设施条件综合考虑，合作社示范园应放在水利条件好的地方。

合作社应帮助大家解决甜瓜销路问题。

208品种抗病差，需要改良，需抵抗病虫害。208品种的销路窄，瓜商不认黄瓜，他们认为瓜越白越好。208品种在西安、咸阳、宝鸡销路可以，但向东则不易销售。

甜瓜站今年除销售苗子之外，别无成绩，没有效果，不如去年。甜瓜站有一个值得肯定的地方，做穴盘育苗示范有效果，这种技术被广为传播，农资店便有穴盘出售。

＊忙于生意，疏于对甜瓜站管理，应有主要责任。孙武学校长有很好的想法，搞科技推广示范，但具体到实际操作中则是由＊负责，＊不常来甜瓜站，使得甜瓜站发挥不了作用。

＊不会行政协调，不与政府打交道，与政府不来往，使得208品种在阎良不为人所知。

甜瓜站效果不好，没有作用，蔬菜站与其比较起来，蔬菜站主管张树学老师说话算话，很不一般。

3. 孙校长曾讲过，"一个人富不算富，大家富才叫富"。目前仅有张小平个人富，而其他人则不富。孙校长仅看到张小平自己有了效益，而看不到其他人情况如何。

4. 目前大家用肥料很盲目，不能科学施肥。比如，仅上有机肥而不上土肥是不行的，而实际上大家对这一点不知道。很需要对肥料使用进行培训。

5. 甜瓜站与宋锦科进行比较。农林局扶持宋锦科，宋锦科很有一套，推广有"红阎良""早雪6"。宋锦科经常下去讲课，是名副其实的"土专家"。甜瓜站在这方面则不如宋锦科，甜瓜站所做工作没有什么成绩。科农专业合作社也应该向宋锦科学习。

6. 西农大土肥所的肥料不错，实践已证明。目前赵可合有卖，现钱 110 元一袋，赊账 115 元一袋。

7. 对品种而言，目前市场异常混乱，政府需规范引导，主推一两个品种。让我向权局长建议，把甜瓜品种规范一下。

8. 农林局不与西农大一条心，阎良农林局扶持宋锦科。而宋锦科是富平人，让外地人占尽了优势。甜瓜站的专家由此便比不了宋锦科，没有宋锦科的行动。

孙文学、牛纪勇虽与孙校长有很深、很近的关系，但是从不摆架子，待人接物很是不同，待人热情。他们从不仰仗与孙校长的关系而摆出一种高傲姿态。

7月20日　星期日　六月十八　雨

成　员　证

天气预报这几天有中到大雨，而且会一直下，今天雨下了一天，出行不便，以＊昨天所说，今天最好休息一天。今天上午，我便考虑张小平的成员证事情。

以他所讲，股金证与成员证在一个本上，对此，我感到混淆，不知如何去做。后来到网上去找，以为能找些样本，在网上有各种版本的成员证。如输入"社员证"三个字便找出大批 20 世纪五六十年代的社员证，年代已经久远，今天的成员证、社员证则刚开始，网上版本不多，大多版本为合作社自己设计，不规范，有些看起来很粗糙。中国合作经济学会设计了一个版本，成员证包含成员信息、股金证明、农资购买记录等信息。因此，这一版本是比较全面的。

科农瓜菜专业合作社牵涉到一个问题，也即成员证设计要有内容，而内容则是基于合作社的章程。合作社的章程要基于农业部颁布的农民专业合作社示范章程。科农合作社目前采用 2003 年供销社的农民专业合作组织的章程版本。合作社成员证所采用的老板本章程与如今的《中华人民共和国农民专业合作社法》有了冲突。因此，张小平的成员证内容便需要改变。

今天上午我打电话给他，把他叫来，把《陕西省农民专业合作社示范章程》交与他，让他们回去自己商讨修改。他交与我一个难题，他所要做的社员证与法律不符，我就脑袋大了，混乱了逻辑，稍微整理了一下头绪，便给了他们一个答复，又把问题交与了他们。待他们有了修改之后，再来找我。

7月21日　星期一　六月十九　雨

周一虽是上班，但又是下雨天，不便出行，待在甜瓜站忙些手头上的事情，做了一些文字工作，打印一些调查表格，以前已有 100 份表格做了调查，现在又打印出 50 份。

7月22日　星期二　六月二十　阴

师　弟　（二）

早饭过后，＊走了，收拾物品回杨凌去了。他这次来阎良仅 10 天，如此下来，前后费用有 300 元，平均下来，他在阎良的几天便是成本费用高昂，收效甚微，很不划算。一方面这对他本人来讲，没有多少锻炼，另一方面，对王征兵老师的课题也没有多大帮助，他来这几日刚开始了解情况，之后一走了之，使他不能对这里持续帮助。他在这里所收获的比他所付出的要多。

因此，下次再让师弟、师妹们来时，必须先约法三章，不能无组织无纪律，任由个人性情，大家要来的前提是每月必须能待在这里 20 天，且必须连续待上三个月。

我对师弟、师妹的态度，考虑到师兄弟的关系，不能太为苛刻，要友善对待他们。对他们个人性情只能姑且宽容，由着他们。我处理师兄弟关系便像王老师对待学生一样，不多言语，知人善任，给一任务，让他们自己发展吧。

＊刚来时，我便给了他二百块钱，让他自由去花，自由支配，给以充分信任。这次走时，我仍没有给他结账，我对他还留有使用的余地。我知道他不能下乡吃苦，便把他放到杨凌，他算是王老师课题组的一员，杨凌有事便可以找他来做，姑且用他，因为目前还没有找到合适的人来做，也没人来做。

王　武　强

下午四五点钟，王武强携夫人来访，王武强为新兴水北人，刚建立了一个合作社——信农蔬菜专业合作社，他是来甜瓜站看看，并向我咨询问题，我与他谈话，想了解他的合作社情况。

1. 他的信农合作社刚注册，是农林局里所注册的第 30 个合作社。他之前与权局长交谈过，想搞基地，要项目基金，权局长便建议他先发展合作社，待合作社发展之后再谈基金。

他由此成立了信农蔬菜专业合作社，并准备过几天剪彩，很想把仪式办得轰轰烈烈，想邀请上级领导参加。

2. 以"信农"两字来说，合作社同时注册了"信农"牌商标（初步打算准备注册），诚信经营，货真价实。

王武强想走品牌化之路，把农产品卖到西安市场，甚至走出陕西。

3. 王武强种菜 9 年，一直是大拱棚。今年准备在新兴南建蔬菜基地，建两个温室。

新兴土地承包费一年一亩 700 元。

4. 王武强曾见了绿阎蔬菜合作社的王志强，王志强与王武强是同村人。以王志强的口气，信农好似对绿阎形成了威胁，王志强很不高兴。

王武强讲自己与王志强之间的不同，王志强是销售菜，而王武强是种菜。王武强感慨卖菜无价的弊端与无奈，便联合瓜菜农发起成立了合作社。

5. 以王武强所讲，合作社的其他参与人则是小富即安，没有很好的打算，虽然参加但没有很大的积极性。王武强本人是信心十足，雄心万丈，憧憬着未来①。

冯　晓　红

今早送走 ＊ 以后，便打电话给几个合作社，几个合作社不接待，不理我，

---

① 可惜王武强不久因车祸离世，我不由自主感叹人生命的脆弱。我们在未来的"三农"事业中，要重视完善农民的医疗保障制度，保障农村生产、生活安全。

包括赵可合本人。我之前几次打电话与赵可合，赵可合以忙为由，三番几次拒绝前去家里。我来到甜瓜站，他对我则是不加利用，由此有什么事情，我且先不考虑他。

打电话给关山的合作社，其中的一个南冯村兴牧奶牛养殖合作社理事长冯晓红接待了我，他恰好在关山养牛小区，就在甜瓜站隔壁的小区，小区由福建人所建。他恰好在那里，我便前去找他，福建女老板恰在，我们坐在一起谈话，做问卷表格，照相。冯晓红又拉着我去其他几个养殖小区看，他有5个片区，以养殖小区为依托来发展合作社，已有了清晰的思路。后去了苏赵村、北冯村、复合村、南冯村，南冯村是他家，中午在路上吃碗炒面，他请客，在他家中为他们夫妻照相之后，他便把我送回了。

1. 他是兽医，祖传三代，兼营牛饲料。他是养牛小区的技术顾问，每个小区一年能给他1 000多元，比如，福建女老板一年就能给他1 500多元。

他自己有车，常出诊在外。为牛看病不同于为人看病，需要上门服务。

他目前做得比较多的是为奶牛进行人工授精，每配一头牛便收费60元，冷冻精液由全区统一配置，严格管理，精液的种类有四五个品种，供农户选择。精液市场秩序稳定，由政府统一经营。

目前，养猪也有人工授精配种，将来发展趋势也是如此，人工授精是整体趋势。

2. 南方没有奶牛，奶牛是北方所养，福建老板以前在南方养殖水产，比如鳗鱼，现今有了资金积累，便来北方来养殖奶牛。

奶牛散养是需要集中的。例如，北冯村的冯老板便建有奶牛小区，集中村民40多头奶牛于奶牛小区，免费提供场地，但所产奶必须卖于自己，从而控制奶源。

奶站是由公司投资，凡在奶站免费挤奶必须供与该公司。

3. 养殖小区如由个人投资建，所产奶不一定供于某一公司，这需看谁出的价格高，就供与谁。

4. 这边也是银桥公司所打下来的天下，是由银桥发展多年带起来的，养牛形成了规模，基于这个规模，其他公司也进入该地，加入奶源竞争的阵营，使养牛户进一步增多。

以临潼相桥为中心，这里养牛的居多。而富平则是全国的奶山羊基地，以奶山羊为主。

5. 北冯村养牛小区集中养牛40多头，免费提供场地，但牛奶必须由为养殖小区收购。不知牛粪如何处理？牛粪产权归谁。

目前有虽有养牛小区，但是养牛户还是各自为政，按自己的想法养，不作交流，除牛奶统一出售之外，生产资料还各自购买。我想，基于养牛小区，应发展合作组织，促使大家开展进一步的合作。

关山苏赵村的福建女老板所建养牛小区，打算个人养殖500头，目前仅有100多头的规模。该养牛小区准备让农户的奶牛进来，免费提供场地，但牛奶需销售给她。

养牛小区便存在这种问题，奶牛小区的经理所提供的奶价能否被农户接受呢？

6. 向权局长反映：养牛小区补贴不到位，补贴太低。

对于牛犊的补贴，复合村农户反映，从来没有补贴过，秸秆补贴也没给过。

关山养牛小区反映绿化还没有做，农林局应提供小区绿化。

在北冯村里的养牛小区，农林局所给的树苗已全部死了。

7. 兴牧奶牛养殖合作社所加工的为牛奶初级产品，没有自己的包装，因此没法品牌化[①]。

所交牛奶的质量都差不多，现今工厂设备比较完善，能检测出牛奶的成分各是多少，从而也能检测出牛奶的质量好坏，以质论价。

7月23日　星期三　六月廿一　晴

做 件 大 好 事

今天天气晴了起来，早上一起来就去了网吧。昨天王武强前来甜瓜站给我安排了一个事情，让我帮他。他昨天上午接到了一个电话，让他前去西安交360元钱办一个证件。他不知道是否要办，便让我去询问一下。

我今早不便于在甜瓜站上网，就骑车去关山镇网吧上网，花费2元。在网

---

① 对于奶牛养殖合作社所收牛奶，这种初级产品是否需要品牌化？我与冯晓红进行过探讨，当时我不置可否，很为纳闷。心存疑惑至今。合作社发展初期受制于奶制品厂，但合作社坚持自己的奶源质量，这种质量的保证就需要品牌化认同。奶牛养殖合作社做强了，有自己独立性，虽与某一奶厂结成稳定关系，但不排除与另一家奶厂形成新的关系，这就需要合作社品牌化作保障。

吧打电话给昨天联系王武强的人，他一派强硬语气，要求办票证登记卡，360元，他所在的单位为陕西省票证查询报警中心。以他所讲，这单位是独立的，不归属任何单位，我就他所提供的单位输入关键词在网上查，结果下来，这人所属单位是个公司，为有票证单位提供有偿服务。但以他的口吻，他是强硬霸道，硬以政府口气说话，迫使农民专业合作社就范。农民专业合作社是由农民经营，农民办证心切，哪里见过这一世面，便稀里糊涂把钱花出去，也是上当了。

后来我在网上登录农业厅网站，找到农经处电话，打了过去，反映情况。对方是个女的，接待比较热情，把问题反映给主管领导。经查实之后，农经处领导给我回了电话，感谢我，问及我是哪个单位的，我便告知我是阎良信农蔬菜专业合作社的。农经处的领导便讲及他们以前仅是做规划与服务，经历这个事情之后，他们改变了认识，有了新想法，以后要从多个方面为农民专业合作社提供服务。

今天算是帮阎良当地合作社办了一件好事情。

又帮信农做了一件事

一件事情结束，另一件事情接踵而来。中午王武强又打来电话，让我帮他设计规章制度，他和另外两个伙计一同过来，一男一女。

对于室内的规章制度，以科农办公室的悬挂规章为参考，拿来借鉴，基于信农自己的章程，从信农自己的章程内容中拿来做框架参考。为了有直观认识，我便当即用相机拍摄下来科农的制度规章，用电脑当即打印，给王武强整理出信农的规章制度方案。

如此这般，中午我没休息，一直整理方案，待帮他们办完之后，我又把他们送走，最后回去休息。办事情要想方设法，当即解决，思考周密，尽善尽美，当场完成工作，不拖泥带水，要迅速果断。如此方能取信于民，服务人民。

阎兴棉花专业合作社

从表格知道甜瓜站所在的代家就有合作社，我这几天想把关山的合作社全都转上一遍，以此填写表格。今天白天一直在写昨天的材料，并帮信农合作社办些事情。晚饭之后，我就近去了代家访谈阎兴棉花专业合作社，此时已是八点。我随甜瓜站的厨师荆燕一同过去，他们同村。8点访谈，10点方才回去，天黑得很，回来路上尾随前面摩托，借着摩托的光亮，我骑得飞快，以便能够跟上。我自己把手机调成手灯照明模式，借一点光亮使自己更安全些。

1. 代万星有50多岁，为村委会副主任，自己1998年就开始经营棉种，去年开始代办国欣棉种，经销欣抗4号。他去过国欣开会，欣赏国欣的模式与魄力，受国欣影响，回来后便创办了一个合作社。

他是去年3月份去了国欣开会，国欣规模大，有承包下的大面积土地进行育种。他带回来了国欣的《合作生金》及国欣的内部杂志。国欣自己有棉被加工厂，流程工艺都是电脑控制，效益不错。在阎良本地可做棉花的深加工，也可以办棉被厂。

他与国欣联系，先垫资打款，剩余货可退，退款随即被公司打回来。

他之所以结识国欣，是因为他常看《农业科技报》。《农业科技报》对国欣有专门的介绍，他受此启发，便加入国欣队伍，成了国欣的经销商。国欣直接与经销商发生联系，代万星直接与国欣联系，代万星上面没有代理商。

我见到了国欣棉种的包装，上面都标识有"阎良区代万星"的防伪标记，这更证实国欣厂家直接发货给代万星。

大荔、合阳有经营国欣的大户，发展棉种经营，生意不错。

棉种市场比较规范，不像甜瓜种市场混乱。棉种品质没有大的区别，基本上都差不多。

2. 阎兴棉花专业合作社注册下来，并办理了税务登记证，所属类型为私营合伙企业，开户银行按规定必须在中国农业银行开户。

合作社到目前还没有正式的股东加入。

3. 代万星任村委会副主任，月工资190元，为区政府发放。村内支书与主任每月300元，而会计、副主任、计划生育专干则是190元。

目前村里正在搞新农村建设，去年修了村里道路，每家门前都修了水泥路，费用由国家和村民共担，村民每家摊了500元，大家都很愿意。而至于街道绿化，则由国家全部投资。

"一村一品"，泾阳做得好，政府帮助当地建设了大批温室，而阎良温室则少。泾阳虽有温室，但农民专业合作社没有多大发展。

7月24日　星期四　六月廿二　晴

早上七点，没吃早饭又去了代家村，对昨天资料又重新照了一遍，昨天光线不好。

遵从理事长、副主任代万星的建议，前去上门访谈，走访了两户。我曾建议召集些人前来他家填写，后集中照相。他不愿意。于是我便遵从，随他前去他左右两侧两个邻居家访谈，看来他果真没有成员。

1. 目前，假药、假农资虽少，但药含量达不到，且包装更加频繁，换汤不换药，品种混乱。

合作社提供农资技术，保证了进货渠道。

2. 合作社讲技术是通过广播进行讲解的。

3. 养猪没有人工授精，仍是传统方式。

4. 国家给兽医60元人工授精费（奶牛），但对农民不要钱。

5. 目前农资价高，不能按时给补贴。

6. （关注）阎良区以前有两个屠宰证，一家经营不好，已被撤销，另一家在代家村。听说有人要新办屠宰证了。

从代家回来，吃饭，见康桥的丁少文来了，六十多岁的老头，骑电动车，他到司立征老师的房内，我与他聊起天来。他看报纸颇多，订有《农业科技报》，他本人又善言谈，说起来头头是道，颇有自己的观点。

1. 他卖些甜瓜种子，自己有些想法，在自家地里实验。

他想加工南瓜粉。南瓜在阎良本地需3月份种，5月20日采收，而陕北适宜种植。

南瓜粉生产有机械，用打夯机加工即可，不一定要烘干机。

2. 他比喻当今社会是大鱼吃小鱼，小鱼吃虾米。

他认为中央政策好，中央领导好。

3. 甜瓜秋季要靠温差，依靠温室放到11月底上市，是甜瓜增甜的好时间。

姚建华有个秋季瓜项目，让张小平他们来种，具体到经费的使用则由姚建华自己把握。

据司老师所讲，秋季瓜市场不好，没有瓜商来收，不便大规模种植。秋季瓜仅销往西安、咸阳、杨凌市场。

4. 东丁村的 * 有个砖厂，自己有轿车，所搞合作社是糊弄人。

5. 西农大甜瓜站各棚应分开承包出去，相互攀比，促成竞争。目前来讲，西农大甜瓜站仅是形象工程、面子工程，不能形成稳定长效机制。

6. * 是农业骗子城，收农民费用。* 不应该收费，要对农民免票。展馆应收摊位费，不该收门票。

7. 以前阎良为每位甜瓜技术员订有报纸，也为老丁这样的技术员订有报纸，现在不订了，老丁很不满意，不愿为政府做宣传工作了。

8. 吴三九是不错的干部，每年都把村上的人召集一块商议村子发展大计，吴三九这个人走群众路线。

绿秦芦荟专业合作社

下午 5 点多钟，骑车去关山镇上找两个专业合作社，棉花方面合作社寻找不到，便在一家渭南水盆羊肉店吃晚饭，从老板那里获得绿秦芦荟专业合作社理事长邓永现的情况，他在关山镇上经营一家饭店，我便前去找他，了解情况。

1. 在芦荟加工厂所在的界坊村有 20 个芦荟温室，半亩地一个温室，由当地群众所建。

2. 曾找过西农大生命学院李、卢两位教授，证明了该芦荟为美国的某一品种。

3. 目前工厂加工时断时续，一月生产一次，一次五六吨，为附近银桥、伊利等乳品厂，用作芦荟牛奶的原材料。

工厂生产时断时续，主要因为资金紧缺，咸阳投资商投资不到位。

很想投资一条保健品生产线，但因缺资金而停了下来。

原材料当地农户种植不成规模，有些原材料还需从驻马店泌阳来进。

银桥所需芦荟汁大部分是从河北保定进来的。

现在生产断断续续，产品曾出口到蒙古国，从蒙古国又转销到韩国。

4. 芦荟作用很广，可以作为菜拿到市场去卖，但没形成市场需求。

虽可作观赏植物，但所需量少，因此芦荟产业不能依靠观光来发展。

5. 芦荟相关产业发展，当地能有 500～600 个大棚，便可发展成规模。

6. 对合作社的打算是先发展企业，再发展合作社。

7. 邓老板做饭店已有 14 年，以前曾在康桥乳品厂做后勤工作。他与阎良区常务副区长张发俭同村。

8. 芦荟种植起源于饭店用芦荟做菜，从蒲城进了一些，后来见芦荟有前景便大规模发展起来，建厂加工。

后骑车去了界坊村，去村西头温室看一下情况。这里有几十个温室，土坯温室已经倒塌，余下的砖瓦温室也有十几年的历史。温室为区上十多年前所建，交与村里，村里再承包给农户，经营几年下来，现在转种芦荟。只见温室内杂草很多，以农户讲，在冬天时需给温室上膜，上草帘子。农户对种芦荟抱怨很多，承包户讲：

1. 种芦荟四五年下来方卖了 4 000 元，村上每年对温室大棚收 130 元，而且要求必须种芦荟，不许种菜。农民没有选择权利。

国家对温室的拨款，农户没得到。

2. 温室刚建好时，个人承包，大队要钱太多，供应的地膜、温室膜都是高价钱。

3. 在这里，群众用水困难，水井离得太远。

后又去了芦荟加工厂，位于界坊村东头一个田地里，与村委会、村小学相邻。此时已经天黑，我在路上所用时间太长。邓永现的弟弟邓永发，他与家人都生活在厂里。

1. 芦荟加工根据需要量，一个月开工一次，产品销往乳品厂，也可出口做外贸，曾出口到蒙古国，由蒙古国转销到韩国。

从市场前景来看，芦荟粉可出口到日本。

芦荟前景很广，目前完美、昭贵大企业都有芦荟方面的化妆品。

加工厂有芦荟汁、芦荟茶叶，准备再上一条美容产品生产线。芦荟茶叶加工所取的是芦荟叶的最外一层，以前作废品扔掉，现今用来加工成茶叶。

2. 这边的芦荟比较嫩，不好。有些原料需从河南泌阳进。河南泌阳有几个大温室，现今市场萎缩了，温室也减少了①。

---

① 具体到河南省泌阳县种植芦荟信息，可以见到《泌阳县县志 1986—2005》中对"泌阳县芦荟食品有限公司"的介绍。该公司是在县原罐头厂的基础上成立的一家民营股份制企业。《南阳日报》曾报道刘相奎和孙万婷夫妻种植芦荟的事迹，由此可以看出，泌阳县赊湾镇曾发展过一阵芦荟种植。但在 2020 年 8 月初我查找此信息时，泌阳已经没有种植芦荟的，县志上的那家芦荟食品公司也不复存在。

在加工厂办公室有一些样品陈列，果汁、果肉（绒状）罐头陈列，并有全国其他厂家的产品，比如"邱杨"牌蜂蜜芦荟汁，生产厂家位于驻马店高新技术经济开发区 8 号。

3. 杨凌有一芦荟大棚。蒙牛所需要的芦荟汁由山西太原的一家企业供应。

4. 以前之所以选择界坊村建加工厂，因为村支书常去邓永现饭店那里吃饭，认识了。界坊村有农林局所建的温室，利用这一基础可种芦荟。

5. 当地人素质差，一把火把自己所种的芦荟温室烧了。

7月25日　星期五　六月廿三　晴

费　进　林

今天天气晴得好，我昨天还有一户芦荟种植大户没有访问，今天早饭后前往访问。

在界坊村东有一家住户，这就是昨天村民所讲西安一退休工人下乡承包大棚的住户，一个小院。他在这里承包了土地，盖了六七个大棚，2004 年时，他听人说在阎良这边盖上大棚种芦荟可以致富，便来到这里开始了规划建设。他老家安阳，夫妻两个都在邯郸一个工厂工作。2003 年工作不忙，便响应国家下岗政策下了岗，夫妻两人带上女儿一同来到西安，投奔孩子的姨家。孩子在西安上中学，后又在陕西师大读了大学，今年刚毕业，至今工作无着落。他们夫妻为能有着落，便在西安找投资项目，后来到阎良投资了芦荟种植。经过一两年的经营，形势越来越不好，加工厂的协议执行不下去，厂家不履行责任，价格越来越低，而且许多时候不给现钱，打白条。比如这家工厂有许多钱没给，后来以加工厂的产品来抵账，这才扯平。

如今这六七个大棚全部荒废了，都种上杨树。这几个大棚投资下来，共11 万元，如今仅收回 4 000 多元，而且这些土地每年每亩还要交 100 元的租金。这一摊子成了他家的负担。

1. 他叫费进林，今年 60 岁，邯郸人。1968 参军入伍，在江苏无锡硕放机场空军某部服役，七年后，复员回家参加工作。

2. 就因为加工厂不能兑现协议，当地百姓对他们很有意见，就一把火烧了温室。附近镇上几个单位投资的芦荟也被人砍了去。当时，邓永现父母就在此处建有房屋，与费进林家相邻，现今也搬了回去。

3. 我对种植芦荟的认识。农产品种植不能单独依靠一个企业，如单独依靠一个企业，则风险大，种植收益受企业销路影响，企业容易违约，因此种植户与企业应形成多对多的关系，如此方能构成良性市场。

例如，这边奶牛养殖便形成了多对多的关系，养牛户与企业关系不固定，相互选择而形成良性市场。

界坊芦荟产业是血与火的教训。

后又去了对面农户地里与芦荟种植户交流，进一步了解情况。

1. 有的地里已经种了菜，芦荟已经除去。看来温室不一定种芦荟，也可种菜，农户有选择种农作物的权利。

2. 有一农户有三个棚，全部种了芦荟，他们能销给西安饭店，但他们只销自己的芦荟，而不帮其他农户销。

经济管理学院来人（一）

午饭过后，听司立征老师讲，经济管理学院的霍学喜要来了解情况，司老师便拉上我一同汇报，又喊上张小平。我不停地打扫合作社办公室，中午两三点时天气很热，而且我还穿着正装，以便霍学喜来了，不至于慌忙换衣服，但这使得我感到很热，满头大汗。

后来两个车来了，霍学喜没来，我大失所望，先前还想联系一下权局长，看来那种想法是错误的。霍学喜没来，经济管理学院的几个老师、学生及西乡县茶叶站的首席专家余有本老师来了。司老师、张小平和我先后向他们介绍了情况，他们询问些问题。后来听同来的一个师兄毛飞所讲，这次他们前来是为了做霍学喜的课题，有多种目的，霍学喜有一个350万元有关苹果的课题，而且有孙校长所委托的有关"高校＋基地＋政府＋示范村＋示范户"的推广模式课题，霍学喜团队这次下来，同时在做多种课题，为下一步的工作开展做准备。

访谈工作结束之后已是6点多钟，他们想住基地。我领他们到镇上吃饭，为他们带路，他们出钱。其中有两个老师，算是见过一面，打过一些交道。这次他们前来，是带经费而来，我不便请他们吃饭，而且甜瓜站也没有这方面的表示。我不能太表现自己，但不给他们带路则是不好，去了饭馆他们倒对我客气起来，要慰劳我一番。司老师知趣，提前表示不去随他们吃，这种身份不好界定，到了甜瓜站的地界，甜瓜站理所当然应管人家一顿饭。

在镇上吃饭，我思考再三，去了"君再来"，昨天刚到这里见了老板邓永现。老师中只有几个人是南方人，这里米饭、面条都有，大家有挑选的余地。

晚上大家都住在甜瓜站，老师优先住在空调房，有几个学生住在没有空调的房间，但有电扇。我出去到外面买来两盒蚊香，在每间房子里都点上。这里用水不便，水管没水，需从储水桶里用管子吸来，比较麻烦，且水盆只有一个，我的水盆被他们轮番使用。我与毛飞同室，两人聊天到两三点钟，了解些情况。

今天下午谈话，晚上与他们交流，并与毛飞夜谈，了解些情况。

1. 夏显力老师介绍，他们去了白水，白水农户种植苹果，在技术推广上有很大的问题。在加入合作社上社员积极性不高，资金投入有限。

但白水苹果站的专家能深入群众，切实做些技术推广工作，专家认真，百姓也满意。但苹果不易见效益，有三四年的周期。

西农大苹果站规模大，地方政府重视，目前苹果站正入驻学生实习。

2. 询问师弟徐立，他们目前所做的课题是有关孙武学校长的科技推广模式的研究。基于西农大八大基地，由经济管理学院霍学喜负责，研究科技推广模式，不久汇编成书。

这一课题。霍学喜交与夏老师，夏老师是课题小组组长，夏老师与刘老师、徐立都是安徽老乡，他们联系紧密。而且这次下来，有几个人，比如西乡县茶叶站首席专家余有本老师及研究生院办公室主任程老师，都是下来玩的。

徐立去了白水，认为目前苹果供不应求，昌盛、宏达两个龙头企业对白水当地苹果发展有很大促进作用。

3. 与毛飞夜谈，了解些情况。毛飞是霍学喜的学生，河南漯河人，我的同乡，在读博二，在做霍学喜有关苹果产业发展的国家级课题，有350万元的经费。毛飞便从中拿来一部分做自己的博士论文。

毛飞讲，*同学表格设计很不认真，没能领悟调查的目的与要旨。毛飞有丰富的调查经验，他认为调查问卷应简单明了，突出主要问题。对于选项不能由农民来填，只能逐一去问，而且不能诱导，要自然而然，以谈话聊天方式进行，不能照本宣科，要把握主旨，会问，会引导。

博士论文调查问卷，有四五百份，常需要师兄弟们来帮助，要入户采访，针对一个农户，要座谈一个小时，如此一天走访七八家就已不错。如此带上三四个师弟、师妹，做上十多天的工作，便可完成调查问卷。

而且调查之前，要对这一调查团队做针对性培训，对于每一道题要逐一分析，猜想农户会怎样回答，如此便有不同的询问方式和对策。由此看来，调查是一门很大的学问。

毛飞讲，＊的学生很散乱，形成不了团队。大家平时交流不多，而且在具体课题安排上，都不主动，不愿去做。毛飞很为头疼，关于使用师兄、弟妹上不能尽如人意。我在使用师兄弟上也遇见类似的问题。

毛飞讲，他有一个师兄屈小博，霍老师很为得意，现去了社科院做博士后。霍老师认为，毛飞比较注重调查，但文章所写没有理论深度，而屈小博能有较高的理论深度。

7月26日　星期六　六月廿四　晴

经济管理学院来人（二）

昨晚，几个老师搓麻将，搞到很晚才睡。早起迟些，但按昨天所约，今早7：30，冯朝阳领一个邻居来了。今早，他们要访谈农户，我把农户叫了过来。

这些老师、学生陆续洗漱完毕，洗漱后与冯朝阳他们在招待室座谈。冯朝阳讲话滔滔不绝，口头表达能力很强，而且具有农户的质朴。他作为合作社成员对合作社还是很了解的。

8：30他们便出发去农技站，我也随车前往，作为他们的向导。9点多到达农技站，见到了姚建华站长，在会议室进行了座谈。

1. 姚建华比较了基层农技机构推广和学校推广，学校（西北农林科技大学）农科推广不占主导，对于技术推广要有两个前提条件，熟悉情况和熟悉人，而学校不具备这个条件，因此，农技推广的主体仍是基层推广部门。

学校应该对政府人员进行培训，再由政府人员带动农民学习科技。学校应解决焦点与难点，带动当地技术员。

2. 学校应该研究无公害标识，应对什么是无公害有统一的认识。

3. 姚建华所提出的"2蔓整技，4膜覆盖，1株4瓜，测土配肥"，其中地膜需要就地取材，旧膜可重新利用。

4. 夏老师提到农技站的性质问题，不应该把市场成分卷进去，应该分开，政府应做监管的事，不应成为企业的代言人。

姚建华讲，农资不是一个纯粹的产品，是个特殊商品，比如农药，使用条件很苛刻，农户应通过技术推广知晓如何使用。

5. 农技站已成立便民服务队，利用农户能人，组织种植大户、土专家，从而进行技术推广。农技站人员有限，站内30多个人，但仅有五六个技术员，因此要发挥便民服务队的作用。

6. 夏老师提出甜瓜站企业化。姚建华认为不能完全企业化，否则为了自己的利益，会不顾公义，会误导农民，使技术推广成了问题。姚建华建议，要建立长效机制，营利部分交与企业，引进资金，由企业来做，而技术推广这部分仍需保留。姚建华更进一步强调，示范基地应与当地政府紧密地结合在一起。

座谈后，姚建华把大家送至大门口，经管老师便告辞了，他们要回杨凌，我与他们告别。之后，我去街道帮甜瓜站刚来的女老师（朱老师）买一盒治疗鼻炎的药。此时已是11点多钟，我吃饭之后就回了关山。

这两天陪经管老师们，结识了朋友，也锻炼了自己，从他们的交流中得到许多东西，每个人都是一本书，每个人都有自己的所长，与他们一同去见农户或政府人员，自己也获得了认识。

司老师是个很会做事的人，考虑周全，他热情接待了经济管理学院人员，他各方面不失分寸，做得有礼有节，落落大方。

西农大茶叶站余有本老师

与西乡县西农大茶叶站的余有本老师（茶学博士）聊天，他介绍了西乡县茶叶站的运营状况。

1. 茶叶站有两三位专家，常年有人驻站，轮番值班。

2. 茶叶不同于其他农产品，生产的茶叶必须卖给企业作后续加工，茶叶的销售环节所占利润很大，茶农建立合作社便受制于人，没有大的作为。西乡县还没有农民专业合作社。

7月27日　星期日　六月二十五　晴

今天上午在写上报阎良区农业局的工作汇报，写我这几天对几个合作社的观察所感。

上午司立征老师讲，有陕西电视台来采访，他让我与张小平随同接待采访。快到12点钟，电视台来人，由杨凌宣传部带领着，后来方知，杨凌示范区成立11周年，要在陕西电视台"今日点击"栏目上宣传报道一下。中午一块去镇上君再来饭店吃饭，司老师代甜瓜站出钱，所做的菜中，大碗鱼不好吃。在席间便识别出《农业科技报》的张长宏。那次我去农业科技报社参观，便与他交谈了很长时间，这次突然相见了。

回去之后他们便着手采访，拍摄节目，在合作社办公室有专家上课，群众参与询问讨论。我们几个甜瓜站的人，又去大棚，伺弄苗子，作研究状。甜瓜站专家人数不够，朱老师不愿意参与，余下两三个人是凑数，包括我在内。后来他们又去了农户地里拍摄镜头。

农林局农业科科长王飞也来了，代表地方政府发言。我与他聊天时，以他所讲，阎良本地没有一个真正的农民专业合作社。

7月28日　星期一　六月廿六　晴

南冯奶牛专业合作社

上午去了关山镇南冯村，寻找南冯奶牛专业合作社，寻找合作社理事长冯雷亮。经询问，冯雷亮俗名大亮，家住南冯村西头。大亮与家属在家，要装修房屋，我与他夫妻二人交流，了解合作社情况。

1. 他有一个奶站，与银桥合资建设，花费20多万元，银桥出资一半多，2002年建，当时不像现在有补贴。

奶站将来发展趋势是要建奶牛小区。

现今村上有三个奶站，大亮奶站供给银桥，另有一个伊利奶站，还有一个小型奶站，为村支书所建。

奶站之间奶源竞争激烈，大亮抱怨自己发展的奶源都被别的奶站抢走了。

2. 合作社前身为奶牛养殖协会，2004 年建立，曾被评过先进，项目拨款有 20 万元，但自己仅能落 12 万元，且 12 万元中有部分拿出去送礼了。

合作社目前不见招牌悬挂出来，不见运营，没有明确的成员。且大亮的邻居只知道有大亮这个人，但不知有合作社这个组织。

从南冯出来，走粟邑，从炮张过石川河桥，进入武屯地界，骑车行走不远处是栎阳城遗址①，仅有一个招牌，不见城墙遗物，已荒废两千多年。

去了武屯西农大蔬菜站，准备在这里住上几天，把周围合作社调查一番。这里蔬菜站刚建好，人员刚搬进来。站上所住的除工作人员之外，还有家属，这里伙食也不算好。

与白水县来的王老师聊天，他以前在白水任苹果技术员，现在蔬菜站值班看门，监管杂事。

1. 蔬菜销售有一个规律。蔬菜市场以饱和和未饱和来论，未饱和时便需求一般质量蔬菜，当饱和时，便需推出高品质蔬菜。

蔬菜档次应由市场引导，应该有销路，只有对高档质量的蔬菜有需求时，方能种高档蔬菜。

2. 百姓种植有自己的一套，不盲目信专家，对专家冷漠。有些技术改变，能有效益，且投入大于收益，农户也不愿意实施新技术。嫌麻烦，对于新技术的效果还需要长时间方能看出，不太明显。

7月29日　星期二　六月廿七　晴

上午在房间里撰写工作报告，下午休息到 4 点，便去武屯，在阎良转车，去了区农林局农经站一下，还书过去，了解情况。

畅凯旋站长对我提了几个问题：

1. 农村财务审计工作应该怎样做。比如程序，如何开展？如何进行审查？如果让审计局的人来做，我们农林局如何配合？

村委账务必须要入账到财务那里，为什么有些不入账？

2. 农民负担检查，怎样"一事一议"？如何去做？

---

① 栎阳为商鞅变法时秦国故城，之后迁移到咸阳。

3. 农村土地承包的问题。

4. 两本以前的书，陕西农业厅所编：2006 年 6 月出版的《陕西省农民专业合作社经济组织建设工作会议文件材料汇编》、2005 年 3 月出版的《陕西省农民专业合作社经济组织建议参阅资料》。

下午 6 点多钟，到了武屯蔬菜站，见到了首席专家张树学老师①，与他聊天，了解些情况。

1. 他认为，投资于蔬菜园区，没有挣钱的，大都赔钱。比如杨凌新天地农业科技示范园是赔钱的，折旧厉害。

杨凌新天地示范园为省农业开发办所设计的。

2. 西北农林科技大学将来对示范基地支持的力度是每年 20 万元经费。示范基地数量要增多，能达到 15 个，一个学科负责建设一个基地。

与武屯蔬菜园建筑工人聊天，获知当地蔬菜的一些情况。

（1）西相合作社办得不好，为代办丁广印所办。

（2）武屯当地卖菜没价，信息不透明。对此要建立市场，如泾阳云阳蔬菜批发市场，但有市场不一定是好事，进场费如何，有无代办操纵？

7月30日　星期三　六月廿八　晴

去武屯几家农民专业合作社

今天天气很热，需出门调研，早上出去，在武屯街道吃完饭，便下去调研了，先去了西相任冯村，寻丁广印不遇，他的妻子在家，聊天一会儿，了解情况。

1. 合作社招牌没有悬挂，没有规章制度，没有进展，平时会员之间以电话互通，保持交流。

2. 镇上 500 元补助没给。

---

① 张树学，男，1956 年 6 月生，研究员，学士。西北农林科技大学园艺学院设施农业系任职，陕西省"三五人才"，咸阳市政府顾问，咸阳市十佳科普明星，西北农林科技大学阎良蔬菜试验示范站首席专家。毕业 26 年来，一直从事设施蔬菜栽培技术研究与技术推广工作，承担陕西省科技厅、陕西省农业厅、陕西省农发办攻关与推广课题 8 项，参加省级以上课题 6 项，并取得了重要研究成果。

后去三合村寻找刘学政，未遇，他妻子在家，家里经销一个小卖部。刘学政是村主任，去镇上开会了。与刘学政爱人聊天，后又找到村支书交流，村支书领我去了一代办家，该代办为三合村蔬菜专业合作社副理事长。

1. 三合村蔬菜专业合作社前身是协会，村支书刚刚上任，对此不为所知。合作社是蔬菜代办的联合，没见到办公机构。

2. 代办之间既有竞争，又有合作，大货合作，统一组织货源。平时散货，自己家组织。

这边以销售菜花和芹菜为主，冬天菜花销路不畅，价格不高。飞机运菜极少，大部分是汽车来拉，运到南方。菜花在标准上不过关，不能出口。

到了杨居，已是中午，天气异常热，经过询问，我找到了芹阎蔬菜专业合作社。理事长孙克民不在家，他女儿及理事会秘书长王春弟在。这家合作社看起来规章制度都有，且有自己的检测室。规章制度、文件档案都由王春弟负责，王春弟长期在此办公。

1. 合作社之前为武屯镇产销协会，已发展多年。以司立征老师评价，孙克民是一个很务实、很不错的一个人。

目前武屯重茬厉害，种茄子、芹菜需要倒茬，孙克民与村民一起去临潼交口包地了。包地较为分散，不在一起，事先与亲戚朋友联系，以亲戚朋友为依托，方才包地。交口所种蔬菜不多，可以种茄子、芹菜。

去交口包地的大户有一百多人。

2. 王春弟在此开些检疫证，一个 20 元，农技站给王春弟一些补助。

王春弟能操作电脑，管理合作社文件档案。文件档案分门别类，设以编号，并编以目录。如此提纲挈领，层次分明，一目了然。

3. 访谈村内瓜农。以瓜农所说，合作社为大家做了好事，安装了诱虫灯，引诱蚊虫，不使用农药，节省农药，作物生产绿色无公害。

同时他还讲，合作社就是代办，与代办没有分别，就是收菜的。

从杨居出来，沿路向西，寻杨居东路，寻赵振东，寻徐阳明。赵振东创办杨居苗木专业合作社，徐杨明创办杨居农机专业合作社，两人都住在杨居东路。在去交口路的路沿，赵振东居住在这里，与他和他的家人聊天，了解些情况。

1. 赵振东所种苗木，有十多亩在本地，不限于阎良，也可向外（比如渭南）提供，以供政府绿化之用。这边没有形成苗木市场，因此要出门推销。苗木不限于自己所种，也可从外地进货，比如从河南潢川进货。

周至县有很大的苗木基地，在全国都有知名度。而阎良则重在发展甜瓜、蔬菜，苗木形不成气候，苗木所需土地与甜瓜、蔬菜争地。

2. 杨居苗木合作社之前为协会，为供销社所建，算是经纪人协会。如今没有开展工作，没有招牌，没有制度悬挂。

去杨居村东路，找到徐阳明家，他爱人在家，到他的农机专业合作社看了看。在一间最里面的房子里摆了几个家具，桌椅上满是浮尘，墙上悬挂规章制度，仍是前些年的协会制度，房内堆放杂物，由此可见，工作好久没有开展了。

徐阳明家的庭院很大，库房内摆满了农机，有玉米收割机、播种机，以徐阳明的爱人所讲，徐阳明很爱钻研，他喜欢侍弄这个，每年对一农机详细考察，后确定购买，买来示范给其他农户，其他农户纷纷仿效。徐阳明不怕别人仿效，他认为市场大，农村有广阔的土地可以耕种，不怕竞争。杨居这边的人大都是从山东搬迁过来的，山东口音很重，徐阳明爱人也是如此，有些像河南口音，但她不知道从山东什么地方搬迁过来的。

1. 徐阳明是1994年购买农机，以后农机渐多，有各式各样的农机，他喜欢侍弄农机，经认真考察之后，再确定购买。

2. 以徐阳明对合作社的理解，是自己家先买农机，示范推广，待其他农户见到效果便推广开来，纷纷购买。

合作社成员大都是外村人，大家平时以手机交流互通，就买补贴机械相互商讨。

3. 省上多次前来考察，要给以资金，但没见具体行动，最终没给资金。

从杨居东路向西去东村，寻找李振云，他是东村瓜菜专业合作社理事长。他的收菜站大门紧闭，后去了李庄村找他。李振云是二十多岁的人，是瓜菜代办，他的招牌没有制作，没有规章制度，没有办公场所。与他言谈，了解些情况。

1. 他之所以办合作社，是听镇政府朋友介绍，受别人启发。

合作社建设之后，他发现前后没有变化，平时凡事依靠自己，合作社对自己没有影响，政府没有扶持资金。

合作社的年检，是在工商局贴花。

2. 当地没有冷库，很不方便。而三原、高陵、云阳都有冷库。阎良区断塬虽有冷库，似如防空洞，不适合放菜花、芹菜、蒜薹。

后去的是李家的武屯东孙蔬菜专业合作社，与东孙瓜菜专业合作社一字之差，而且两个收购点都在一起，我真分不出真李逵李鬼。东孙蔬菜专业合作社规模大些，有场地，但仍是悬挂出协会牌子，我以为走错了门。合作社理事长李大京去甘肃调菜了。他兄弟及爱人在家，但他们不知道合作社的存在，仅知道协会。我与他们交谈聊天，了解些情况。

1. 李大京去甘肃调芹菜了，江苏常州需要芹菜。

2. 听农户所讲，李大京与李振云比较，李大京除收购菜之外，还能提供些菜种子，而且李大京规模、价格、信誉都较李振云好些。

3. 李大京爱人对农林局有所要求，希望能尽快帮助把天棚建起来，犹如孙克民的天棚一样。

7月31日　星期四　六月廿九　晴

上午在武屯继续写材料，十点多钟出发回关山，准备回去写工作汇报。向权局长汇报阶段性进展的材料。

从阎良转车，刚过新兴，进入阎良城区便下了车，在路旁吃饭，并在此等候到关山的车回去。候车的地方为一批发市场，有人与我一同候车，以便发哈密瓜过去。我与他聊天，便获得了一些瓜果销售的信息。

1. 本地瓜果是从西安批发，西安瓜果则从甘肃进，阎良人去甘肃发瓜不划算，价格与西安批发比较起来是大差不差，优势不大，不如直接从西安市场批发过来，而且西安送货上门，很划算。

2. 对于香蕉市场则是不同，本地有两家大户，常年从海南拉香蕉过来。但与此同时，西安及周边县市也有香蕉供应，由此便有了多种选择。

在阎良吃了午饭，便坐公交回到关山。下午休息过后，便着手写工作计划，具体报告形式不知是以计划、汇报哪种形式为好。最近以来，见过权利军局长几次，但他没有安排我具体事务，因此工作计划写起来内容不深，形式方面的东西很多。我列举了最近做了些什么事情，对下一步工作的开展作以计划，但没有实际内容。权局长目前安排很为散乱，对我没有委任实质性的事情，一切都是由我自由安排。

因此，这种模棱、含混状态，使我左右为难，思想发散厉害，左也不是，右也不是。到了最后以工作计划命题，结果下来是折腾半夜，冥思苦想，到了午夜两点方才入睡。

8 月

8月1日　星期五　七月初一　晴　日食·阴间多云

大约晚上7点多钟，日全食，当时在阎良，天一片大黑。

见邢崇军副局长并与之商谈农业讲座

上午去农林局，9点赶到，本是参加农林局专业合作社的建设会议，在路上打电话与张小平，方知道时间改到下午，农经站没有通知我。我此时已在车上，便只能去了。

农林局的权利军局长不在，他与杨宝明副局长去西安开会，许建武书记与张学政副调研员都不在，仅有邢崇军副局长一人在。

我先去农经站坐了一会，了解近况，后去了楼上与邢局长聊天。

1. 我所讲西农大培训事宜，邢局长认为可做，目前问题是对什么层次的人所讲。对乡镇书记、镇长所讲，时间不能过长，乡镇长们没有时间。而且所讲的内容视不同人群而有所不同，对于乡镇长则是讲客观的问题，对于一般群众则讲具体的内容。

邢局长认为可以做，这是个好事情。他表示愿意与权局长商量此事，并愿意对西农大的教授专家进行接待。

2. 邢局长讲，他这两天在忙畜牧的事情。乡镇畜牧站进行改革，由以前所属乡镇划归农林局，由此便发生人员下岗的问题。现在拿出一个方案，上报给区里，再作打算。

农民专业合作社发展建设座谈会

与邢局长见面之后，便回到关山，下午与张小平一同回农林局，我在三点之前到达，已有一部分人在，与大家攀谈聊天，了解情况。

后下楼找杨宝明副局长，与他聊了一会。权利军局长中午虽然回来，但西安下午还要开会，他便又返回西安。下午会议安排由杨局长负责。与杨局长在房内聊了一会，他是一个很热心的人，说话爽快，中午刚喝了酒，我能看得出他的酒量可以。后与他一起去了三楼会议室开会，此时已来了很多人。会议由杨局长主持，畅站长先朗读了关于阎良建设省农民专业合作社示范区的文件，我随后发言，谈谈最近几天阎良的考察情况，对合作社有些问题作了讲解。杨局长做了讲话，对文件进行讲解。杨局长是很随和的一个人，讲话通俗易懂，不生硬，能开玩笑，可调节气氛。

待我们三个人发言之后，便点名让各乡镇街道农办主任发言，后多位合作社理事长发言。杨局长向大家道歉，本想带大家出去转转，但有事便一直耽搁了。

1. 以杨局长所讲，示范区建设经费100万元，由农林局负责，其他部门很想插手此事，不能让各乡镇插手，不能让供销系统插手。

供销系统拿不上台面，凡是会议没有供销社的席位，而农林局是行政单位，能参与重要决策，从而能为农民专业合作社做些实事。

目前合作社在分红上还没能形成具体措施，没有分红账拿出来给领导看。杨局长讲，其实交易时已发生了分红。

2. 我发言说，合作社理事长应该使自己赚钱与大家赚钱联合起来，自己赚钱抓住核心的东西，而大家赚钱则受惠于理事长。因此理事长要不断升级改造，推进技术创新，不与人争利。

合作社应把握哪些是赚钱，哪些是免费服务，不能事事都把握得紧，应该把该赚的钱与不该赚的钱分开。

合作社成员应多加联系，取长补短，多加交流，别人已有的经验可以借鉴，不使自己挖空心思，冥思苦想，搞重复性建设。比如别人已有的成员证也可拿为所用。

合作社理事长出门要带自己的队伍成员出来，对于其他人员适当使用，经常锻炼，以培养出一批年轻干部、接班人。

农产品品牌化问题，要先做本地品牌。

3. 新兴街道农办主任：

(1) 合作社对群众吸引力不够，成员与非成员之间没有多大差别。

(2) 合作社成员之间缺乏交流沟通，应该有人组织出去参观学习。

4. 武屯镇农办主任：合作社如今与农林局直接联系而不与镇上联系了，合作社不理乡镇政府。合作社认为镇上没钱，没有油水。

5. 芹阳蔬菜专业合作社理事长孙克民认为：

(1) 农民投资入股不可能，但可以以土地入股。

(2) 龙头企业看不上刚发展的农民专业合作社。

6. 绿阳蔬菜专业合作社的王志强：

(1) 全社会人都应参与合作社建设，大中专院校、机关单位应参与合作社建设。

(2) 自己蔬菜专业合作社品牌化不强，虽注册了品牌，但没有显著区别。

7. 秦江养猪专业合作社：

(1) 自己去市上办代码证去了 7 次，花了 240 元，很麻烦。

(2) 合作社前身是协会，已经营三年，总体下来不成功。自己投入 6 万多元的资金，一人投资，花费太大，而其他人则不愿参与。

但对一件事情印象颇深，技术讲座信息发布出去，前来听养殖技术讲座的人颇多。

(3) 自己养猪在家养不成，苍蝇太多，环境不好，需建养殖小区，建养猪小区是趋势。但在耕地上建设，会有人来管，土管部门不让建，由此便需要农林局出面协调。

(4) 曾组队去户县清凉山、杨凌参观，户县清凉山养猪专业合作社是由私营企业参与运营的。

8. 阳兴棉花专业合作社理事长代万星：

(1) 平价化肥去哪了？平价化肥由哪些部门负责？平价化肥由供销部门分到各农资门市部，由农资门市部经销，不与街道乡镇政府联系。

平价化肥不应由农资店、供销社供应，而应直接拨到各个合作社。

(2) 合作社的章程不统一，有不一样的版本①。

9. 西蜜甜瓜专业合作社赵曙光：

赵曙光强调自我发展，去掉依赖性，不能养成依赖心。合作社所提供的农

---

① 以笔者调查，当年注册的农民专业合作社的章程有各种版本，其中科农瓜菜专业合作社的版本就是供销社的版本。

产品要朝标准化、品牌化迈进。

在此之前，杨宝明副局长询问畅凯旋站长参加会议的情况。振兴街道农办主任没有通知，致使振兴街道合作社全部都没有来，杨局长当时便有责怪的意思。杨局长专门询问＊是否到来参加会议，结果使他很失望。

由此可见，这次会议通知，对于与会人员能否到来，便有几方面的原因导致。比如乡镇农办已作通知，＊由于自己的原因没来。而振兴街道由于农办的原因而疏忽通知，而使合作社人员全部不能参加。由此可见，是由农经站自己通知，或是由乡镇街道农办通知，这是两个概念，或者采用两种方式，都通知，这样做更加妥当。

杨局长有责问畅站长的意思，而畅站长自有理由开脱，但如此的结果不是大家愿意看到的。既然会议由农经站组织，便需要对全过程负责，包括对参会人员的通知是否准确到位负责。今天的事情是畅站长做事不妥，虽然他可以把事情推卸到乡镇街道农办主任身上。

另外，＊念文件时，有气无力，声音不够洪亮。农林局三楼会议室虽然不大，但需要有音响设备，以确保会议效果。

会后一同吃饭，走了一部分人，余下人形成三桌，我没有和杨局长坐在一桌，应该每桌都有农林局的人，分开而坐，便于了解大家所想，与大家交流。

出来后，看了日食，便回了去，坐冯晓红的私家车到关山，我给冯晓红拿些文件，以供他建立章程及悬挂牌子之需。

8月2日　星期六　七月初二　阴

农 民 大 讲 堂

昨晚喝酒多些，在夜里两点多钟便醒来，睡不着了。有灵感，想办农民学校，起个名字，很大气的名字——农民大讲堂。想了很多，便打开电脑，写了出来，一气呵成。

到了今早，便又是加工修饰一番，完成策划初稿，上午把张小平喊来，他带冯朝阳过来，我把报告告诉他们，与他们商议。他们有些出乎意料，没想到我能有如此的想法，对我的想法则不知可否，听了我的打算之后，他们愿意让我过来讲讲，欢迎权利军局长前来讲课，而我则承担了布置农民大讲堂的装饰费用。

不管他们对此项目有多大的认识，我需要把教室建立起来，筑巢引凤，要想筑巢，必先引凤。把巢筑起来，把教室建起来，希望大家能培养些人才来，从而推进合作社组织建设和社会经济发展。

科农瓜菜专业合作社入账

他们两个这次过来还有其他的事情，对发生业务入账，做银行账、现金账，他们刚接触，自然侍弄一番，以防出错，到了最后，算是入了门路。在这过程中，甜瓜站的牛老师以前做过会计，对他们俩指导一番，我在一边旁听，收获匪浅。

张小平向合作社捐书

张小平这次从家中拿出自己的书，以供合作社图书室建设之需，冯朝阳对比造册，予以登记。图书有人陆续借出，发挥了作用。

甜瓜站的问题

受张小平委托，以张小平所写手稿，我为他们写了 2008 年下半年的工作总结，在言语上为他们丰富一下，在格式上完善一下。

晚上与甜瓜站牛老师聊天：

1. 甜瓜站的司立征老师、常宗堂老师每下来一天要补助 50 元，而朱老师、牛老师没有。

2. ＊大权独揽，让＊公司经营甜瓜站账务，朱老师从学校领出钱就需要交给＊公司，而＊公司负责站上的开支与收入，具体开销票据则由朱老师去报。

甜瓜站的开支，无论多少，都需经过＊的允许，如果＊不在站上则需要发消息给他，如不回复，则不许开支。

甜瓜站伙食由＊控制，每人每天 7 元伙食费。在今年之前，伙食费从工资里扣。

甜瓜站内水塔、太阳能都是区科技局所安装，＊不会想方设法改善驻站人员的生活条件。

3. 有＊公司做背景，＊以私损公，不顾公益。比如＊把次品种子提供给甜瓜站，＊一味育苗而多销种子，从而影响甜瓜销售上市时间，使甜瓜成了包袱，难以销售出去。

＊对下面不能下放权力，生活保障不了，人人都不能成为主导，从而工作消极，不愿主动做些事情，即使发现了问题也不提出。比如甜瓜今年种植，待育苗之后方才一块种植，而不是一边育苗一边及时定植，使得甜瓜整体晚了半个月，而不能赶早上市。甜瓜站人员发现了这个问题，也不提出，心灰意冷。

4. 以牛老师所讲，＊及甜瓜站老师们都是说话不算话，不履行承诺。比如当初所有老师刚来甜瓜站都不会育苗，纸上谈兵，仅是理论，没有实践过，于是就把赵可合找来，赵可合有育苗经验。赵帮助育苗，帮助销售苗子，获得提成，但到现今仍拿不到钱。＊把问题推到司老师头上，而司老师则是身无分文，无法支付。赵可合如今对甜瓜站的老师意见很大。

＊公司在甜瓜站所育种子，所培育甜瓜，所育西瓜，所收种子尽归＊公司，所有劳力投入、肥料投入则尽归甜瓜站，因此＊坐享其成。

8月3日　星期日　七月初三　晴

今天又忙了一天，待在甜瓜站整理材料，为农民大讲堂做准备，准备装饰一番。张小平又过来了，我已帮他写好上半年的工作总结，并作了修改完善，打印出来。仿照孙克民的建档方式，为以前文件做了编号，打上"科农发〔2008〕＊号"的字样。以前对建档没有认识，如此下来就有所感觉，知晓如何去建档。

下午又去了阎良，找一地方，为农民大讲堂制作招牌，花费一百多元。明天就要去农林局邀请权局长为大家讲课。

8月4日　星期一　七月初四　晴

今天天气热得厉害。上午去农林局拜访了各位局长书记。

1. 杨宝明副局长对工作有安排，要我与小畅（畅凯旋）一起对上报的农民专业合作社示范区建设文件审核把关。

2. 见邢崇军副局长。邢局长对我工作没有安排，我需把教育培训稿子交给他。

3. 见权利军局长。

（1）权局长愿意为大家讲课，他想让一些种植、养殖大户来听。以权局长意思，一定要把"农民大讲堂"工作做扎实。

讲堂可以由农林局一部分人来讲，也可由专家来讲，还可请农民专家来讲。

（2）权局长想打电话给孙武学，他在蔬菜园开发上遇到了难题，西农大园艺学院要规划设计费二三十万元，权局长认为太高，他想让孙校长出面协调。前一段时间，刘建辉曾来过，他是代邹志荣院长前来处理此事。

（3）权局长没有电子邮件，仅用电脑看一些视频节目。

4. 见许建武书记和张学政副调研员。许书记前一段时间出差去了，刚回来。在权局长办公室，见他捎一些小礼物给权局长。许书记又是大谈当今社会，数落社会现象中的种种不是。

许书记征询我以后就业意向，他认为我可以抓住挂职局长助理机会，从而成为公务员。

张局长在许书记房内闲聊，他没有什么事情对我安排。

5. 之后去农业科和经管科拿些文件。

从农林局出来，去拿喷绘广告，又徒步走到去富平的路上，找到了一家电焊，焊一框架，以便装潢。坐车回去，下午便一个人开始悬挂，折腾得很累。

以权局长下午在电话中所讲，他准备6号上午为大家讲课。

8月5日　星期二　七月初五　晴

上午与张小平及北冯的一位兄弟一起准备收拾，打扫卫生。把条幅及学习格言悬挂出来，搞得像模像样。桌子怕别人打扫得不干净，我反复不断擦拭。

整治一天，忙，累。到了晚上，打印些学习材料，把刚买的500张纸都打印完了，打印到夜里1点钟。

8月6日　星期三　七月初六　晴

农 民 大 讲 堂

今天又是一个大热天。

早上打开电脑，仍旧忙碌，打印些资料。8点之后有人陆续地过来。先后有几个合作社的人前来，他们几个忙着招呼，大家忙得不亦乐乎，各有事干。9点之前权利军局长便来了，我先是在会场招呼一声，各就各位，并安排人员待权局长过来时鼓掌欢迎一下。

昨天，我与张小平、冯朝阳商量各干什么事情，都逐一交代，分工负责。张小平先发言致辞，权利军讲课开始。在此之前，当日用品都已发放下去，由张朝阳负责发放，并对前来人员进行登记。

权局长讲了一个半小时，后半小时是交流时间，听众提些问题，权局长回答。最后，讲座在张小平致谢后散会。领权局长去招待室休息，吃些西瓜，与人谈话，算是闲聊。在讲座开始之前，权局长也是在此暂且休息。

讲座之后，他在招待室又休息一会。之后，大家一起在"农民大讲堂"这几个字之前合影留念。关于合影比较有意思。9点时不便安排合影，11点时阳光太强。如大家一块合影，则需在会前提前安排，提前准备，人多时有一个前后主次之分，且第一排也有一个左右先后顺序。如此麻烦，于是到最后，人员都散尽时，余下的几个人再一起回到"农民大讲堂"前照相留念。照相后，权局长坐车离开，其他人陆续离去。

我利用这次机会，散发问卷，完成40份调查问卷。由此总共完成200份问卷调查，这一任务在今天为止告一段落。

权利军局长在农民大讲堂上的讲话要点

权局长讲座：

1. 去了浙江台州和宁波，考察台州忘不了柑橘合作社、温岭草鸡合作社等合作社，这些合作社体制都很完善。都入了股，少则五六百元，多则一万多元。其中，大股不能超过20%，有二次分红，分红以交易额和股权相结合。

种植 5 亩以上才有加入合作社的资格，对加入农户有规模限制。

浙江所考察的合作社，可以实现五统一或八统一，统一供种，统一销售（上海有草鸡直接销售店），统一标准化的种养殖规程（目前阎良没有标准），统一商标，统一饲料，统一结算分配。

合作社实现跨区域发展，不局限于台州。

浙江合作社很专业，比如有西红柿方面的专业合作社。

党组织设立在合作社里面，有些成立了联合社。

有些合作社是打"浙江"的牌子，以"浙江省"直接命名。

陕西省与浙江省相比，在经济环境及意识上比不上。

2. 赵曙先发言，发挥自身积极性，认真去做，很有信心。

利民农资合作社理事长冯建堂发言，表达自己信心，愿意发展。

3. 权局长所讲，为什么要发展合作社？大市场与分散农户不对接，从"公司＋农户"，到"公司＋合作社＋农户"的演变。

农产品规范的要求。

易于品牌化发展，市场经济需要品牌，不要杂牌。

一定要交会费，便有一种荣誉感、归属感，愿意入会。

早年，＊的甜瓜协会及早期阎良区的蔬菜协会都是失败的。

合作社的利益模式可以采取以下形式：

专—干某—行业

↑

农民专业合作社→调动参与感，以利益相引导

↓

70％农民加入

阎良区超市是被西安市超市占领了，不能自己经营。

合作社一定要注重内部的管理。

在是否收会费方面与大家进行了探讨。收会费，搞入股，一定要搞。

4. 如何去搞。做一个标准，让大家自己先建，然后申请标准，分甲、乙、丙、丁标准，以此标准方能申报省、市、区级的相关合作社补助。合作社必须自己去建，然后通过局里去申请资金。

阎良区合作社目前成员数量太少，省上要求 50 户以上。

5. 权局长接受提问。

四室可建成两室，可建成办公室（信息室、财务室合并进去）、培训室。

对项目资金使用，只能作公积金，不能分给个人。

先发展后规范，在规范中发展。

甜瓜产业能否保有合作社的品牌，到甘肃、海南去开拓市场。

统一销售的两种含义：统一品牌，统一规格。

与上海客商要保持联系。

处理好品种与品牌之间的关系，好品种不一定能育出一个好的品牌，好品牌还需其他工作。

对合作社进行人才支持，可申请农民专业技术职称。

王武强提问，权局长就合作社财务账务、会计事务的问题进行回答。

下午时间我休息一会，到了晚上开始写稿子，稿子内容是关于权局长参加农民大讲堂的。内容所写格式参考我为博士下乡所写的新闻稿件，内容变化一下。在此之前，把权局长讲话录音整理出来，我为此听了两个小时，待新闻写出来，便是到了晚上一两点钟。

8月7日　星期四　七月初七　晴

上午继续修改稿件，由于上次培训，打印机没了纸，打印资料上报是个问题，可把甜瓜广告纸的空白部分反面使用。

按昨天张小平所说，我今天先去了区委宣传部，找到了二楼的办公室，见到了小苏（苏新友），把稿件交给他。他负责外联，把稿件推荐到外界媒体。《今日阎良》主要刊登基层干部群众，权局长在阎良本地算是正处级干部，不便于登载。

后去了农林局，见到了权局长，与他聊天一会，把新闻稿件及照片拷给他，他很高兴。他有上次浙江考察的原始材料，想让我帮他整理出一份文字资料。我向他打了招呼，这两天回家休息几天，在家里帮他整理材料。

又去了农经站，与畅凯旋聊及站上的事情。我前几天已整理出"阎良建设农民合作社示范区（讨论稿）"，我提出我的看法，由他们定夺。

从农经站离开，已是11点半，已无时间去组织部汇报工作。去组织部至少需要半小时汇报，如此才能表达心声，交流感情，留下好的印象。

从农林局出来，打车去了火车站，我买了一张晚上7点多钟从西安去郑州的车票。在车站遇到了一位革命军人，80多岁，他与许多位中央领导干部合过影，他叫毕惠恩。

买了火车票之后，去爱家超市买来土特产，又坐车去武屯蔬菜站，把自行车从武屯又一路骑回关山。此时已3点多钟，阳光很烈，骑回之后，又热又渴。

前后一个小时，顺利到达关山甜瓜站，收拾物品，与司立征老师、牛老师告辞回去了。在阎良转车，到三府湾下车，坐公交车一段，又徒步到了西安北车站。逢北京奥运会召开之际，北车站安检严格，层层设防。

在火车上一夜，不与人聊天，坐的是空调车，大家漠视，互不言语。我在想如是普客车，则会有许多农民工，大家聊起天来应很愉快。我坐的是硬座，之前没买到卧铺票，我所带行李，行走不便，不愿意再补卧铺挪到卧铺车厢去。

与权局长谈话：

1. 权局长对"农民大讲堂"还觉得可以，虽有人交头接耳，不能苛求完美。

农民大讲堂在师资使用上可让站长来讲，比如农技站姚建华站长，可让农技人员来讲。

农民大讲堂的讲课方式可采用访谈方式，比如摆上几张桌椅，对人员进行访谈，我可以作为主持人。

对于讲座举办的经费，我可以先从农林局借钱，后再以票据报销。

2. 权局长安排我对文件材料进行整理，整理出一篇文章。

文章可分三部分。第一部分写浙江合作社的特点、经验。

第二部分写阎良区农民专业合作社的发展现状。

第三部分写对阎良区农民专业合作社的进一步规范。

我的想法可以加进去，可有我个人意见。

见畅凯旋站长，与他谈话：

1. 以他打算，准备带农民专业合作社外出参观，不要很远，仅在西安市内。可在陕西省内转转，参观杨凌，参加农高会。

2. 目前，农经站在帮大家制成员证。

续前天，农民大讲堂总结：

1. 设备：前后排效果不好，后面的人听不到在讲什么，便会乱说话，影响课堂效果。

如此就需要购置音响设备，购置音响设备是当务之急。

整套设备需要讲台、麦克风（无线）、无线接收音响，有需要提问的麦克风（无线），也可接入功放扩音设备，甚至调音设备，这方面可向戴万星请教。

2. 合影：如仅是讲座的方式，不可大规模地进行合影。仅于讲座结束之后，待其他人散去，进行小范围的合影留念。而且在大家礼送权局长出去时，一块合影。合影可放在讲座后面。

3. 讲座安排：讲座内容可分三部分，讲—提问回答—结束后交流。

4. 讲课人选择：讲课人要慎重把握，要认真寻找，需了解之后作选择。

5. 对于下次请陆治原书记讲课之前，要培养一支听课队伍，用心听讲，不能说话。而且最好在讲课之前能唱几首歌，烘托气氛，以壮声势①。

不能乱请人，必须对每位听的人详细了解，防止出现借机上访的事情来。

对于听课听众，需分几个小组，由组长通知，带领大家学习。

讲课听众对于种地有所要求，我需要以务实的作风来影响感染他们，我要成为听众中的一员，与他们交朋友，满足他们的需求。我要有自己的核心听众。

8月8日　星期五　七月初八　晴

张小平打来电话，《三秦都市报》已刊登农民大讲堂的新闻，上网查询，简单不多，简明扼要地讲些事情，已对我的稿件做了大幅修改。由此看来，我做的工作也是正确的，向他们提供详细的材料，由他们自己删改。

由我提供的稿件，他们就此可以修改成各种稿子，发给不同媒体。

8月16日　星期六　七月十六　阴雨　郸城

在郸城老家。已从陕西回家一周。我是8月8日回到老家的。

---

① 此听讲形式，源于我在2005年11月前去山西省永济市蒲州农民协会考察，受其组织群众听课方式的启发，农协分有小组长，平时负责大家学习，每周定期在一起学习，听人授课，讲课前唱歌，效果很是不同。

今天在家中，爷爷①来了，他曾在老家村里做过村主任、村支部，对村务很熟悉。我就村务财务审计求教于他。他对此非常熟悉。一个乡镇有一个总会计，财务会计负责全镇工作，各村需把账务报给他。

乡镇有两个账本，银行账和现金账，银行账是贷款相关账本，上面所记的每一笔钱的开支去向。现金账是记录日常开支花费，看收入和支出是否相抵，如有出入，则要寻根问底，查款项究竟花到哪儿了。

村里对上面审计检查自有一套应付的方法，行贿送礼，使大事化小，小事化了，因此村财务审计便困难重重，问题很多。

8月31日　星期日　八月初一　晴　阎良

昨天坐车，早早到了渭南，又一路从渭南转车过来，到了甜瓜站，此时刚8点多钟。甜瓜站仅有牛老师在，其他人都已回去，还有几个＊公司的人也在这，他们正在为瓜授粉。

上午，打电话给西农大的几个扶助合作社，联系赵可合、贾相志、孙小平，给他们讲，我已经回来，本周如有事情可联系我。张小平便骑摩托车过来了，我与他谈了好长时间，了解最近二十多天发生的事情。

王　武　强

一个不幸的消息，王武强已不在人世，信农蔬菜专业合作社的理事长王武强出了车祸，他于参与农民大讲堂后一天出的车祸。分析原因可能是太专注于思考，骑摩托车时分散了精力，结果出了事。由此信农蔬菜专业合作社受到了影响，不知能否办下去。王武强是一个极要强的人，是西农大蔬菜站重点扶持对象，我对于王武强很看好。前一段时间他一直在讲要开业开张，而最近则不见联系，我便想他会不会没通知我去参加开张典礼。而现在却是物是人非，信农瓜菜专业合作社就此停止住了吗？

又与张小平讲及培训学习的事情，我想最近为他办几场巡回讲座，请司立

---

① 爷爷仵汝功，2016年因病过世，在此怀念。

征老师讲与肥料相关的内容，分北冯、老寨两个地方，利用农民空闲时间，夜晚去讲。科农瓜菜专业合作社负责组织，而我负责联系教师及学习材料，给对方的要求则是人数最少 30 人，科农瓜菜专业合作社可发动自己的成员参加，并与当地村委合作，让他用大喇叭宣传再找些人来。

在讲座开讲之前，我需一套录音设备，及能载人前去参会的车，我希望从农林局获得解决。而发放的学习材料则是由主讲老师提供，我负责印刷出来。

合作社讲到拉网线的事情，我答应帮他们拉上。以我的提议，合作社要搞信息公开，我答应帮他们做出来。

9 月

9月1日 星期一 八月初二 晴

早上9点到了农林局，局里的人在学习，要学到10点。我在办公室聊了一会，后去了组织部。见到了舒元华，上交了材料，关于我上月工作汇报，以前写好直到今日方才交上去。见到了张涌部长，与他聊天一会，向他汇报工作开展的最近情况，并邀请他前去农民大讲堂讲课，与基层党员交流，他愉快地接受了邀请。

张部长建议我写出些有关我工作开展方面的文章，或我个人收获方面，尽快写出来，以便在《组工之友》《当代陕西》上发表。后又见到了魏娜科长，与她聊了一会，便起身告辞，返回农林局。

在农林局见到权利军局长，我把所写文章《阎良农民专业合作社发展初探——从浙江经验到阎良实践》交与他，文章1.2万字，篇幅较多。但以权局长的意见，我所写文章不符合他的心意，以他意思是要写浙江农民专业合作社的经营理念。具体到他心中所想，让人捉摸不透，不容易写。

后又与权局长谈到农民大讲堂的事情，权局长表示，在全区内开展活动，联络乡镇街道，调动各方参与，让农林局技术人员去讲，结合甜瓜站、蔬菜站的人员，而不局限于科农瓜菜合作社去讲。以我打算，这种速度达不到，要慢慢开展，目前尚不到全面铺开之际，时机尚不成熟，政府不能操之过急，而成了形象工程、面子工程，如此不是自然而然，是以人力去强迫执行。这样做下来，会伤害民心，不利于工作的下一步开展。

又谈到经费，我工作目前开展尚无经费支持，我的住房仍没有安排到，如此使我心灰意冷，打了退堂鼓。

后去了农经站，农经站最近任务很多，大家都很忙。但都是上有政策，下有对策，都可以解决，前提条件是有经费作保障。比如过几天要展开的村财务审计，针对土地承包款、机动地发包的去向进行审计，如认真查起来，会有很大的问题，不能深究，只能大事化小，小事化了。

在 10 月份，农林局将就合作社方面进行培训，需要一些人来讲，费用 300～500 元，报销食宿费，总计经费 2 万元。我回头可以规划一下课程设置，联系一下老师。

中午时，去新世纪广场看有无音响设备可买，这边都是家庭影院，没有专业音响，我需到西安去买。音响挺贵，少则几千，多则几万，甚至十几万元。听他们所讲，飞达音响一套设备不错。之前去了国美电器城，结果很令人失望，没有专业音响。为音响一事，忙了一中午，到了下午方才回去。

9月2日　星期二　八月初三　阴

上午又去了单位，没见到权利军局长，他不在单位，其他局长除杨宝明副局长一人之外，都不在单位。后来到快下班时我回到单位，见到了杨局长，了解最近指示，请示任务。得知农业厅王宏厅长过一段时间要来这边视察，看农民专业合作社示范区进展情况。

参照农林局政务公开招牌，测量了尺度，准备制作一个同样的招牌，用不锈钢制作，放在甜瓜站培训室外，以作科农瓜菜专业合作社信息公开之需。我特意打车前去润天路与前进路交叉路口询问价格，打听了几家。这些市场集中了几家不锈钢制作商铺。一家可以花 600 元制作，算是最便宜的。

去利民农资专业合作社

今天与宋建堂联系，他前几天打电话给我，想请我前去他农资点看看，我当时在老家，便答应回来之后前去。今天上午，他来农林局接我，去他在新兴环线的农资基地，基地既实验作物，又作物资储存。他的合作社——利民农资专业合作社招牌已经挂出，在环线路上老远就能看到，但没有具体的运营，室内不见规章制度。与他谈话了解些情况。

1. 新民农资刚办不久，与供销社没有关系。在栎阳桥上的富农农资合作社则是由供销社所办，发展加盟连锁，每发展一个加盟店，国家便有资金拨付。＊专业合作社是套取国家的钱。

2. 目前种子市场混乱，换汤不换药，品种一样，换了包装，便哄抬了价格。比如甜瓜中红阎良、新早蜜、教学6号都是一个品种，但被换了不同包装，价格不同，抬高了物价。

3. 目前种子公司所做管理，要统一供种。但统一供种不一定好，易形成腐败空间。以大荔、蒲城经验，甜瓜品种多，可以实现早、中、晚品种供应，实现甜瓜持续上市，可以持续到9月。

4. 新民农资目前以批发为主，供应周围县市，一些品种由西安市总代理。目前来讲，资金方面，零售店欠经销商的钱。对于能否欠厂家的钱，则看厂家提供货的好坏，质量好的农资则是供不应求，不易赊账。

5. 新民农资对技术的推广则是由当地经销商组织农民去听、座谈、交流。不正式，没有单独的会议去讲。

随后又与宋建堂交流合作社建设事项，他目前经营上不错，如不发展合作社仍可独自经营。发展合作社，没人入股，农资经营需要大量资金。以我建议，在经营上，他不能大小通吃，要把握核心上游环节，能够让利，把部分下游让出来让他人经营。他可以发展农民专业合作社团体成员，经常与各个合作社联系，而阎良区合作社是他经营中的一个重要渠道，他要广泛结识。

对于一个好的产品，要保证产品质量，做好售后服务，从产品的销售服务中可以衍生出农民组织来。农业产品不同于其他，有技术在里面，售后服务大有做头。从售后服务做起，产销种一条龙，由此赢得市场。与此同时，在售后服务过程中，可充分利用农民专业合作社来扩大他的生意。他的生意与农民专业合作社齐步增长，正如好的品牌产品能扶植起来许多品牌经营店、专卖店，促进了中小型创业。宋建堂的事业也是如此，他与农民专业合作社不相矛盾。而且他可以鼓励下面的经销商去发展农民专业合作社，以农民专业合作社的组织形式来展开销售。

蒲州农民协会的发展经验可以提供一个很好的例子。我在来这里之前已从网上下载了些农资方面合作社的资料，大多数是官方报道，正面宣传。因为供销社下面的专业合作社，走形式，做样子，指令式，官方操作。我把蒲州农协及其他的例子文章交给了宋，我认为这种做法很不错。

参观之后，我让宋建堂送我回农林局，虽至中午，我很不愿在宋建堂那里吃饭，怕耽误彼此的时间。他很忙，且唯恐招待不周，吃不完又是浪费。因此，我找借口告辞，坚决不与他一同吃饭。

在回去路上，我向他表示，西农大及农林局可以免费提供些师资，他如组织些人，我们可以在他那里举办"农民大讲堂"。同时，他如果有学习资料，本人能够讲，我可邀请他去为农民讲课。

他把我送至农林局，我见到了杨局长，刚才他在忙，我没过去，这会又来找他。农业厅王宏厅长要来视察农民专业合作社示范区，局里在忙这个事情。对于财务，他要我向权局长请示，看来凡是涉及财权，凡事都要经过权局长批准。

中午回到关山，没有休息。后回到阎良，要见权局长。中午，打电话给权局长，他让我回局里。于是我2点出发，去了局里。2：30尚在车上时，打电话到他办公室，他正好在，提前上了班。

我向权局长上交了两份报告，一份项目报告，一份工作开展经费及农民大讲堂开办经费申请报告。权局长当场表示，我可以报销工作开展费用，包括杨凌、阎良之间的交通费。

权局长于本月5号将要去北京接受农业部为期两周的农民专业合作社培训。他自己流露出要讲话的意思，从北京回来之后他还想为农民专业合作社做场讲座，谈及此事时，他很高兴，他很情愿为农民讲课。

在办公室内，见到了＊，以他的态度，有些傲慢，见领导点头哈腰，对平级或下级，总是保留有态度，不能以礼待之，使人对他保有距离。

与李伟峰比较起来，李伟峰在办公室工作，里外全部考虑，所想较多，有礼节，对人不错，说话周全，对人建议也是委婉地说，适合做行政工作。

9月3日　星期三　八月初四　晴

访谈 ＊ 老师

待在甜瓜站又是大半天，到了下午方才回去。

上午，张小平领冯朝阳过来，打孔穿线，拉扯网线，为办公室装了宽带，从＊房间扯了过来。我所买的网线30米已够使用。待安装好之后，教他们俩怎样开关机，怎样打开网页，怎样查看新闻，并为他们在收藏夹里设置了四个文件包，方便打开。他们渐入门路，有所进步，我也有所成就。

我与王武强有一面之交，总想到他家前去看望，但以张小平的说法可以不去。张小平虽受人邀请前去参加葬礼，但他没去，顾虑太多。他也不建议我去，时间已过了一段，时机已不成熟，错过去了，我如果前去对彼此都不好。张小平与我形成鲜明对比，人家请他去，他反而不去，不请我，我则想去。张小平说，我有些学生气。

上午等了一下，等 * 的车来，我坐车回去。中午，* 在站上吃饭，下午四点就回去了。我提前收拾了行李，拉大行李箱放在车上。在路上与 * 谈话一路，聊天。下午在西安停留一下，* 要见一个人，他的同学。后到达杨凌，他们把我送到校门口，我要请他们吃饭，客气了一番。

与 * 一路聊天：

1. 甜瓜分类只能手拣，不能用自动分拣机（比如苹果分拣机），怕甜瓜受伤害，有划痕。

2. 甜瓜去省外种植不划算，目前阎良甜瓜，本地消费80％，省外仅有20％的市场。因此甜瓜产业地域性强，* 一直想发展地域经济。甜瓜地域经济很明显，甜瓜要做本地品牌，不奢望向外发展。目前运费很贵，由不得向外发展。

河南虽有很多人采收甜瓜，但以中拣瓜为主，价格上不去，消费水平有限。前几年，市场上以河南客为主，河南客相互串联，哄降瓜价，很压价格。后来了一帮湖北客，把价拉了上去，河南客见价格高了，便一起散去了。

前些年 * 来阎良发展甜瓜时，种子供不应求，他对数量控制，头年300亩，后年700亩，再一年1万亩。以他所说，想种甜瓜，有些人还要送礼给他。如今市场不同，市场竞争厉害，经营甜瓜种子有许多家，种子市场鱼龙混杂，品质难有保证，同一品种能同时有多种包装。

3. 阎良甜瓜发展多年，大都不能按部就班去种田，目前没有秩序，违背了良心，甜瓜种植一哄而上，青瓜上市，生瓜上市。比如 * 为了抢一下好价钱，就摘瓜上市，不等甜瓜成熟。与此同时，他为了多卖价钱，就用了膨大剂，增加分量。对于不熟瓜，可用催熟剂，使瓜早熟起来，一夜看起来"成熟"，争取早日上市。

与此同时，对这边人心灰意冷，很想开辟新的种植区，并负责回收，即农户需按生产规模种植，他对甜瓜进行回收。在一个新的地方，农户刚开始接触甜瓜，不敢乱来，而且不知道使用膨大剂、催熟剂，因而不像阎良这边，人心不古，净耍花招。成熟度与市场价格是一对矛盾，市场无秩序，不规范，农民有盲从心理，不计长远，只顾当时价格，不考虑其他。* 想找一块净土，重新发展市场。

但我对此质疑，回收甜瓜，规范种植，这是不是一个妥善方式呢？由公司来做，组织起来是否可行呢？阎良本地西秦芦荟已给人一个很好的教训。

4. 水果要吃新鲜，喝果汁不好。现在市场一年四季都有水果，不用吃罐头。因此罐头就没有了市场，水果深加工没有趋势，而发展水果，有时令，仅是一阵子的事情。甜瓜虽可深加工，但没有市场，而且不应该深加工。

5. 秋季甜瓜不好，凉性果实对身体不好，而且秋季甜瓜面对各种水果都没有竞争力，价格上不去。因此甜瓜种植仅能放在春节，正好赶上水果空档期，于青黄不接时上市，就能抓住市场，挣一些钱。

一年多个季节种甜瓜，在省外建基地仅能作为政治口号来提，而不能用于实际操作之中。

9月6日　星期六　八月初七　阴　杨凌

向王征兵老师汇报工作

上午，王老师打电话过来，让我到经济管理学院办公室找他，向他报下账，并汇报一下工作。

1. 对于阎良农民专业合作社前来杨凌培训，我可以找四个人来。我下去先摸底，确定一下人选，针对科农瓜菜专业合作社的核心成员。

西农大的乡镇长培训班，每月两期，一周一期，很快。对于合作社的专门培训，可于大课之外开小课。

2. 对于农林局10月份的培训，郭爱军老师可以参与，王老师可以介绍他过来。

农民大讲堂，王老师可以前来讲课，免费来讲，而且不让对方提供接待食宿。王老师可以讲农产品市场营销方面的知识，也可以讲农业致富的知识，也可讲农民专业合作社的知识。

3. 对于阎良甜瓜农民专业合作社规划，郭斌以前写过，王老师以前也写过。杨凌农民专业合作社结题资料可以作为参考。

4. 对于农民大讲堂，可以以阎良为试点，先开展试试，发展起来再作考虑。

5. 临潼乡镇规划课题不可以做，怕课题不符合地方领导心意，免不了怨言。此方面例子有榆林整体规划为证，现在仍是放在那里，纠纷不断。

而科技推广处所给的项目，则是为了锻炼老师，即使项目失败，也落得个失败经验。

6. 对于下派学生，王老师可以选派，我也可以选派。至于费用，可以包干制，30 元包干，包含食宿费。

7. 下去要谨慎行事，不要轻易许诺，凡是许诺就要兑现诺言。因为许诺不做则是说了空话，别人只会埋怨。同样，如果不许诺去做，别人就会感激不尽。

8. 对于捐书的事情，王老师回头准备，不久就会捐献出去，并于当场捐赠。

9月9日　星期二　八月初十　晴　阎良

晚上七点钟左右，＊过来，他前一段在老家待了一段时间。＊把票拿来，冲销一部分借款，他先前在我这边借了 200 元，余下款仍交给他，由他拿着，算是课题没有结束，他仍是课题组一员。但对于＊如何使用则是不好说，他下去不能独当一面，有畏难情绪，因此我不敢放心使用。

9月12日　星期五　八月十三　晴

这几天为王征兵老师报账，今天告一段落，把几千元的账报了。

1. 我向王老师提及其他人是否愿意下去，结果没人愿意下去。

对此，我表示，我一人下去。

2. 如今向上报账，发票是个问题。以后可以采取开发票及报差旅费这两个方面解决。我在下面开支，可用笔头随时记录下来，留下票证，回头折为发票。

3. 对于这次我所写项目成果不能轻易交给他人。

9月15日　星期一　八月十六　晴

今天向阎良区各农民专业合作社群发短信，"农民大讲堂"可与他们合作，我可向他们提供免费讲座，但他们需组织至少 30 人，能提供讲座场所，不知他们能否反馈。

以下为短信内容："为促进各合作社更好发展，《农民大讲堂》与各社联合举办讲座活动，可为各社免费提供管理营销或技术讲座，由西农大教授或农林局技术人员来讲。对各社的要求是，能提供讲座场所，并能组织至少 30 名成员。有意者与我联系。区农林局仵希亮。"

在阎良，我同样需要人下去，以王征兵老师以前所说，下去的人员最好能从他的学生中选拔，我这次回来便群发消息给同门师兄弟。王老师的博士中无人可选，在职或出国，没一个在学校。硕士中便只是选拔硕士二年级的学生，一年级新生刚来报到，有课要上。三年级的人便各有打算，要找工作，都很忙碌。

这次我给二三年级的硕士生都发了短信，结果下来没人回应，使我大失所望。看来课题便只能我一个人去做。

当时所发短信如下："王老师在阎良有个农民专业合作社建设课题，需有人长期驻守乡下，帮合作社进行建设，有补助。凡有爱心、本学期有时间、能独自开展工作者可以联系我。仵希亮。"

9 月 16 日　星期二　八月十七　阴雨

上午去经济管理学院，见到了汲便便老师。她前几日去了阎良调查，了解阎良示范基地的情况，带了二十多个学生。他们下到基地之后，打了电话给我，我尚在杨凌，他们需要我的帮助，看我能否回去。后来，又打电话给我，不让我匆忙回来，他们要回来了，他们在乡下颇为不便，条件艰苦，就急着赶回来。

今天我便见了他们，看了他们的调查表格。表格设计精密详细，但内容太多，调查下来耗费时间，而且学生下去调查遇到不受欢迎的局面，调查内容大都对不上，无法调查。因此调查内容大多空白。以他们所说，甜瓜站很令人失望，不是像报纸所说，形势一片大好，而是问题很好，在下面很难找到示范户。我与他们交流一下，拿回一份表格，就政府与示范站之间关系进行填写。

后又见了园艺学院的邹志荣院长，受上次权局长委托前去找邹院长看有无事情安排。前后去找邹院长五六次之多，他上周一直在北京有事，我于今天才见到他。邹院长所讲，有两件事情，我可以关注一下，即武屯蔬菜示范园建设规划和即将到来的技术培训，可以在西农大及阎良两个地方举行。

9月17日　星期三　八月十八　阴　阎良

下午3点从杨凌出发，坐车先去三原，经三原转车，到达了阎良。汽车途经咸阳时，停留40多分钟，而且行驶在咸阳市内很慢，耽误了不少时间。到三原时，已是6点钟，怕搭不上车，还好咸阳发往阎良的汽车从这里路过，我便坐上车。由三原到阎良仅有20千米的路程，很快，不到7点，就抵达阎良汽车站。在阎良吃了晚饭，又搭上去关山的公交车，8点钟就到了甜瓜站。

晚上打电话与张小平和贾相志，这次把照片带回，他们可以前来拿走。

9月18日　星期四　八月十九　阴

牧歌畜牧养殖专业合作社

上午打电话给农经站，了解近况，看有无事情需要我去做。得知，权利军局长去北京尚未回来，局中大小事情都需权局长签字，农经站所规划的事情没开展。

上午，我喊来兴牧奶牛养殖专业合作社冯晓红理事长了解近况，他的合作社没有进展。又见到了冯朝阳、张小平，他们目前正进钢筋，甜瓜基地正在建设。甜瓜虽是下来，我今天尝了一块，不甜，不好吃。昨天打了电话给贾相志，他的瓜种植同样出现了问题，他抱怨不迭，形势不好。

冯理事长所依靠的畜牧养殖小区，现今已注册了一个农民专业合作社，由王赞挂名注册，合作社名称为牧歌畜牧养殖专业合作社，刚成立不久。小区的王赞及另一个福建陈老板前一段时间找我，但我不在。今天，我便去了他们小区看看。奶牛小区正忙着收青禾，玉米秸秆过一段时间便老了，现在收购正合适，两个老板都在忙。我等了一会儿，他们的合作社于上月21号成立，规章制度尚需完善，便需要我的帮助。我回头为他们整理一下材料，这些都易准备。我这次从权局长的材料中找出了两个养鸡的专业合作社案例送给他们，作为他们养牛的借鉴参考。

至于养牛专业合作社的发展，以前我与兴牧养牛专业合作社的理事长冯晓红谈论过，如何使牛奶原材料打出品牌，是目前的一个问题，迟迟得不到解决。牧歌畜牧养殖专业合作社所起的名字，不限于养牛，准备联合养猪户一同发展。它们的发展仍存有与冯晓红一样的问题。我需要思考解决①。

科农瓜菜专业合作社的信息公开栏已经做了出来，花了80元钱。

与此同时，我今天把照片带了过来，分发了下去，兴牧养殖、科农瓜菜都带了回去，挺好。

科农瓜菜合作社目前正忙，待秋收之后就闲了下来，秋收10月20日左右完毕。

9月19日　星期五　八月二十　晴

今天去康桥帮人采酸枣，顺便送照片给丁少文。丁少文仍是那么能说，讲国家政策，讲地方腐败，回忆毛主席。我上次在甜瓜站为他照了两张照片，这次便送给他。

在康桥见到了熊飞，了解一下情况。他在科农瓜菜专业合作社已入股200元。他听说股权将来要变动，他将再投入些现金，准备入股两千元。据我所知，熊飞除了在科农任职入股，在信农蔬菜专业合作社也入了股。

9月20日　星期六　八月廿一　晴

去 看 秋 瓜

今天上午9点钟，借一辆电动车前去贾相志、张小平那里看看。贾相志瓜

---

①　此问题不解决，结果出现三聚氰胺问题，由于阎良这边接近临潼相桥，相桥就是银桥乳业公司所在地，由于银桥采取投资建立挤奶站模式，与经纪人利益联系比较紧密，其在后面三聚氰胺事件中得以幸免。中国自2008年发生三鹿奶粉三聚氰胺事件，产业界重新洗牌，中国奶粉质量逐步得以提高。最近些年所推出的家庭农场，也是农户联系市场的一种方式，中国奶牛养殖除了企业化公司经营、家庭农场运营，提高规模化和品牌化程度，农民专业合作社也是一种规模化和品牌化手段，其应该是农户进入养奶牛市场的必要途径。未来发展还是以行业内的自治来提升牛奶质量，自治就伴随着组织的规模化和品牌化发展。

地里病秧很多,果实不大,秋瓜普遍如此,苗子不旺。瓜田大门紧锁,我在家中找到贾相志。他像是不高兴,目前所种这么多甜瓜,需销售处理,形势不容乐观。我这边可以帮他联系技术培训,他如需要便可联系与我。以他所讲,待秋收之后,才有参加培训的时间。我这次来,另一个目的,便是把照片送了过去。

后经粟邑,到张小平地里。他的甜瓜还可以,个头很大,病虫害不多。他侄子的甜瓜长势也尚可,成熟稍晚几天,叶子绿油油的。但同一块地上的张顺明所种的甜瓜则是不行,瓜秧病害很多,像得了白粉病,与贾相志地里类似。以张小平所讲,张顺明的甜瓜仅能卖上两千元,效益不好。同样一块地,如此大的差别,不是在技术上的差别,以张小平讲,是在于管理到位与否。张顺明很忙,疏于管理,便有了差别。

从张小平地里回来,所骑电动车来回将近 20 千米,我在回来的路上很为担心,好歹骑了回来,电动车的电量几乎耗尽。在乡下调查开展工作,没有交通工具,仅骑自行车很不方便,效率低,出行不便。电动车下乡调研,电瓶能跑多远便是一个问题,怕路上无电便只能推着,因此很不便利。我一直想买一辆摩托车,但目前未取得驾照。

今早在甜瓜站去大棚温室中看甜瓜长势,春秋棚所种 208 品种长势较好,病害较少,而其他品种无论种在温室或春秋棚中,长势都不很好,病害厉害。秋季种瓜普遍不理想,存在问题,而且甜瓜甜度上不去,仅能达到 12 度。

三 聚 氰 胺

看电视,见河北三鹿奶粉出了事情。前几日,电视所报道甘肃兰州,婴儿吃了三鹿奶粉,就检查出肾结石,而且是集体公众事件。三鹿奶粉便难推责任,有了问题,质检部门检查出三聚氰胺来。由此事件,三鹿奶粉厂家便对一批产品召回,召回上万吨奶粉。这一损失,不仅是现有奶粉损失,而且损失的是品牌信誉度,直接影响未来的销售,更具有长远的难以摆脱的阴影。更为不好的是,企业上下游相关产业受到牵连,比如奶牛养殖户对奶牛产奶没法及时控制,或控制有限,所产奶粉销售不出去,不能长期保存,便倾倒了。奶牛养殖户受到很大的影响,养殖积极性受到打击。

三鹿奶粉所含三聚氰胺最多,其他多个企业奶制品中同样含有三聚氰胺,检测结果不同，所含量多少不同。不仅奶粉含三聚氰胺，我所喝的液体纯牛奶也含有。这便使我不敢去喝了，减少了牛奶制品的消费量。

三聚氰胺是工业原料，用于制革化工行业。其长期被食用，易在体内形成积累，使人中毒，因为是晶体状，便在体内形成结石。三聚氰胺含有氮，是牛奶蛋白质的许多倍，如被混入牛奶，则被误测为牛奶蛋白质测量高。奶农为提高经济效益，往往向牛奶中掺水以增加重量，多要效益，但为过企业检测关，便需添加三聚氰胺来滥竽充数，提高牛奶蛋白质含量。

具体到三聚氰胺为谁所加，有三种说法，即企业、收购点、奶农。企业为应付国家标准检测，往奶中加水太多，为多要效益，便向牛奶中加入三聚氰胺以蒙蔽国家检测部门。同样，收购点的奶贩为增加效益，向牛奶中掺水，同时加入三聚氰胺来虚增"氮"含量，使牛奶看似符合标准，蒙蔽企业。奶农有一样的逻辑，都是为了要效益。但从规模效益来看，企业规模最大，农户规模最小，企业向牛奶中加入三聚氰胺最有效益，企业倾向于使用三聚氰胺。但与此同时，有另一个情况，即企业有品牌，易于受国家监管，不敢乱来。而奶贩则是不同，没品牌，流动销售，不向固定企业销售，极有掺入三聚氰胺的机会。①。

后来新闻报道了三鹿奶粉事件侦破阶段进展。警察排除了企业掺入三聚氰胺的可能性，查出三聚氰胺为养牛小区、挤奶站经营者（即奶贩）所放，并在其家中查出存放有剩余的三聚氰胺，有了证据。奶贩是利欲熏心，在缺乏监管时，便利用漏洞，浑水摸鱼，狂赚黑心钱。企业、奶贩、奶农利益不能一体，这便是一个管理中的核心问题，不易解决。

我在阎良这边走访奶农，前一阶段，考察了奶牛养殖专业合作社的情况。在牛奶收购过程中，奶农与奶贩、与企业未结成紧密关系，奶农所售牛奶，哪里价格高便售给哪里。奶贩也是如此，不依托一家企业。奶农、奶贩、企业不能结成利益共同体，关系不固定。

企业为能有稳定的奶源，便采取了在各点建立挤奶站、养牛小区，这是一种趋势。养牛小区投资大，政府需投资一部分，挤奶站投资少，方便企业直接投资，是企业占领奶源的简单有效模式。但养牛小区具有长期效益，是发展方

① 由此可见，经纪人队伍，也即奶贩队伍如何品牌化发展是一个大问题。由于家庭养殖奶牛规模小，难以品牌化发展，由此国家推动企业化养牛。企业化手段有两种途径：一是公司化，二是合作社化。企业经营农业，有其边界限制，规模太小和太大都是两个极端，如何保持合理规模，这就需要由市场来决定。2017年新修订的《中华人民共和国农民专业合作社法》出台，使联合社法制化，使农民专业合作社有了联合的载体，进一步促进规模的扩大，也突出了品牌效应。

向。挤奶站能从挤奶上控制奶的质量，比传统家庭手工挤奶卫生得多。养牛小区，从喂养上又统一了规范，从奶牛饮食上给以控制，更能保证牛奶的质量。

晚上吃张小平的甜瓜，感觉还可以，果肉晶莹剔透，吃起来有些甜度。瓜看起来大，有块头，给人一种有排场的感觉。以张小平所说，他的瓜以礼品盒包装，送给了阎良的主要领导。在阎良市场上，他不能寻得市场，这个时候果品很多，甜瓜已不是唯一选择。

9月21日　星期日　八月廿二　晴

今天待在甜瓜站，计划着下一步去哪里。永济那边，郑冰还没回来，我需等一段时间。这便打算前去郑州，了解郑州合作社的发展状况，郑州农民专业合作社会告诉我什么呢？

9月22日　星期一　八月廿三　晴

早上从关山出发，转车去了渭南，在渭南坐火车去了巩义。到渭南已是中午，火车晚点，到了巩义已是晚上七点多钟。找了一家旅馆，休息一夜，去网吧查些资料，明天准备去荥阳。

9月23日　星期二　八月廿四　晴　荥阳

访谈衡心养猪者合作社

早上从巩义出发，到荥阳广武镇住了下来。下午3点出去调查，找到衡心养猪者合作社①，见到了苏新民，与他聊天一下午，了解合作社近况。

----

① 此合作社在国家合作社法没有出台之前，于2005年7月23日以普通合伙企业类型在工商部门注册为"荥阳市衡心养猪合作社"，在合作社法颁布之后，于2008年4月25日根据《中华人民共和国农民专业合作社法》以农民专业合作社类型注册为"荥阳市衡心养猪专业合作社"。

1. 孩子状况。老大出去学健美已经回来，目前在荥阳与女友一块开食堂。老二学畜牧，在家开有门诊，能在广武本地提供医疗，能为合作社提供医疗。合作社兽医一块为老二所做。

2. 在办合作社之前，苏新民办过养殖公司，有饲料厂。开办合作社之后，见有人说闲话，苏新民便专心做合作社，把公司和饲料厂都停了。

目前又开办起饲料厂，为六个合作社所共同办，都有股份。饲料厂所分利润 50％是股金分红，50％返还给合作社成员。

3. 自己申请屠宰证已经三年，无果而终。目前自己销售标猪给屠宰场是 6 元/斤，而市场肉价是 13 元/斤，大部分肉价被流通环节拿去了。合作社应该向销售环节要效益，增大养殖附加价值。目前政府对屠宰证垄断。

合作社在办饲料加工厂，只能依靠生产饲料来增加附加值。看来，饲料加工许可证比屠宰证申请要容易一些。

4. 目前，食品安全是个问题。三鹿奶粉事件后，猪肉行业也有不为人知的事情。比如老母猪肉、死猪肉的流向问题，农户不舍得扔，市场有人专门收购老母猪肉、死猪肉。有些肉还卖到了食品公司。

目前市场，没有不掺水的猪肉，凡是猪肉全部掺水。超市所售猪肉都是碎肉，不能保证品质都好。

农户养殖使用瘦肉精已经是常事①。

5. 苏新民是荥阳市政协委员，关于发展合作组织、申请屠宰证建议提过几次，都没人听从。如今心灰意冷，懒得去提。认为自己作为政协委员，没有什么可高兴的地方。

6. 苏新民没有去浙江考察过合作社，没听说过河南省有农业部合作社试点。

7. 合作社三年选举一次理事长，一年一分红。合作社不按交易量分红，仅以股金分红。少则一人占一股，多则一人两股。

8. 衡心养猪者合作社所售猪普遍比市场价要高 0.2 元，合作社能起些作用。仔猪、猪肉价格每斤 3.7 元，自己所注册"黄玉"牌猪肉商标，因为没有屠宰证，便销售不了。

---

① 瘦肉精可以增加动物的瘦肉量使肉品提早上市、降低成本。但瘦肉精有着较强的毒性，长期食用有可能导致染色体畸变，诱发恶性肿瘤。在本调查之后，2011 年 3 月 15 日消费者权益日，央视曝光了＊集团"瘦肉精"一事。

9. 合作社中的成员如有了问题，不能严格按章程处理，不能按机关单位的做法，要以情治人，农村有自己的特殊情况。

10. 农业企业如百变金刚，合作社、协会、公司的面目变来变去，换汤不换药，为套国家的钱，盯住国家政策。

11. 本合作社的账目是专门雇佣会计来做，每月会计工资 300 元，忙时便来。会计有会计证。

12. 养殖小区，荥阳仅此一家。养猪小区，应以村为单位，集体建设，以便优化环境，绿色养殖。

13. 衡心养猪者专业合作社，国家发给 60 多万元补助，其中包含 9 万元的合作社建设款（其中的 2 万元被荥阳市农业局截留）。这些钱没有分给成员，为此成员很有意见。

14. 联合社有名额限制，荥阳市要发展联合社，强迫苏新民加入。苏新民不愿加入，认为发展太快，条件不成熟。发展联合社的目的是套国家的钱，申请项目，套取钱财。有人强迫苏新民，拿走衡心养猪者专业合作社的公章去加入联合社。

15. 衡心合作社内部存有争斗，有人易受挑拨，人心不齐。

农村人老弱病残，素质不高。发展农民专业合作社能稳定社会。

去年因不在家，在理事长选举中苏新民落选了。合作社影响某些人的利益，包括行政领导，怕农民组织起来。因此，合作社内部因为利益关系便闹了起来。

16. 广武的其他养猪专业合作社有的都并在衡心门下。郑州农业局编辑的资料仅是个形式①。

17. 农民专业合作社党建情况，苏新民认为应该建党支部，建党支部可以凝聚班子，增加合作社的正气，有助于合作社可持续发展。

在我告别苏新民之后，一个人前去养猪小区察看。有两个师傅在，与他们聊天得知，养猪小区由四个大户所养，再多的猪便养不下了，小区地方有限。小户便在家中养，两位师傅便是四个老板中的一个雇佣过来的，专门养猪，每

---

① 当时去郑州荥阳调查，主要依据郑州市农业局内部资料，即《郑州市农民专业合作社资料汇编（一）》《郑州市农民专业合作社资料（二）》《郑州农业报刊集锦》。作者与郑州市农业局局长陈书栋 2006 年有缘认识，并了解到郑州市农业局在当时曾大力推行农民专业合作社建设。作者由此于 2006 年底由郑州市农业局安排车辆去荥阳市调查广武衡心养猪者合作社，农业局送给我以上资料。2008 年我再次前去调查。

人月薪一千元，管吃管住。

9月24日 星期三 八月廿五 阴

在荥阳市广武镇，一天阴天，还滴了几点雨。下午4点多出去访谈，在昨天所去的养猪场东侧，见人在玉米地里忙活，我便上前询问，正好是养猪户的儿子，三十多岁，讲话比较实事求是，态度真诚。

1. 去年合作社分红，2 000元的股份分50元。据合作社的人所说，刚起步，分红少。

2. 饲料上各买各的，不一定在合作社里买。合作社价格不一定便宜，使用合作社的母猪饲料，不用合作社标猪饲料。

养猪没有利润，以前七八块，现今六块，但猪肉市场价是13元/斤。以他们对原因分析，好像是市场需求不行。

合作社对销售没帮助，养猪户的猪依靠猪贩子（经纪人）来拉，分批走。苏新民也需要依靠经纪人来销售。经纪人对价格有决定作用，常常压价。苏新民的规模也是不大，猪是一批一批往外走，没有季节性。苏新民自己没有销路，养猪户很想多养猪，但愁销路，养殖技术已不成问题。

当地的猪主要销往当地市场。

死猪就地掩埋，对死的标猪则被经纪人拉去了，给些钱就行。

市场买猪，以220～230斤为最好，否则出肉率不高。

经纪人好似串通一气，说不要某个人的猪，都不要。

3. 他父亲养了一百多头猪。

4. 合作社除在技术上给予帮助外，在其他方面没有帮助，比如在饲料提供、标猪对外销售上。

又去了附近的东村，路过一个养猪场，采访了户主，50多岁的人，夫妻两个对人很好。

1. 养了一百多头。母猪品种为"长白条"，种猪则是"都罗汉"，两者的结合则产生出瘦肉型菜猪。

2. 养殖场离家远些，在村外养。因为养猪易招惹蚊虫，对环境不好，邻居有意见，因此便在村外养。

3. 养猪不能完全靠人工授精，人工授精只能对养几头猪的人适用。对于养上百头的猪，一定要有种猪来稳定母猪的"情绪"，母猪要"发情"，养猪多了会不好管理，发情时到处乱拱。

4. 合作社成立三年多，于第二年分红 30 多元，他家入股两千元。

5. 合作社人工授精 15 元，而市场价格为 30 元。合作社 15 元的价格是对所有人都一样，不论是否为合作社的成员。

6. 养猪小区于 2006 年集体养猪，机械化喂料，由饲养员喂养，由于操心不到位，致使标猪死了不少。

现今都是各自喂养，用心到位，饲养员了解每个猪的情况。

7. 户主是 2005 年开始喂猪，当时没技术，死了不少。之后，就成了行家，在技术上没问题，不死猪了。全村人都是如此，比如在 2007 年时，全国发生瘟猪，仅广武这块没有疫情，形势很好。

8. 现今没有死猪，另一原因是所喂饲料之中都添加了药物，长此以往，有了抵抗力，此外，疫苗注射要勤。

9. 进入养猪小区养殖有规定，需要至少包一个棚。户主联合其他三人包一个棚，没有得到批准。现今养猪小区为四个老板所包，每棚的价格租赁费为三千元。

10. 养猪所用的兽医，不一定到苏新民那里。现今是各饲料销售门市部都提供医治服务。

11. 养猪所用农资，都可赊账。赊与现金购买是两个价，赊购价格要贵些。

12. 拉猪的经纪人不固定，经纪人之间有竞争，都是当地收购，外地大车来拉的不多。

13. ＊合作社成员都为自己家亲戚，饲料厂为自己家投资，打合作社的名义。

9月25日　星期四　八月廿六　阴

上午出去采访，在田间地头去找，费了一番功夫。由广武镇向东而去，在地头遇到一老农（姓时，东村人），他以前养过猪，我就此询问情况。

1. 他之前养过猪，技术有问题，老母猪经常死胎。

2. 古荥宰猪与广武宰猪价格不同，古荥是按批量，广武是按头，因此古荥猪肉价格便宜些。

3. 屠宰场收猪，有自己的渠道，猪贩也有自己的渠道，可在任何地方屠宰加工。

去东村访问一户姓杜的养猪户，他在自己家养猪。

1. 养猪二三十头，加入的是东村合作社。合作社提供技术培训，至于在其他方面合作社没有帮助。

养猪饲料可在市场上买，可以赊账，不一定从合作社里买。

2. 交合作社 30 元，其中包含 10 元成员证钱。

给猪看病可以到街上，街上有很多兽医店。

国家所补疫苗钱，散户领不到，虽然加入了合作社。

养殖场的猪体型好，品种好，而自己所养的猪比较杂。

在销售上，屠宰场有人来拉。

又去东村东头一磨豆腐的农户家，他驼背驼得厉害，也养猪。

1. 东村合作社是以东村为中心，包括周围几个村子。理事长为商滴水，商村人。

合作社设有股份，20 元一股。

合作社在信息提供、猪病防疫上能有作用。但在饲料提供、标猪销售上没有帮助。饲料、标猪销售要走市场。

2. 养猪户都互不串门走访，怕带有病菌。

3. 对于标猪收购，屠宰场可拉，猪贩子可拉，但都由屠宰场宰杀。

4. 配种问题。所养猪少，养头种猪不划算。如找种猪来配，一头种猪一天配不了几头母猪，能力有限。而用人工授精，则快捷方便高效。

5. 苏新民不收猪，以养殖为主。目前养殖小区内养猪户一同联合，销售给外地。

在广武小学附近，找到一位姓董的养猪户，他是在自己家养猪。

1. 他养了七八头猪，十多头标猪。

2. 他认为合作社不起作用，他加入了王见淼的广武镇养猪者合作社，王见淼的合作社比较早。他提及合作社就强烈反感。

3. 饲料随行就市，不一定从合作社进。饲料钱可以赊，七八个月后待卖了标猪之后还钱。

4. 乡上农办对养老母猪有补助。每头补 50 元，扣除 10 多元的农业保险，但补助不易下来。

下午休息之后，两三点钟，又去了广武村，发现几个养猪场，便前去找农户攀谈。男主人姓崔，30 多岁，全家都在掰玉米，与他们聊天。

1. 家中养 1 头母猪，14 头标猪。家门口有几个液化气大罐，他在农村卖液化气。

2. 后来他又叫来邻居，邻居加入了合作社。而崔大哥是自己饲养。以他们讲，他们对合作社有很大的反感，意见很大。言语之中流露出对合作社及苏新民的抵触。

（1）邻居认为合作社在开始时，大家踊跃投资入股，但自投入两千元之后，便不见分红。

以前集体一起养猪，饲养成本很高，推算到个人头上，个人意见很大。

当初养猪，有些母猪是赊合作社的。合作社与成员有利益纠纷，使成员不愿与合作社结账。

（2）具体我所问公司与合作社区别时，他讲衡心之前为养殖公司，后来成了合作社。崔大哥形象地拿起玉米棒打个比方，公司销售玉米棒一元一个，到了合作社便成了 1.2 元一个，其中 0.2 元是利益返还。

（3）合作社成员 80 多户购买树苗，绿化猪场，分担到每户。

（4）大家在一起大发牢骚，千万别出门，出门别上当，千万不能合伙做生意。

（5）养殖小区所包土地是按每亩 800 斤麦子给土地所有者。

访 谈 薛 福 美

这几日为农忙时节，农户白天都不在家，出去到地里收玉米了。我所去两家农户，这两日已跑了三四趟，今天下午提前准备，傍晚又去他们家。

由广武向东，在一个小村里，找到了这家养猪户，他叫薛福美，在自己家旁边养猪。

1. 他养猪五六年，刚开始养十多头，到 2006 年时卖了六七头，2006 年形势不好，大家养猪太多，猪价仅三元多一斤。现今余有五六头母猪，一头公猪，余下是标猪。

2. 现今屠宰场都是由个人承包，农户的猪由屠宰场的人前来拉。

3. 加入合作社，入股 2 000 元，2006 年分 30 多元。

苏新民之前是打料的，所打料供应自己家。当时料厂很多。现今仍是如此，自己打料加工，主供自己家的猪。饲料厂是他自己家的。

2006 年时，大家一起养猪，放到小区内养，统养统卖，管理不善，猪有死亡，成本太高，到后来统一销售出去，薛福美还需自己拿钱来补空缺。

当时猪舍租赁费很高，一舍 9 000 元。如今倒是便宜，3 000 元一舍，但入驻小区的条件仅仅是合作社的理事，便宜被几个理事长赚了。

4. 养猪场与小户养殖的区别。在猪行情不好时，养猪场通过向外调标猪，使价格比普通养殖户每斤高上一两角钱。在形势较好的情况下，供不应求，养猪场与养殖户市场价格一样。

5. 养猪技术不成问题，凡是卖饲料的都提供技术，一个电话便能把卖饲料的人叫过来。

6. 社员大会。在合作社办了第一年时，会开得比较勤。后来主要由理事碰头开会，不见开社员大会。财务在第一年公开过，后来不见公开了。

前一段时间，在今年收麦前，苏新民被选掉，但他拒不交出公章。

7. 薛福美后边一家猪舍空了，没有猪。这是 2006 年集体入养殖小区时，入不敷出，全部赔在养殖小区里。

从薛福美家出来，天已黑了。又去＊家南边一个养猪户，今天白天就来找了两次，这是第三次而来，过＊家时，见路上汽车灯亮时，便绕道而行，或躲在路边，怕＊看到我。这家养猪户忙了一天，我趁着晚上访谈一下。男主人打料去了，我与女主人谈话，她对合作社比较清楚。

1. 她家养猪三头，没有公猪。如母猪太少，养公猪等于让公猪白吃，不划算。

2. 她家养猪许多年，一直在自己家养，虽入股 2 000 元，但从未在养猪小区里养。2006 年猪行情普遍不好，生猪价格一斤 3 元多，大家都有损失。养猪小区养猪损失更大。

3. 合作社开会第一年勤，以后就少了，到现在也不开会。甚至不谈两千元，大家意见很大，争取今年年底开会，进行清账，两千元的股份已有两年没清账了。

合作社的养猪小区出租出去，在 2006 年底分家时，对合作社的 60 只母猪进行拍卖，租费与拍卖费应该能分红给股东。

4. 苏新民被选掉之后，他拒不交公章。别人僵持不下，便让了他。苏新民做领导已积累了经验，别人当理事长经验上不如他。

5. 合作社的好处尽被几个理事长占了去，合作社成员很有意见。

6. 两千元的股份分红之后，分了 60 多元，扣去各项费用，仅余下 30 多元。

9月26日　星期五　八月廿七　阴　郑州

访谈郑州农业局前局长陈书栋

上午退了房间，从广武到荥阳，又坐上去郑州的汽车，在郑州西站下车，转公交车，最后到了淮河路上百顺大酒店对面的乡镇企业局，在二楼会议室旁，是陈书栋的办公室，我到这里将近 11 点，有人找他，他正要离开。

与他座谈，了解情况，他思维敏捷，反应迅速，说话有力度。

1. 目前合作社令人担忧，上级领导不重视基层研究工作，以为农民专业合作社搞不到钱，没人研究，没人重视。

2. 郑州市当初 2005 年所搞合作社，是河南省试点，农业部对每个合作社有两三万元的支持，但主要是郑州市财政的支持，市财政拿出了 100 万元。

3. 陈书栋没有去过浙江考察过合作社，但他去过台湾，台湾有合作社驻点辅导组。

4. 除荥阳衡心养猪者合作社是当年的典范之外，当时的中牟香椿、西瓜也是典型。由于当年时间有限，郑州农业局没带我去中牟参观。

5. 就衡心养猪合作社而言，在当年关系处理中，陈局长强调两个重点问题要处理好：①土地租赁合同；②猪场与养猪户签订的合同。

6. 2006 年 10 月该地方猪病防疫最为成功，这是合作社有成效的说明。

7. 目前千千万万的"合作社"带动农户有多大作用，这是吹牛。公司与农户有矛盾，公司带动不了农户。龙头企业所取得的成绩，不具有说服力。

8. 我如何就衡心养猪合作社写博士论文，能有突破，能有创新点请教陈局长。陈局长建议我可就合作社中的一些问题进行研究：①就运行机制进行研究分析；②对80多户成员设计表格，看参加合作社前后有多少变化，要实事求是地去调查；③对养猪场问题进行调查，养猪小区是否应该从合作社中剔除出去。

我在写博士论文时，所写意思可简明扼要，对策措施是重点，是核心，是关键。

养猪小区是典型案例，我可认真去写。

合作社建设是新农村建设中的关键，是新农村建设的必由之路。

衡心养猪者合作社在2006年时可谓是中国第一个农民专业合作社，是真正的农民专业合作社。

9月27日　星期六　八月廿八　雨　荥阳

唐　垌

上午去了广武镇西北的唐垌，这里有一个水果专业合作社。唐垌有坡有沟，有一个百果庄园，为实业投资，发展休闲观光农业，吃住购一体化。公司老板为前几年在荥阳搞经营的商人，后发现了商机，便回家投资。为此，他被选为村支书。为带领大家致富，他让百姓种树。这边石榴渐渐成了规模，上面政府免费发石榴苗让农户种，而且强迫种在地里，结果待石榴长了两三年时，影响了田地庄稼的长势，群众便把石榴树砍了。刚开始筹资入股的农民专业合作社也解了体，农户所交的10元股金被返了回去，大家空忙活了一场。

这边种有石榴，根据地势好坏，长势不同，根据品种好坏，销售收入不同。我访谈了几家石榴种植户，了解些情况。

马世魁所种17亩石榴，亩产1 000元，今年收入1.7万元。他所种石榴品种有四五种，老石榴有硬籽，四五元一斤。而突尼斯品种则是软籽，包装成礼品，八个能卖120元。以他讲，中秋节之前是旺季，如今刚过，价格有些下来。

别人说，马世魁所占位置较好，是在百果庄园的门口前，位置极佳。

与马世魁谈话：

1. 马世魁为以前合作社的副理事长，当时合作社有107户，而今仍是要建立的合作社的副理事长，之前种苹果树 11 年，两角多一斤，效益不好，便砍了去。石榴树所产果实没苹果树所产苹果多。

2. 以前合作社合作一年，没农资，没实惠，没帮助销售。石榴是镇上派人种植，免费提供苗木，刚长三年就影响地里庄稼长势，群众不见效益，不能看到长远，便把石榴树砍了去。每人所交的 10 元钱随之分发下去，合作社便解了散。当时有五六百亩，都毁了。

3. 现在所成立的合作社有 10 家入股，每股 500 元，每家股数 1～5 股不等。因为合作社没会计，便使用村上会计，由村会计帮助算账，保存款项。时间长了，合作社一直没注册上，大家放心不下，便每股要回 400 元，现今是按 100 元一股。合作社理事长是马军，监事长是唐理民。他们成立合作社是希望得到国家补助。

4. 这里的石榴，有各单位来拉，当礼品送，也有贩子来批发销售出去，百果庄园实业公司有自己的销售渠道，面对单位接待，有赊账。开小车的顾客一般直接去百果庄园购买，百果庄园的石榴价格一般要高于外边农户价格。

5. 这边所种的"突尼斯"品种，河南称为"河阴软籽"。黄河南岸虽有石榴，但就唐垌这边的规模最大。石榴品种有 300 多钟，有青皮、铜皮、大红、粉红等品种。

6. 新建合作社有自己的营销策略，准备就在郑州绿城广场开办一场推销会，绿城广场免费提供场地，他们可以前去推销自己的"河阴石榴"。

7. 之前合作社理事长是唐留保，在合作社解散之后，唐留保不再当理事长，以唐留保讲，自己当了村支书，不便于再当理事长。

又向上走去，访谈另一个石榴园，正好有三个老农——唐清和、程远房和唐胜国三人，我与他们聊了起来。

1. 唐胜国是以前合作社的监事，他对合作社不抱信任。之前曾有"围堵"唐留保事件，唐留保领人来购买石榴，先卖自己家的。合作社成员不满，便找上门去"围堵"他，因此合作社与公司有竞争关系。

公司所售石榴即使供不上货，也不与其他人联系，公司所需的是突尼斯品种石榴。

2. 种石榴有补助，对于长成的能结果的石榴树，政府给每亩补助 160 元。

3. 唐留保有一二百亩承包地，除种石榴之外，还有梨、苹果、树莓等水果，他之前在荥阳经营钢材生意，回来后投资百果庄园，之后又任村委支书。

4. 目前突尼斯所种不多，传统石榴价格上不去。现今农户便以"突尼斯"石榴枝条嫁接，把之前所结石榴的枝子都剪去，嫁接枝子需要两年时间才能结果。而一棵石榴树长成需要四年时间，谁知今后所结大量"突尼斯"能给市场带来什么冲击？农户因量大而会降价吗？

5. 石榴不比苹果和梨，不能被大量消费，人们吃石榴仅是尝个新鲜，因此农户广为栽种石榴，会带来怎样情况呢？

6. 程远房以前是个教师。以他所说，他迫切需要一个合作社，帮他销售石榴。这几年他销售一直不好，由于他的身体缺陷，他不能与购买者正常交流，从而影响了石榴销售。他希望能有个组织帮他销售石榴。年轻人可以拉出去卖石榴，年老人只能在家守着。程远房种植七年，以前没收入，前年收入700元，去年收入3 000元，今年还没有见钱。

7. 石榴苗是春天在麦地里栽，乡里派人强制栽，有派出所监管，不敢拔。

8. 唐留保在自己的石榴不够卖时，就倒卖四川石榴过来，并在自己院内关起门来交易，合作社成员听说之后，就上去闹事，出现了"堵门"事件。

9. 目前大家销售石榴是各找门路，身体不好者销售石榴便有了困难，石榴销售有很大问题。

9月28日　星期日　八月廿九　雨

今天一天下雨，没有出行，天冷得厉害，我在住处整理资料。

9月29日　星期一　九月初一　晴

百　果　庄　园

雨下了几天，今日天气好了起来，我出去调查。

又去了唐垌，到百果庄园找到了唐留保聊天。在百果庄园里到处看看，有一家一户的石榴果园，是分户承包，农户不一定是本村人，又有农家乐，是郑州人所包。今天是国庆七天长假第一天，不见百果庄园有多少人来。

1. 百果庄园建了十年，之前这里石榴不多，唐留保在外经营生意，在家包的山沟，地价低廉，用来发展百果庄园。

现今庄园是分包下去，有很多户建立了果园，又有农家乐饭店。他的经营就是农户所种的果子交由他去卖，许多单位都与他联系，他有销路。庄园里各个果园使用他的包装，使用他的品牌。

对各果园所使用的农药是严格限制，打药是统一打，但不提供其他农资。果农自己使用农家肥，如猪粪、牛粪和鸡粪，不许使用化肥。化肥所产石榴不甜。农药施用是采用统一用来控制，各果园用电要向庄园打招呼。

2. 唐留保考察过许多石榴产区，去过四川攀枝花、会理，攀枝花石榴大籽小，不裂，比这里早熟一个月。

临潼石榴土壤酸，所产石榴籽硬。但临潼石榴有年数，有规模。

这几天雨多，石榴吸水多就裂了，石榴树喜欢干旱。

3. 唐留保谈及这边的石榴发展，之前有石榴，但不多，五六十年代有种植，2001 年逐步发展起来。刘沟石榴也是如此，但受政府支持力度大，当初省组织部部长马宪章挂职当地，才有了发展。

但刘沟石榴也难以销售，有人打电话送货到这边卖。

4. 唐留保讲，山东枣庄石榴是吹出来的，规模不大，是倒卖四川石榴过去卖。

5. 这边石榴，政府免费提供树苗，并载于农民地里，没经政府允许，当地农民便砍了，砍伐了两次，当年栽，当年砍。

6. 突尼斯品种石榴是郑州果树所从国外引进过来的。

7. 百果庄园从 5 月 20 日至 11 月底都有果实，杏、油桃、梨、早晚石榴都不断上市，其中石榴品种不同，有早熟、晚熟，11 月底的是晚熟石榴。

8. 唐垌水果专业合作社包装与百果庄园不同，虽同为河阴石榴。

合作社经营不容易，成员心不齐。唐留保认为发展集体经济不好，没效益，不如发展个体经济、私营经济。

9. 当年合作社曾做过营销，10 元钱报销荥阳到广武唐垌的来回车票，并送二斤石榴，结果前来购买石榴的顾客挺多，成员见此形势，就不叫顾客进了，人多为患。

10. 庄园内石榴园的承包户不是本地人，来自郑州。于冬天石榴没果时，便前来承包，签订了几年的合同。

11. 村委开会没人去，乡镇市开会，就村委支部书记一人前去，其他人没时间，也不愿去。村委所发二百多元工资太低。合作社与村委不同，合作社人员没工资，开会时不愿意去，仅是一帮孩子、老人。

访谈三官养猪者合作社理事长王同发

中午休息之后，到了四点半钟，去了三官村，走访三官养猪者合作社，找到了理事长王同发，他在打牌。与他聊了一会，了解合作社的情况。

1. 合作社不如人意，没有书上[①]写得好，书上所写是虚夸。现今形势大变，比如饲料环节，不如当年，当年是由益民饲料厂一家提供，现今是有许多饲料厂，合作社在饲料上没法统一，合作社成员使用饲料的随意性很大。在销售标猪环节上，经纪人很多，没法限制于只销售给一个经纪人，现今是随行就市。

2. 随着街道建设，村内整治环境，家家户户门口的小猪圈需拆去，不能在村内养猪。因此一些养猪户就不再养猪，合作社成员少了。

访谈养猪户赵人民

天将黑，我又找到了一家养猪户，无意间找到，他叫赵人民，是三官养猪专业合作社的监事长，之前在外开车，是司机，现在家中养猪，他有十多年的养猪史。

1. 他信仰耶稣。在他家中谈话，堂屋当中堆有饲料，刚打的玉米料，喂猪用。堂屋后墙之上悬挂十字架。他们一家人都待人很热情，考虑周到，非常礼让。让我吃饭，我礼貌回绝。

赵人民早年跑车在外，见多识广，对事情分析很在理。

2. 合作社建立很有好处，能在技术提供、病害防疫上有帮助，当初确实能在饲料上、销售上有所帮助，到了后来面对市场竞争就不能在饲料及销售上

---

① 郑州市农业局内部资料：《郑州市农民专业合作社资料汇编（一）》《郑州市农民专业合作社资料（二）》《郑州农业报刊集锦》。

实现统一。饲料厂饲料质量不稳定。

当年合作社建立，见猪价下降，行情不好，许多人便纷纷不养猪了。

3. ＊空有其表，摆架子，没实际作为。＊小学二年级没毕业，做事务虚，向国家要政策，不脚踏实地做生意。

4. 养猪场建设。以赵人民所讲，他在家养猪，不方便，不卫生，不便于给地上粪，而且邻居嫌脏。

以他打算，准备在自家地里盖上猪圈，建沼气池，用沼气液、沼渣还田，而地里所收庄稼，比如玉米秸秆都可以喂猪。如此可以节省许多饲料，降低养猪成本，使养猪有效益。我称他这种模式为生态经济、循环经济，颇似我导师王征兵教授所主张的精耕细作。

如果他的养猪场放在百果庄园，与农家乐结合在一起，以传统方式养生态猪，他会又有新的发展思路。赵人民想法不错，如果中国养猪户能有他这样的善心和想法，中国养猪便兴旺发达了。

5. 猪肉安全问题。目前市场上所售猪肉大部分都注水，猪贩子在收了猪之后，在未交与屠宰场之前，于某一地用铁丝把猪嘴卡着，用东西撬开猪嘴，不停灌水。如果猪又被交易转手，又被灌水，如此一头猪在未被屠宰之前可被注水三四次。

猪是遭罪了，以赵人民讲，自己所喂猪有了感情，真不忍心。

另一个问题，关于瘦肉精问题。赵人民不知市场有没有出售，他没有使用过。正常所买标猪，与喂瘦肉精的猪在价格上没有分别①。

目前，仍有人收死猪，也有收死鸡的。这些死猪肉、死鸡肉的流向让人担忧。

6. 赵人民不知国家是否对养殖业所用耕地收费。

9月30日　星期二　九月初二　晴

在古荥购书一本，《中国农民调查报告》，感受颇深，深受震撼。目前农民没有了农业税，农民得到空前自由，农民还有什么问题？

---

① 瘦肉精安全不可忽视，这直接威胁着大型企业的品牌形象。在2011年中央电视台的3·15晚会特别报道中，爆料河南孟州等地养猪场用"瘦肉精"饲养出的生猪流进了双汇集团下属分公司。事情曝光之后，全国舆论一片哗然。

10　月

10月1日　星期三　九月初三　晴

刘　沟

今天前去刘沟，上午由广武出发，去高村乡，步行一会，又坐公交，又转三轮，终于到了刘沟。下车之后，与村民访谈，他们比较热情，立即与我攀谈起来，讲及在石榴销售上的困难，比较热心，并领我去了两家销售困难户家里查看，我获知了一些当地情况。

1. 刘沟之前是贫困村，由河南省原组织部部长、河南大学校友会主席马宪章前来扶贫。这四年有了大变化，之前是贫困，以打粮食为主，现在有了石榴收入。总体情况，石榴收入比之前种粮食收入高，但目前问题是愁卖。

2. 老年人不好销售石榴，不如年轻人，年轻人有社会关系。没社会关系和人际关系就卖不了石榴。

今年中秋节来得早，石榴下来晚了。以去年的情况，石榴早已卖完了。

买石榴要看石榴，不能仅听价格。石榴大小不同，会有不同价格。

以前扶贫组曾帮贫困户卖石榴，按户分，现今不帮助销售了。

3. 刘更生所种石榴销售不出去，犯了神经病，到处写标语，跪地磕头卖石榴。邻居又恃强凌弱，欺压他，使他不能售出石榴。

4. 刘明杰与夫妻都年龄大了，妻子耳聋，家里石榴园又不靠马路，就在村街道里卖，他们出售石榴极有困难。

5. 大家对合作社评价不高，合作社没有发挥作用。

又找合作社理事长刘铁选访谈。

1. 刘铁选是合作社理事长，又是村书记助理，之前是农机户，长年在外收割小麦，村主任刘学超忙于工作，无精力放于合作社上，就退了下来，让刘铁选去做。

合作社有 180 户，大家虽有申请，但没有入股，没发成员证。

2. 这边所产 170 万斤石榴，销售有问题，礼品需求毕竟少，要有销路才可。对于石榴的销路，要有出口，要有加工，可加工成石榴汁。以目前状况来讲，石榴出口对农药使用有严格要求。

3. 刘铁选自有销路，自家种 40 亩石榴，虽不靠路边，但自己能联系销路。他能在村委网站上发布销售信息。

临潼、枣庄石榴远没有政府所标明的几十万斤的产量，顶多有几千亩。

4. 河南大学校友会主席、原河南省委组织部部长马宪章曾来扶贫，发展刘沟"一村一品"。

后又回到广武，坐车去了三官，寻三官养猪者合作社成员李陪义、李久平不遇，又到益民饲料公司，找老板也不在，我徒步行走十多里路，结果下来不如人意，没有结果，没有访到关键的人。

10月2日　星期四　九月初四　晴　阎良

早上退了住宿，在荥阳坐大巴回渭南。下午到了渭南，又到阎良。明天孙武学校长要来阎良，我等到明天再回杨凌。

10月3日　星期五　九月初五　晴

上午把张小平叫了过来，给他打出来两份阎良区科技局项目书，合作社以常宗堂、司立征名义申请到富硒甜瓜项目，项目经费 5 万元。

下午，孙武学校长过来。孙校长这次来阎良是参加母校武屯中学 50 周年校庆，借机到甜瓜站看看。我与孙校长交谈几句，他认为我应该把合作社建设与土地流转结合在一起。孙校长品尝了秋季瓜，认为来年种好春天一季就可以了，不必再种秋季瓜。

下午 4 点，我乘 ＊ 老师的车回了杨凌。合作社目前正忙秋收，待 10 月 15 日之后，大家就不忙了。

10月6日　星期一　九月初八　晴　杨凌

芬 兰 合 作 社

同门刘宇翔从芬兰回来，他的博士论文是关于合作社，我与他讨论了一下合作社。

芬兰合作社不限于农场主合作社，同时消费者也有合作社。两种合作社相互协同，推动农产品销售，又保证农产品质量安全，食品价格也能为人接受。

由于消费者合作社的存在，沃尔玛超市在芬兰难有立足之地。

芬兰农场主占国民比例不高，农场主社会地位不低，芬兰没有城市户口和农业户口之分。

芬兰合作社有全国联合起来形成的统一的组织，形成农产品垄断。合作社所雇人员有职业经理人，开较高工资。具体合作社的内部运行成本也不低，但能用较高的利润来支撑。

10月9日　星期六　九月十一　晴　西安

陕西省农业厅购书

今天去了西安，去习武园陕西省农业厅，找到了农经处，他们科室的人在开会。我等到会议散时，将要下班。我找到了一个姓翟的工作人员，从他那里买了几本关于合作社方面的书①，并与他聊了起来，了解些其他东西。农经处位于农业厅一楼，没有几个房间，在合作社建设方面设有专门的一间办公室。

陕西省合作社建设不比浙江晚，更有经验。浙江现在所搞的是龙头企业带动农户。这些龙头企业是从工业上致富的大款，现回乡搞起了农业，形成农业产业化。以翟老师讲，浙江的农民专业合作社是回乡的大款带动成立的。

---

① 《陕西省农民专业合作经济组织建设参阅资料》，陕西省农业厅编，2005年3月；《陕西省发展农民专业合作社指导工作手册》，陕西省农业厅、陕西省财政厅、陕西省农民专业合作组织建设领导小组办公室编，2008年5月。

在问及还有无组团去浙江参观时，他说未来没有打算，组团要看领导的意图，农经处目前没有这方面的意思。

10月14日 星期二 九月十六 晴 阎良

上午坐阎良区农林局农经站的车从杨凌去阎良，他们来杨凌购书，以便捐献给宁强灾区。到了阎良，快至六点，在农林局内仓促见权局长一面，他没作安排，我便回关山。

在关山甜瓜站，冯朝阳在站里晒有玉米，在掰玉米。我交给冯朝阳一些书籍，捐献给他们，并拿到收据。

在车上与农技站姚建华站长交流，以他所讲，生瓜上市不是趋势，客商故意收青瓜，是因为瓜少，不够一车，便找些生瓜掺进去，且降低成本，应付一时。仅可一两次，不可长期如此。因此，瓜商收青瓜是有原因的。

10月15日 星期三 九月十七 晴 宁强

早上六点起来，六点半等到一辆出租车，坐到阎良。在组织部门口集合，一块搭乘两辆车去了宁强。由西安取道西汉高速，一路车速很快，四个钟头就到了。

到了宁强，已是十一点半。午饭过后，组织部人员前去办事，我们一同去。后走访了两个村子，为七星池村及滴水铺村，两个村都属于汉源镇。七星池村是个城中村，没有种植养殖业，但阎良区委组织部援建了这个村子的村委办公楼。滴水铺村发展香菇，有一定的产业基础。访谈村里村民，他们正在进行香菇作业，我了解如下一些情况：

1. 阎良区委组织部在此仍是援建村委办公大楼。

2. 一般农户种植香菇有几个棚，最多拥有七八个棚。

农户所用土地为承包地。香菇木屑有人提供，是买回来的。

当地香菇销往成都，有贩子来收，有的贩子建有冷库用以储藏香菇。

具体到收入，以所产一万袋计，毛利可有1.5万元左右。

这边没有合作社，是贩子前来收购。

10月16日　星期四　九月十八　阴　宁强

上午待在住处休息，整理材料。下午两点，到了宁强，与几位村民交谈，后又讲课，其间与他们作交流，问了几户香菇种植户的情况。

走访宁强县汉源镇滴水铺村

1. 当地香菇是由河南、浙江的人过来种植的，当地农户受此影响，便有人逐渐种植开来。河南、浙江人初来之时，有销路，现在仍有销路。本地人才去宁强农贸市场批发销售，也有贩子来收。

我与一个河南老乡交流，他是西峡人，来这边9年。他西峡老家已发展香菇种植多年。香菇需要木屑，山上林木已被砍伐差不多，生产香菇成本变高了，他们于是走了出来，到了陕西、四川、湖北发展种植，带动当地农村发展。他们所收香菇是通过裁切、干燥、包装成箱之后，经西安，又运回西峡，经由西峡的国际渠道出口。

当地所售香菇需分级，四寸之上需专门分拣出来，香菇越大越好。

2. 当地村民说，香菇所用木屑是购买得到，自己也能够找到些，但目前来讲，山上虽有林木，但需有规划砍伐，需经过许可。

在技术上，木屑外边的皮袋需在使用前用蒸汽杀菌灭毒，装了木屑和香菇种子后要严格密封，以防变坏。香菇每接一茬，便需注水一次。香菇在架子上立体摆放，最下层见阳光不多，长势不好。

香菇在阴历八月十五结了之后，能持续到来年阴历三月份。冬天虽冷，但有塑料大棚可以保持温度。

3. 在网上查到，目前西峡县双龙镇蘑菇市场是全国最大的交易市场，所交易蘑菇量占全国10%，香菇从该地直接出口。经多年发展，现在林木受限，于是西峡人走出去，到全国各地去开辟种植基地。而交易市场这一大块利润却保留在西峡县双龙镇。现今的香菇市场是以公司形式运营，并带动当地发展龙头企业。

由于西峡本地林木缺乏，于是政府主张发展非木香菇类，而木耳不直接采用林木，而用袋装木屑，所以也可种植袋装木耳。

4. 以滴水镇当地农户所说,目前香菇供不应求,需扩大规模种植,但缺乏资金。

5. 我和郭志勇老师前去宁强县市场上调查当地土特产情况。去了两家土特产经营店,商店经营宁强雀舌茶叶、香菇、木耳。香菇、木耳虽有包装,但未标明厂家、商标。以老板讲,这是他们自己用散装香菇、木耳装进去的。

又去宁强最大一家超市,所经营的香菇、木耳虽有厂家标注,但都是汉中市的厂家,宁强县没有自己的品牌与厂家。

10月17日　星期五　九月十九　阴

今天阎良区委书记苗宝明前来宁强察看,我们早做准备,提前在汉源镇政府等候。到九点多钟,阎良区一行人到达,举行了欢迎仪式,进行了捐款,区委书记发表讲话。仪式后苗宝明书记喊起我的名字,我走上前去,书记紧握我的双手,询问近况。后又在滴水铺村现场,书记又一次叫上我一起合影。在村民的香菇棚里,书记又一次叫我,交代我一定要帮着把当地香菇产业发展好。中午回去在汉源宾馆吃饭,书记叫我与他同桌。但与领导同桌,压力很大,左右不是,感觉不好。如此下来,我很郁闷。

10月18日　星期六　九月二十　阴

为配合拍摄,下午又去滴水铺,询问农户,了解香菇行情。滴水铺这边有四个保鲜库,都为福建人所建,他们依靠保鲜库,可以把香菇保存更长时间,集中一定货源就可发运到外地。

10月19日　星期日　九月廿一　雨　阎良

从宁强回来,一路下雨不停,从早上9点出发,路上作了停留,有人回老家看看,到了下午5点方才到阎良。我在阎良吃饭之后,坐公交车返回关山。

10月20日　星期一　九月廿二　阴

待在住处，没有出去。我知道权局长上午去了西安，下午打电话给他，他又去开会了。于是，我在甜瓜站一天，没有出去。

10月21日　星期二　九月廿三　阴

上午去了局里，在组织部找到苗老师，他让我修改一下稿子，所写文章有政治高度，积极向上，推荐我发表。又找到权局长，拷宁强照片给他，并为他写了份新闻稿件，交给了局办公室。权局长在三楼为我找了一间办公室，待装修之后，由刘清明助理调研员着手办理。

与刘清明谈话，了解情况，以他所讲，助理任期较短，所起作用不大，大事不能做。且离家较远，生活上多有不便。助理大多在此所待时间不长，于助理任期结束时便话别了事。刘清明又谈及其他，对我作了建议，我应专注于我自己的研究，就阎良出现的新问题、农业产业化方面的问题作以研究。

下午两点，见舒元华，我上交讲座材料。我导师将来阎良做讲座，需要邀请更多的人参加。农林局可以组织一部分人，农林系统外的部分则可由组织部邀请。我请组织部帮忙找讲座地方。后与导师沟通，讲座初步定于下周。

下午回去，见张小平，与他一起去关山镇东丁村所承包二百多亩的地里看看，冯朝阳一起过来，他们丈量土地，准备商量打井。忙到天黑，六点多钟，我们方才回去。

10月22日　星期三　九月廿四　雨

今天下雨一天，没有出门，待在关山甜瓜站，雨下得很大，冷得厉害。傍晚去隔壁牛场，见福建老板，我把合作社规章制度交与她，供她参考，听她讲，这次三聚氰胺事件，她的牛场没有受到影响，牛奶供给银桥，银桥没有查出三聚氰胺。

10 月 23 日　星期四　九月廿五　晴

听张小平讲，区委和关山镇党委前来检查合作社党支部工作，从昨天晚上提前准备，镇上特别安排，补记党支部成立大会及第一次学习会议记录，我忙到半夜，写了几大张。

今天他们打扫了卫生，后来来了两辆车，拉了几箱甜瓜过去。这边所做准备，领导可以不看，但不能不提前做好。

10 月 24 日　星期五　九月廿六　晴

权局长已让人为我准备了房子，我可以临时歇歇脚，不至于每次来时都无地方可去。

在局里待了一天，起草活动方案，以此迎接王征兵老师前来讲课。通过与权局长及组织部舒元华交流沟通，方案很快有了结果，时间上还需在周一再次确定。

10 月 25 日　星期六　九月廿七　晴

阎良这边要做文明创建，周末全区不休息。张小平要去省里参加合作社经验交流大会，他要在会上发言，便让我为他写个发言稿。我花了一下午时间为他写了三千多字的发言稿，题目为《力争上游，夯实基础》。

10 月 26 日　星期日　九月廿八　晴

周末这边上班，省上创建文明城区，周末需加班。我下午来单位，与办公室主任李伟峰商讨通知内容，他准备于周一与组织部商讨之后便发文给各镇、街道办，农林局系统人员要全部参加。

10月27日　星期一　九月廿九　阴转雨

上午在局里等待消息，等待组织部的电话，待他们商议好时间之后，我再通知王征兵老师。直到下午，方定下时间，于周三上午9：00开始，11：30结束。

10月28日　星期二　九月三十　晴

在西安未央高速收费站与王征兵老师碰面，他早上9点就过来了。后到阎良，再到关山，早有张小平领人等候。我事先已作安排，赵可合、贾相志先后到来，王老师先后与他们座谈，讲了些内容。中午时间，一块吃饭，在关山吃了水盆羊肉，共十人，每人一碗。

农林局已把王老师安排到西飞宾馆，这里标准间一晚五百多元。待王老师休息完毕，于下午3：30，我和王飞、畅凯旋两位科长一同领他前去参观，去了几个合作社看看。在演讲以前，王老师对阎良当地情况要熟悉一下，这利于他讲课。

晚上，由张涌部长、权利军局长作陪，他们宴请王老师。

10月29日　星期三　十月初一　晴

王征兵老师来阎良讲课

经过精心组织，王征兵老师于9：00开始在阎良区委礼堂讲课。讲座由区委组织部张涌部长主持，致欢迎词。王老师讲课两个半小时，于11：30结束。中场，张涌部长因有事先走一步，讲座之后，权局长致谢发言，宣布讲座到此结束。

王老师所讲内容是有关现代农业、农民专业合作社、农产品营销三块，整个内容与阎良组织部、农林局要求相符，紧扣十七届三中全会精神。王老师解释现代农业的属性，农民专业合作社的问题所在，以农民专业合作社为主体，如何进行农产品营销，他以几个具体案例作说明。讲座之后，大家反响强烈，普遍反映所讲很好。

中午，王老师一个同学过来，他是今天的主客，叫王宽让，区委纪委书记，其硕士阶段与王老师由同一个导师——魏正果老师指导。饭后，我坐权局长的车送王老师去省农业厅，他要参加会议。送走王老师，这边的讲座活动便结束了，我的工作也告一段落。

快下班时，到办公室见权局长，他暂且闲会，正在看报纸，与他交谈一下。他让我帮忙，为他发言稿增添些内容，他准备去省里参加合作社经验交流会。我可帮做一个阎良方面的农产品营销方案。

10 月 30 日　星期四　十月初二　晴

在局里帮忙修改权局长的发言稿，他是准备参加省里农民专业合作社的经验交流会，我帮他修改一下。

10 月 31 日　星期五　十月初三　晴

昨晚，与杨小成一同回来，回到甜瓜站。他前去阎良送了几份材料，有关甜瓜站与康桥电管所所发生的纠纷，被停了电。昨晚甜瓜站这边没电，点蜡烛照明。

今天下午，从甜瓜站回到阎良，又转道到了武屯，去武屯蔬菜站见到了首席专家张老师，向他表达了权局长前来讲课的意思，与他协商一下。后从站上骑自行车去了老寨、杨居、西相村，送照片给农户。在老寨，见到了孙文学、牛纪勇，向他们询问了近况，还邀请他们参加权局长的讲座，他们欣然接受。转了一下午，回来很累。

在三合村访谈三合养牛协会及农户。这个协会挂靠奶站，由一个老板与银桥合资而建。银桥投资挤奶设备，而老板负责建养牛小区，周围几个养牛小区都由老板投资兴建。银桥在此奶站有三个人，他们负责平时挤奶工作，小区及村民散养奶牛都拉到这边来挤。奶站与奶牛形成长期关系，非银桥奶源则是于非常时期不收，银桥奶站都有人监管，这部分人的工资由奶站支付，因此银桥奶价比起其他地方的奶价要低一些。但银桥供应稳定，与奶农结成长久关系。

又走访农户、养殖小区养牛户，以他们讲，目前除在销售上统一之外，协会再也没起什么作用，养牛饲料是各户从不同地方购买的，在养牛技术上也没有统一学习过。

11 月

11月1日　星期六　十月初四　晴

我对甜瓜产业突然有个想法，想把甜瓜产业留在阎良，前几天权利军局长让我做一个农产品营销的策划方案。农产品营销需日积月累，非一日之功，需长时间的考察、思考，不敢妄加断言。

我有一个建设阎良甜瓜采摘园的打算，今天与赵曙光商讨。以他讲，甜瓜园可以采摘，对于重茬，则可以采用营养液，使用基质栽培，甜瓜发达的根系也可固定一块。

赵曙光之前做过多年的教师，曾任关山小学的校长。我去他的家里看了看，他所建的合作社就在这里，规章制度都已张贴上去，像模像样。

赵曙光认为甜瓜产业有三个决定因素：品种，技术，市场。

11月2日　星期日　十月初五　晴　富平

今天天气晴朗，我在房内做阎良甜瓜产业规划，以采摘业来促进观念转变，使甜瓜产业能留下来。

下午去赵可合那里，他在富平张桥念田村东来组住。我骑张小平的电动车前往，先找到一家农户，与他交谈：

1. 这边种瓜历史较长，但富平县政府缺乏宣传，使得甜瓜听起来好似发源在阎良。他们所种瓜仍在阎良关山镇代家村交易。当初宋锦科是＊老师的示范户，后随着甜瓜事业扩大，宋锦科便分开单干。

2. 赵可合的合作社于去年刚刚建立，尚不知道有无入股。

后又去了赵可合那里看看，与赵可合交谈，他的房内有很多农资，他经销农资，合作社证照齐全。

11月3日　星期一　十月初六　晴　杨凌

上午骑电动车前去张小平地里，他们都在打井，我让他预留一些地方以供采摘，做出尝试。

后从阎良坐车由咸阳返回杨凌，联系王征兵老师，提供培训教材。讲课由樊志民及郭志军两位老师来讲，我在此之前与汲剑磊一起订下房间。

在与王老师在一起时，以王老师讲，活动不能连着搞，一个活动未结束，另一个活动不能开始。因此对于科农的其他事情可以放一放，先不去做，等一段时间再说。

11月4日　星期二　十月初七　晴

科农上午来人，先参观新天地，千普公司联系了门票，而中午吃饭招待则由 * 公司提供。中午饭后，已是三点，没有休息，前往经济管理学院 6 楼 601 教室进行培训。樊志民老师解读惠农政策。

到了晚上，安排科农人员在汽车站楼下吃杨凌蘸水面，又要了几样菜，每人一瓶啤酒，共花费 300 元。昨天已安排好住宿，晚上安排这 19 人住了进去，我也住在那里。在大家睡之前，我嘱咐一遍，让大家注意安全。

11月5日　星期三　十月初八　晴

今天农高会，老早我就见路上车辆多了起来，路两旁有许多农民步行或骑车前来。今天上午仍是上课，由郭亚军老师讲合作社方面的内容。

待 11 点下课之后，我拉他们去新天地对面吃拌面，花费 110 元。后又让大家参加农高会，千普公司已提前购买了门票，仅参观 B 馆，5 元钱一张。

我参观之后，返回经济管理学院 6 楼小教室，打扫卫生，收拾一番。后到了银行取些钱。4 点在车上发给每人 15 元，作为早餐及晚餐费，让大家各自散去。又给司机 1 500 元，两天的车费。

他们 4 点回去，6 点多到了阎良，得知他们已安全到家。我便放了心，这次活动到此结束。

对于这次活动，有以下几点启示：

1. 在组织之前没有严格的时间安排，不能让别人的"招待"影响了计划安排。比如这次千普公司喧宾夺主，占用了计划时间，在中午招待，让人饮用酒水，使下午上课质量受到影响。

2. 在住宿与饮食上，没事先进行标准安排，对餐饮标准有所怨言。大家对于未来餐饮有很大预期，不知标准如何，如不合口味，则有怨言。

3. 在具体费用使用上，应让各自出一半钱，合作社前来参观人员应出一半费用，这样可使往年曾参观过的人不再来了，把机会让与其他人。

11月24日　星期一　十月廿七　晴　阎良

今天上午与王征兵老师一同来到阎良，他前来参加阎良区政府重大项目讨论会。我顺便坐车过来，与王老师在车上讨论，对于阎良的农产品营销，可以从网上进行突破，做好网络营销，使阎良的农业企业全部上网，这样便于搜索查找。

11月25日　星期二　十月廿八　阴

下午见到权利军局长，他让王飞科长与畅凯旋站长一同过来，就冬季开展农业培训进行安排部署，由我牵头做农民大讲堂方案，并听取两个项目（土地流转现状调研及瓜菜面积萎缩原因调研情况）的报告。权局长不久将出国，我今天也要把农林局构筑农民大讲堂活动的建议和想法材料交上去。

权局长认为农民大讲堂是个活动平台，可以利用这一渠道，多层次、多渠道、不限时间、不限地点、不限内容来讲，从而构成冬季系列培训活动。培训地点可以灵活多样，可以走入村里，可利用各镇街学习室，也可让农民前来农林局培训。培训可以由农林局系统的人员来讲，可以让高校专家学者来讲，也可由当地农民土专家来讲。

11月26日　星期三　十月廿九　晴

在关山甜瓜站，带回农高会所拍照片交与张小平。

11月27日　星期四　十月三十　晴

在关山甜瓜站待了一上午，写些文章，上午去甜瓜基地拍几张照片，张小平给地里上了些牛粪。下午来到局里，3点钟由王飞讲阎良农业，用我的电脑放幻灯片，王飞结合阎良现状，所讲有根有据，有丰富的事实材料。

11月28日　星期五　十一月初一　晴

上午到了单位，与王飞、畅凯旋讨论稿子，关于最近培训的事情，有关章节交给他们分头去写，事情进展很慢，到周五下午仍拿不出最终稿件。我在这里已待了一周。

12月2日　星期二　十一月初五　晴

这几天在写阎良工作汇报第二期，上午交给组织部舒元华一份，又交给权局长一份，算是这段时间的工作总结。

12月3日　星期三　十一月初六　阴

权局长要动身去澳大利亚考察，今天与他告别。阎良目前瓜菜种植面积开始萎缩，如今菜价很便宜。对于这种情况需要调研，同时还需调研土地流转情况。

12月4日　星期四　十一月初七　晴

前去振兴考察农民专业合作社的情况，先后到谭家村的芹兴蔬菜专业合作社、红荆村西太组的雪峰果业专业合作社、昌平村铁锹组的荆源奶山羊养殖专业合作社，同时考察北塬采摘农业和农家乐市场。

12月5日　星期五　十一月初八　晴

农民大讲堂走进北冯村

前去关山镇北冯村参加"农民大讲堂走进北冯村"活动，农技站去了不少人，由关山镇刘志强书记致辞，农技站站长姚建华作了发言，后由农技站郭志勇、冯志强先后讲课，整个活动由科农瓜菜专业合作社理事长张小平主持。下午回去到杨凌。

12月9日　星期二　十一月十二　晴　阎良

为宁强帮扶村民讲课

回去（杨凌）几天，昨晚又返了回来。宁强帮扶的两个村子的村民过来了，他们昨天下午参观了杨凌新天地农业示范园，我一同随车回来。今天随他们一同参观几个点。其中在孙克民处，我做了十多分钟的讲解。下午回来就没事了。

12月10日　星期三　十一月十三　晴　临潼

前去关山镇见刘志强书记，就农业发展求教于他。他在西农大撰写甜瓜产业方面的文章，我就甜瓜方面拜访他，与他交换意见。

下午去临潼考察临研石榴专业合作社，走访了农户，访谈了理事长柏永耀，了解今年收成情况，并了解临研经营情况。

12月11日　星期四　十一月十四　晴　杨凌

昨晚从临潼回来，收拾物品，赶回了杨凌，工作暂告一段落。

12月28日　星期日　腊月初二　晴　阎良

上午从杨凌出发去阎良，于下午3点多钟到达，又饥又饿，先去吃饭，后返回单位认真撰写有关阎良经济发展情况的文章，谈自己在阎良的工作感受，从中获得启发，对于阎良未来农业的发展提出自己的意见。

12月29日　星期一　腊月初三　晴

今天周一，农林局单位有自己的例会，将到年关，大家都在写述职报告，局里在做工作考核。我列席会议。权局长已从澳大利亚回来，我听他讲在澳大利亚的见闻，并上交自己所写的文章。

下午前去看望王宽让书记，与他聊天，并上交了我的工作汇报。以他讲，我所做工作扎实，很不错，但需理论结合实际，我要利用挂职阎良的机会，深入基层认真开展工作，从实践中锻炼自己。他认为学者做学问应该像费孝通一样，通过前前后后的几访江村，以江村变迁来研究中国经济发展。对于农村的发展要充分发挥农民的创造力，发挥农民的主体作用，以市场来引导农民、农村、农业的发展。

12月30日　星期二　腊月初四　晴

上午去区政府见仵江副区长，向他请教阎良发展大计。他前些年任主管农业的副区长，对阎良农业颇为了解。从他那里能获得新知，他对农业有自己的看法，并有着"为官一任，造福一方"的执着。

下午，在农业局内召开农民大讲堂。权局长就农民专业合作社建设进行讲解，结合他前去澳大利亚所见所闻，与大家进行座谈。之后，我就农产品营销为大家讲解。

讲座之后，科农瓜菜专业合作社反映我所讲不如王征兵老师形象生动，这是对我委婉批评，我感到汗颜，看来讲堂是门学问，是门艺术。讲课不是任何人都能够讲的，讲课之后需有许多准备工作要做。

课后我与科农瓜菜专业合作社的张小平、李长久探讨农民专业合作社的模式，讲到了临潼至阎良的汽车经营情况，他们是合班经营，周期短，分钱快，能使大家迅速见到效益。而从目前来讲，农民专业合作社应该向这方面发展，在精品甜瓜上合作，迅速分账，使大家能见到效益，在此基础上进行合作。工商业上的合作已为农业合作提供了很好的例子。

12月31日　星期三　腊月初五　晴

　　上午，前去考察牧歌畜牧养殖专业合作社、兴牧养牛专业合作社、科农瓜菜专业合作社。牧歌与兴牧刚注册不久，没有入股，而且对于自己的利益不知如何与别人进行整合，不知如何入股。我给以建议，应在市场引导的基础上进行入股。

　　前去科农在关山镇南边的示范基地，合作社成员正在搭棚，我给合作社理事长张小平建议，基地建设提前规划，基地基础设施朝甜瓜采摘需求发展。与成员张顺明聊天，他今年种两个棚甜瓜，病害太多，每亩毛收入一千二三百元，比棉花效益稍微好些，但明年不准备种秋瓜了，病害防不胜防。

下 篇

辅导计划与报告

辅导计划（第1期）

一、前期辅导开展准备

1. 搜集资料，搜集有关阎良的概况、关山镇代家村（或康桥村）的介绍资料，相关的新闻资料和研究文章。

2. 准备物品，包括笔记本、文件夹、数码相机、录音笔。

3.《中华人民共和国农民专业合作社法》，农业部所发农民专业合作社示范章程。

二、辅导计划开展

1. 了解村情，了解合作社，与村干部、合作社骨干交流，走访村民、会员。去阎良甜瓜试验示范站交流。

2. 写调研日记，拍图片资料，复印资料，新建资料，建立合作社档案。

3. 阐明来意，调查合作社存在的问题，明确合作社最需要的东西，调查培训所需内容。

4. 对阎良其他农民组织进行了解，如有可能，前去察看。

5. 考察选择房屋，为下次去提前做好准备，租赁房屋。

三、时间安排

1. 本周从杨凌启程，先坐火车，在西安三府湾汽车站坐汽车，到阎良后转公交车去关山镇，之后去代家村（或康桥村）。

2. 本期计划 10 天左右，4 月之前获得基本资料。

四、我方西农团队的定位（待议），即辅导原则把握

1. 智囊支持，提供培训人员，给以规划建议，不参与具体经营，让合作社自我发展。

2. 励志为主，激发精神，不提供具体的经营项目，让会员自己寻找项目

去发展，我们大力支持。

3. 食宿费用自理，不拿当地群众一针一线。

4. 注意个人身份形象，不参与村内事务。

2008 年 4 月 9 日

辅导报告（第 1 期）[①]

一、第 1 期辅导计划

1. 了解村情，了解合作社，与村干部、合作社骨干交流，走访村民、会员。去阎良甜瓜试验示范站交流。

2. 写调研日记，拍图片资料，复印资料，新建资料，建立合作社档案。

3. 阐明来意，调查合作社存在的问题，明确合作社最需要的东西，调查培训所需内容。

4. 对阎良其他农民组织进行了解，如有可能，前去察看。

5. 考察选择房屋，为下次去提前做好准备，租赁房屋。

二、辅导计划完成情况

该期辅导计划已经完成 100％。

1. 先后去了阎良 3 个乡镇，走访了 4 个村庄，走访了 6 个合作社，查看了 3 个瓜蔬示范基地，去了西农甜瓜站和西农蔬菜站，与合作社成员和理事进行了交流，访谈了西农专家。

2. 写了调研日记，拍了照片，复印了合作社资料，其中科农瓜菜合作社资料搜集得比较详尽。我们自己已经建立了科农瓜菜合作社的档案。

3. 走访了合作社，合作社目前都需要资金，想通过项目获得一些资金。对于培训安排，他们的时间如今保证不了，目前正是甜瓜该收获的时间，非常忙。秋后时节便可以进行培训。对于培训内容，想在具体的股份分割、后期入股股份如何计算方面有所学习，不仅在理论上学习，还想实践，去其他典型合作社参观考察。

4. 对阎良其他农民组织已作了解，并前去查看。除对科农瓜菜合作社进

---

① 此辅导报告，原名为"辅导汇报"，主要汇报给导师王征兵教授，以汇报形式推动辅导工作开展。如今呈现给读者，改其名为"辅导报告"。

行详尽的了解外，又走访了其他 5 个专业合作社。

5. 甜瓜站附近村民有房可租，已经联系好，随时可以搬进去，房租为一间房一个月 80 元，含水电费。甜瓜站内有房屋可住，不收住宿费，每天只需 10 元的伙食费。

三、额外工作

1. 对蔬菜当地经营模式有所了解，"卖菜没价"成了当地菜农的抱怨。访谈了外地客商，他们见多识广，阎良当地蔬菜经营与其他地方不同，其他地方的蔬菜销售模式可以借鉴。

2. 查看了阎良 3 个乡镇的 3 个瓜蔬基地，了解了当地农业示范基地的运行方式。

3. 由于瓜农反映农资市场混乱的局面，我访谈了 2 个农资店，就种子换包装混乱局面进行访谈了解。

4. 发放调查问卷，完成 12 份问卷的调查，这是尝试性调查。调查问卷设计中有些问题，需修改后再作调查。

5. 走访了当地超市，了解当地特产的经营情况。

四、时间行程安排

1. 4 月 6 日和 4 月 10 日，与王征兵老师座谈，王老师介绍阎良基本情况及其辅导开展打算。

2. 4 月 13 日，在西安购买数码相机、录音笔等基本设备。

3. 4 月 14—24 日，在阎良调查访谈。4 月 14 日上午出发，4 月 24 日下午返回，前后共 11 天。其间辅导安排，根据当地上午务农忙碌的习惯，我基本是下午出去访谈调查，晚上及上午做录音整理、文件搜集、材料整理及写调研日志。

五、工作开展详细情况

1. 走访了 6 个农民专业合作社。这 6 个合作社都是刚筹建不久，大都是在以前的产业协会基础上成立的，以前的产业协会一般没有工作开展，如今的合作社更是名存实亡，没有工作开展。

新兴街道办蔬菜专业合作社和武屯镇蔬菜专业合作社都是由以前的蔬菜协会发展起来的，是经纪人的联合体，菜农没有参加。他们与菜农的利益紧密相连，但有利益对抗关系，他们的结合能够构成价格垄断，对瓜农不利。目前形同虚设，不经常开门对外，协会不收会员费，没有经济收入来源。

关山镇康桥＊甜瓜专业合作社于 2007 年 7 月中旬建立，是在阎良甜瓜协会的基础上发展起来的，其有自己的甜瓜产品包装。甜瓜协会工作开展是对甜瓜市场管理，是群众自治团体，协会领导是由以康桥为中心的周围几个村庄村主任组成。外地客商到当地收瓜需到协会办理执照证件，办证费用越来越高，第一年 30 元，第二年 60 元，如今涨至 300 元。协会杜绝生瓜上市，行业自律，但在执行中只砸外地客商所收青瓜，而不砸本地瓜农所售青瓜。协会＊会长有多重身份，康桥村委会主任，阎良甜瓜协会会长，如今又是＊甜瓜专业合作社理事长，且刚被聘为康桥（康桥以前为镇，镇政府与关山合并，但康桥供销社仍旧存在）供销社主任。甜瓜协会有农资经营部，刚开始强迫大家入股，但如今不见分红，会长自己家占大股，当地百姓说农资店都是会长家的农资店，因此可以说，农资店如今为会长自己家所有。康桥甜瓜示范基地建设当初所用农资全部是从农资店内所拿。＊甜瓜专业合作社刚成立不到一年，从甜瓜协会发展出来，成立经营实体，不同于行业自律、进行市场监管的甜瓜协会。

西农甜瓜站在阎良区关山镇周围发展了 3 个合作社，阎良、临潼、富平各有一个，都是刚建立几个月。这 3 个合作社都是先搭台子，仅有执照，具体合作社内部股份分割计算，都没有详细打算。如临潼农户心声甜瓜专业合作社，仅有一个股东贾某，章程所列入股人数仅是形式上的。贾某自己种甜瓜 40 多亩，他目前正拿着合作社的执照，在省里做"万亩甜瓜基地"项目，争取国家的对农扶持资金。

西农甜瓜站老师想扶持阎良本地合作社，该合作社要与西农甜瓜站有所关系，如此仅仅剩下阎良科农瓜菜合作社一个。

2. 西农阎良甜瓜站对于农民专业合作社有扶持倾向。对于阎良科农瓜菜专业合作社，西农甜瓜站有扶持的意思。科农瓜菜专业合作社刚成立不久，2007 年 12 月成立，如今不到半年时间。28 个会员，但仅仅有 9 个股东，以农业基础设施（大棚）股价 20 万元入股，但没有具体估算各家股份份额。9 个股东中有一个农技站的农艺师，以技术入股，他平时负责合作社技术指导，并书写项目材料，但对于具体技术入股股份能占多大份额没有计算。合作社运营费用是区农林局拨款 5 000 元，9 个股东每人 200 元，共筹集 6 800 元的管理费用。

阎良本地瓜农都是分散经营，承包土地经营，每亩的价格大概 500 元，凡是专业种植户都有 5 亩以上的规模，科农合作社理事长张小平自家有 14 亩，冯朝阳理事有 10 亩，他们都是承包别人的地。

科农合作社目前存在的问题是，地不统一，品种不统一。

科农合作社目前需要大量资金，要搞示范基地。

西农甜瓜站对科农合作社扶持力度不小，如今为科农合作社印刷了大量精美包装。

科农合作社目前依托西农甜瓜站的优势，在技术方面已有合作，如今印刷统一包装，准备在销售方面合作。对于未来的进一步发展，准备在农资方面也开展合作。

3. 培训事项。关于对合作社进行培训的事项，目前是农忙季节，甜瓜即将采摘上市，合作社理事每家都有许多地，不能保证培训时间，待 5 月末甜瓜上市结束后才有些空闲。

具体培训时间，与甜瓜站西农老师访谈，他们在甜瓜育苗之前，每年 12 月，会对瓜农示范户进行培训。我们可以与甜瓜站的技术培训结合在一起进行培训。瓜农一般在冬季不忙，可有时间接受培训。

具体培训内容，可针对股份计算分割、后来入股和以前入股如何比较、合作社财务进行培训。具体培训形式，可将理论教学和实际参观结合起来，到典型的农民专业合作社参观考察。可编写针对性的合作社相关的教材。

4. 考察了 3 个瓜菜示范基地。新兴井家高效蔬菜示范园为西安老板所建，之后承包给其他农户。问及国家如何对该项目补贴，农户都不为所知，都是承包过来。他们之间也可互相转让，互相承包。"新兴园"是国家级无公害标准化示范区，2003 年 3 月为新兴街道办所建，之后承包给分散农户，经辗转经营，现今为一个农户所承包，他还是抱怨农资价格过高。关山镇康桥甜瓜无公害标准化示范基地为阎良甜瓜协会（已发展成 * 甜瓜专业合作社）两年前所建，由 20 多户承包经营，大棚建设初始农资薄膜购买都是从协会会长的农资店购买，现在是分散购买，对于甜瓜的将来销售，也是分散经营，拉到地头去卖。农户卖瓜要卖个能给他带来效益最好的一家，协会不能保证价格的最高，因此农户不能保证一定卖给协会。

这 3 个基地农户不定期接受区农业部门的技术指点，农资上大家各买各的，在瓜菜销售上各卖各的，彼此没有合作。

因此，农产品规模化经营，还是要以政府或组织或私人老板来搭建平台，通过投资来建，承包给普通农户，分散经营。在目前阶段，政府的惠农工程以此渠道贯彻下去。合作社能否成为基地建设的主导，目前来说还很困难。合作社形同虚设，便增大合作社领导的寻租空间。

5. 西农阎良甜瓜站示范效果。西农阎良甜瓜站品种示范，并不能得到当地瓜农的支持，示范范围小。示范户规模不像新闻报道的那样有一百家示范户，目前仅有二三十家。且这二三十家品种不统一，不全是西农的"一品天下208"。西农甜瓜站对面及周围都是甜瓜站的竞争对手，种着不同品种的瓜。以当地瓜农的话来说，种瓜不论品质，不论品种，凡是能够早些上市的瓜都是好瓜。甜瓜早些上市能卖出好价格，否则再好的品质，如果上市晚则不能卖出好价格。

甜瓜能否带来经济效益，不仅要看品质，还要看未来市场如何。也即西农所育品种即使不是最好的，在市场营销上下一些功夫，也能给农户带来效益。否则，品质虽好，但甜瓜卖不上价格，便没农户跟随示范。西农甜瓜站这两年加大市场营销力度，攻占甜瓜高端市场。然而，示范农户能否离开西农甜瓜站单独发展，西农甜瓜站能否长期帮助当地示范农户，未来长效机制是否有西农参与，都是不得不思考的问题。

另一个问题，西农甜瓜站的示范农户以前的组织模式是由各个科技能手带动周围群众，以此达到辐射扩展。但这种仅仅依靠个人作用，没有利益刺激便没有长效机制，也限制了这种模式的扩展，如科技能手抱怨手机费被瓜农打得多了，没人报销费用，从而科技能手不主动去帮周围瓜农指导种瓜技术。西农的"专家＋基地＋示范村＋示范户"辐射模式于是发挥不了更大的作用。这种模式有瓶颈限制，有所极限，边际递减，到了一定人数，会杂乱无章，不能示范下去。

基于此，西农甜瓜站开始推动示范户的组织建设，帮助建设农民专业合作社。但这种组织需能产生内生机制，自我增长发展，而不单单依靠西农的外界资源支持来推动自身发展。

不仅是西农阎良甜瓜站，其他技术示范站（如武屯镇正在建设的西农阎良蔬菜站）也都存在示范农户组织化的问题。农户组织化建设是西农科技推广中迫切需要解决的问题。农户组织建设当中的合作社建设，就提到日程上来。

6. 阎良甜瓜产业发展问题。阎良甜瓜发展有七八年之久，在这之前是阎良西瓜大规模的种植，但由于西瓜需要倒茬，种一年，十年就不能再种。阎良便慢慢发展起甜瓜产业，开始是"白兔娃"，脆而不甜。后来引进甘肃武威甜瓜研究所的厚皮甜瓜品种，逐渐发展起来，厚皮甜瓜种植面积逐渐增大。甜瓜市场开始时甜瓜由农户拉到西安市场或阎良市场去卖，如今甜瓜交易市场转移，在自家田间地头都能卖了，沿公路两旁都是甜瓜交易市场。

瓜农种瓜多了，便一对一自己交易，由经纪人组织，经纪人从交易中提取佣金。但经纪人的队伍也不统一，不规范，没有培训，也极少有培训。经纪人队伍庞大，人人都可做经纪人，没有行业准入限制。或虽有行业准入，但农村天地广大，政府干管无力。每年在甜瓜交易中，有许多事情发生，路边扔的坏的甜瓜到处都是，当地瓜农有坑害外地客商的做法。这便影响着明年客商会不会再来阎良收瓜的事情，与未来甜瓜种植产业有很大关联。

当地甜瓜不愁销路，每年都有大批外商过来收购。但外商不想让人知道甜瓜为阎良所产，故此给甜瓜简单包装，不提供所产地名。当地甜瓜品牌化力度不够，甜瓜协会有自己的包装。2008年科农瓜菜专业合作社依托西农优势，准备推出"蜜霸"牌甜瓜。

短短几年，甜瓜种植面积每年以一万亩的速度增加。与此同时，农资供应也出现问题，农资价格不断增高。甜瓜种子市场出现混乱，种子包装很多，同样的种子，可有不同包装。种子价格一度升高，连年增长。瓜农抱怨种子市场混乱，买种子难，没有可以信赖的商家。甜瓜种植投入大，成本增加。随着不断增高的成本，有瓜农综合比较，认为出去打工或做其他经营收入更高，纷纷退出甜瓜种植。甜瓜如果不能以合适的价格卖出，种植甜瓜的农户会大量减少，当地甜瓜种植市场会发生饱和，甜瓜种植面积会停止增加，甚至减小。

这个时候，市场会发生转变，一般农户随着成本的增加而不能种植，便出现了专业化种植队伍，这为甜瓜专业合作社发展提供了契机。甜瓜专业合作社生逢其时，但目前的问题是如何规范内部管理，增强社员的合作意识。

当地甜瓜不愁销路，以销售给外商为主。当地甜瓜没有深加工产业，只有个别经营户在尝试甜瓜果脯的加工，并且已经取得成功。甜瓜除加工成果脯之外，还可以加工成果汁，甜瓜叶茎蒂都可入药。甜瓜上市要早，第一茬可以上市，供应当地和外地水果市场，第二茬则可种植用以深加工。阎良当地还没有对甜瓜进行深加工的产业。

走访了当地超市，阎良"一村一品"虽然发展了多年，但没有深加工产品。超市供应蔬菜虽为当地所产，但没有包装，在相枣所产的季节，有大批量的相枣供应，但没有品牌，没有包装。甜瓜收获的季节，只有一两个甜瓜品牌包装上市。阎良当地的爱家超市，有打算和当地农产品企业进行合作，愿意提供货架，销售阎良当地深加工后包装上市品牌化的土特产，主打阎良制造品牌①。

7. 甜瓜产业四个环节的主体和定位。甜瓜相关产业可分为育种、育苗、种植、深加工四个环节。甜瓜种子要求严格，一般由种子公司提供，随着阎良本地甜瓜种植的增多，目前甜瓜种子市场比较混乱，种子公司为利益所驱使，推波助澜，进行炒作，频繁更换种子包装，同样的种子出现多种包装，混淆视听，鱼目混珠，哄抬物价，种子公司与销售门市部大发横财。阎良瓜农对种子市场很是抱怨，抱怨不迭，很没办法。育种环节技术要求严格，不是一般瓜农可以从事的。但育苗则不同，虽有技术要求，但一般有技术有设施条件的瓜农也可以进行。育苗需要技术，需要环境条件，育苗需要一定温度。如果天气恶劣，一般农户的大棚温室条件很难育苗成功。因此一定设施和技术是育苗所要求的，西农甜瓜站在这方面有优势，有设施不错的温室大棚，可实现穴盘基质育苗。育苗的利润环节占很大比例，可以销售给周围农户。农户有所比较，很多农户在天气好的情况下选择自己育苗，这样经济划算。但以去年的情形，一场持续大雪，使得育苗大都不成功，相比较而言买人家的苗子才更划算。不仅仅西农甜瓜站育苗，许多甜瓜大户也是以育苗为业，专门育苗，育苗是一个行业，利润可观。

甜瓜种植是一个甜瓜产业的一般环节，这个环节从事人数最多，阎良5万亩甜瓜便由许多农户种植。这个种植环节从栽种到瓜成熟，前后60天就可见效益，阎良这边60天时间是从3月初到4月末。所种甜瓜能否卖得效益，与上市时间早晚有很大关系，第一茬甜瓜为大棚春季甜瓜，瓜农效益便来自第一茬。到了6月虽可以继续种第二茬，但甜度不如第一茬，且随着甜瓜的增多，甜瓜已经大量上市，第二茬甜瓜卖不上价格。在甜瓜种植环节中，一般是多年种植经营的瓜农可以有效益，但对于新手种植农户，则是投资很大，有了病虫害，难以解决，没有技术，就可能要赔本。甜瓜的效益主要在这个种植环节，能够惠及大多数人。不像前面所讲育种环节为外地公司所赚，育苗环节为部分部门或个别人所赚，甜瓜种植是产业的最终归属，能给大多数人带来效益，这也是产业链上效益的保证。具体到甜瓜的深加工，阎良这边可谓空缺。这边所种甜瓜是春季作物，主要供给水果消费市场，提前上市。甜瓜可以加工成果

① 对于地域农产品品牌，我2016年暑假曾在瑞士苏黎世超市见到，凡是农产品都有品牌，尤其标识瑞士国旗十字标记的当地农产品很受欢迎，当地农产品标识能够给人更新鲜的含义，因此本地农产品在当地都具有优势，要注重本地农产品标识的建立和引导。

脯、果汁，甜瓜子可入中药，西安这边已经有了加工甜瓜子以提取营养素的公司，安徽亳州中药材市场有甜瓜子收购。阎良在产业转型上可以发展深加工并利用甜瓜种植的优势，有丰富的原材料，发展甜瓜食品的加工业，发展甜瓜相关的制药业。阎良甜瓜第一茬针对水果消费市场，抢占先机，提前上市，卖个好价。第二茬秋季种植可以针对深加工需要提供原材料供应，如此可以使得阎良甜瓜持续长期保留，使得阎良甜瓜一年四季都能供应，阎良甜瓜已经融入了各种深加工产品当中。

上面所说的甜瓜产业的四个环节，其中育种环节是由公司来做，需要规模和技术垄断。育苗环节需要技术和设施，对一般瓜农来说有难度，也有风险，西农甜瓜站主要在于育苗，有技术、有设施的甜瓜大户也有育苗。甜瓜种植则是农户的广泛参与，广泛种植，这也是育种和育苗单位的目标市场，甜瓜种植需要技术，一般农户是靠多年经验，但具体种植中能有科学指导会更好。但瓜农众多，散乱经营，没有统一队伍，因此虽然是一样的种子或一样的苗子，但种出来的甜瓜不统一，种植过程要求也不统一，在施肥打药的过程中也没监管，难以保证生产出无公害的甜瓜。种植这一块是最散乱不统一的。深加工对技术和设备要求较高，一般瓜农做不到，这便有了准入门槛，但这部分是附加值很高的产业。深加工行业的发展能确保瓜农的瓜进一步销售，改变瓜农依靠水果市场的单一局面，可以促进第二茬秋季甜瓜的种植。甜瓜加工可以延长甜瓜保存时间，从而一年四季都有甜瓜食品销售。甜瓜可提取出药物，使得甜瓜子、瓜蒂都可变废为宝，充分利用甜瓜，增加瓜农收入。

这四个环节相互配合，犹如流水线上的协作，上中下游互相协作，确保阎良的甜瓜产业。四个环节同步发展方能促进阎良甜瓜产业的壮大，从而保证阎良甜瓜产业的长久。

根据阎良当前形势，第三环节即甜瓜种植最适合合作社来完成。合作社能够团结农户，联合瓜农，统一品种，进行规范无公害种植和确保甜瓜品质。合作社可以统筹资金，共享技术，降低成本，联合销售，多方联系销售渠道，发展订单种植，确保能销售出去。结合西农甜瓜站的依托，科农瓜菜专业合作社可与甜瓜站相互合作，在育苗方面彼此合作，弥补甜瓜站场地规模之不足，利用西农的技术和设备优势，也可发展育苗。对于甜瓜产品的深加工，合作社可以发展甜瓜食品，加工甜瓜果脯，或委托加工厂贴牌加工。但目前来说，合作社在种植和育苗上有很大的篇幅可做，深加工是长远打算。

8. 阎良科农瓜菜合作社建设的问题。科农瓜菜专业合作社由西农甜瓜站扶持，刚建立几个月，合作社自己还没有多少项目开展。面对将要来临的瓜市，合作社理事们将要首次合作。合作社理事长和理事都有自己家的种植，合作社办公室平时没有人在，他们有事靠电话沟通。合作社没有脱产的经营人员，不能保证合作社的经常性管理。合作社理事长和理事都不会使用电脑。档案不健全，没有一套系统的档案。理事长和理事都没工资，没有公司层运营。科农瓜菜合作社的"科农"名字和合作社产品"密霸"品牌不统一，"密霸"仅是文字，没有图案商标。

六、辅导中的问题

1. 除了我们自身有他们一份档案，帮助合作社建档，我们以什么身份帮助他们？以什么身份帮助他们进行合作社建设？我们是以合作社顾问形式或助理（派往理事长助理，3个月或半年试验性蹲点）形式进行工作吗？或以更好的其他什么形式去推动他们的工作？

2. 调查问卷问题。调查问卷设计中有些不合当地情形的地方，是否修改？当地合作社刚建立，没有实质性工作开展。当地合作社会员较少，股东较少，不能满足300份的调查量。故此，调查时间有无限定？为完成300份的调查量，能否去其他地方采用调查表格调查？

3. 对合作社进行培训的过程中，帮助合作社建设的过程中，我们与他们的开支费用如何划清界限？如组织学习培训，我们西农人文社科团队在哪些方面花钱？合作社在哪些方面花钱？在具体帮助他们建设中，如何分明费用支付主体？如帮助他们建档，具体文件打印开支由谁支付？

4. 西农人文社科团队对于合作社的培训课程有什么设计？培训课程是与园艺学院合作还是单独开讲？如何有针对性地对合作社进行培训？我们如何打造针对合作社人员的讲课团队，如何设计课程？如何从长远打算，使得我们在陕西省乃至西北地区合作社培训上有鲜明特点？

5. 西农阎良甜瓜站、蔬菜站及其他试验站都是西农立足当地，获取政府支持而建立的，发展当地产业，又可对比性试验，长期积累，形成观察数据，有经验总结。这是理工农科的试验模式，是农业科技推广模式。对于人文社科，如何以何种模式，针对要点，防止太发散，像甜瓜站一样，立足某一典型地方，与当地政府或企业或民间组织合作，对于某一组织或社会现象长期观察下去，定点观察下去，常年观察，既可以帮助当地解决一些实际性问题，促进当地经济社会发展，又可以渗透到组织内部，获取一些学术信息，用于课题研究。长年累月，集腋成裘，立于实际，成就学术。

七、下期辅导计划的初步打算

1. 继续蹲点观察，正值甜瓜上市季节，好好观察体验，看看市场局面如何，对经纪人、外来客商及瓜农继续访谈。

2. 其间去其他比较完善的合作社（如陕西临潼石榴专业合作社）进行调查，填写调查表格。

【附1】一些调查图片

门可罗雀，供销社系统所建合作社

相枣合作社是前几年所建，挂靠在供销社名下，没有工作开展

新兴蔬菜专业合作社，是蔬菜经纪人的联合会。长久不见人来，门口招牌已经被风刮翻。我从门口经过了几次，寻找半天，连对门的人都不知道这是个合作社办公的地方

我把招牌摆正

馥甜瓜专业合作社不见开门。它的前身是阎良甜瓜协会，合作社虽成立快一年了，但依旧不见招牌挂出，名号依旧是甜瓜协会。这么多招牌，可见甜瓜协会业绩的"辉煌"

这个大楼，是康桥村的综合大楼。村委会、甜瓜协会、＊甜瓜专业合作社、会长的农资店和家都在里面

科农瓜菜专业合作社挂靠在西农甜瓜站名下，借此办公。农忙时节，合作社理事长及理事大部分时间务农，合作社也是常不见人来

临潼农户心声甜瓜专业合作社，在理事长自己家楼顶办公，楼顶没有围栏，很危险。该合作社目前只有理事长一个人入股，其他人都是形式上的挂靠。理事长以此合作社为组织，在做"万亩甜瓜基地"项目，争取国家的扶持资金

当地有人（赵曙光）加工出来的甜瓜果脯，但未大量上市

当地超市所卖陕西特产，没有阎良本地制造。阎良本地虽有大批量的蔬菜、甜瓜、相枣，但在农产品深加工方面还是不足

调查走访

辅导计划（第 2 期）

一、前期辅导开展准备

1. 为合作社购买文件薄、档案盒、笔记本，并整理出科农合作社资料，装订存放进去。

2. 与刘宇翔联系，修改完善调查表格。

3. 搜集其他地方合作社资料，并提前联系，准备前去调研，开展问卷调查。

二、辅导计划开展

这次工作是继续观察阎良科农专业合作社，刘宇翔的调查表格调查是主要工作量。

1. 继续蹲点观察，访谈瓜农、理事长，拍摄图片，书写日志。观察和思考，做什么样的工作有效果，如何能够"四两拨千斤"，通过做什么事情能取得显著效果。

2. 去其他地方的专业合作社调研，做刘宇翔调查表格的调查，直至做完 300 份问卷。1 个月或 2 个月完成调查问卷。

3. 捐赠文件薄、笔记给科农瓜菜专业合作社，以供合作社建档之需。

三、时间安排

1. 5 月 10 日前后，前去阎良。

2. 本期计划蹲点时间为 2 个月左右。具体时间要求，以工作量完成情况来定，如刘宇翔的调查表格调查需要认真选取高质量的合作社，需要会员来填，并且到发达的地区，如有需要，在陕西（杨凌、宝鸡、临潼、阎良）、河南（郑州）、山西（永济）、浙江（温岭、瑞安）范围之内选择一处或几处进行问卷表格的调查，直至 300 份问卷完成为止。

四、其他与备注

1. 刘宇翔表格调查目的，为会员视角下的农民专业合作社治理，他为博士论文所准备。这对我们课题组所引用意义不大，我们借鉴他的调查结果不会很多，或根本利用不上。

2. 本期计划蹲点 2 个月左右。其间，由于我们人文学院 6 月要作开题报告，需要回杨凌一趟。虽在开题之时将见到王征兵老师，但先不向王征兵老师汇报。待工作完成，再最后一起向王老师汇报工作。

2008 年 5 月 6 日

辅导报告（第 2 期）

一、第 2 期辅导计划

1. 继续蹲点观察，访谈瓜农、理事长，拍摄图片，书写日志。观察和思考，做什么样的工作有效果，如何能够"四两拨千斤"，通过做什么事情能取得显著效果。

2. 去其他地方的专业合作社调研，做刘宇翔调查表格的调查，直至做完300 份问卷。1 个月或 2 个月完成调查问卷。

3. 捐赠文件薄、笔记给科农瓜菜专业合作社，以供合作社建档之需。

二、辅导计划完成情况

1. 继续蹲点考察合作社，走访 2 个区（阎良、临潼），考察 4 个合作社（阎良科农、阎良西蜜、临潼农户心声、临潼临研）。访谈了瓜农、理事长，拍摄了图片，并继续书写日志。

2. 继续做问卷调查，通过与刘宇翔沟通，决定对问卷的第二部分暂且不做，仅做第一部分，目前已经完成 200 份问卷调查。

3. 已经把文件薄、档案盒、笔记本捐赠给科农瓜菜专业合作社，示范性作了记录，并指导他们进行工作和会议记录。

4. 已思考出阎良甜瓜专业合作社工作模式，姑且按此执行（待议）。

（1）长期驻点，智力资源支持。

（2）捐赠图书，包括人文社科类及瓜菜种植养殖类。

（3）定期培训，杨凌、阎良两地皆可。

（4）外出参观，实地考察。

（5）完善章程，撰写规划。

（6）其他。自己把握，见机行事。

三、额外工作

1. 蹲点观察阎良甜瓜行情，观察阎良甜瓜市场发展走势，了解农户所需，市场所需。当地甜瓜不愁销售，且生瓜较少，生瓜与品种有很大关系，因此需要规范品种。与此同时，阎良由于面积受到限制，有向周围扩散趋势，因此阎良甜瓜需要升级换代，主抓产业链上游，抓住核心环节。如科农瓜菜专业合作社有办基质厂的打算，西蜜甜瓜专业合作社开始尝试加工果脯。

2. 帮助科农瓜菜专业合作社收瓜两次。科农瓜菜专业合作社收瓜总共三次，其中我帮他们两次，为收瓜记账。上海收瓜总共三次，草率收瓜，收购点不集中，收瓜仅凭感觉，又掺进了人情，致使后两次收瓜问题较多。科农瓜菜专业合作社目前管理人员3人，人力缺乏。

3. 上期在调研中为农户拍摄了照片，这次冲洗出来赠予他们。农民普遍照相较少，我与他们之间的往来，便以为他们照相作为交流的方式，增进了双方的感情。照片上有西农名号，既宣传了西农，又为农户办了好事，也增加了我与农户的沟通，可谓一举多得。

利用手中的相机，为部分农户照相，增加了与他们的交流，定点、定时、间断性、周期性回访，针对性地了解当地，为科研搜集材料。照相费用不高（5寸0.5元/张，6寸0.8元/张，7寸2.5元/张，上述价格不含税），能充分整合资源。

4. 走访了当地超市和水果门市，了解当地甜瓜的经营销售情况。超市在甜瓜销售中没有优势，品种混杂，易于过期。超市和门市都有各种包装出售，其中包括科农瓜菜专业合作社的包装箱，没有品牌化优势。

5. 调研了临潼石榴行情及临潼临研石榴专业合作社的情况。石榴不同于甜瓜，销售存在问题，农户盲目种植，技术还需指导。临研石榴专业合作社影响有限，销售经验欠缺。

6. 在阎良驻扎期间，多次帮合作社及合作社成员做些事情，如指导他们写入党申请书，帮张小平个人写赈灾捐款发言稿。帮合作社人员做些个人的事情，有益于增加与他们的沟通，拉近距离，增进感情，便于下一步工作的开展。

7. 农民大讲堂开讲。认真策划，精心组织，于奥运会前夕8月6日，组织讲座，布置会场，邀请区农林局局长权利军同志作《浙江省农民专业合作社发展经验介绍》的报告，从而拉开农民大讲堂的序幕。农民大讲堂以科农瓜菜专业合作社为依托，组织合作社成员、周围农民及阎良其他合作社，并邀请富平、临潼合作社参加，以此构筑知识传播平台。

四、时间行程安排

1. 4月28日，在办公室工作，6月9日，去王征兵老师家。与王老师座谈，向王老师汇报上次行程及工作开展，王老师看了第1期工作汇报之后，肯定了成绩，并布置了下期工作任务。王老师建议，培训工作所有费用由西农来出，培训可让合作社部分人员来西农，但由于西农没有专门的合作社建设方面的培训班，他们可以参加乡镇长培训班进行培训；也可由西农经济管理学院的老师去阎良讲课，请更多当地合作社的人来听，在合作社建设方面西农老师比较紧缺，但可以讲些管理方面的其他内容。王老师对合作社建设十分关心，并建议我在下一次调研中认真思考，为合作社做些什么工作可以起到"四两拨千斤"的效果。

2. 5月12—25日（5月26—30日，去临潼做调查问卷），5月31日至6月4日（6月5—12日，回杨凌几天），6月13—21日，在阎良开展工作。

5月12日，早上去，转道西安，上午来到阎良。中午休息，地震，晃动厉害，幸无大碍。自此之后，地震伴随，时刻防震，每天也去调研，去做工作。阎良甜瓜收获，受全国交通影响，在地震之后一两天内价格波动一下，后又转为正常。瓜商在阎良收甜瓜可谓是在防震中度过，晚上睡觉，要睡在外边，做好防震准备工作。甜瓜整体情况受地震影响不大。我工作开展受地震影响，稍微有些耽搁。

3. 5月26—30日，去临潼。在临潼，为刘宇翔做调查表格，访谈临潼临研石榴专业合作社，会谈理事长柏永耀，见会员，走访基层群众、种植户，并走访骊山、秦陵、代王、斜口4个街道办，了解临潼石榴产业，了解石榴专业合作社运营情况。

4. 5月22日和6月21日，学校科技推广处的宋西德副处长两次来甜瓜站，我与他交流，更进一步明确了西农科技推广处对于我们课题要求的意图和目的。第一次来，宋处长提两点要求，希望我们能为合作社制定章程和规划。第二次来，对于培训，我们可以邀请西农科技推广处附属其他示范站的示范合作社参加，如白水的苹果站、眉县的猕猴桃站、宁乡的茶叶站等相关合作社，也可以邀请临潼石榴专业合作社参加。

5. 7月11日至8月8日，去阎良甜瓜站。带＊过来，继续刘宇翔的表格调查。并于奥运会前夕 8 月 6 日，成功开办农民大讲堂。

其间 7 月 25—26 日，西农经济管理学院以夏显力老师为组长的 10 人调研组来到阎良甜瓜站，就"大学科技推广模式"进行调研。我作了部分接待，并领路前去农技站访谈姚建华站长。

五、工作开展详细情况

1. 科农瓜菜专业合作社近期工作开展。科农合作社在 2008 年瓜季组织成员往上海运瓜三车，第一车为一茬瓜，瓜形好，味道甜，后两车为二茬瓜，瓜腔大，肉薄，不如一茬甜。

科农合作社组织松散，成员没有入股，合作社发展不久，还没进展到入股的程度。科农合作社在收瓜时，联系理事长及理事的亲邻，合作社成员便以熟人为纽带组织起来。

科农合作社联系的上海市场，是区政府推介的，对方瓜商来过一次，查看了阎良当地情况，便委托合作社收瓜，提前付押金 2 万元。科农合作社收瓜，针对成员组织瓜源，一次 10 吨左右，当地找车，全程高速发往上海，运费 5 000 元左右，不含过路费。开检疫证，绿色通道，可免桥梁高速费。

科农第一次走瓜，上海瓜商认为过于成熟。第二次走瓜，科农分 3 个点收购，理事长张小平自己负责北冯村点，理事冯朝阳负责代家村点，另外一个点由临潼农户心声合作社理事长贾相志负责自己的甜瓜收购装袋。张小平之所以对贾相志如此信任，是因为他们是好朋友。第二次运瓜至上海，瓜形大小不一，品种太杂，瓜商很不满意，问题出在贾相志的瓜上，瓜种类太多，瓜形大小不一。第三次走瓜，则是在二茬瓜末期，甜度不如以前，对方很不满意。由此，在农产品如何标准化方面还需要定量规范化，不能仅靠经验和友情亲情。

合作社在收瓜过程中，在质量把关上不能设立太多的收瓜点，不能没有监管，不能没有规格，否则收瓜点归一个人负责，容易掺进人情因素，以私损公，损害集体的信誉，对一些严格按标准上交瓜的成员十分不利。因此，收瓜要单渠道管理，不能以距离太远不方便为由而设立多个收瓜点。单渠道收购要明确责任，责任到人，人对质量负责到底。建议合作社收瓜最好是采用箱盒包装，实行成员负责制，标明瓜果生产来源（瓜农）及质检员。

三次运瓜至上海，科农没有收益，收瓜的前提条件是农林局许诺给以补贴。科农收瓜，农林局给以补贴，全程进行新闻跟踪宣传，以此明示，政府推介有成效，甜瓜种植是大势所趋，从而引导更多农民种植更大面积。

目前甜瓜收获季节已过，田地基本已经种植了玉米。农户从瓜庵搬回了村里，科农便着手下一步打算，为示范基地征地。

有些农户做一些秋瓜的示范，是区农技站的示范项目，尝试性种植，看秋季行情如何，再决定明年是否继续种植。

科农瓜菜专业合作社和张小平理事长最近有了思想、观念和行动上的转变。之前，凡是甜瓜站有人来参观，他总是以示范户的名义出场。如今，由我建议，他应该把合作社展示出来，把合作社成员带出来。张小平理事长不该一个人宣传西农，宣传自己，应该大力宣传科农瓜菜专业合作社和合作社的成员，如此方能长久发展，方能有立足之本。基于此，需加快科农瓜菜专业合作社的建设。

张小平理事长想做些成员证，便向我咨询相关事宜。成员证的制作需要基于合作社章程。科农瓜菜专业合作社的章程是基于 2003 年供销合作社的章程，他们不知道有最新的农业部农民专业合作社示范章程，对此，我为他们找了一份陕西省农业厅农民专业合作社示范章程，让他们修改完善合作社章程，并以此为基础来设计成员证。成员证的内容是合作社章程中的规章制度，因此制作成员证的前提是要有合作社章程，而且这个章程要有法可依，遵循《中华人民共和国农民专业合作社法》，与法律保持一致，不冲突。

我已经捐献一部分书给科农瓜菜专业合作社，并建立了图书借阅制度，严格管理图书，并使这些图书发挥作用，有人借阅。帮助合作社完善档案管理，构建严密的档案管理体系，对于文件一定要登记入档，并建有查找目录，方便快捷。尝试组织科农瓜菜专业合作社进行学习，构建了农民大讲堂的学习平台，并首次请阎良区农林局局长权利军同志作了《浙江省农民专业合作社发展经验介绍》的报告。

2. 阎良甜瓜上市。阎良甜瓜，当年普遍上市较晚，5 月初开始上市。以关山镇代家村为中心，在代家村形成市场。瓜商来自河南、湖南、河北等地。早期瓜，价格高，远地湖南客有过来的，后期则是以河南客为主。河南有甜瓜消费的嗜好，但河南农村对于甜瓜的需求还是以中下等瓜为主，河南农村有以小麦换甜瓜的交易方式。

一茬瓜和二茬瓜之间，是甜瓜比较少的时间，此时价格有回升。待二茬瓜收获，价格就降下来，之后越来越低，降至每千克 0.1 元左右。从 5 月初开始，到 6 月中旬，甜瓜收获逐渐结束。随着西瓜的大量上市，甜瓜消费受到影响。以西农甜瓜站来讲，甜瓜大棚种植便是利用 5 月这一水果空档期，赶在西瓜上市之前占领市场。

走访当地超市（爱家）及水果店，甜瓜收获季节，阎良区街道上有很多卖甜瓜的小贩，流动出售，价格不贵。水果店所售甜瓜，有包装箱提供，各种各样的包装箱。超市经营的水果品种多些，但品种名与实际水果对不上，标准不对，且水果普遍存放时间过长，甜瓜也是如此，腐坏较多，超市也提供各种包装。超市所售甜瓜，普遍质量不高，没有高档甜瓜出售。

由于湖南、湖北、河南等省份的大量需求，阎良甜瓜不愁销路，但都是以规模销售为主，瓜的分级，由瓜商来看，以质论价。对于高档市场，则没有形成机制。＊甜瓜专业合作社收购上乘甜瓜，自己包装，＊个人送礼出去，做形象，树门面。市场所卖，以散装为主，有各种各样的包装箱，其中也有甜瓜专业合作社的包装箱，顾客可以散称甜瓜，选择自己所中意的包装箱来包装。科农瓜菜专业合作社自己有包装箱，为西农所制，实际为＊公司所印，精美包装上只印有甜瓜的品种，没有着重突出"科农"或科农的"蜜霸"牌。科农的包装精品瓜售往农林局、西农、中国人民银行阎良支行等单位，科农其他成员所售礼品瓜不多，大都卖给瓜商。事实上，甜瓜是阎良主推的土特产，阎良人以甜瓜为荣，但当地高档瓜、礼品瓜还有很大发展空间，市场前景广阔。科农可专注于甜瓜本地市场，充分挖掘市场潜力。此外，西农孙武学校长认为可以去外地找市场，打品牌。我认为，甜瓜发展要立足本地市场，做好精品瓜、礼品瓜，以阎良人来宣传阎良甜瓜，宣传"科农"，由阎良人将阎良甜瓜带出去，将"科农"带出去。对于省外市场，还是以规模为主，以中档瓜为主，不走精品市场、礼品市场。阎良甜瓜精品不多，还需长时间发展，仅存的精品瓜应主推阎良市场，以阎良人的宣传来推动阎良甜瓜的精品化之路。

对于未来甜瓜的发展，要有长远打算，不能急功近利，政府不能仅仅树形象，要真抓实干，提供服务，完善基础设施，适当时候给以引导，不能代引导为干预，要明确自身定位。阎良甜瓜发展受地理因素限制，受土地面积限制，阎良甜瓜种植逐渐向周边辐射，带动了富平、临渭、临潼等地的甜瓜种植。因此，阎良甜瓜需要升级换代，提供后续服务，进行产业升级，提供种子、苗子、穴盘、基质、深加工等相关的产业，占领产业上游，高屋建瓴，统筹全局。

西农经济管理学院王征兵教授认为，农产品需求是恒定的，农产品供给则受到自然天气影响而发生波动，从而影响农产品市场的价格。由此，阎良甜瓜发展，要做好基础建设，使甜瓜生产恒定稳定，不受自然天气变动太大的影响，适当的时候应引入农业保险。

阎良甜瓜种子市场目前比较混乱，品种混杂，包装常换，或以次充好，鱼龙混杂。由此，政府应介入种子市场，寻本溯源，为种子正本清源，明确品种，规范品种，整治种子市场，规范管理种子销售公司及农资经销门市。农资市场也是如此，国补国免农资常被经销部门巧立名目而不能给农户以正常补助，大棚建设补助也不能按时到位。农户种植甜瓜积极性受到打击。

阎良甜瓜发展从经济环节继续转变为文化方面的考虑，阎良甜瓜需要换一种思路经营，需要从经济上升到文化层面，让甜瓜融入生活之中，成为一种文化。以文化为主题，寻找甜瓜渊源，引经据典，吟诗作赋，举办甜瓜文化节，拓展甜瓜美食文化。以甜瓜基地为据点，发展采摘观光旅游，发展农家乐，融入阎良风土人情，融入甜瓜文化，多渠道、多元化地发展甜瓜产业。

3. 康桥甜瓜专业合作社的情况。康桥甜瓜专业合作社的前身是甜瓜协会，它的成员关系比较松散，成员均未入股。甜瓜基地为合作社成员的基地，但农户自己购买农资，自己销售甜瓜，合作社在初期帮助收购一些，但后期基地农户均自己销售。基地的农资购买不限商店，大部分农资店提供赊账价格，比现款买的要高些。农资赊欠能解决农户种植中的资金需求问题，而且能够保证农资的质量。

甜瓜协会会长也是村委会主任、甜瓜专业合作社理事长，最近又担任了康桥供销社的主任，有能力整合资源。村民对他的评价是"好干部"，能为大家办些实事，如为大家建了基地，国家以此发放些款物，所建设的协会和合作社会开办一些技术讲座。最近在康桥供销社附近，准备建设一家酒店。

康桥甜瓜专业合作社所收甜瓜，不针对成员，仅少量收瓜。所收瓜在农资店装箱，借此送人，或送给上级领导。据农林局内的一位员工讲，该合作社收瓜但不种瓜，而科农合作社的理事长、理事都自己种瓜，这也是农林局目前转向支持科农的原因。

农资门市部出售甜瓜专业合作社的包装箱，5元/个。在阎良大街小巷的水果店内都有该合作社的甜瓜包装箱，但甜瓜不是该合作社提供的，是由瓜贩子自己收购的。

康桥甜瓜专业合作社是由甜瓜协会延伸转化过来，依托康桥村委资源及康桥供销社的资源，为村民提供一些技术指导，争取一些国家资源，建设甜瓜示范基地。但目前来讲，合作社组织比较松散，基地瓜农没有广泛的合作，成员对合作社的认同度不高，成员与非成员界限模糊。理事长有自己的农资店，会将合作社的利益融入自己的利益。对此，甜瓜合作社可以借鉴科农瓜菜合作社的多年发展经验，明确公共利益和私利，公私分明，确保成员与非成员的区别，认真为合作社成员服务，对于非成员则应以影响带动。

4. 西农阎良甜瓜专业合作社建设项目小组的工作模式。

（1）长期驻点，智力资源支持。每月都有几天前去合作社考察，了解情况，了解问题，协助解决问题。基于合作社自身需求，因势利导，随时帮助。王征兵老师的学生轮番驻扎，3个月为一个周期，由我总体负责。

（2）捐赠图书，包括人文社科类及瓜菜种植养殖类。如有好书，则可捐献。已建立合作社图书管理制度，借阅登记，严格管理。目前图书已经有人借阅。图书质量原则是，要捐献好书，适合农民口味。

（3）定期培训，杨凌、阎良两地皆可。时机成熟时，则组织培训。调动农民自我学习的积极性，紧紧围绕他们的需求，给以师资支持。目前已经构建农民大讲堂的学习课堂，定期请一些专家学者作讲座，形成合作社对外交流的机制，并以此影响周围合作社。

（4）外出参观，实地考察。基于目前农民专业合作社正在发展，还不完善，可参观的农民专业合作社不多，因此除了参观农民专业合作社，还可去某些地方参观产业和企业。例如，可去河南南街村、江苏华西村、山西大寨村、安徽小岗村参观，也可去浙江台州参观当地合作社。

（5）完善章程，撰写规划。具体章程，目前正帮助他们在做，具体规划，目前有自己详尽规划的合作社不多，计划赶不上变化，农民专业合作社发展时间不长，难以给他们确定一个框架。但推广处宋西德副处长的要求则是建立章程和作出规划。因此，具体到规划，需要做一个策划方案，内容涵盖甜瓜产业、合作社内部组织建立、CIS系统及合作社营销方针等方面。从组织建设到产业发展，综合起来便是合作社的规划。但具体规划作出时间，不能操之过急，可以于项目两年的最后时期完成，作为项目总结性成果。

（6）其他工作模式。对于合作社的建设支持，不能过繁，要简，要具有可操作性，不能急于求成，不能急功近利，要以切实促进合作社发展为目标，形成长效机制，带动合作社及合作社成员能力的提高，使之自我发展。西农对合作社的支持主要是人力支持，合作社也要改变成员结构，引入青年，吸引一些能人。合作社最终发展还是依靠合作社输入的新鲜血液，人才是关键。

5. 甜瓜站影响带动其他合作社。西农甜瓜站发展合作社三个，即阎良区科农瓜菜专业合作社、临潼区农户心声甜瓜专业合作社、富平县富郁香甜瓜专业合作社。科农依靠甜瓜种植大户张小平、冯朝阳。张小平想法很多，区科技局拟让他同时成立科协，他本人则要在合作社内部成立党支部。张小平有诸多想法，想办基质厂，把合作社办好，经销西农的肥料，为一些困难户提供赊贷，提供免费物品。张小平是西农重点宣传的示范户，是阎良区重点支持的甜瓜种植大户。

临潼区农户心声甜瓜专业合作社 2008 年与西农联系较少。我前去农户心声甜瓜专业合作社几次，见了理事长贾相志，他提到目前合作社不打算发展入股成员，他认为条件还不成熟。合作社仅有招牌，没有联系农户，没有发展入股成员，成员联系不紧密。省里批准农户心声甜瓜专业合作社为省重点扶持合作社，拨给经费 14 万元。

富平县富郁香甜瓜专业合作社是由近靠关山的富平县张桥镇念田村的赵可合建立，我在甜瓜站见过他，与他聊天，并了解了合作社的情况。富郁香甜瓜专业合作社成员由赵可合发展而来。赵可合自己经营农资店，销售甜瓜种子和西农肥料。

合作社规章方面，科农采用供销合作社 2003 年版本章程，农户心声采用协会性质的章程，因此都不与目前农业部农民专业合作社示范章程相符合。品牌方面，科农采用"蜜霸"牌，农户心声采用"骊蜜"牌，而富郁香采用"富郁香"牌，因此品牌规范上出现了分歧，合作社名称是否应与农产品品牌一致便是个问题。就目前来讲，农产品品牌应该与合作社名称相一致，便于集中宣传，凸显品牌。

甜瓜站刚建立时，缺育苗老师，便请来了有育苗经验的赵可合，对所育的瓜苗有业务提成，但是如今这些款项还没兑现。赵可合初始是甜瓜站的示范户及聘任人员，如今已离开甜瓜站。贾相志 2008 年与甜瓜站来往不多。对张小平，甜瓜站则尽力给以场地、物质、人员等支持。

由此，我们所辅导的合作社则仅有张小平的科农瓜菜专业合作社，在临潼、富平没有发现除贾相志、赵可合以外人员建立的合作社。贾相志、赵可合与甜瓜站的关系不紧密，而且他们办合作社都有个人目的，希望申请获得国家一些项目款。

6. 甜瓜站与其示范户以及孙武学校长老家人对西农的意见。甜瓜站建立后，第一年做了很多工作，前来参观的人也很多。2008 年参观的人明显少了。甜瓜站有一个电话记录本，接听农户技术询问并作询问记录。但记录都是上一年的，当年电话无人值守，铃声虽多次响起，但没有人去接。据富平县富郁香甜瓜专业合作社的赵可合所说，上一年所接电话都是他当时在此工作时记录的，如今他离开了，电话接听工作就没人做了。当年经常来甜瓜站的人是张小平和冯朝阳，他们的合作社办公室在甜瓜站，其他人很少来。

7月19日，去孙武学校长老家访谈。孙校长的哥哥孙文学、孙校长的同学牛纪勇，都种有甜瓜，他们都是西农甜瓜站的示范户。他们肯定了甜瓜站在穴盘育苗方面的推广作用，穴盘育苗方便可靠，能使瓜苗防病虫害，由于甜瓜站的推广，阎良当地迅速扩展开来。但据他们反映，甜瓜站与上一年比较，当年所做工作，仅仅是提供育苗，其他方面较少涉及，当年开展的活动也很少。

甜瓜站所推广的208品种，成熟后发黄，市场认可度不同，河南消费者不认该品种，此外，208品种抗病性差。由此，农户种植甜瓜便有自己的考虑，根据市场需求来考虑所种植的品种。目前，西农所列示范户中，除张小平大量种植208品种之外，其他人尝试性地少量种植，或根本不种。而张小平2008年有高档瓜的包装和销路，农林局和西农消费了张小平的一大部分瓜。对于甜瓜站，208品种大面积推广的前提是要能解决市场销路和抗病虫害的问题。

谈及甜瓜站的作用，孙校长老家人则提到富平的宋锦科。宋锦科是阎良周边富平县留古镇人，是阎良区农林局认可的土专家。他早年种植甜瓜，销售农资，如今主推"红阎良"甜瓜品种。宋锦科销售甜瓜种子，并提供技术服务，在技术讲座上有自己的风格。甜瓜站在这方面则需要向宋锦科学习。

7. 临潼石榴产业与临研石榴专业合作社的情况。临潼石榴种植面积12万亩，以秦陵街道办、骊山街道办、斜口街道办、代王街道办最多。骊山脚下沙粒石土适合生长石榴，故骊山街道办的石榴长势最好，其中胡王村规模最大。石榴9月开始结果，目前正值开花。

临研石榴专业合作社前身是石榴产销协会，起初为科协扶植的农研会，由科技员柏永耀一手带起，柏永耀最初为乡下科技员，后由于协会发展，柏永耀自身也随之发展，如今已经是临潼区人大科教文卫委员会主任。临研石榴专业合作社之前的协会一直做技术服务，成员缴会费，每年进行技术培训服务。现今协会转为农民专业合作社，需面临市场，除提供技术服务之外，还需做好销售带动，打开石榴销售市场。对于市场销售，柏永耀之前没有经验，摸着石头过河，如今销售经验仍然缺乏，合作社在尝试经营。

临潼石榴种植有几百年历史，有一些古树，但大多数石榴树是最近种植的，真正具有市场规模的时期是最近这些年。临潼石榴销售都是农户各自销售，运到省外销售，如前些年运去北京和上海。但是农户易盲目跟随，彼此在市场上竞价。如今石榴销售便成了当地农户的难题，农户怕石榴卖不出去，要自己去寻找销路。

合作社曾在临潼办过展销，但是以零售为主，销售量不大。2007年走了出口，但是石榴质量难以符合要求，仅仅走了一个集装箱，20多吨。合作社之前为协会，协会下面以乡镇街道为单位而设有分会，以此来组织人员进行技术服务。如今合作社转制之后，便以集装箱货柜为单位，分不同柜组经理，分别对本柜组的石榴负责，严格质量，确保石榴符合无公害要求。

临研合作社的包装实行了严格的跟踪制度，包装箱里都有产品跟踪卡和质量卡，上面有种植者、检验者的名字，以此确保产品质量。阎良甜瓜也可以参考此种做法，给出产品出厂检验证明。

临研石榴专业合作社实现严格的成员收会费制，只有入股方能算是合作社成员，因而合作社影响仅限于成员之间。对于一般农户则没有影响，但当地果农仍在技术上有些问题，石榴易有虫害，使用农药需要专门指导。但临研石榴专业合作社仅对成员服务。

临研石榴专业合作社有些有益的经验可被科农瓜菜专业合作社借鉴，如产品跟踪卡、成员入股制度等。

8. 农民大讲堂开讲，科农瓜菜专业合作社构筑学习型组织。农民大讲堂是我们帮助科农瓜菜专业合作社努力打造的一个利民项目，立足于阎良区关山镇，借助于西北农林科技大学的师资力量、智力支持，影响辐射周边西安、渭南、咸阳、铜川。科农瓜菜专业合作社不仅仅自己形成学期制度，构筑学习型组织，还要借助农民大讲堂的讲课形式，定期组织科农瓜菜专业合作社骨干成员外出讲课，与兄弟合作社共同学习，从而形成"基地讲堂＋流动讲堂""定期讲座＋常年学习"的双重学习模式，走阎良区农民专业合作社共同壮大之路，从而带动阎良区农业的整体发展。

目前农民大讲堂需要稳定团队，对于听众要规范引导组织，科农瓜菜专业合作社要不定期地邀请专家学者前去作讲座；农民大讲堂还需要一些音响设备，以增加效果，方便更多的群众来听。

9. 调查问卷。帮刘宇翔做调查问卷调查，4月尝试性调查，5月又经地震，到6月的收瓜季节及7月的暑期，其间与刘宇翔交谈多次，问卷多次修改，最后定稿。经过我的调查，以及后来与＊的一同调查，于8月初完成调查。对于这次调查形成了一些看法：

（1）调查问卷设计者一定要参与调查，以便能及时掌握调查问卷设计的问题,能即时修改。

(2)调查问卷一定不能由农户来填,因为农户理解能力参差不齐,会造成误解,有时会急于完成,草率填写。

(3)调查问卷在询问中不能照本宣科、机械来读,要自然而然地与农户交流,把握问题核心所在,自己来填,因此这需要调查前的培训。

(4)对于数量大的调查,一定要形成调查小组,分头调查,研究调查问卷,调查前要集中培训,对每个问题都要研究调查策略。每个人根据题量,妥善安排时间,一天调查份数每人不超过10份。

10. 对王征兵老师的学生尝试性使用。7月初,考虑带些师兄师弟一同前来阎良,以能帮课题做些事情,同时又给他们一个锻炼的机会。在QQ群上多次发言,希望有人能与我一同前来,但不见人联系。后来与一人联系,他表示愿意来,我让他填了下乡登记表格,了解他的经历及特长。7月11日领他来到阎良,尝试性地蹲点一段时间。我对于他的前来,试探性使用,让其写工作日记,最后交一篇工作汇报。

基于这次经历,在此提出同门师弟师妹来阎良工作的前提条件:

(1)能对王老师的阎良甜瓜农民专业合作社建设项目有所帮助。

(2)能借助此次机会对自己撰写论文有所帮助。

(3)能够有时间长待,不怕吃苦,耐得住寂寞。

六、工作中的问题

1. "阎良甜瓜农民专业合作社建设与规划"课题共两年时间,这段时间如何妥善安排、划分时间段?我的打算是长期经常驻点(如每月于当地待10天),以此帮助他们推进日常制度建设。平时则穿插培训、参观等活动。对于课题的结题,是否以"阎良区甜瓜专业合作社的规划"结题?

根据王征兵老师上次通信所讲,学校希望我们对于合作社尽快做出一些成果。合作社建设是自我发展,以合作社自己为主导,西农团队不能越俎代庖,只能起到引领作用。合作社建设不是一朝一夕的事情,是常年发展的过程。西农团队在这课题两年里,力所能及地帮助他们,但注意分寸,不能让合作社养成依赖心理。西农长期驻扎便是对他们最大的帮助。我们在这两年内是否以我们自己的工作模式妥善安排,不操之过急,慢慢发展?

2. 对于"合作社的规划",我们准备以"品牌发展篇、产品标准篇、学习型组织篇、CIS系统建设篇"作为文章部分而加以对合作社进行规划,不知妥否？对于合作社的规划，如今有规划的合作社不多，大都是摸着石头过河，在探索过程中。我们对于合作社的规划能否不草率粗鲁、仓促应付，应该过一阶段或很长一阶段才做出来？

3. 根据王老师以前的说法，可以到这边授课，对于这边的授课能否请更多的人参加？能否在这边以农林局的名义，举办一场大礼堂讲座，组织更多的人来参加一场"大农业"的讲座？参加人员为阎良各合作社的成员及阎良区农业系统工作人员（如农林畜牧、供销、新农办、各乡镇街道乡镇长及农办主任），参加人员也包括我们课题组的扶助对象阎良区科农瓜菜专业合作社及富平、临潼的合作社。王老师免费提供讲座，而农林局负责听众组织及对王老师团队的接待。

王老师也可同时带更多的老师过来，具体就某一专题进行集中讲习，以两天时间为限，如以"农民专业合作社组织建设能力"为题，立足农民大讲堂进行讲课。

4. 王老师在杨凌讲课，如课程设置妥当，与合作社建设相关，能否邀请西农其他科技示范站（共 15 个）的合作社前来听课？具体费用及组织通知，到时可以联系技术推广处。

5. 目前捐献书见成效，王老师能否把自己的著述向农民专业合作社捐献一些，并签名留念？

6. 我在阎良时，基于阎良甜瓜站，以之前王老师的说法，把这边建设成人文社科基地。6 月，我去周边的临潼区何寨镇，镇党委书记他们有请我们做何寨镇产业规划的打算，并且根据我们规划课题大小的要求给以 2 万～5 万元的经费。该课题基于何寨镇现今的八大产业考虑，结合何寨镇的实际情况，据实规划。这是我们在阎良区遇到的第一个课题，王老师对此有何想法？

7. 农林局这边 10 月将有一场关于农民专业合作社的培训，教师费用为300～500 元，报销来回路费，王老师不知有无合适人选？

七、下期工作计划的初步打算

1. 继续蹲点观察，持续为合作社提供智力支持，持续平时的制度建设。

2. 王老师如果在杨凌有授课安排，这边随时可以组织人（组织五六人左右）前去杨凌听课（在 11 月初农高会期间，阎良区农林局也会组织当地农民专业合作社前去杨凌参观农高会）。

3. 如果时机成熟则请王老师前来阎良讲课，王老师可就阎良区"大农业"

单位系统，以及走进农民大讲堂等进行讲课。

    4. 王老师的学生如有合适的人选，可以派来。

    5. 外出考察参观路线，适当时候带合作社人员前去参观。

【附1】 阎良农民大讲堂开讲，瓜农集体"充电"

来源：三秦都市报   日期：2008年8月8日

    本报讯（苏新友、仵希亮；记者：陈阳；实习生：王斌、崔璐）8月6日上午9时，阎良区关山镇甜瓜示范站培训教室，座无虚席。阎良区科农瓜菜专业合作社举办的农民大讲堂首场讲座在此开讲，瓜农们又多了一个学习"充电"的好地方。

    记者采访得知，阎良区农林局局长权利军受邀为科农瓜菜专业合作社成员及闻讯而来的群众共60余人作了题为《浙江省农民专业合作社发展经验介绍》的报告，并就社员会费收取、入股、"三会四室"建设等问题和大家进行了交流。

    据了解，农民大讲堂借助西北农林科技大学关山镇甜瓜示范站的师资力量、智力支持，采取定期聘请专家授课、组织外出参观、讲课等形式，从而形成"基地讲堂＋流动讲堂""定期讲座＋常年学习"的双重学习模式。"我们以后还要把区委书记、区长请到大讲堂上来，与群众面对面讲政策，进一步拉近干群距离。"农民大讲堂发起人、科农瓜菜专业合作社理事长张小平说。

原拟文件：

喜迎奥运抓生产，农业发展大家谈

（农民大讲堂，首次开讲）

    8月6日上午9时，阎良区关山镇甜瓜示范站培训教室，济济一堂，座无虚席，阎良区科农瓜菜专业合作社在此举办农民大讲堂首场讲座，邀请区农林局局长权利军同志作《浙江省农民专业合作社发展经验介绍》的报告。科农瓜菜专业合作社成员以及应邀前来的阎良区各个农民专业合作社和周边临潼及富平农民专业合作社人员共60人参加此次讲座活动。

    科农瓜菜专业合作社理事长张小平致欢迎词，欢迎权利军同志的到来，欢迎兄弟合作社的到来，欢迎科农瓜菜专业合作社各个成员的到来。

阎良区农林局局长权利军同志就浙江省农民专业合作社发展经验和现状作了介绍，着重介绍了宁波和温岭的经验，肯定了浙江省农民专业合作社建设成绩，浙江省农民专业合作社在组织建设及制度完善上走在全国前列，且合作社成员有很强的市场意识、商品意识，能在种苗提供、商标品牌、农资提供、种植或养殖操作标准、结算分配等方面实现统一，浙江省农民专业合作社有合作社结合成联合社、跨区域发展之势。基于陕西省的历史与区位，阎良区的农民专业合作社发展中要注意人的意识、观念的落后以及陕西省整体经济环境的差别，寻找自己所长，走阎良区农民专业合作社的自我发展道路。

权利军同志结合农民组织化演变历史来讲，从"公司＋农户""公司＋协会＋农户"到如今的"公司＋合作社＋农户"，合作社是农业发展的必然，分散的农户只有加入农民专业合作社才能对接大市场。权利军同志分析了"农民专业合作社"的含义，进行了剖析，农民专业合作社一定要突出农民的主体性、从事农业的专业性以及成员参与合作的重要性。对于阎良区农民专业合作社的发展，先发展后规范，在规范中发展，充分调动农民专业合作社的主观能动性，自我发展，政府在其中的作用便是服务，提供资金、人才支持。对于资金支持，要划出不同要求等级来，只有符合规范方给以支持；对于人才支持，要给每一合作社配备辅导员，并配备一名大学毕业生。

在权利军同志发言之后，科农瓜菜专业合作社、信农蔬菜专业合作社、利民农资专业合作社、西蜜甜瓜专业合作社等农民专业合作社成员进行了提问，权利军同志就成员费收取、如何入股、"三会四室"建设等问题和大家进行了交流。权利军同志建议阎良甜瓜主打阎良区域品牌，而甜瓜生产基地可以挪至甘肃省乃至海南省。

本次讲座在热烈的掌声中结束，张小平同志致感谢词，感谢权利军同志所作讲座，感谢大家冒着炎热酷暑参加，并代表大家邀请权利军同志下次再来为大家作农业方面的讲座。

会后，经科农瓜菜专业合作社理事长张小平和成员冯朝阳介绍，农民大讲堂是科农瓜菜专业合作社努力打造的一个利民项目，立足于阎良区关山镇，借助于西北农林科技大学的师资力量、智力支持，影响辐射周边西安、渭南、咸阳、铜川。科农瓜菜专业合作社不仅仅自己形成学期制度，构筑学习型组织，还要借助农民大讲堂的讲课形式，定期组织科农瓜菜专业合作社骨干成员外出讲课，与兄弟合作社共同学习，从而形成"基地讲堂＋流动讲堂""定期讲座

"＋常年学习"的双重学习模式，走阎良区农民专业合作社共同壮大之路，从而带动阎良区农业的整体发展。

【附2】 科农瓜菜专业合作社成员入社申请表

<table>
<tr><td rowspan="6">基本情况</td><td>姓名</td><td></td><td>性别</td><td></td><td>民族</td><td></td></tr>
<tr><td>文化程度</td><td></td><td>政治面貌</td><td></td><td>家庭人口</td><td></td></tr>
<tr><td>出生年月</td><td></td><td>经营项目</td><td></td><td>经营规模</td><td></td></tr>
<tr><td>爱好或特长</td><td></td><td></td><td></td><td>手机</td><td></td></tr>
<tr><td>家庭住址</td><td></td><td></td><td></td><td>电话</td><td></td></tr>
<tr><td colspan="6"></td></tr>
<tr><td>入社申请</td><td colspan="6">　　我志愿加入科农瓜菜专业合作社，遵守合作社章程和各项管理制度，执行合作社各项决议，履行成员义务，接受合作社的管理和指导，维护本社的权益和声誉，共同推进合作社的发展。
　　特此申请。

申请人：
_____年___月___日</td></tr>
<tr><td>对合作社的期望或建议</td><td colspan="6">

</td></tr>
<tr><td>合作社意见（成员不填）</td><td colspan="6">　　经理事会研究，同意_____加入合作社，准予成员登记，颁发成员证，成员证号为_____号。

理事长（签章）：
_____年___月___日</td></tr>
</table>

　　注：（1）"经营项目"一栏可填种瓜、种菜、养殖等，"经营规模"可填种植亩数或养殖头数。

　　（2）"对合作社的期望或建议"为成员希望合作社能为大家做些什么或大家对合作社发展有什么好的建议。

【附3】 科农瓜菜专业合作社理事会成员档案表

职务		姓名		照片
性别		民族		
出生年月		政治面貌		
经营项目		经营规模		
身份证号				
文化程度			手机	
家庭住址			电话	
个人简历				
何年何月—何年何月	在何地区何单位工作		担任何职务	

注："经营项目"一栏可填种瓜、种菜、养殖等，"经营规模"可填种植亩数或养殖头数。

【附4】 关于科农瓜菜专业合作社以农民大讲堂来构建学习型组织方案

一、学习的必要性

1. 农民发展需要开阔眼界，增长见识。农民不是财力的贫困，而是信息的缺乏和胆识的缺少。合作社也是如此，发展农民专业合作社必须与外界经常交流，构建讲堂，引进人才。

2. 大家学习会在一起，而在一起会增加感情，会增加合作的凝聚力，有利于农民专业合作社的团结。有了团结，合作社才能做大事。团结是合作社做事的基石。

3. 学习其实不是枯燥的事情，要会学习，把握学习的本质。学习不是"一个人在讲，其他人在听"，学习是个互动的过程。学习不是"培训"，学习是心灵的交流。

4. 目前，社会上有批讲座资源可以免费提供，因此，要结合官员与民亲密接触和知识分子的以社会为舞台、回报社会的心态，能让他们免费讲课。

5. 以农民大讲堂为舞台，以学习为契机，汇集大家，汇聚人心，科农瓜菜专业合作社以此来发展经济，合作共富。以学习为先导，文艺引入，逐渐丰富人们的精神生活。

6. 科农瓜菜专业合作社科技培训室建设的同时，也在构建农民大讲堂。

基于以上因素，构建农民大讲堂，建立学习型合作社，是科农瓜菜专业合作社发展的必然趋势，也是科农营销自己的一把利刃。打造学习型合作社，使农民大讲堂成为科农瓜菜专业合作社发展建设的一个亮点。

二、农民大讲堂的构建

1. 讲堂地址：甜瓜站或北冯小学。

2. 听众：科农瓜菜专业合作社成员为主，邀请富郁香甜瓜专业合作社、农户心声甜瓜专业合作社、信农蔬菜专业合作社参加，邀请其他农民参加。

3. 室内名言悬挂：

（1）成功的人是跟别人学习经验，失败的人只跟自己学习经验。

（2）成功＝艰苦劳动＋正确方法＋少说空话。——爱因斯坦

（3）不学自知，不问自晓，古今行事，未之有也。——王充

（4）博观而约取，厚积而薄发。——苏轼

（5）博学之，审问之，慎思之，明辨之，笃行之。——《礼记》

（6）不登高山，不知天之高也；不临深溪，不知地之厚也。——《荀子》

（7）少而好学，如日出之阳；壮而好学，如日中之光；老而好学，如秉烛之明。——刘向（西汉经学家、文学家），引自《说苑》

（8）人若志趣不远，心不在焉，虽学不成。——张载（北宋哲学家），引自《经学理窟·义理篇》

（9）情况在不断变化，要使自己的思想适应新的情况，就得学习。——毛泽东，引自《在中国共产党全国宣传工作会议上的讲话》

（10）加紧学习，抓住中心，宁精勿杂，宁专勿多。——周恩来，引自《周恩来选集》上卷

（11）非学无以广才，非志无以成学。——诸葛亮

（12）活到老，学到老。

4. 室外设计：门头悬挂"农民大讲堂"几个字。

5. 宣传语：

（1）农民讲堂，天天开讲。农民讲堂，致富天堂。

（2）快乐学习，天天致富。

6. 讲座开展：经常开展讲座，邀请一部分人作讲座报告。

（1）邀请演讲人：权利军局长、孙武学校长、王征兵教授、霍学喜教授、张涌部长、陆治原书记，或是到阎良进行工作考察的政府工作人员或专家学者。

（2）演讲人费用：免费讲座，赠送无公害甜瓜票，或是送些鲜花，适当时候送些其他农产品。颁发荣誉证书，聘请为农民大讲堂的荣誉顾问。

（3）讲座时间安排：定期请专家学者作讲座报告。

（4）讲课组织经费来源：合作社拨款一部分，社会捐款一部分。

（5）最近讲座安排：8月8日之前，请权利军局长作关于浙江农民专业合作社建设的报告。

（6）报告选题：选对题，选对人。选题有意义，对合作社建设有帮助，能开阔成员的眼界；选人很关键，看人会讲不会讲，有无吸引农民注意力的能力，不枯燥乏味，激发学习兴趣。

7. 平时学习开展：

（1）形成定期的学习机制，借学习之机，经常交流。形成长期学习制度，

如每一周都安排学习，或在农忙季节进行学习。

（2）有人专门负责平时学习，学习农业技术知识，学习国家政策，学习经营知识，历练人心，共同致富。

（3）对于学习形成奖惩机制，褒奖优秀听众学员。对于学员队伍建设要形成长期机制。

（4）学习寓教于乐，要与文艺结合在一起。学习之前，有歌曲齐唱，鼓舞人心，振奋精神。以农民大讲堂为舞台，定期组织大家文艺演出，文艺汇演，以此丰富村民精神文化生活。

三、农民大讲堂的未来发展

使人以讲课为荣，使人以听课为乐。教学互动，技术共享，信息互通。以关山、阎良为平台，辐射影响周边地区，影响西安、渭南、咸阳、铜川地区，从而宣传科农，凝聚科农人心，团结互助，合作共富。

附学习制度（见后）。

2008 年 8 月 2 日

学 习 制 度

1. 把科农瓜菜专业合作社建设为学习型组织。学习能凝聚人心，能促进团结。而团结是合作社做事的基石。学习能汇集人气，促进交流，使大家拧成一股绳，共同发展，共同致富，物质丰富的同时，精神文化生活同时得以发展。

2. 学习不是培训，学习是心灵的交流。交换有无，大家共有。

3. 定期讲座，邀请专家学者作报告、作讲座。讲座以邀请专家免费作报告形式开展，以社会公益需要奉献为出发点，邀请更多的人奉献"三农"。

4. 常年学习，根据需要，技术学习，政策学习，法律学习，由专人负责组织，有专人授课，有专人通知。

5. 学习对于合作社成员来说，一定要参加，其他人以自愿为原则，奖惩结合，对于优秀成员进行精神褒扬、物质奖励。

6. 学习组织经费来源，一部分是由科农瓜菜专业合作社拨付专款，另一部分接受社会捐款，专款专用，接受社会监督。

7. 建立流动学习制度。以关山为基地，定期组织科农瓜菜专业合作社骨干成员外出讲课，与兄弟合作社共同学习，从而形成"基地讲堂＋流动讲堂""定期讲座＋常年学习"的双重学习模式。

科农瓜菜专业合作社
2008 年 8 月 8 日

【附5】 科农瓜菜专业合作社图书借阅制度

1. 凡到图书室借书看都要遵守管理员的要求，履行借书手续。

2. 借书拿出图书室，一定要登记，标注借还日期和书名，标注借阅人、经手人。一次借书最多两本。

3. 看书时要爱护图书，不得在书上乱写、乱画，不得折角，否则视情况给予处罚。

4. 要保持室内卫生，不得乱扔废纸，不得随地吐痰，不得乱刻、乱画。

5. 要爱护室内一切设施，损坏者按价赔偿。

6. 借书者要按规定日期及时退还，以保障图书周转，超过两个月的，可办理续借。

7. 凡违反上述规定者，视情节给予处罚。

科农瓜菜专业合作社
2008 年 8 月 8 日

项目组为合作社捐赠书目：

韩俊编，2007. 中国农民专业合作社调查［M］. 上海：上海远东出版社.

孙亚范，2006. 新型农民专业合作经济组织发展研究［M］. 北京：社会科学文献出版社.

傅晨，2006. 中国农村合作经济：组织形式和制度变迁［M］. 北京：中国经济出版社.

李剑阁，2007. 中国新农村建设调查［M］. 上海：上海远东出版社.

王征兵，2002. 中国农业经营方式研究［M］. 北京：中国科学文化出版社.（王征兵老师赠送 2 册）

陈树林，董武子，2002. 庭院经济动物高效养殖新技术大全［M］. 北京：中国农业出版社.

曹建华，王红英，2004. 商品林经营：环境与经济分析及政策［M］. 北京：中国林业出版社.（王征兵老师赠送）

刘雅英，1997. 电脑实用技术精粹［M］. 北京：电子工业出版社．（王征兵老师赠送）

翁瑞琪，李俊旺，等，1998. 家用电脑使用速成［M］. 北京：国防工业出版社．（王征兵老师赠送）

陈锦屏，刘兴华，1986. 果品保鲜贮藏［M］. 西安：陕西科学技术出版社．（王征兵老师赠送）

支峰，2001. 牛奶与人体健康［M］. 内部资料．（王征兵老师赠送2册）

余健，1999. 手把手教你使用 Internet［M］. 北京：电子工业出版社．（王征兵老师赠送）

大棚温室西瓜甜瓜栽培技术

甜瓜无公害高效栽培

温室大棚西瓜厚皮甜瓜栽培新技术

怎样提高甜瓜种植效益

甜瓜保护地栽培

农产品市场营销理论与实践

【附6】 对科农瓜菜专业合作社档案编号整理

科合发〔2008〕1号，《西安市阎良区科农瓜菜专业合作社成立》——张小平理事长发言稿，2008年1月23日。

科合发〔2008〕2号，《科农瓜菜专业合作社发展规划报告》，2008年1月28日。

科合发〔2008〕3号，《阎良区科农瓜菜专业合作社2008年元月份甜瓜生产技术指南》，2008年1月5日。

科合发〔2008〕4号，《阎良区科农瓜菜专业合作社2008年1月至3月初期甜瓜标准化生产技术规范》，2008年1月15日。

科合发〔2008〕5号，《阎良区科农瓜菜专业合作社2008年3月至5月甜瓜标准化生产技术规范》。

科合发〔2008〕6号，《西安市阎良区科农瓜菜专业合作社关于报送〈科农瓜菜专业合作社2008年上半年工作报告〉的报告》。

科合发〔2008〕7号，《阎良区科农瓜菜专业合作社甜瓜病虫害防治》。

【附7】 科农瓜菜专业合作社 2008 年上半年工作报告及财务报告[①]

科农瓜菜专业合作社 2008 年上半年工作报告

2008 年上半年以来，科农瓜菜专业合作社在区农林局的正确领导下，认真贯彻落实党的十七大、中央 1 号文件精神，以服务成员为宗旨，以发展当地经济和丰富成员精神文化生活为目标，大力开展农业示范建设，展开技术培训，科农瓜菜专业合作社上半年来取得长足进步，超额完成计划目标。

一、2008 年上半年工作进展

（一）技术培训开展

2008 年 1 月 13 日请西农专家司立征、常宗堂，区农技站郭智勇，科农瓜菜专业合作社理事长张小平就甜瓜育苗遇到大雪灾害时瓜农应该采取的措施进行培训，并发放《元月至 3 月中旬无公害甜瓜标准化生产技术规范》98 份。

3 月 3 日，省科技下乡在关山镇举行，合作社成员 70 余人在西农甜瓜站进行甜瓜科技培训。西北农林科技大学教授李建明、刘建辉、司立征、常宗堂讲课，最后张小平理事长总结讲话，并发《3 月中至 5 月初无公害甜瓜标准化生产技术规范》70 份和《甜瓜全生育期病虫害防治》70 份。资料由西农专家、区农技站、科农瓜菜专业合作社理事长共同撰写供稿。

3 月 5 日，科农瓜菜专业合作社联合区农技站在武屯镇老寨村小学集训，并发放甜瓜生产技术资料 63 份。

（二）测土配方试验

针对甜瓜重茬问题，合作社在新马示范园进行 7 亩测土配方施肥试验。结果显示每亩投资下降 200 元。5 月 1 日上市，瓜形好，瓜面光亮，每千克 8 元。二茬瓜表现突出，产量高，客商抢购一空，亩收入 9 000 元。

（三）新技术推广使用

在新马示范园所种的 60 亩甜瓜（8 户瓜农）全部采用二蔓整枝。上市早，瓜形大，含糖量高，每千克 6 元。二茬瓜表现突出，平均每亩甜瓜比上年增收

---

① 原报告无此部分，编辑此书，特加收录。

2 600 元。

（四）新品种推广

试验种植"千玉 1 号"5 亩。"千玉 1 号"白皮红肉，瓜形大，瓜面好，含糖量高，市场畅销，亩收入 1 万元。

（五）试验推广富硒甜瓜 30 亩

在甜瓜成熟前，合作社全体成员召开会议，就甜瓜上市问题讨论，首先抢占阎良高端市场，在阎良电视台做广告 1 个月，印制甜瓜箱 8 000 个，严禁生瓜上市。

（六）帮助瓜农增加效益

科农瓜菜专业合作社联系北京、上海市场，其中对于上海市场，分 3 次帮助成员组织销售甜瓜，向上海新奇特果品公司销售甜瓜 35.5 吨，合作社成员的收益明显提高。向北京销售甜瓜 10 吨，合作社净收益 200 元，礼品甜瓜销售 6 000 箱，净收益 5 000 元。

（七）走品牌化之路

2 月，科农瓜菜专业合作社注册甜瓜商标"蜜霸"牌甜瓜，5 月 8 日市农检中心对"蜜霸"牌甜瓜进行无公害认定。

二、工作开展中存在的问题

2008 年在市场协调和品种规范方面存在一些问题。为上海市场收购甜瓜 3 车，共 35.5 吨，由于对上海市场不太熟悉，第一车甜瓜过于成熟，第二车甜瓜大小不一，第三车甜瓜为二茬瓜，瓜形大，品质差，3 次收购合作社共损失 2 700 元。

几次收瓜下来，便总结了问题所在。农产品品质难以规范，仅靠肉眼来看是不行的，要以一定的科学技术来推动品质规范。此外，在具体收购过程中，收购点分散，不易监管，对于亲戚朋友的瓜不便监管，需统一集中收购，收购点统一管理，集中监管。

总结经验教训，抓好下半年秋瓜销售及 2009 年甜瓜销售。

三、2008 年下半年工作安排

（一）秋瓜试种

安排秋甜瓜 10 亩示范试验工作，由张小平、张顺明、张军实施。

（二）建设无公害精品甜瓜科技示范园

建设 200 亩无公害精品甜瓜科技示范园，争取区农林局立项，租地工作由张小平、冯朝阳、冯建红、常九具体管理。

具体分工上，示范园建设由冯朝阳负责收土地押金工作及丈量土地工作，大棚钢架制作由张小平、冯朝阳、郭智勇、冯建红、常九共同协商。

（三）积极开展科技培训

10月进行甜瓜无公害、标准化生产培训，11月进行甜瓜施肥培训，12月进行甜瓜育苗培训。

科农瓜菜专业合作社

2008年8月8日

科农瓜菜专业合作社 2008 年上半年财务报告

1. 合作社开业庆典、制匾等开支：3 600 元。

2. 阎良区农林局补助：5 000 元。

3. 甜瓜站培训室培训 4 次，武屯老寨、相桥张八各一次。资料费等支出：260 元。

4. 甜瓜销售。

（1）售往上海 35.5 吨，合作社赔：1 700 元。

（2）售往北京 15 吨，合作社收入：300 元。

（3）精品甜瓜销售 6 000 箱，合作社收入：5 000 元。

5. 农民大讲堂开讲，资料、本子、笔等支出：210 元。

6. 合计：合作社收入 10 300 元，支出 5 770 元，纯收入 4 530 元。

科农瓜菜专业合作社理事会

2008年6月26日

辅导计划（第 3 期）

一、前期辅导开展准备

1. 向王征兵老师要"阎良甜瓜专业合作社发展规划""阎良甜瓜合作社课题合同书"和"杨凌农民专业合作社研究"，以便妥善安排工作。

2. 搜集其他地方合作社资料，并提前联系，准备前去调研。

二、辅导计划开展

出去考察，比较研究，深入思考。待秋收之后，连续组织几次培训（至少2次）。

1. 继续蹲点观察，解决合作社出现的问题。

2. 去其他地方的专业合作社调研，考察比较，深入思考，对比研究。

3. 组织学习，联系培训，至少2次培训。

三、时间安排

1. 9 月 15 日前后，去阎良。

2. 本期辅导初定为 3 个月左右，至元旦前，本年度辅导告一段落。

四、其他与备注

10月培训，由农林局培训及西农园艺学院培训2场，我们能否借助他们的机会，进行联合培训？我们所做的是提供部分师资，比如王征兵老师可讲农产品营销课程，其他老师可讲其他管理经营方面内容。

2008 年 9 月 16 日

辅导报告（第 3 期）

一、第 3 期辅导计划

出去考察，比较研究，深入思考。待秋收之后，连续组织几场培训（至少2次）。

1. 继续蹲点观察，解决合作社出现的问题。

2. 去其他地方的专业合作社调研，比较考察，深入思考，对比研究。

3. 组织学习，联系培训，至少 2 次培训。

二、辅导计划完成情况

1. 继续蹲点观察，帮助合作社撰写稿子，解决合作社日常问题，草拟章程，制作成员证。

2. 去河南考察 10 多天，郑州建设合作社起始于 2004 年春季，到如今已经发展几年，当年为农业部所称的合作社建设的"郑州模式"已经没落，但我们可以从失败中学得经验。

3. 深知组织学习的重要性，这边积极联系人员对合作社成员进行学习指导。王征兵教授于 2008 年 10 月 29 日前来阎良开办讲座，不限制于科农瓜菜专业合作社来听，而且还让全区农业干部、村支书（书记）、农民专业合作社理事、经纪人来听，这有利于扩大西农的科技辐射面，增强西农的影响力。

2008 年 11 月 4—5 日，组织甜瓜示范户前来杨凌参加培训（培训两场），参加农高会。

三、额外工作

1. 王征兵教授前来讲座，我联系更多的人来听。前来的听众是农林系统工作人员、务农大户、协会负责人以及各合作社的理事长、理事。由此可以扩大西农的科技示范影响。

2. 考察秋瓜生长情况及市场，不尽如人意。

3. 前去富平县张桥镇东来村，考察赵可合的富郁香甜瓜专业合作社。

四、时间行程安排

1. 9月4日，在经济管理学院王征兵老师办公室，向王老师汇报上期情况，并接受王老师的提议安排，对下期进行布置，做好培训准备，王老师还提供给我部分资料。

2. 9月17日，去阎良，待至9月22日。观察秋瓜长势，走访农户。

3. 9月22日，从阎良出发，前往郑州考察合作社，10月2日赶回。其间拜见郑州市农业局前局长陈书栋，访谈荥阳数个合作社。郑州市合作社发展已经有4年多了，如今没落较多，有经验教训。

4. 10月9日，赶往陕西省农业厅农业经济管理处请教合作社问题，并购书。据孟老师所讲，浙江农民专业合作社是龙头企业带动较多，工业反哺农业，商业资本投资农业领域，大款带路，农户跟从。

5. 10月14日，从杨凌去阎良，待至11月3日，其间走访科农瓜菜专业合作社建设基地，联系王征兵老师前去阎良讲课。

6. 11月4—5日，组织甜瓜示范户来杨凌参加"农产品营销和农民专业合作社建设"培训，参加农高会。

五、工作开展详细情况

1. 科农瓜菜专业合作社近期工作开展。科农自瓜市结束之后，农户忙于自己的农活。这段时间是秋收季节，农户忙了一段时间。有些农户尝试性地种植些秋瓜，是区农技站的秋瓜项目，但农户没有得到政府的项目费用。秋瓜病害较多，且秋季水果较多，市场竞争激烈，秋瓜没有效益。

待玉米秋收之后，科农瓜菜专业合作社理事长张小平与理事冯朝阳便忙于甜瓜基地，这是区上所辅助规划的项目，有补贴，有政策支持。合作社的甜瓜基地在关山镇南边，属于东兴村地域，土地以500元/亩的价格承包了130多亩。土地连片承包，协调成了问题，有些靠路边的土地由于价格不能谈拢，便不能承包下来。

基地目前正在打井，待打井完成之后，政府将给以补贴。目前打井的人员是合作社即将种植的农户，合作社不付费用，但管饭。

合作社在当地关山镇党委的指导下，建立了党支部，但迟迟没有举行揭牌仪式，后来不了了之。合作社理事长张小平和理事冯朝阳刚入党不到半年，科农瓜菜合作社的党员也不多，成员中涵盖了西农驻甜瓜站的技术人员。合作社建党，是目前党建的一个趋势，地方党委力使如此。合作社也热衷于入党，张小平理事长认为，在思想上保持先进性，在行动上保持与上级的沟通，便于合作社的发展。

目前，合作社已经草拟了章程，成员证也草拟出来，不久后可以印制出来。

2. 富郁香甜瓜专业合作社。以前多次打电话给富平县富郁香甜瓜专业合作社的理事长赵可合，他以忙的缘故给以拒绝。但每次甜瓜站这边搞活动，我都打电话给他，给予他参与的机会，包括王征兵老师前来讲课及前去杨凌参加培训和农高会的机会。

赵可合曾来过甜瓜站，我见过他几次。他曾是甜瓜站的技术人员，承包过甜瓜站的土地，但因为利益纠纷，他从甜瓜站退了出来，如今对甜瓜站有很多意见。但我仍旧把他当成甜瓜站的示范户，为他提供学习交流的机会，屡次邀请他参加活动。

最近我去了他的合作社，并走访了同村的瓜农。这边种甜瓜的农户较多，瓜农谈及富郁香甜瓜专业合作社，便认为刚成立不久，没有入股成员发展。赵可合开有农资店，有具体经营，但瓜农买农资不限于赵可合的农资店。他目前发展合作社为农资店服务，自己想方设法申请政府项目，争取一些经费。

3. 王征兵老师前去阎良指导合作社建设。2008 年 10 月 28 日上午，王征兵老师驱车抵达阎良，与甜瓜示范户（具体名单见后）座谈，了解合作社建设情况，对示范户合作社建设给以指导意见，参观科农瓜菜专业合作社，并为科农瓜菜专业合作社捐书数本。

2008 年 10 月 29 日上午，王征兵老师去阎良区委礼堂作"农民专业合作社经营和农产品营销"方面的讲座，受邀听众除西农示范户之外，阎良区农林干部、乡镇干部、村干部及合作组织负责人等 300 多人参加了讲座。西农师资除对自己目前示范户做培训之外，还要影响带动其他农户，扩大西农的影响。以往西农在技术上示范带动，如今人文社科在观念影响上起到决定作用，以观念改变人，以营销手段丰富生产经营。

4. 邀请甜瓜示范户前来参加培训，参加农高会。经过精心准备，组织西农甜瓜示范户于 2008 年 11 月 4 日和 5 日两天前来杨凌参加培训，参加农高会。阎良、临潼、富平的示范户都受邀前来，前后花费的所有费用由这边负责。

11月4日上午参观新天地农业设施展览馆，引领示范户展望现代农业的未来。当日下午在经济管理学院6楼开始"惠农政策解读"科目，由人文学院樊志明教授讲课。11月5日上午开设"农民专业合作社培养及农产品市场营销"。5日下午组织人员参加农高会。之后，示范户返回。

5. 前往河南郑州考察农民专业合作社。郑州市建设农民专业合作社从2004年开始，当时郑州市农业局局长陈书栋十分重视，力主政府成立辅导组来辅助合作社建设，在辅导组的辅导下，合作社迅速建设起来，短短两年时间全市区发展300多个合作社。这种发展被农业部称为"郑州模式"。但自去年陈书栋退休，合作社建设偃旗息鼓，不见进展。我考察了当地的合作社，走访农户，听取不同意见，并考察当地石榴产业（详细见后附录）。

6. 为科农瓜菜专业合作社草拟章程。科农瓜菜专业合作社的章程所依照的版本是2003年的供销社起草章程，内容仍旧以"社员"相称。自新的《中华人民共和国农民专业合作社法》颁布后，农业部的示范章程颁布，陕西省农业厅结合本省情况，起草发布陕西省试行章程。基于陕西省试行章程，结合科农瓜菜专业合作社的实际情况，我与合作社理事长张小平、理事冯朝阳商议，初拟《科农瓜菜专业合作社章程》（具体章程附后）。

六、下期辅导计划的初步打算

1. 继续蹲点观察，持续为合作社提供智力支持，持续平时的制度建设。
2. 继续外出参观考察，规划外出参观路线。

【附1】郑州农民专业合作社考察报告

河南经验借鉴——两个农民专业合作社与"郑州模式"

一、衡心养猪者合作社

衡心养猪者合作社是在郑州市农业局合作社辅导组的帮助下，由荥阳市广武镇广武村的15个行政村83家养猪户发起组织，于2005年5月10日正式成立。合作社入股实行"一人一票"，每股 2 000 元，持股最多不超过两股。当时入股现场，群众十分踊跃，积极加入。合作社理事长和理事由大家选举出来，养猪大户苏新民被选为理事长。合作社建有养殖小区，大家开始时实行集中饲养，统一雇有人员专门饲养，待标猪长成之后统一销售。

合作社开始运作状况良好，经常开会。但经过 3 年来的运行之后，情况今非昔比，不同以前。合作社所依靠的养殖小区，2005 年集中饲养，虽统一雇佣工人饲养，但养殖户抱怨统一饲养不能照顾到每个猪仔吃到位，不如在家庭饲养照顾精细。再加上当年行业效益下滑，瘟疫盛行，大家合作养殖，年终结账，有些养殖户没有收益，还需倒贴给合作社资金，如此大家便没有感受到合作社的好处。

后来养殖小区分家之后，小区设以苛刻条件，仅限有一定量的大户入区养殖，广大小规模养殖户便有了意见。国家补贴合作社 60 多万元，而合作社所分股金仅是每股 30 多元（除去各种公益金、费用），3 年来仅分红 1 次。如今不能召开全体成员会议，据一些成员所说，现今凡是合作社有事，仅是由理事长召集几个理事开会商议，合作社成员未能参加。成员们很关心自己股金去向，与理事长有矛盾冲突。当年 5 月，理事长重选，结果苏新民未当选。苏新民以自己当时不在家为由，不接受选举结果，拒不交公章。如今成员与理事长之间矛盾非常，剑拔弩张，意见很大，会员希望能赶快召开会议，以图有个说法。

现今对于合作社能给成员们带来多少帮助这个问题，成员普遍认为合作社没有实际帮助，形同虚设。如今饲料是市场提供，店家很多，不比当年饲料生产厂家不多，大家尚可统一进料，有些优惠。对于养殖中的技术，依大家所讲，凡是购买谁家的饲料，饲料厂便有技术人员提供技术咨询，并现场指导。市场的饲料供应，都有技术指导。至于销售能否统一起来，还是不容乐观。大户销售价格稍微高于规模小的养殖户，猪贩子很多，养殖户事先打个电话，便有人前来收购，收购价格与市场价格差别不大，价格还可以。合作社在养猪技术上没有使成员与非成员有显著变化，因此合作社成员在标猪销售上也没显著差异。合作社成员养猪随行就市，对合作社的依赖度不高，销售、技术、饲料、种猪方面都不能统一起来。

合作社理事长苏新民还抱怨一个问题，多年以来申请屠宰证不能成功，他虽是荥阳市政协委员，也毫无办法。据他所讲，养猪利润在于终端，但标猪屠宰需有国家许可，有许可垄断。合作社养猪数量达不到屠宰量，致使终端市场尽被屠宰商家占去。这便是合作社发展能否满足条件、何时打通上下游环节、能否与市场接轨问题。

衡心养猪者合作社问题重重，据郑州市农业局原局长陈书栋所说，该合作社是郑州市重点辅助的合作社，当初是符合合作社规则，是全国唯一"真正"的合作社。对于现今合作社的沦落，非是一个因素致使，而是合作社在发展中一个问题没有处理好，便积累下去，致使问题越来越多，且理事会与合作社成员交流不顺畅，致使怨言较多，危机四伏。

二、荥阳市广武镇唐峒水果生产者合作社

该合作社仍然是由郑州市农业局辅导成立的，合作社经过了成立仪式，选举了理事会和理事长。该村处于邙山之上，近靠黄河，山坡之上有些石榴果树种植。当地农户分散种植，主要种植大户便是荥阳市豫丰实业有限公司总经理唐留保。唐留保之前在荥阳市内经营钢材生意，后回老家投资农业，在邙山找一片荒地承包并种了果树，建立了"百果庄园"。以公司为龙头，唐留保被选为合作社理事长，带动大家发展唐峒水果产业。

理事长唐留保同时为村支书，发动农户入股很方便，有一百多户入股，每股 10 元。当地石榴分散种植，大多数人是刚开始种植石榴，当地石榴种植环境形成是当地政府整体规划的结果，荥阳市广武镇、高王乡政府在这边有石榴整体规模发展打算，便免费提供种苗，但并不经农户同意插到农户地里，后来长了 3 年，农户仍不见效益，且石榴枝丫已经长大，影响了庄稼的光照，石榴树便被农户砍去。之后政府又把石榴树种在地里，又遭砍去。后来，石榴树能长大结果的仅余下了几家，石榴树自种植到现今已有 7 年之久，石榴果实已结。但与此同时，当初"硬籽"品种已经不适合市场需要，当地所主打的河阴石榴是"突尼斯"软籽石榴，嫁接仍需两年时间。如今石榴种植户便抱怨所结石榴销售不出去。

唐留保同时经营公司，公司需要效益。他有渠道销售，若石榴不足够销售时，他便从四川运来石榴，在他的百果庄园套上包装，就可销售出去。为此，合作社前年便出现了"堵门事件"，合作社成员前去庄园堵门，抗议唐留保运四川石榴来销售，而合作社成员的石榴尚有许多未销售出去。加上当时合作社入股成员已经把地里的石榴树砍掉了，便无果树了。唐留保以忙为理由，辞去了合作社理事长的职务，把合作社交给副理事长去经营。

据唐留保所说，不管村集体或合作社集体，如今年轻人都出去打工了，集

体有事情开会时，所去的都是老人和孩子。如今，上级政府开会时，村委或合作社由书记或理事长去，其他人则是忙自己的事情去了，无暇顾及集体事情。唐留保具体谈到，农业经营时，他推崇由经纪人负责经营，农产品销售可由经纪人来带动，农产品可有包装，包装内有品质合格证，以此证明果品具体来源，使产品能追溯到源头，能查证到具体种植者。因此，农产品的可靠品质就依靠这种责任追溯制来保证。

唐留保的百果庄园则采取这种制度。百果庄园是唐留保承包的土地，后分成几个果园承包给别人，其中一个农家乐也承包给别人。这些承包人不限于当地人，其中大多数是外地人。唐留保负责庄园的整体经营，吸引市民前来采摘果实。果实从5月的杏到11月底的晚石榴，其间还有树莓、苍溪梨，时间能持续5个多月。庄园里几个果园在品质控制上，用电统一提供，可控制众多承包户在农药上必须使用低毒农药。果园经营户统一使用"百果庄园"的商标、有机食品标志。各果园经营户除自己销售外，还把果实摆放到唐留保的实业公司楼下交公司销售，分开摆放，任由客人挑选，每个盒子都有出品人，有种植责任人来保证质量。唐留保便整体负责联系单位客户，再联系各个果园的承包户来走规模销售，可以赊账，统一结账。

百果庄园外的石榴种植户则是各自种植经营，对于市场没有预期，石榴品种好坏、地理位置优劣、年龄大小、身体健康与否都影响到他们的销售。没有品牌、没有包装影响到了他们的销路。他们中的部分人已经深刻意识到合作社的必要性，准备联合几家种植户，继续经营以前的唐峒水果生产者合作社。但对于合作社的品牌，他们仍然使用的是唐留保的"百果庄园"品牌。

三、"郑州模式"的没落

郑州市农业局成立合作社辅导组扶持合作社建立的做法，从2005年开始，经过两年时间，建立了322个农民专业合作社，当时轰轰烈烈，在合作社经验交流会上被称为"郑州模式"。具体做法，在辅导组成立之后，下乡宣讲，具体指导建立合作社，提供统一章程，印制会员证。郑州市农业局局长陈书栋参观过台湾的合作社，肯定政府建立辅导组的做法。他十分积极地建立辅导组，推动当地合作社的发展，经过两年时间，合作社在数量上迅速增多。他个人因为在发展农民专业合作社上所取得的成绩，在2007年底被评为该年度的全国"三农"人物。

2007年上半年陈书栋因年龄问题从局长岗位上退了下来。紧接着，郑州农民专业合作社便不见新闻报道，网页所建设合作社联合社网站也不见更新。后来，从陈书栋那里得知，新任局长对合作社不重视，合作社不能为政府带来经济上的效益，郑州市农民专业合作社建设便停止了。

通过郑州市政府这几年的辅导合作社建设的做法，农民专业合作社的概念得以普及，可谓家喻户晓。但当地农户对于现今的农民合作社的运营情况表示出遗憾和失望，合作社形同虚设，可有可无。从郑州农民专业合作社这几年的发展来看，我们可以得出一些经验，获得启示：

1. 合作社辅导组的建设可以借鉴，但不能虎头蛇尾，朝三暮四，要有持续性。农民专业合作社建设起来之后，还需要辅导组的持续指导。

2. 郑州市农民专业合作社数量很多，一村一个，甚至几个，但质量不高，大多数没有品牌。因此在发展中要突出质量，谨慎发展，要发挥合作社的自主性，防止为了数量而失去质量。

3. 合作社内部要突出民主机制，要定期财务公开，年底结账分红，理事长、理事定期与成员进行联系，保证交流渠道的畅通。

4. 合作社面对市场浪潮冲击，在供产销环节上不易统一。种苗或种猪、饲料或肥料、种植或饲养技术操作在没有销售渠道的前提下不易统一。只有保证农户对于市场未来的预期，合作社才达到合作的目的。销售是所有环节中的组织决定环节。

5. 就目前来讲，农民专业合作社在市场中不能起到主导作用，分散的农户不能引导合作社。只有资本进来之后，才可以操纵农民专业合作社，公司和资本影响农民专业合作社的发展方向。农民专业合作社在市场中，所能赚取末端之利益，没能占有利润之大部分。

6. 合作社的根本在于社会的诚信环境和合作意识。合作社合作意识的获得是以其他有利润行业为先导，有了工业合作之后，才波及农业。工业与农业不应该是不相关的两个产业，合作社在工业、农业、商业中都可以存在。目前在中国，在改革城乡二元结构的同时，强调资源自由地在工农业中平衡流动，与此同时，在工业有利润保证的条件下，实现工业上建立合作社的尝试。以工业合作的做法，宣扬合作精神，主张民主意识，以自由民主合作之精神来促使农业领域中的农民专业合作社的发展。中国目前是，大多数农民还未意识到团结和合作之精神的重要性，也没利润之驱使，因而空谈农民专业合作社则失之于前提条件。

【附2】 王征兵老师前来阎良指导合作社建设

我校人文社科促进科技示范王征兵教授指导阎良示范户

10月29日上午9时，西安阎良区委礼堂，济济一堂，座无虚席，西农经济管理学院王征兵教授在此就"农民专业合作社经营和农产品营销"作了两个半小时的讲座。我校所在阎良的甜瓜示范园和蔬菜示范园示范户及阎良区各镇街分管农业工作副镇长（副主任）、有关涉农部门负责人、全区各村党支部书记、各农民专业合作社理事长、农产品经纪人、农林局系统全体干部职工300余人参加。阎良区委常委、区委组织部部长张涌及区农林局局长权利军参加了会议，会议由阎良区委常委、区委组织部部长张涌同志主持。

王征兵教授解读了现代农业的设施现代化、科学技术的现代化、土地经营的规模化的特性，论述了农民专业合作社的现状问题，农户基于经营规模不大和互不信任而没有合作社意识。王征兵教授针对农民专业合作社的具体经营，以几个生动的案例来讲述农产品的营销策略。讲座受到我校示范户和当地政府的高度好评。

我校科技推广改变传统模式，调整推广人员结构，以人文社科人才入住示范基地，在管理、营销及经管观念上对示范户进行带动。农业经营不仅仅是技术上的示范带动，而且在经管思想上受观念的制约，营销方式对农业经营非常重要。我校王征兵教授受科技推广处的委托，对阎良区瓜菜专业合作社进行辅导建设，目前瓜菜示范户依托农民专业合作社的组织建设顺畅。王征兵教授这次借来阎良之机，深入示范户当中，考察当地瓜菜产业，所作讲座除联系我校科技示范户之外，还积极联系当地政府，邀请更多的人来听，以此扩大我校的科技示范作用。

10月28日（周二）上午前来关山镇甜瓜站参加座谈名单

姓名	所属专业合作社	任职	家庭住址
张小平	阎良科农瓜菜专业合作社	理事长	阎良区关山镇北冯村
冯朝阳	阎良科农瓜菜专业合作社	理事	阎良区关山镇北冯村
李长九	阎良科农瓜菜专业合作社	理事	阎良区关山镇新马村
贾相志	临潼农心声甜瓜专业合作社	理事长	临潼区相桥街道办张八村北贾组
贾建平	临潼农心声甜瓜专业合作社	监事长	临潼区相桥街道办张八村北贾组
赵可合	富平富郁香甜瓜专业合作社	理事长	富平县张桥镇东来村

王征兵教授与示范户进行座谈

王征兵教授在讲课

王征兵教授参观指导科农瓜菜专业合作社

讲座会场

王征兵教授深入示范户家中进行访谈

听众

【附3】 组织西农甜瓜示范户参加农高会及培训

组织西农甜瓜示范户前来参加农高会活动方案

活动目的：参加农高会，参观杨凌，接受西农培训，带来新思维，活泼思想，促进创新，促进经营观念改变。

精神主体：农民大讲堂，科农构建学习型组织。

条　　幅：主体字——农民讲堂，今日开讲；

下行小体字——农民大讲堂走进西农，走进农高会；

落缀——西安市阎良区科农瓜菜专业合作社。

时　　间：11月4—5日，共两天。

经费计算：

（1）车费1 500元。

（2）住宿500元。

（3）吃饭600元（每餐按5元/人计算，两日共6餐，20人共600元，若标准高些，费用能达到1 000元）。

（4）门票：新天地门票15元，20人共300元；农高会B馆门票5元，20人共100元；总费用预算3 000～4 000元。

行程安排：

（1）11月4日早上阎良关山7时出发，上午9时到，首先参观新天地；中午休息，下午3时开始培训，5时结束。

（2）11月5日上午9时培训，11时结束。中午及下午自由参观农高会；5时赶回，在阎良吃饭。

分工负责：

（1）培训由王征兵老师负责安排。

（2）整个行程安排由仵希亮负责。

（3）食宿安排由汲剑磊负责。

（4）车辆安排及路上安排由张小平负责。

2008年11月2日

阎良甜瓜示范户来我校参加"农产品营销和农民专业合作社建设"培训

　　11月4—5日两天，农高会召开之季，阎良甜瓜示范户20余人，受我校科技推广处之约，前来我校进行"农产品营销和农民专业合作社建设"的培训。在此之前，10月29日，王征兵教授曾去阎良针对我校甜瓜示范户进行农产品营销培训。

　　这次培训时间总共两天，组织形式采取课堂教学与现场参观交互进行。培训会是由我校经济管理学院王征兵教授主持，王征兵教授在培训发言中强调人文社科对于科技推广的重要性，观念改变对于农业经营尤其重要。培训会上，人文学院樊志民教授对惠农政策进行解读，经济管理学院郭亚军博士对农民专业合作社建设进行讲解。教授们与示范户亲切交流，现场解答，积极互动。培训会上还发放了农产品营销、农民专业合作社建设的培训资料。

　　我校示范户对于这次培训给以高度评价，作为示范户之一的张小平，是阎良区科农瓜菜专业合作社的理事长，他认为农产品营销对于农民增收至关重要，农民要有经营意识，在农产品营销方式上有创新，更新种植观念，发展现代农业，有商品意识。他盛赞我校科技推广处以人文精神促进农技推广的做法。

　　培训之余，阎良甜瓜示范户还参观了新天地农业设施园，并参加了农高会。

西农示范户前来阎良参加培训、参加农高会名单

编号	姓名	所属专业合作社	任职	家庭住址	备注
1	张小平	阎良科农瓜菜专业合作社	理事长	阎良区关山镇北冯村	
2	李长九	阎良科农瓜菜专业合作社	理事	阎良区关山镇新马村	
3	郭智勇	阎良科农瓜菜专业合作社	理事	阎良区农技站	
4	孙忠信	阎良科农瓜菜专业合作社	理事	阎良区新兴街道新牛村	
5	李广义	阎良科农瓜菜专业合作社	成员	阎良区关山镇新马村	
6	张增平	阎良科农瓜菜专业合作社	成员	阎良区关山镇北冯村	
7	张册	阎良科农瓜菜专业合作社	成员	阎良区关山镇北冯村	
8	张培利	阎良科农瓜菜专业合作社	成员	阎良区关山镇北冯村	
9	张涛	阎良科农瓜菜专业合作社	监事	阎良区关山镇北冯村	
10	张军	阎良科农瓜菜专业合作社	成员	阎良区关山镇北冯村	
11	冯建红	阎良科农瓜菜专业合作社	理事	阎良区关山镇北冯村	

（续）

编号	姓名	所属专业合作社	任职	家庭住址	备注
12	冯向阳	阎良科农瓜菜专业合作社	成员	阎良区关山镇北冯村	
13	冯牛娃	阎良科农瓜菜专业合作社	成员	阎良区关山镇南冯村	
14	客向前	阎良科农瓜菜专业合作社	成员	阎良区关山镇康桥村	
15	冯建平	阎良科农瓜菜专业合作社	成员	阎良区关山镇北冯村	
16	刘伟星	阎良科农瓜菜专业合作社	成员	阎良区关山镇北冯村	
17	代文敬	阎良科农瓜菜专业合作社	成员	阎良区关山镇新马村	
18	李长水	阎良科农瓜菜专业合作社	成员	阎良区关山镇新马村	
19	贾相志	临潼农户心声甜瓜专业合作社	理事长	临潼区相桥街道办张八村北贾组	邀请未到
20	赵可合	富平富郁香甜瓜专业合作社	理事长	富平县张桥镇东来村	邀请未到

【附4】 草拟章程

科农瓜菜专业合作社章程

(2008 年 12 月 14 日召开设立大会,由全体设立人一致通过)

第一章 总 则

第一条 为保护成员的合法权益,增加成员收入,促进本社发展,依照《中华人民共和国农民专业合作社法》《陕西省实施〈中华人民共和国农民专业合作社法〉办法》和有关法律、法规、政策,制定本章程。

第二条 本社由张小平、冯朝阳等 9 人发起,于 2008 年 12 月 14 日召开设立大会。

本社名称:科农瓜菜专业合作社。成员出资总额 20 万元。

本社法定代表人：张小平。

本社住所：阎良区关山镇北冯村。邮政编码：710089。

第三条　本社以服务成员、谋求全体成员的共同利益为宗旨。成员入社自愿，退社自由，地位平等，民主管理，实行自主经营，自负盈亏，利益共享，风险共担，盈余主要按照成员与本社的交易量（额）比例返还。

第四条　本社以成员为主要服务对象，依法为成员提供农业生产资料的购买，农产品的销售、加工、运输、贮藏以及与农业生产经营有关的技术、信息等服务。主要业务范围如下：

（一）组织采购、供应成员所需的生产资料；

（二）组织收购、销售成员生产的产品；

（三）开展成员所需的运输、贮藏、加工、包装等服务；

（四）引进新技术、新品种，开展技术培训、技术交流和咨询服务。

第五条　本社对由成员出资、公积金、国家财政直接补助、他人捐赠以及合法取得的其他资产所形成的财产，享有占有、使用和处分的权利，并以上述财产对债务承担责任。

第六条　本社每年提取的公积金，按照成员与本社业务交易量（额）依比例量化为每个成员所有的份额。

本社为每个成员设立个人账户，主要记载该成员的出资额、量化为该成员的公积金份额以及该成员与本社的业务交易量（额）。

本社成员以其个人账户内记载的出资额和公积金份额为限对本社承担责任。

第七条　经成员大会讨论通过，本社投资兴办与本社业务内容相关的经济实体；接受与本社业务有关的单位委托，办理代购代销等中介服务；向政府有关部门申请或者接受政府有关部门委托，组织实施国家支持发展农业和农村经济的建设项目；按决定的数额和方式参加社会公益捐赠。

第八条　本社及全体成员遵守社会公德和商业道德，依法开展生产经营活动。

第二章　成　　员

第九条　具有民事行为能力的公民，从事甜瓜西瓜蔬菜生产经营，能够利用并接受本社提供的服务，承认并遵守本章程，履行本章程规定的入社手续的，可申请成为本社成员。本社吸收从事与本社业务直接有关的生产经营活动的企业、事业单位或者社会团体为团体成员。具有管理公共事务职能的单位不得加入本社。本社成员中，农民成员至少占成员总数的百分之八十。

第十条 凡符合前条规定，向本社理事会提交书面入社申请，经成员大会审核并讨论通过者，即成为本社成员。

第十一条 本社成员的权利：

（一）参加成员大会，并享有表决权、选举权和被选举权；

（二）利用本社提供的服务和生产经营设施；

（三）按照本章程规定或者成员大会决议分享本社盈余；

（四）查阅本社章程、成员名册、成员大会记录、理事会会议决议、监事会会议决议、财务会计报告和会计账簿；

（五）对本社的工作提出质询、批评和建议；

（六）提议召开临时成员大会；

（七）自由提出退社声明，依照本章程规定退出本社；

（八）成员共同议决的其他权利。

第十二条 本社成员大会选举和表决，实行一人一票制，成员各享有一票基本表决权。

出资额占本社成员出资总额百分之二十以上或者与本社业务交易量（额）占本社总交易量（额）百分之二十以上的成员，在本社重大财产处置、投资兴办经济实体、对外担保和生产经营活动等事项决策方面，最多享有三票的附加表决权。享有附加表决权的成员及其享有的附加表决权数，在每次成员大会召开时告知出席会议的成员。

第十三条 本社成员的义务：

（一）遵守本社章程和各项规章制度，执行成员大会和理事会的决议；

（二）按照章程规定向本社出资；

（三）积极参加本社各项业务活动，接受本社提供的技术指导，按照本社规定的质量标准和生产技术规程从事生产，履行与本社签订的业务合同，发扬互助协作精神，谋求共同发展；

（四）维护本社利益，爱护生产经营设施，保护本社成员共有财产；

（五）不从事损害本社成员共同利益的活动；

（六）不得以其对本社或者本社其他成员所拥有的债权，抵销已认购或已认购但尚未缴清的出资额；不得以已缴纳的出资额，抵销其对本社或者本社其他成员的债务；

（七）承担本社的亏损；

（八）成员共同议决的其他义务。

第十四条 成员有下列情形之一的，终止其成员资格：

（一）主动要求退社的；

（二）丧失民事行为能力的；

（三）死亡的；

（四）团体成员所属企业或组织破产、解散的；

（五）被本社除名的。

第十五条 成员要求退社的，须在会计年度终了的三个月前向理事会提出书面声明，方可办理退社手续；其中，团体成员退社的，须在会计年度终了的六个月前提出。退社成员的成员资格于该会计年度结束时终止。资格终止的成员须分摊资格终止前本社的亏损及债务。

成员资格终止的，在该会计年度决算后三个月内，退还记载在该成员账户内的出资额和公积金份额。如本社经营盈余，按照本章程规定返还其相应的盈余所得；如经营亏损，扣除其应分摊的亏损金额。

成员在其资格终止前与本社已订立的业务合同应当继续履行。

第十六条 成员死亡的，其法定继承人符合法律及本章程规定的条件的，在两个月内提出入社申请，经理事会讨论通过后办理入社手续，并承继被继承人与本社的债权债务。否则，按照第十五条的规定办理退社手续。

第十七条 成员有下列情形之一的，经理事会讨论通过予以除名：

（一）不履行成员义务，经教育无效的；

（二）给本社名誉或者利益带来严重损害的；

（三）成员共同议决的其他情形。

本社对被除名成员，退还记载在该成员账户内的出资额和公积金份额，结清其应承担的债务，返还其相应的盈余所得。因前款第二项被除名的，须对本社作出相应赔偿。

第三章 组织机构

第十八条 成员大会是本社的最高权力机构，由全体成员组成。

成员大会行使下列职权：

（一）审议、修改本社章程和各项规章制度；

（二）选举和罢免理事长、理事、执行监事或者监事会成员；

（三）决定成员入社、退社、继承、除名、奖励、处分等事项；

（四）决定成员出资标准及增加或者减少出资；

（五）审议本社的发展规划和年度业务经营计划；

（六）审议批准年度财务预算和决算方案；

（七）审议批准年度盈余分配方案和亏损处理方案；

（八）审议批准理事会、执行监事或者监事会提交的年度业务报告；

（九）决定重大财产处置、对外投资、对外担保和生产经营活动中的其他重大事项；

（十）对合并、分立、解散、清算和对外联合等作出决议；

（十一）决定聘用经营管理人员和专业技术人员的数量、资格、报酬和任期；

（十二）听取理事长或者理事会关于成员变动情况的报告；

（十三）决定其他重大事项。

第十九条　本社成员超过一百五十人时，每三十名成员选举产生一名成员代表，组成成员代表大会。成员代表大会履行成员大会的全部职权。成员代表任期一年，可以连选连任。

第二十条　本社每年召开一次成员大会，成员大会由理事长负责召集，并提前十五日向全体成员通报会议内容。

第二十一条　有下列情形之一的，本社在二十日内召开临时成员大会：

（一）百分之三十以上的成员提议；

（二）执行监事或者监事会提议；

（三）理事会提议；

（四）成员共同议决的其他情形。

理事长不能履行或者在规定期限内没有正当理由不履行职责召集临时成员大会的，执行监事或者监事会在五日内召集并主持临时成员大会。

第二十二条　成员大会须有本社成员总数的三分之二以上出席方可召开。成员因故不能参加成员大会，可以书面委托其他成员代理。一名成员最多只能代理 1 名成员表决。

成员大会选举或者做出决议，须经本社成员表决权总数过半数通过；对修改本社章程，改变成员出资标准，增加或者减少成员出资，合并、分立、解散、清算和对外联合等重大事项做出决议的，须经成员表决权总数三分之二以上的票数通过。成员代表大会的代表以其受成员书面委托的意见及表决权数，在成员代表大会上行使表决权。

第二十三条 本社设理事长一名，为本社的法定代表人。理事长任期三年，可连选连任。

理事长行使下列职权：

（一）主持成员大会，召集并主持理事会会议；

（二）签署本社成员出资证明；

（三）签署聘任或者解聘本社经理、财务会计人员和其他专业技术人员聘书；

（四）组织实施成员大会和理事会决议，检查决议实施情况；

（五）代表本社签订合同等；

（六）履行成员大会授予的其他职权。

第二十四条 本社设理事会，对成员大会负责，由九名成员组成，设副理事长一名。理事会成员任期三年，可连选连任。

理事会行使下列职权：

（一）组织召开成员大会并报告工作，执行成员大会决议；

（二）制订本社发展规划、年度业务经营计划、内部管理规章制度等，提交成员大会审议；

（三）制定年度财务预决算、盈余分配和亏损弥补等方案，提交成员大会审议；

（四）组织开展成员培训和各种协作活动；

（五）管理本社的资产和财务，保障本社的财产安全；

（六）接受、答复、处理执行监事或者监事会提出的有关质询和建议；

（七）决定成员入社、退社、继承、除名、奖励、处分等事项；

（八）决定聘任或者解聘本社经理、财务会计人员和其他专业技术人员；

（九）履行成员大会授予的其他职权。

第二十五条 理事会会议的表决，实行一人一票制。重大事项集体讨论，并经三分之二以上理事同意方可形成决定。理事个人对某项决议有不同意见时，其意见记入会议记录并签名。理事会会议邀请执行监事或者监事长、经理和十名成员代表列席，列席者无表决权。

第二十六条 本社设执行监事一名，代表全体成员监督检查理事会和工作人员的工作。执行监事列席理事会会议。

第二十七条 本社设监事会，由两名监事组成，设监事长一人，监事长和监事会成员任期三年，可连选连任。监事长列席理事会会议。

监事会行使下列职权：

（一）监督理事会对成员大会决议和本社章程的执行情况；

（二）监督检查本社的生产经营业务情况，负责本社财务审核监察工作；

（三）监督理事长或者理事会成员和经理履行职责情况；

（四）向成员大会提出年度监察报告；

（五）向理事长或者理事会提出工作质询和改进工作的建议；

（六）提议召开临时成员大会；

（七）代表本社负责记录理事与本社发生业务交易时的业务交易量（额）情况；

（八）履行成员大会授予的其他职责。

第二十八条 监事会会议由监事长召集，会议决议以书面形式通知理事会。理事会在接到通知后就有关质询作出答复。

第二十九条 监事会会议的表决实行一人一票制。监事会会议须有三分之二以上的监事出席方能召开。重大事项的决议须经三分之二以上监事同意方能生效。监事个人对某项决议有不同意见时，其意见记入会议记录并签名。

第三十条 本社经理由理事会聘任或者解聘，对理事会负责，行使下列职权：

（一）主持本社的生产经营工作，组织实施理事会决议；

（二）组织实施年度生产经营计划和投资方案；

（三）拟订经营管理制度；

（四）提请聘任或者解聘财务会计人员和其他经营管理人员；

（五）聘任或者解聘除应由理事会聘任或者解聘之外的经营管理人员和其他工作人员；

（六）理事会授予的其他职权。

本社理事长或者理事可以兼任经理。

第三十一条 本社现任理事长、理事、经理和财务会计人员不得兼任监事。

第三十二条 本社理事长、理事和管理人员不得有下列行为：

（一）侵占、挪用或者私分本社资产；

（二）违反章程规定或者未经成员大会同意，将本社资金借贷给他人或者以本社资产为他人提供担保；

（三）将他人与本社交易的佣金归为己有；

（四）从事损害本社经济利益的其他活动；

（五）兼任业务性质相同的其他农民专业合作社的理事长、理事、监事、经理。

理事长、理事和管理人员违反前款第（一）项至第（四）项规定所得的收入，归本社所有；给本社造成损失的，须承担赔偿责任。

第四章　财务管理

第三十三条　本社实行独立的财务管理和会计核算，严格按照国务院财政部门制定的农民专业合作社财务制度和会计制度核定生产经营和管理服务过程中的成本与费用。

第三十四条　本社依照有关法律、行政法规和政府有关主管部门的规定，建立健全财务和会计制度，实行每月 30 日财务定期公开制度。

本社财会人员应持有会计从业资格证书，会计和出纳互不兼任。理事会、监事会成员及其直系亲属不得担任本社的财会人员。

第三十五条　成员与本社的所有业务交易，实名记载于各成员的个人账户中，作为按交易量（额）进行可分配盈余返还分配的依据。利用本社提供服务的非成员与本社的所有业务交易，实行单独记账，分别核算。

第三十六条　会计年度终了时，由理事长按照本章程规定，组织编制本社年度业务报告、盈余分配方案、亏损处理方案以及财务会计报告，经执行监事或者监事会审核后，于成员大会召开十五日前，置备于办公地点，供成员查阅并接受成员的质询。

第三十七条　本社资金来源包括以下几项：

（一）成员出资；

（二）每个会计年度从盈余中提取的公积金、公益金；

（三）未分配收益；

（四）国家扶持补助资金；

（五）他人捐赠款；

（六）其他资金。

第三十八条　本社成员可以用货币出资，也可以用由全体成员评估作价的库房、设备、农机具、农产品等实物、技术、知识产权或其他能够用货币估价并可以依法转让的非货币财产出资，但不得以劳务、信用、自然人姓名、商誉、特许经营权或者设定担保的财产等作价出资。

成员的出资额以及出资总额以人民币表示。成员出资额之和为成员出资总额。

第三十九条 以非货币方式作价出资的成员与以货币方式出资的成员享受同等权利，承担相同义务。

经理事长审核，成员大会讨论通过，成员出资可以转让给本社其他成员。

第四十条 为实现本社及全体成员的发展目标需要调整成员出资时，经成员大会讨论通过，形成决议，每个成员须按照成员大会决议的方式和金额调整成员出资。

第四十一条 本社向成员颁发成员证书，并载明成员的出资额。成员证书同时加盖本社财务印章和理事长印鉴。

第四十二条 本社从当年盈余中提取百分之十五的公积金，用于扩大生产经营、弥补亏损或者转为成员出资。

第四十三条 本社从当年盈余中提取百分之五的公益金，用于成员的技术培训、合作社知识教育以及文化、福利事业和生活上的互助互济。其中，用于成员技术培训与合作社知识教育的比例不少于公益金数额的百分之五十。

第四十四条 本社接受的国家财政直接补助和他人捐赠，均按本章程规定的方法确定的金额入账，作为本社的资金（产），按照规定用途和捐赠者意愿用于本社的发展。在解散、破产清算时，由国家财政直接补助形成的财产，不得作为可分配剩余资产分配给成员，处置办法按照国家有关规定执行；接受他人的捐赠，与捐赠者另有约定的，按约定办法处置。

第四十五条 当年扣除生产经营和管理服务成本，弥补亏损、提取公积金和公益金后的可分配盈余，经成员大会决议，按照下列顺序分配：

（一）按成员与本社的业务交易量（额）比例返还，返还总额不低于可分配盈余的百分之六十；

（二）按前项规定返还后的剩余部分，以成员账户中记载的出资额和公积金份额，以及本社接受国家财政直接补助和他人捐赠形成的财产平均量化到成员的份额，按比例分配给本社成员，并记载在成员个人账户中。

第四十六条 本社如有亏损，经成员大会讨论通过，用公积金弥补，不足部分也可以用以后年度盈余弥补。

本社的债务用本社公积金或者盈余清偿，不足部分依照成员个人账户中记载的财产份额，按比例分担，但不超过成员账户中记载的出资额和公积金份额。

第四十七条 执行监事或者监事会负责本社的日常财务审核监督。根据成员大会的决定，本社委托国家审计机构对本社财务进行年度审计、专项审计和换届、离任审计。

第五章　合并、分立、解散和清算

第四十八条　本社与他社合并，须经成员大会决议，自合并决议作出之日起十日内通知债权人。合并后的债权、债务由合并后存续或者新设的组织承继。

第四十九条　经成员大会决议分立时，本社的财产作相应分割，并自分立决议作出之日起十日内通知债权人。分立前的债务由分立后的组织承担连带责任。但是，在分立前与债权人就债务清偿达成的书面协议另有约定的除外。

第五十条　本社有下列情形之一，经成员大会决议，报登记机关核准后解散：

（一）本社成员人数少于五人；

（二）成员大会决议解散；

（三）本社分立或者与其他农民专业合作社合并后需要解散；

（四）因不可抗力因素致使本社无法继续经营；

（五）依法被吊销营业执照或者被撤销；

（六）成员共同议决的其他情形。

第五十一条　本社因前条第（一）项、第（二）项、第（四）项、第（五）项、第（六）项情形解散的，在解散情形发生之日起十五日内，由成员大会推举成员组成清算组接管本社，开始解散清算。逾期未能组成清算组时，成员、债权人可以向人民法院申请指定成员组成清算组进行清算。

第五十二条　清算组负责处理与清算有关未了结业务，清理本社的财产和债权、债务，制定清偿方案，分配清偿债务后的剩余财产，代表本社参与诉讼、仲裁或者其他法律程序，并在清算结束后，向成员公布清算情况，向原登记机关办理注销登记。

第五十三条　清算组自成立起十日内通知成员和债权人，并于六十日内在报纸上公告。

第五十四条　本社财产优先支付清算费用和共益债务后，按下列顺序清偿：

（一）与农民成员已发生交易所欠款项；

（二）所欠员工的工资及社会保险费用；

（三）所欠税款；

（四）所欠其他债务；

（五）归还成员出资、公积金；

（六）按清算方案分配剩余财产。

清算方案须经成员大会通过或者申请人民法院确认后实施。本社财产不足以清偿债务时，依法向人民法院申请破产。

第六章 附 则

第五十五条 本社需要向成员公告的事项，采取公告方式发布，需要向社会公告的事项，采取公告方式发布。

第五十六条 本章程由设立大会表决通过，全体设立人签字后生效。

第五十七条 修改本章程，须经半数以上成员或者理事会提出，理事长负责修订，成员大会讨论通过后实施。

第五十八条 本章程由本社理事会负责解释。

全体设立人签名、盖章

【附5】 科农瓜菜专业合作社成员证

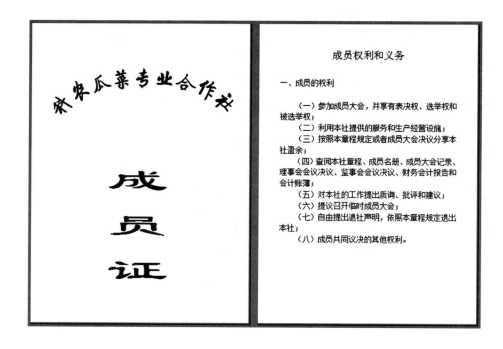

二、成员的义务

（一）遵守本社章程和各项规章制度，执行成员大会和理事会的决议；

（二）按照章程规定向本社出资；

（三）积极参加本社各项业务活动，接受本社提供的技术指导，按照本社规定的质量标准和生产技术规程从事生产，履行与本社签订的业务合同，发扬互助协作精神，谋求共同发展；

（四）维护本社利益，爱护生产经营设施，保护本社成员共有财产；

（五）不从事损害本社成员共同利益的活动；

（六）不得以其对本社或者本社其他成员所拥有的债权，抵销已认购或已认购但尚未缴清的出资额；不得以已缴纳的出资额，抵销其对本社或者本社其他成员的债务；

（七）承担本社的亏损；

（八）成员共同议决的其他义务。

姓名		性别	
民族		政治面貌	
出生年月		文化程度	
经营项目		经营规模	
身份证号码			
证件编号			
家庭住址	市　　　区（县）　　镇（街道办）　　　村　　　　组		
理事长盖章	合作社盖章		
发证日期	年　　月　　日		

缴股登记

参加合作社所占股数＿＿＿股（每股＿＿元）

缴纳日期			缴纳金额							收款人
年	月	日	万	千	百	十	元	角	分	

分红登记

分红时间			股金红利							收款人
年	月	日	万	千	百	十	元	角	分	

交易记录

日期	品种名称	数量	单价（元）	金额（元）	备注

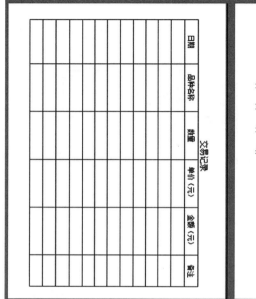

【附6】 中国共产党阎良区关山镇科农瓜菜专业合作社支部委员会①

支部书记：张小平

组织委员：冯朝阳

宣传委员：冯新华

党员：孙文学　朱公正　郭智勇　司立征　常宗堂　仵希亮

科农瓜菜专业合作社

2008 年 8 月 20 日

---

① 此为编写此书，后来增补材料，原报告无此内容。

辅导计划（第 4 期）

一、前期辅导开展准备

1. 向王征兵老师请教市场营销计划。
2. 搜集其他地方合作社资料，并提前联系，准备前去调研。

二、辅导计划开展

1. 继续蹲点观察，持续为合作社提供智力支持，持续平时的制度建设。
2. 结合甜瓜销售季节，给予西农示范户营销指导帮助。

三、时间安排

1.11 月农高会之后间断性前往阎良。
2. 本期计划到甜瓜销售季节结束，到 2009 年 6 月末为止，共 9 个月。

四、其他与备注

阎良甜瓜站是否过于依赖科农瓜菜专业合作社及张小平理事长？甜瓜站能否辐射带动更多的农民专业合作社，而不仅限于科农瓜菜专业合作社？

2008 年 11 月 16 日

辅导报告（第 4 期）

一、第 4 期辅导计划

1. 继续蹲点观察，持续为合作社提供智力支持，持续平时的制度建设。
2. 结合甜瓜销售季节，给予西农示范户营销指导帮助。

二、辅导计划完成情况

1. 继续蹲点观察，解决合作社日常问题，制作出成员证，日常对科农瓜菜专业合作社进行指导。
2. 于甜瓜销售期间帮助科农做营销规划，并于网上帮助其发布信息。

三、额外工作

1. 继续农民大讲堂的培训。
2. 继续考察阎良其他专业合作社。
3. 前去陕西白水考察苹果产业，对西农的科技推广模式及白水苹果产业有所思考。

四、时间行程安排

1. 2008 年 12 月 4 日，前往振兴街道办走访芹兴蔬菜专业合作社、雪峰果业专业合作社、荆源奶山羊养殖专业合作社。
2. 2008 年 12 月 5 日上午，农民大讲堂走进阎良区关山镇北冯村。
3. 2008 年 12 月 10 日，前往临潼考察临研石榴专业合作社。
4. 2008 年 12 月 30 日下午，区农林局四楼会议室，农民大讲堂在此举行。我邀请科农瓜菜专业合作社的人员参加。
5. 2008 年 12 月 31 日，走访牧歌畜牧养殖专业合作社、兴牧奶牛专业合作社、科农瓜菜专业合作社，考察合作社工作开展和农业生产。
6. 2009 年 3 月 7 日，考察关山镇育苗情形。

7. 2009 年 4 月 20 日，陪同人文学院孙翠同学前来阎良调查，就关山乡镇职能转变进行调查。

8. 2009 年 4 月 23—24 日两日，带领西农博士研究生、石河子大学副教授付青叶老师以及咸阳师范学院副教授万生新老师前来阎良，访谈西农示范户，就示范户提出的具体问题给以解答。

9. 2009 年 5 月 1—2 日两日，考察甜瓜市场。

10. 2009 年 5 月 3 日，考察康桥甜瓜基地。

11. 2009 年 6 月 8 日下午，在阎良关山西农甜瓜站，我请来山东临沂师范学院陈令军副教授，为阎良的几个农民专业合作社作农产品品牌营销讲座。

五、工作开展详细情况

1. 科农瓜菜专业合作社的经营。科农瓜菜专业合作社 2008 年相比上一年变化很大，2008 年集中连片了土地，发展了许多成员的入社，开展了农资销售，自己印制了包装箱销售礼品瓜。科农不再如上一年粗放式收瓜，而是仅仅收礼品瓜，如此易于管理，产权明确，利于监管。以下就科农瓜菜专业合作社这半年多以来的发展情况分项作介绍。

（1）合作社育苗。进入冬季以来，张小平被委任甜瓜试验站的监管，负责劳工使用，瓜苗发配。合作社育苗统一在甜瓜站，定植时间能够保证。而非合作社成员，如果没有提前预订瓜苗，发苗时间是难以保证的。后来证明，当年天气有变，农户育苗难以保证成活，瓜农后来排队购苗，而合作社统一订苗，使定值时间能够保证，这也是科农瓜菜专业合作社成员当年甜瓜收成较好的一大原因。

（2）技术的统一行动。合作社自上一年秋季开始协调土地，最后落实 130多亩土地连片种植，在关山镇南东兴村处。土地规模连片比较难，个别田地要价稍高，难以租赁。土地连片经营有很大的好处，容易形成技术传播，即使不懂种瓜技术，合作社成员只要看别人操作，跟着学着来做就行。由此合作社许多耕作都是统一行动，于某一时间来做某一事情，如统一大棚通风，统一田地浇水。这种集中连片，使得成员不需都成为专家，只要跟着他人操作就可以有相同效果。甜瓜连片种植对于甜瓜技术的扩散十分重要。

（3）合作社成员的收成。合作社拥有成员 132 名，成员种植面积 1 106亩，其中有 28 家集中连片种植 132 亩。合作社连片种植，使得基地成了市场，商贩前来购买较多，比较集中，合作社成员的甜瓜供不应求，当年收成不错，多名成员每亩收入 1 万元，大多数农户每亩收入在 6 000～7 000 元。商贩对于基地的瓜评价是合作社成员的甜瓜成熟度合适，等到瓜成熟就可以卖出。

张小平、冯朝阳当年收成较好，他们自己的收入大部分来自销售给合作社的礼品瓜，其他一般成员则没有这种礼品瓜销售渠道，仅在甜瓜收获初期销售一些礼品瓜。张小平、冯朝阳是合作社的领导，掌控礼品瓜的收购，初期甜瓜量不大，可以向每名成员收购一些，但后期随着甜瓜的大量收获，张小平、冯朝阳自己所种的甜瓜就足以满足供应礼品瓜的需要，因此合作社所收礼品瓜对一般成员影响不大，一般成员收获的甜瓜还是以向市场批发为主。合作社成员认为合作社礼品瓜仅仅面对部分单位客户，没有进入超市市场，礼品瓜仍然没有打开销路，当年礼品瓜收购对成员农户帮助有限。

（4）合作社的灌溉用水。合作社 3 口水井是在农林局资金支持下所打，具体使用是合作社委托成员李长久来管理，水费 4 元/小时。由于合作社规模连片，成员耕作模仿进行，统一行动，由此浇水也是比较集中的，统一于某一时间段逐家来浇，用水管理也比较集中，易于管理。

（5）合作社的农资销售。合作社集中连片种植，统一提供钢架，仅供成员使用一定年限，到期后要交回合作社。钢架是用农林局支持资金购买供给的。合作社理事长张小平认为，钢架是合作社财产，归合作社所有，仅供成员免费使用。

合作社销售一些肥料、薄膜，不要求成员必须购买，成员有选择自己购买的权力。部分成员认为，合作社所售薄膜质量不好，容易破损。合作社所售农资价格与市场价格相差不大，部分产品现金购买能获优惠，也能赊欠，但价格稍高些。合作社所售农资，不强制农户一定要在合作社购买，这是一种理性行为。合作社只有考虑成员需求，在成员意志基础上统一购买，方能降低市场风险。合作社对于农资的销售，对于农资品质选择，要准确定位，选择质量过硬的农资产品。合作社出售农资可以保证一定的盈利，为合作社发展积累资金。

（6）合作社的甜瓜品种和品质。合作社成员所种甜瓜品质不一，大部分成员种植"红阎良"（小籽系列）较多，批发市场瓜商较认同这种瓜。而西农甜瓜站所推广的 208 品种在批发市场不被认同。208 品种仅被张小平、冯朝阳等少数人种植，合作社成员一般少量种植，208 品种甜瓜连同千玉品种甜瓜被作为礼品瓜装箱出售。

合作社成员的甜瓜供不应求，成员所售甜瓜品质上成熟度合适。但当年阎良甜瓜种植户普遍使用膨大素，科农瓜菜专业合作社成员也不例外，许多成员都使用了膨大素。膨大素是靠激素刺激，锁住瓜蔓生长，使营养供给甜瓜，促使其迅速长大。这种膨大素改变作物自然生长过程，能给农户带来产量提高，在瓜形上也有所改变，使瓜不显得过小，容易销售，因此膨大素受到阎良瓜农的广泛使用。对于膨大素的使用各有说法，农户盲目使用，容易跟风。根据西农甜瓜站专家司立征所说，膨大素是细胞分裂剂，适当使用能有效增大果实，但不能过量使用。有些人认为膨大素在甜瓜中存有残留，被人体吸收，容易使人体器官发生畸形。更有些人认为，使用膨大素使甜瓜更不耐储存，容易变坏。具体膨大素是否致癌还无官方证实，膨大素的具体成分和副作用还有待研究。

有机绿色甜瓜是不能使用膨大素的，但目前礼品瓜不是有机绿色甜瓜，仅仅在果形、大小、成熟度、包装上加以控制，未在施肥及激素上严格控制。农户种植甜瓜以批发为主，礼品瓜并不是他们的主要销售渠道。因此对于有机绿色甜瓜，阎良这边没有种植，合作社目前不能确保甜瓜未使用膨大素。

（7）合作社种植功能与销售功能的定位。当年甜瓜销售初始，瓜量不大，礼品瓜从成员处收购，后来甜瓜大量收获之后，张小平、冯朝阳以自己种植的甜瓜供应礼品瓜。到了后期，科农基地种植的甜瓜已经收获结束，礼品瓜便从其他地方（如从临潼贾相志那里）收购。科农瓜菜专业合作社目前仍以种植为主，已凸显市场优势。可在来年加大市场比例，合作社以种植指导、联系市场为主，逐渐加大营销力度。合作社的工作不再停留在具体的种植方面，而是转移至市场方面。

（8）合作社的礼品瓜。与 2008 年不同，2009 年合作社不再大规模收瓜，而针对礼品瓜市场进行收瓜。当天礼品瓜的利益主体是张小平、冯朝阳，他们在中期以自己种植的甜瓜供应礼品瓜为主，而在初期、后期由于合格瓜不多，则是收购其他人种植的甜瓜。如初期从合作社各成员处收瓜，后期则从临潼贾相志处收瓜。

2009 年雨水较多，其中一段时间下雨 10 多天，礼品瓜甜度不够。因此礼品瓜的规格仅能从形状、大小把握，而不能从甜度进行把握。而且当年农户普遍使用膨大素，礼品瓜也从这批瓜中收购，不能排除膨大素。

当年合作社的礼品瓜包装是自己印制的，因此不同于上一年的包装。上一年的包装是甜瓜站印制的，以宣传品种为主。当年合作社则突出自己的品牌，重点宣传合作社自身。合作社的包装分为两个等级，其中比较高级的包装内有一把水果刀和一包餐巾纸，这更是人性化考虑，方便了消费者。每个礼品箱当年都有一张质量信誉保证卡。

（9）合作社的成员关系和平时生活。科农瓜菜专业合作社现已发展会员132 名，其中 28 家集中连片种植。这 28 家主要来自北冯村，兼有其他村的人员。成员中是以亲戚邻居朋友为社会关系纽带，相互串联介绍。成员之间都是彼此熟识。28 名成员住在所集中种植的土地，离北冯村家庭较远。他们在甜瓜种植时节生活在甜瓜地头，住的帐篷是同样的样式，是合作社集中购买供给的。阎良这边甜瓜种植一般是夫妻两人搭配劳作。帐篷成员用电是每月定额 20 元电费，不能用电磁炉等大功率电器。帐篷成员生活用水不够方便，是自家联系前去附近的东兴村村民家打水回来，每家帐篷成员为此还需要交给东兴村村民每月 5 元的水费。这 28 家在一天劳作之后，会互相串门交谈，有些人集中起来打牌。这些成员认为离家太远，准备再租地，待两年协议到期后，重新包地，选择离家近些的土地。

（10）合作社的领导骨干。合作社主要由张小平、冯朝阳负责，张小平负责外事，冯朝阳负责账务和办公事务。当年收购时节，两人出现分歧，张小平想把财务的出纳与会计分开，由自己的妻子担任出纳，冯朝阳担任会计。

科农瓜菜专业合作社缺乏人才，但其他人又难以参与合作社的领导团队。我国的农民专业合作社普遍如此，缺乏人才，合作社被大户能人主导。对于我国农民专业合作社的发展要从农民入手，改变农民身份限制，让人才走进农村，成为农民，农民不限制于农村户口。农民专业合作社要更新血液，人才保持流动，农民的身份可考虑大学生的加入①。

（11）合作社的财务。科农瓜菜专业合作社尚未现金入股，成员入社只需交纳成员证工本费 10 元钱，初期注册资金只是以农业设施股价入股，没有确定所有人所占的股份比例。合作社的现金入股根据张小平的打算是以存代股，按存入金额计算利息。

合作社的财务尚未公开过。合作社尚未二次分红。根据张小平所说，合作社准备这两年多发展些公共积累，积累些发展资金。上一年合作社在农资方面盈利 2 万元，当年仍在礼品瓜方面获得盈利，这些都将保留下来作为公共积累。如此说来，合作社没有入股，也不存在二次分红。合作社象征性的分配只是形式上对成员的恩惠。

---

① 面对目前越来越多年轻人远离农村，不再务农，农业存在更新断代的情形。对此如何解决，国家目前在实施乡村振兴，但我个人观点，还是需要让农村治理有一种自治理、自组织的逻辑，在利益驱动下自我治理发展。如通过农地产权变革，鼓励反理性传教士精神激励下的社会组织去建设农村，以及推动政治改革，促进民主党派参与乡村建设，通过缩小乡村差异，让年轻人和人才回流到农村来。

由于合作社完全被张小平、冯朝阳掌控，合作社一切事物都是他们两人去办。在上一年收瓜人手不够时，我帮他们收瓜。上一年我帮他们可以避免他们对各自的熟人朋友的徇私，但最终也是没有避免。2009年他们不再大量收瓜，而是专收礼品瓜，他们的利益与一般成员还有区别，故此能调动他们收瓜的积极性，在瓜的品质控制方面稍微好些。但由于会计和出纳是由冯朝阳一个人担任，于是会出现虚开发票现象。他们俩各有自己的亲近成员，易出现两方各自寻租合作社的利益。

（12）合作社的入股。科农瓜菜专业合作社于2007年12月成立，当初有28名成员，每名成员出500元入股股金。当初合作社的注册资金20万元也是成员的大棚估价作价。截至2009年6月合作社发展成员132名，但仅有部分成员入股，入股金共6份11.3万元（张小平5万元，冯朝阳3万元，郭智勇1万元，牛纪勇1万元，冯建红0.8万元，李长久0.3万元）。2009年早春甜瓜瓜账尚未要回来，利润不明，还没有确立如何分红。

2. 富平富郁香甜瓜专业合作社和临潼农户心声甜瓜专业合作社。这两个合作社都是西农示范户，常与西农专家来往。

（1）富平富郁香甜瓜专业合作社。富平富郁香甜瓜专业合作社的理事长为赵可合，他是甜瓜试验站早期雇佣的临时工，后来由于纠纷便离开了。富郁香甜瓜专业合作社由赵可合一个人经营，目前没有农户加入。该合作社被富平县作为典型合作社，并得到了10万元省农业厅合作社建设项目资金支持，但这10万元中的2.5万元将划归所在的张桥镇政府。

赵可合当年印刷了4万个包装箱，销售给富平当地甜瓜种植户，用于装箱销售。其包装箱使用的是富郁香品牌，但箱内装的甜瓜不一定是该品牌的甜瓜。

（2）临潼农户心声甜瓜专业合作社。临潼农户心声甜瓜专业合作社理事长贾相志目前不准备入股，他认为入股时机还不成熟。他在2009年种植了30多亩甜瓜，面积比上一年小，甜瓜销售至西安呼家庙市场。他上一年也获得了省农业厅的10万元合作社建设项目资金支持。但从目前来看，项目资金集中在贾相志个人手中，因为合作社没有人入股，也没有发展成员入股的打算。

（3）西农甜瓜站应该多发展一些农民专业合作社。西农甜瓜站对示范户的带动作用，是通过农民专业合作社的构建来组织示范户。但目前甜瓜站过于依赖科农瓜菜专业合作社和张小平。甜瓜站在当地科技示范应该帮扶更多农民专业合作社。

3. 康桥甜瓜专业合作社和西蜜甜瓜专业合作社。

（1）康桥甜瓜专业合作社。2009 年 5 月 3 日，我考察康桥甜瓜基地。上午前去康桥甜瓜基地考察甜瓜销售情况，这边有些客商来收，但局势不如科农甜瓜基地，客商有限，且有些客商讲到这个基地生瓜较多，不愿意来收。这边基地虽然是由康桥甜瓜专业合作社负责，但销售季节不见有人管理，大家各卖各的，这个基地瓜收获较晚，具体有无生瓜，无人监管，只要有客商来收生瓜，自有农户采摘供应。

据了解，甜瓜基地农户普遍反映，灌溉水价太高，灌溉 12 元一小时，一家农户每年灌溉用水就一千多元。井水是由国家投资，被村委会承包给个人，个人依靠垄断地位，国家电价虽然大幅下降，可灌溉水价一直不降。灌溉水被人垄断，基地农户不用不行，苦不堪言，但无可奈何。国家对农补贴，补贴净是落到个人腰包，好处被不种地的个人赚去，种地农户反而与补贴无关。市场的垄断国家虽有干涉，但对于农村灌溉水的垄断，还真不知如何解决。

甜瓜协会会长也是村委会主任、甜瓜专业合作社理事长、阎良区康桥供销社主任，自己开有农资门市部。他从供销社争取到了酒店项目，当年又从农林局申请到千亩富硒甜瓜项目（500 万元财政拨款，200 多万元自筹资金）。他所注册的康桥甜瓜专业合作社只是向上争取资金的平台，合作社的成员和康桥村的村民没有具体区分。基地瓜农技术没有具体指点，生瓜没有人监管，水井任由私人承包形成垄断高价。他本人从市场上（不限制于康桥甜瓜基地的农户）收取些比较优质的甜瓜装箱销售或是送礼。

（2）西蜜甜瓜专业合作社。西蜜甜瓜专业合作社于上一年成立，为种子经销商赵曙光所办，合作社位于西农甜瓜站对面。自合作社成立以来，赵曙光就积极和农林局联系，他所建设的育苗棚（共 4 亩）获得每亩 5 000 元的资金支持。从农户口中获知，他当年育苗质量普遍不好，但订苗农户没有选择，不得不从他那里购苗。他所推广的 5 月雪看似早熟，其实未完全成熟。合作社的成员都是他的品种示范户，没有具体入股，他从示范户处回收一定量的瓜装箱作为礼品瓜。

（3）阎良甜瓜方面农民专业合作社和西农的关系。西农甜瓜站主推张小平和他的科农瓜菜专业合作社，而对于其他合作社的帮助示范较少。康桥甜瓜专业合作社和西蜜甜瓜专业合作社都是经销种子的，他们所推广的品种与西农推广的品种有冲突，故此西农甜瓜站与他们没有业务往来。西农甜瓜站做技术推广，而不是局限于推广某一品种。西农的示范户也不应该限制于张小平和他的科农瓜菜专业合作社。西农甜瓜站应该传播合作理念，扶持更多的农民组织，而不仅限于科农瓜菜专业合作社。西农甜瓜站在示范辐射作用发挥上急需改变推广思路，应以推广种植技术为主，而不应该以推广某一品种为主，应以培养更多高素质农民为己任，而不应使示范户范围仅限于张小平和他的科农瓜菜专业合作社。

4. 前往白水考察苹果产业和西农白水苹果示范站。2009 年 6 月 5 日，我去白水县考察苹果产业。白水苹果发展多年，虽然在某些年份农民收入不少，但当年收入不高，每家收入两三千元。白水龙头企业昌盛、宏达不能带动农户销售，还有一个果汁加工厂是烟台投资的，当年遇到经济危机，更是停产滞销。白水企业所有"白水"品牌是当年白水政府招商引资创建的，但如今缺乏对品牌的维护和对苹果品质的监管，依靠大量销售包装箱盈利。白水苹果产业发展出现问题，品牌化道路遭遇坎坷。这对于阎良甜瓜产业发展有启示借鉴作用。

西农白水苹果站建设规范，园区漂亮。苹果站的课题研究是让当地政府融入进来，有白水县果业站的同志驻站办公，人员按时上下班，苹果站大门白日敞开（甜瓜站则每天关闭）。苹果站经常举行苹果技术培训，培训对象为陕西各地人员，苹果站有接待能力，能安排一定量的住宿，培训免费，仅收餐饭。苹果站与地方政府经常来往，配合紧密，这有利于工作的开展。

白水苹果站是一个科技项目试验点，每位专家都负责某一个项目，分片负责，负责到底，站上专家 10 天轮流值岗。站上人手不够，地方果业站派来人手联合研究。这里是个技术传播平台，有全省各地苹果相关人员不定期入住。而甜瓜站在阎良这边仅供地方参观，没有接待培训能力，且与地方合作不密切，站上科研项目与白水苹果站相比较少，仅仅是个别老师通过自己渠道申请项目。

5. 继续构建农民大讲堂机制。2008 年 12 月 5 日，科农瓜菜专业合作社在关山镇北冯村举行"农民大讲堂走进北冯村"活动，由科农瓜菜专业合作社理事长张小平主持，关山镇党委书记刘志强、区农技站站长姚建华出席，区农技站技术员郭智勇、冯志强及科农瓜菜专业合作社土专家张小平分别讲课。北冯村村民和合作社成员 60 多人参加了农民大讲堂活动。

2008 年 12 月 30 日，为迎接新年的到来，我联系农林局，在农林局四楼会议室举办农民大讲堂活动，全区农民专业合作社参加活动，其中包含科农瓜菜专业合作社成员。通过把西农农民大讲堂活动试探性和阎良区政府结合起来，以求西农、当地政府、当地合作社、农户的多方共赢。

2009 年 6 月 8 日下午，在阎良关山西农甜瓜站，我请来山东临沂师范学院陈令军老师为科农瓜菜专业合作社作农产品品牌营销讲座，科农瓜菜专业合作社有5人参加，此外还有富平富郁香甜瓜专业合作社、阎良西蜜甜瓜专业合作社、阎良芹兴蔬菜专业合作社、阎良利民农资专业合作社理事长参加。陈老师做品牌营销策划及研究10多年，自有注册品牌30多个，他既有理论基础，又有实战经验，讲课生动活泼，受到合作社的广泛好评。

农民大讲堂能激发农民创业热情，能构筑农民与外界沟通的窗口，能挖掘农民中的技术与经营双型新人，能有力促进农民增收，促进农业产业化发展。

6. 依托西农示范基地建立人文社科试验基地。2009年4月19日西农人文学院硕士研究生孙翠同学就乡镇职能转变前来阎良调查资料，时续一周。2009年4月23日西农经济管理学院博士研究生付青叶、万生新前来阎良，走访西农甜瓜示范站、科农瓜菜专业合作社，就甜瓜销售、合作社建设与西农示范户进行了交流。2009年6月17日、18日西农人文学院博士研究生贺书霞前来西农甜瓜站访谈示范站老师及示范站示范户，就农产品质量安全进行了调研。

依托西农的甜瓜试验站平台，他们的调查工作容易开展，生活便于安排。西农甜瓜站是农学、园艺试验基地，也是人文社科所依托的调研平台，以此建议，依托西农各地试验站，建立西农各地人文社科研究基地，进行长期观察试验、田野调查。人文社科可以解决农技推广中出现的问题，人文社科与理工、农学等学科相互促进，共同发展。

7. 以甜瓜站为中心发展阎良甜瓜产业开发区。自5月末，甜瓜逐渐收获，市场收瓜逐渐多了起来。起初甜瓜量少价高，瓜农在高价位诱使下容易生瓜上市。西农关山甜瓜站对面的农户利用位置优势，销瓜量多而且价高。他们把最好的甜瓜进行装箱零售，余下果形不好的甜瓜则贩卖到甜瓜市场上。结合群众意见，我进行思考，围绕西农关山甜瓜站门口周围应该发展甜瓜产业区，以展示、零售为主。在产业区发展甜瓜采摘区，政府进行棚区设置规范，以补贴形式让群众自我建设经营，并规范化、公司化运营。在甜瓜产业区，引进各甜瓜品种经销商进行示范对比，进行品种集中经营，对比甜瓜品质，规范甜瓜品种。而以甜瓜产业区来发展农业观光旅游，来规范品质市场，政府对产业区要集中监管。

因此，结合西农对面的西蜜甜瓜专业合作社及附近的代家市场，这里又临近关山镇，在这里可以发展甜瓜产业区，制定政策优惠，使各个品种厂家或经销商在此建棚进行品种示范，以此规范阎良目前混乱的品种市场。以市场带基地，从品种对比到技术示范，从甜瓜种植到甜瓜市场，开拓甜瓜深加工业，使得阎良成为名副其实的全国甜瓜交易市场，而不仅仅限制于种植基地。

8. 考察阎良其他农民专业合作社。2009 年 12 月 5 日，我去阎良振兴街道办考察几个农民专业合作社。在芹兴蔬菜专业合作社见到理事长李刚，询问当前生产经营情况，当时菜价很低，市场蔬菜集中上市，造成蔬菜供应过多，蔬菜价格较低。随着农资价格提高，农户比较外出打工和蔬菜种植的收益，便选择了外出打工，因此蔬菜种植受到影响。但与此同时，空置下来的土地，可以作为规模种植田地进行流转。芹兴蔬菜专业合作社要发展的蔬菜种植示范园属于阎良农林局规划的西禹产业示范带的一部分，300 多亩的示范园分散于各个地方，不集中，因此这样的土地流转可以避开部分农户租地价格过高。但不方便的是农户种植过于分散，不便于建成整体产业园区，不便于农民专业合作社统一管理。合作社目前没有入股，合作社正在探讨具体经营模式。芹兴蔬菜专业合作社所在的谭家村，发展蔬菜也是最近几年的事情，受到武屯蔬菜的扩散影响，李刚本人由于岳丈家是武屯的，他在武屯贩菜多年，后来便回到自己的老家谭家村进行贩菜。振兴这边的蔬菜种植是后来发展的。对于菜花的收购，虽然出口，但需要经过三原的冷库储藏，阎良本地没有冷库，建一座冷库需要投资 300 多万元。

去北塬之上的振兴雪峰果业专业合作社，到了理事长冯雪峰家，他家住在葡萄园内，地是承包别人的地。北塬土地缺水，土地租赁价格便宜，每亩二三百元，但随着将来的开发，地价也会逐步提高。周围是合作社成员的地，许多人种有葡萄。冯雪峰家种植的葡萄大都销售至超市，其中以配送爱家超市居多。留有 20% 的葡萄则由游客采摘消费，阎良本地采摘客户较多，尤其是西飞公司前来采摘较多。此外还有西安客户前来采摘，富平虽然离此地很近但消费能力有限，采摘的客户不多。采摘业要求葡萄品种多，品质优异，且今后的葡萄采摘越来越向绿色食品、有机食品发展，采摘农业利润高，但生态绿色农产品是采摘产业之本。冯雪峰家的葡萄采摘刚开始一年，对于第二年的发展，可以逐渐发展都市休闲采摘。冯雪峰一家准备利用葡萄园进行土鸡养殖，销售土鸡蛋，发展立体农业，以休闲农业带动家庭经济发展。对于振兴雪峰果业专业合作社的发展，目前还是没有入股，成员处于分散状态，达不到种植和经营环节的统一。合作社所利用的包装也是无品牌，借用绿阎蔬菜的牌子。振兴雪峰果业专业合作社的发展还有很长的路要走。

之后去红荆村的荆源奶山羊养殖专业合作社，该合作社为理事长李金玉所建。李金玉为村委一员，合作社有村委支持，合作社的监事长也是村委书记吴书记。红荆村养羊10只以上的农户有30多家，其中李金玉家所喂羊30多只，吴书记所喂羊10多只，这边散户饲料，都是在自己家院子里饲养。虽然有挤奶站，但空置着，没有投入使用。羊奶是现挤现收，具体销售则是不固定销售对象。进行收购的公司是阎良本地的百跃奶业公司和富平的奶业公司，由于百跃公司的收购价格高，红荆村的奶山羊养殖户大多销售给了百跃公司。这样农户养羊比养牛多，养羊投入少，回收快，灵活经营，利于发展。

9. 考察临潼石榴产业和石榴专业合作社。2009年12月10日，我去临潼考察临潼石榴产业和临研石榴专业合作社。通过与临研石榴专业合作社理事长柏永耀、合作社成员岳建峰交流，并走访了临潼区秦陵街道办秦陵村岳家组部分村民，我对临潼石榴2009年采收情况有所了解，并了解了临研石榴专业合作社的一些情况。

临潼石榴2009年收成受2008年大雪影响，产量相对少些。中秋节来得早些，初期价格不高，后来价格有所回升。大家销售情况不相同，有些还是出去跑市场，有些在家中批发给商贩。对于岳建峰家的石榴是在临潼本地就地消化，具体来讲这部分销售由三个部分组成，他自己去市场批发较多，商贩前来石榴园收购一部分，单位前来运礼品石榴一部分。对于2009年的石榴采摘，普遍反映不好，政府没有引导到位，岳建峰家第一次引进了采摘，但位置不方便，路没有硬化，路面不好，当年没有旅客前去他的石榴园。据柏永耀所说，石榴采摘解决不了石榴销售问题，对农户增收意义不大。临潼石榴规模还是不大，没有大片种植，也没有郑州那样的"百果庄园"。每年高速路上所销售的石榴都不是好石榴，而且这些人也不一定是石榴种植户，他们是商贩，惯于在高速路上兜售石榴。当地石榴品种没有软籽概念，没有广泛种植"突尼斯"品种。石榴储藏问题还是没有妥善解决，农户储存石榴仅仅靠家庭自然摆放，在这样的季节天气冷，能放一段时间。有冷库的经营者，如柏永耀就有10吨规模的冷库，可以用来储存石榴到春季上市，到时价格会高些。

与柏永耀理事长谈农民专业合作社，合作社经营有很大问题，对管理人员的监督成本高，派人去买生产资料会出现拿回扣的现象，派人去收购石榴，则担心把关不到位。此外，对于合作社的请客送礼，不能汇报给成员，社会的暗箱操作不能向成员公布。合作社问题较多，个人利益与公众利益未能明确分开处理，未做到公私分明，没有寻找到合作社理事长带头的利益要害。他以农资合作社为例，认为农产品销售不是农资合作社的专长，因此合作社发展的核心环节在于解决销路问题，农资合作社不能帮助解决销售问题而使合作社发展受到限制。对于合作社的利润分配，农户希望见到现金，即使当时不给现金，也必须给个价钱，交易在当场当时发生。柏永耀介绍，宜川农民专业合作社发展有特色，如今是陕西省重点推动建设的地方。

后来采访岳建峰，据他所说，柏永耀夫妻经营石榴，有自己的冷库，他们所收购的石榴要求无公害，而且优先从合作社成员处收购。合作社中柏永耀的爱人同时是合作社的会计，对于合作社的账务无人知晓，也没人去查。具体合作社成员能从合作社分取多少股金，无人主动去争取，每年柏永耀象征性分给成员一些利润。根据岳建峰对柏永耀的评价，柏永耀还是一个脚踏实地、敬业的人，与其他合作社比较，合作社每年还能为成员分一些利润。

六、下期辅导计划的初步打算

1. 继续联系西农示范户，解决合作社出现的问题。
2. 继续探索农民专业合作社的发展之路。

2009 年 7 月 8 日

【附 1】 西农大要构建第三部门的科技推广模式

一、农业科技推广体系

农业技术推广体系由政府、市场（企业）、第三部门（民间技术推广机构、农业技术协会等）构成。

政府承担农业技术推广，是在政策层面着重规划监管。对于农业技术的推广落实，政府要简政放权，发挥市场和第三部门的作用。我国政府的农技推广部门在 20 世纪六七十年代确实发挥了很大作用，农村文化教育、基础设施建设及农业技术推广配套进行，互相促进。如今政府机构改革逐步进行，政府精简机构，裁减人员，农业技术推广部门体系与现今经济发展不配套，政府不能单独依靠自己的农业推广体系。

市场企业所进行的农业技术推广，属于经营行为，以销售产品获取利润为目标，以农业技术宣传为附带，推广宣传农业技术是企业增强竞争力的最终选择。但企业发展阶段当中，规模小，刚起步，容易急功近利，道听途说，以讹传讹，使农业技术推广误入歧途。市场行为的农业技术推广有利益导向，可使农业新技术迅速传播，科学知识得以普及。企业要持续发展，要能在产品上持续创新，在生产技术上加以改进发展，有自己研发机构的企业在未来方能立足长远、抢夺先机。一个百年企业需要珍惜品牌，产品持续创新，技术不断进步。这样的农业经营企业的推广模式需要与之相配套，基于产品而推广使用技术，同时也是推广农业技术。

第三部门是介于政府、企业之外的一层社会力量，它是活跃于民间的非政府、非市场组织。它是由志趣相投、有共同追求目标的人结合而形成的组织，具有志愿加入退出的特性。民间有许多这样的组织团体，虽然大部分没有注册，但确实发挥着作用，如俱乐部、协会、同学会、同乡会等。有些第三部门虽然是非政府组织，如村委，还有一些农业技术协会，名义上讲是群众自治组织，但承担了太多行政命令，在群众中已经失去了威信。我国目前缺乏真正意义上的民间组织，尚需民间组织发展环境。农业技术推广所对应的群体是农民，中国农业经营规模和分散小农也限制了农民组织的发展。此外，还有一些致力于中国农村发展的非政府组织在不断以自己的理念和工作来进行农业技术推广的实践，如乐施会、贵州高地研究所等。

其中对高校、科研院所的定位有所争议，模棱两可，高校、科研院所目前改制，部分有向市场化改革的趋势，但在中国目前进行农业技术推广的高校、科研院所仍很大程度上带有行政色彩，半政府化，属于政府层次。高校承担科研教学任务，在产学研结合过程中，能促进农业技术的推广。但市场目标不明确，没有利益驱动，高校在农业技术推广中容易表面化，农业技术华而不实，虽然先进，但是在实际操作中不能顾及人群特征及当地风俗，不能被当地人接受。

二、西农大的农业技术推广有限

西农大的技术推广，是高校推广农业技术，属于政府层面，资金来源属于政府科技项目下拨。西农大的具体技术推广是行政行为，没有市场带动，缺乏市场引导。西农大具体推广模式是建立专家大院或示范基地，与当地政府联系，由当地政府组织示范户。这种基于"$1+10+100+\cdots+10^n$"的推广模式有些机械扩散，没有考虑技术推广中的经济文化社会因素。

虽然西农大在当地农民组织化中做出了探索，但目前农民组织化建设仍然缺乏力度。在杨凌，科技推广体系中除了有西农大和各大公司之外，仍然缺乏第三部门的支持。因此这里尝试性建立第三部门的非营利、非政府组织就显得十分必要。

三、构筑杨凌农业科技推广体系的新格局——以第三部门的发展来带动农业技术的推广

可以考虑在杨凌建立一个非营利机构，以杨凌科技推广的第三部门的繁荣来促进农村的发展、农民生活的丰富。我们可召集社会爱心人士成立陕西后稷研究所，做课题研究，联系国际组织，以培养新型农民为目标，以具体的技术培训为手段，推广科技，繁荣"三农"。

对于"陕西后稷研究所"其中的科技培训，可以以构建"西北农民学校"为实现途径。具体构建如下：

1. 为什么选杨凌作为办学机构所在地？

立足西北，辐射全国，振兴中西部的经济。

杨凌拥有农业技术优势，拥有西北农林科技大学的师资资源。

西北农林科技大学的发展不仅仅是农业技术的发展，而且更应该突出西北农林科技大学的人文学科优势，知行合一，产学研结合，注重实践，理论支持实际生产经营。

2. 学校什么性质？

学校为非营利组织，免费向农家子女提供教育。

3. 选什么样的学生，学生如何选？

（1）可以选中西部的贫困农民，中青年。

（2）当地合作社推荐，针对合作社培养。

4. 师资从哪里来？

师资来源于西北农林科技大学，以及退休教师。

5. 教什么样的课？

主要教农业经营管理、市场营销、农民专业合作社建设、技能课、农作物与果蔬种植。

6. 钱从哪里来？

与西农的科技支持资金合作，海内外基金会、公司企业、社会组织、慈善机构和爱心人士捐赠。

7. 费用如何分担？

对于所招学生，学生要自付这边的吃饭费用。学费或住宿费则对学生免费。

8. 西农的合作模式是什么？

提供办公和讲课场所，能提供些师资，能免费参观新天地、博览园。

9. 执照在哪申请？

在杨凌区民政局申请执照。

10. 挂靠单位是哪个单位？

挂靠西北农林科技大学。

11. 办学特色是什么？学校主旨文化是什么？

（1）重视学习环境，农民精神的改变与培养。

（2）培养农民自立之精神。

12. 办公地址是什么？

办公地址是西北农林科技大学。

13. 合作的学生社团有哪些？

包括学生中的志愿者、校三农发展协会。

14. 样板学校学习参考有哪些？

吴青（冰心的女儿）的北京农家女学校 http：//www. nongjianv. org/web/ Html/njnxx/，温铁军的河北翟城晏阳初乡村建设学院 http：//www. yirr. ngo. cn，北京富平农民学校 http：//www. fdi. ngo. cn/。

15 "陕西后稷研究所"是如何架构的？

（1）命名：陕西后稷研究所西农（西北地区"三农"）发展研究中心。

（2）组织成员：部分兼职，部分专职人员可以从王征兵老师的研究生中选拔，三农发展协会。

（3）注册机构：杨凌示范区民政局。

（4）挂靠机构：西北农林科技大学。

（5）活动范围：陕西为主，扩散至西北地区。

（6）活动形式：农民讲堂，文艺下乡，农民人才培训，农民组织建设指导，农民专业合作社建设指导。

（7）着重打造："农民讲堂"项目。

（8）资金来源：课题资金，政府项目支持，自我创收，社会捐助，资金机构的支持。

四、结论

西农科技推广要改变传统单一主导的科技推广模式，要联合社会各界力量，联络社会爱心人士，以科技推广资金推动民间科技组织的广泛建立，对于农民的帮助要先扶志，使农民互帮互助，传递爱心，传递科技，以此发挥西农科技推广的示范作用。

【附2】 2009 年科农瓜菜专业合作社甜瓜营销思路

一、营销的前提——规范品质

改变传统按量销售逻辑，实行按个、按箱销售。合作社的作用是规范品质，监管质量。倡导绿色有机概念，注重种植中的日常统一管理，禁用膨大素。绿色有机品质是科农瓜菜专业合作社发展的根本。实行产品检验卡质量追踪制度是科学化管理必走途径。

二、营销的管理——管理客户

建立客户档案，进行客户统计，注意统计客户的需求量，以便来年针对性地进行提前营销，发展订单农业。并注意节假日的回访问候。

三、营销的利器——网络营销

建立网络宣传渠道，尝试进行网络营销，逐渐建立阎良甜瓜网，占领网络平台制高点。

四、营销的推介——甜瓜采摘

积极筹备和参与甜瓜采摘，把人引进来，改变以前外出宣传推介的寻常方式，从走出去到引进来，以阎良人带走阎良瓜来宣传科农瓜菜专业合作社的蜜霸牌甜瓜。以采摘带动外卖，以采摘来提升蜜霸牌甜瓜知名度。科农瓜菜专业合作社要积极参与关山一带的甜瓜采摘园的规划与建设，以甜瓜为依托、为杠杆，带动观光农业，发展农家乐，发展旅游经济。

五、营销的队伍——成立专业营销队伍

科农瓜菜专业合作社要从种植甜瓜专业中走出来，形成自己的专业销售队伍，联系市场，保证供给，监管品质。科农瓜菜专业合作社的发展应该从生产转向市场，科农瓜菜专业合作社重在抓渠道，抓监管，据单提供货源，订单农业，跟踪服务，提前预订，质量追溯跟踪。科农瓜菜专业合作社的成

员同时是营销员，进行广泛宣传，以此促进礼品瓜的销售，利于成员的甜瓜销售，礼品瓜销售的同时能促进甜瓜批发价格的提升，由此可见着重抓好科农瓜菜专业合作社的管理是科农在市场上立于不败之地的法宝。科农瓜菜专业合作社需要建设自己的专业销售队伍，使甜瓜种植向甜瓜收购、检查、销售转化。

【附3】 略论农业经营意识①

摘要：农业经营上升到思想理念上来，以市场意识、商品意识、公益意识、文化意识来转变观念，促进农业发展。把握市场，抢占先机。面对信息化革命要有对市场新的认识，把农产品作为一种经营要素看待，使农产品向商品转化，并对商品标准分级，更新换代。以公益意识进行爱心营销，提升企业美誉度，农业经营要对公益行为有新的认识。文化能够使企业长久发展，在农业产业化过程中，要结合当地特点，融入历史人文文化。

关键词：农业经营，市场意识，商品意识，公益意识，文化意识

Abstract：Agriculture business should have thoughts and concepts of market，product，public goods and culture. Market is very important，and leads the agricultural industry. Facing the new situation of the information revolution，agricultural product should be taken as the business element. In the process of transformation from the product to commodity，commodity should be classified and continually replaced by new ones. Love promotion can be used as the business operation methods；love promotion can improve the agricultural company's brand awareness and reputation. Culture can make enterprises develop more long time. In the progress of agriculture industrialization，according the local custom，culture should be involved into the agriculture industry.

Key words：agriculture business，market-minded，product-minded，public-minded，culture-minded.

---

① 此文后来整理发表如下。仵希亮，2018. 论农业经营所需的四种意识［J］. 新农业（1）：49-51.

日本著名经济学家速水佑茨郎教授曾经讲过农业发展的二阶段理论，他认为，农业要前后经过以资源为基础的农业发展阶段和以科学为基础的农业发展阶段，在以资源为基础的农业难以为继之后，必须过渡到以科学为基础的农业发展阶段，才能持续使农业得到可持续发展，同时才能使农民持续增收。这也即是资源和科学技术都是生产要素，能使农业得以发展。但这两者的投入，农业效益增收只能边际递减，除非能有技术的重大突破[1]。对于农业增收，可以利用农业经营的思想进行解决。农业经营属于管理领域，而管理与土地、劳动、资本被西方经济学家称为农业生产所必需的四种耦合生产资源。而农业经营要意识先导，理念超前，把握农业经营的核心概念，上升为思想性的东西，以此开展农业经营不同于人，抢得行业制高点，拥有先机，无论农户、涉农企业、地方政府都可以无往不胜。这里从市场、商品、公益、文化四个方面说起，以市场夯基础，以商品促规范，以公益树品牌，以文化谋发展。

一、市场意识

农业经营要抢得先机，拥有市场，以市场来促进生产，以市场来测定需求，定量生产，紧跟环节，使市场成为联系需求与供给的一座桥梁。在初发展的农业产业有所雏形的地区，尽管发展晚，但起点要高，要占领产业上游，在当地形成交易市场。在具体实施过程中，需要政府规制，企业规范，农户参与，但具体还需回归到以市场为主导的发展路子上来。

1. 由生产基地转为市场。农业经营特别容易受到资源的制约，这些资源比如土地和林木容易限制农业产业化的发展。一些重茬的农作物受到土地的限制，会向起初的产业区周围地区辐射发展，有些会围绕农产品市场集中地区发展，在发展初期可能无序发展，但当地政府如果适当引导会有"后发优势"，也即发展晚，但起点高，能在地域品牌上占有优势。如陕西省西安市阎良区甜瓜种植，虽然周围富平、临潼都有种植，但阎良区政府组团每年外出推介，宣传"阎良甜瓜"，利用信息技术，注重网络营销，以此在声势上造就"阎良甜瓜"品牌，为自己赢得了"正宗"声誉，面对甜瓜重茬问题，甜瓜产业受到土地的限制，对于阎良甜瓜所逐渐形成的产业化将来的发展，还有许多工作需要去做，规范建设民间自发形成的甜瓜交易市场就是工作之一。

以西瓜产业为例，西瓜种植重茬问题突出，土地资源限制西瓜的发展，浙

---

①　速水佑次郎，2003. 发展经济学：从贫困到繁荣［M］. 北京：社会科学文献出版社.

江省温岭市箬横镇发展西瓜多年，西瓜品质好，当地品牌已经打了出去，市场对于箬横西瓜有越来越多的需求。面对重茬的问题和土地资源的限制，箬横镇的西瓜销售企业便积极走出去，在省外建立基地，发展农户种植，主打箬横的品牌，联系各大市场，保证持续供给，保证西瓜一年连续不断地供给。如温岭市箬横西瓜合作社发展有生产基地13个，其中省外基地12个，又试探性在缅甸进行了西瓜种植，把基地发展到国外。以种植基地作为供货保证，温岭市箬横西瓜合作社保持了对于市场渠道的占有，保证了所注册的"玉麟"牌西瓜持续不断地供应市场。

以香菇为例，香菇种植所消耗的是林木，随着国家对森林资源的保护，香菇产业的发展受国家对林木阶段性砍伐许可的限制，起初依靠丰富的林木资源发展起来的香菇产业市场面对一种种植原料短缺的困境，不得不改变发展策略，大力发展自己的经纪人大军，利用经纪人走出省外发展香菇种植，为本地市场提供源源不断的香菇货源，当地需要做好香菇交易市场的建设，保持香菇市场的交易地位。如河南省西峡县香菇木耳产业发展许多年，当地已经形成了香菇交易市场，但面对香菇木耳所需要木材资源的短缺，许多当地经纪人走出去，来到四川、陕西的山区，为当地讲解香菇木耳种植技术，发展种植户，并回收香菇木耳。这些经纪人把香菇木耳干燥压缩之后，装箱运回河南西峡，通过西峡的香菇交易市场出售，有些香菇通过西峡县对外贸易公司出口到国外。面对林木资源短缺受限，当地虽然在技术上发展了替代性无木屑香菇，但这种技术进步远远不能满足市场对香菇的持续性需求，只有走出西峡并在周边地区发展香菇种植基地，方能保证源源不断的货源。

2. 利用网络构建虚拟市场。随着信息技术的发展，农产品市场越来越虚拟化，农产品的交易借助于计算机、手机等现代通信设备可以实现不见面交易。在市场虚拟化的同时，信息技术革命带来了网络市场，互联网的发展使得不通过见面就可交易成为可能。农产品经营要利用好网络平台，特别是不发达的地区，网络更是解决了交通的问题。网络市场使得产业后来发展的地区和企业能够后来居上，发展晚，但起点高，声势大，宣传度强。比如河南省荥阳市开发邙山种植石榴，刚发展几年，就开发了"河阴石榴"产地品牌，当地一家石榴企业抢先注册"河阴石榴网"，利用网络有力地宣传和促进了当地石榴的销售。山东省枣庄市也是如此，当地发展石榴产业，并有当地企业以"中华石榴网"的注册而抢得网络搜索引擎的前几名位置。市场无形，会游走不定，而且现今的市场定义，网络的虚拟市场借助于当今发达的物流体系，会使农村农产品市场更显得飘忽不定。

3. 配送渠道也是一个市场。对于地方产业而言，传统的农产品批发市场会基于当地建立市场，如阎良甜瓜、西峡香菇。对于农产品经营企业个体而言，销售渠道也是个"市场"，这种渠道能保持农产品走出省外，依托品牌，走入终端市场，如箬横"玉麟"牌西瓜是品质象征，代表西瓜完善的品质，"玉麟"西瓜所开西瓜专卖店，走进各大超市，走出温岭，积极营销，形成了一个供应不断的链条，这种供应渠道便能保持西瓜种植不断发展的"市场"。利用配送供货渠道，在经营某一类产品的同时，利用这个链条，不仅仅输送某一种单一的产品，同时可兼送其他货品，从运营角度来讲，这能降低经营成本。与此同时，可以就此开发多种多样的产品，建立生产基地，扩大经营范围，这里所牢靠依赖的是配送渠道。如陕西阿荣曼蒂克科技发展有限公司是以农业技术开发、推广，蔬菜生产、加工和销售为主体的科技型企业，它依托对西安市各大超市牢靠的配送渠道，先后开发了许多净菜和礼品蔬菜，形成自己的供应市场，注册了"稞青"牌商标，并以此为依托在西安高陵建立了无公害蔬菜基地，保证蔬菜无公害标准的品质。

二、商品意识

农产品从原生态的产品到市场上的商品，其实是观念在转变的过程，也是产品在逐步规范化、标准化的过程。产品生产出来，要考虑销售出去，如何销售。但如果反过来讲，分析市场，分析消费者的心理，结合消费者的需求，来组织生产，迎合市场需要，为消费者考虑而及时组织生产，对农产品进行标准分级，对于不同市场给以不同的商品形态定位。这个过程便是农产品的商品化过程。

1. 把农产品作为经营要素。结合大城市的工作忙碌状况，可以对农产品进行洁净，以"净菜"进行上市，免去城市市民择菜的麻烦，节省了市民的时间，迎合了市民的工作忙碌需求。这个过程同时是激发需求、满足需要的过程，通过仔细观察市场、认真分析消费者的心理，挖掘调动顾客的潜在需求，提供能够满足他们"嗜好"的产品，通过交易，农产品便实现了商品化的过程。而且这种商品不同于初级产品，它是一种以农产品为依托、向消费者需求的内心深处延伸的高级商品，能满足消费者的心理需求功能越多，这种商品便越有很高的价值。农业经营在于把农产品作为一种经营要素、一种价值的寄托物，以此为基础，满足消费者心理功能性需要，挖掘消费者内心深层需求，使消费者获得满足感、愉悦感。这种实现商品化所进行的农业经营是一种价值创造过程，通过价值创造能实现消费者某种功能需求，通过农业经营者和消费者的交易互换，实现彼此的满足。

从净菜产业到果蔬礼品市场，从生产基地到观光农业，都在把农产品当作一种经营要素，以农业为基础、为依托，拓展开来，实现农业的综合开发，减少农业要素所占的比例，向商业、旅游业转变。这是一种依托农产品的原始形态进行商品化的探索之路，同时是农产品向初级商品、高级商品转换的过程。因此树立商品意识，善于观察，暗析消费者心理，以"四两拨千斤"的手法来经营农业，实现以农业这个杠杆来撬动社会经济的活跃，这也许能够改变当前世界经济危机对我国市场造成的不利局面。

2. 绿色食品、有机食品是永远的健康概念。在商品开发中要有生态意识，对安全环保要充分重视，在农产品向商品开发过程中，容易产生一种急功近利的短期行为。绿色健康是社会消费观念的永恒主体，可使商品在产品品质和营销概念上上升到顶级层次。如今的"绿色食品""有机食品"的标志确实能够赢得消费者的口味，但在具体的经营中，企业容易走形式，大多数企业所需要的原材料还是从市场上通过经纪人收购过来的，对于产品的加工仅仅提供初级的包装，并不能保证产品的确是绿色健康产品，不能实现食品加工的全过程是无公害的。这次的三聚氰胺事件便说明了问题，企业在发展的过程中，是自己建立基地饲养奶牛提供奶源或是依托经纪人来收购牛奶，这不仅是经营问题，而且是能否保证牛奶加工从而生产出安全健康产品问题。陕西省宁强县盛产香菇，对于同样是香菇，市场上有菜市场所售新鲜香菇、土特产店的干燥香菇、礼品店的包装精美香菇三种商品状态层次，经过包装的香菇也有"有机""绿色"之分，对于这些不同的商品层次便有不同的价位和利润。长久来讲，那些有"绿色食品""有机食品"标志并有自己生产基地从而对加盟农户生产过程有严格监督的企业最终在市场竞争中是能获胜的。

3. 服务也是商品，可增加竞争性，开拓新市场。服务是商品的延伸，也可归结为不同的商品形态。有形的商品可以按级定价，同样商品的不同企业容易打价格战。但有服务的商品不容易定价，不同企业基于不同的服务没有比较性，因此在商品价格竞争中减少了恶性竞争，服务使企业在竞争中立下了根基。

同时服务也能开拓出商品层次，增加商品的附加值，创造出商机，能够使得生意发展长久，成为持续不断的财富源泉。上文所述的净菜市场是为消费者考虑而增加农产品的商品性，为消费者所需，明确了净菜这一特征的农产品消费群。为顾客更进一步考虑，利用现今发达的信息技术，利用通信工具和网络，可以直接上门配送农产品。如山东省费县的田村有一位叫陆宣的村民，她67岁，从村支书岗位上退休之后，承包 100 亩果园，起初在果林下散养了一些草鸡，后来草鸡很受欢迎，不断有人找上门来购买，之后店面发展到城市里，而且需要草鸡蛋的主要是老人和孩子，鸡蛋上门配送更能考虑他们的方便之处，配送鸡蛋上门服务便为陆宣和她的养殖合作社赢取了市场。

三、公益意识

社会是多元的，社会里有无数个人和组织，从控制方面来说，社会是由政府、企业和民间组织构成的，这也是公共治理的思想。政府能引导社会秩序，以法律政策制度主导着社会的发展；企业参与社会的运行，以市场规则来约束自己，指导自己的行为；大量的民间组织是社会的基石，它们集中了不同的人群，追寻着不同的目标，有些是以发展社会慈善为目标，这些民间组织是政府、企业之外的第三部门，或者称非政府组织（NGO）、非营利组织（NPO）[1]。政府和许多民间组织都以公共治理为目标，从事社会善的事业，企业是以盈利为目标，但企业单纯追求利润、以经济为指标的具体做法会损害社会利益，如会带来环境污染外部性问题。如今企业都提倡发展社会企业家，以企业参与社会治理，自身规范，向社会提供绿色、无污染、完善的产品。企业如今愈发参与社会，许多企业成立基金会来发展社会事业。这是个双赢过程，企业从社会获得了利润，同时需要回报社会，自身提供完善的产品，本身就是一项对社会负责的做法，企业从事公益事业的做法更能赢取人心，提高自身的美誉度，为品牌增加含金量，这也是企业长远发展的品牌战略。

1. 企业越来越积极参与社会治理，企业是有社会责任感的企业。农业经营企业在公共参与的过程中，最基本的做法是向社会提供健康食品，做一个有社会责任感的企业。与此同时，向社会传递爱心，表达一种公益理念，主张一种公益精神。社会上每一个人都可以表达一种爱心，做一种善事，但如果企业做善事则易于引起公众好感，它会使人"迷恋"上这样的企业。同样的市场条件下，社会上会有无数个潜在的消费者，不知哪一日就成了企业的客户，这有

---

① 博曼，2006. 公共协商：多元主义、复杂性与民主 [M]. 北京：中央编译出版社.

助于企业的发展，企业增加了美誉度，是品牌营销的战略之举。做好事、做善事的道德观念是社会普遍准则，有很好的社会群众基础，企业的这种功德行为和公益精神都会得到很高的评价。从美国的福特基金会、比尔·盖茨基金会，到中国的邵逸夫教育基金，无不是企业以从事公益事业回报社会来赢得企业长远发展的战略举措。

2. 涉农企业传播农民养殖种植技术具有很大的公益性质。农业是个特殊的行业，是产业的基础，从业人员多，社会影响大。农业某一方面的改变，便影响到众多人口。惠及农业，便惠及千千万万的农户，这种惠及行为便可以称得上公益爱心行为。相较于工业来说，农业牵涉到更为广大的农业人口，农业经营是一个技术传播过程，传播了技术，技术带动了致富。其实技术的传播，也是为使初级农产品符合市场化的需求，成为商品，满足工业需要的原料形态或等级。农产品加工企业便依托这标准化的农产品原料，通过加工之后，延伸产品的附加值。农户和涉农企业都在这种产业化链条中受益，涉农企业通过技术传播获得广大农户所提交的符合进一步加工所要求的商品初级形态，农户从中也实现了规范化种植养殖的价值，获得了经济回报，发展了家庭经济。因此涉农企业功不可没，为广大农户做了好事。这种带动过程，同时也是参与社会、回报社会过程，也可以说是涉农企业在具体经营中开辟了公益事业。

3. 可以利用售后服务渠道充分发展农民组织。在发展企业自己的同时，根据农业的行业特征，把农民组织起来，充分发展农民合作组织，以点带面，增加企业的影响，同时也服务企业的客户，也即千千万万的农户。山西省永济市蒲州农民协会便是企业参与社会公共事业的成功例子。在永济市蒲州镇一个叫寨子的村子里有家农资经销店，店主郑冰为了应对激烈的市场竞争，为搞好销售种子化肥农资农药，便请来技术专家为大家讲种植施肥技术，指导农民合理种植施肥，这是典型的企业为了应对竞争、延伸自己服务范围、做好农资售后服务的做法，为了能够巩固和发展更多的农民客户。为了留得住这些农民客户，郑冰在免费提供技术讲课基础上又请妇联的人来教大家跳舞唱歌，给大家带来些娱乐。这些农民客户聚集起来之后，以一个组织来把大家凝聚着，郑冰就在民政局申请注册了一个农民组织——蒲州农民协会。当地农民以协会为组织，接受郑冰农资店的一些好处，农资店提供技术讲座，时而还能娱乐一下。这个协会对于农资经销店的销售很有帮助，巩固了农资经销店的消费客户，郑冰农资经销店后来发展成农资经销连锁企业。而农资经销店对农民协会也是大力支持，农资经销店对农民协会的支持不仅仅是技术讲座，而且还有文化活动。协会集中的是广大农户，大家的事情便是公益事业，农资经销店为大家做了公益事业，做了善事。反过来，更多的农户购买农资经销店的农资，有力促进这家农资经销企业的发展，使其以自己的稳固消费客户而摆脱农资产品市场激烈的竞争局面。

四、文化意识

文化能为企业增加活力，能为产业增加内涵。企业常兴需文化振兴，产业常在需文化支撑。文化表现在商品之上则是表现在商品的历史渊源；文化表现在企业之上则表现为企业文化的建设，使企业有自己的文化气息；文化表现在产业之上则是融入当地风情，结合当地风土人情，发展具有人文气息的产业文化。文化使得农业经营饱含深意，充满韵味。

1. 开发商品要融入文化要素，要结合历史。农产品开发成商品的过程中，要充分发展自己的文化特征，融入文化元素，使得农产品因文化融入而意义深远，饱含深意。这种商品在出售的过程中，在诉说一个美丽传说，传达一种悠久气息，表达一种美学情感。例如，河南省荥阳市开发的产地品牌"河阴石榴"借助于以前张骞出使西域带回石榴的故事，根据当地不同历史时期的地方志记载而实现河阴石榴的文化特性开发，以张骞出使西域带回石榴播撒的历史典故与现今河阴石榴的关系来提升商品的文化品位。当然，荥阳现今的实力体现是引进的"突尼斯"品种，已经远远不是当年张骞所接下的品种，而河南荥阳则为河阴石榴寻找了一个很好的历史故事。

2. 涉农企业要建立自己的企业文化。如果说农产品成为商品对于文化因素的开发成为企业文化一部分的话，涉农企业经营也要有自己的企业文化。企业文化是企业运行的基石，广义的企业文化包含企业规章制度、标识标志、人员着装、员工气质等方面，而狭义的企业文化便仅仅限于企业的精神理念①。企业文化有深浅层之分，深层核心归结为企业的理念精神，浅层便是各种表象特征，这是一种外在的表现。无论何种企业都要构筑自己的企业文化，涉农企业也是如此。以河北大午农牧集团为例，大午农牧集团发展"以人为本，宣扬先学做人、后学做事、勤勤恳恳做事、实实在在做人，以传统的儒家思想、当

---

① 仵希亮，2006. 政府行政文化刍议［A］//匡萍波，申鹏. 公共管理问题与实务研究［C］. 贵阳：贵州人民出版社.

代法治思想、社会主义共同富裕思想的三者结合作为企业的治厂思想"的特色企业文化,以此为理念,集团董事长孙大午提出"私营企业姓公不姓私"的主张,积极融入社会,参与社会建设,支持参与公益事业,建立敬儒祠,教育干部职工温、良、恭、俭、让,仁、义、礼、智、信。在大午农牧集团形成了一种孝敬老人、助人为乐的祥和气氛。孙大午自己很有思想,并有著书,经常奔波于全国各地做研究,他个人特征也是企业文化的主张和表露。孙大午以他的丰富思想和真知灼见不断使大午农牧集团企业文化提升,不断为企业经营和发展注入新的内涵。

3. 产业要靠文化推动,发展产业文化,农业产业化的过程也是农业产业文化形成的过程。某种产业发展的过程中,不仅仅是经济因素一方面影响,也是社会因素综合包容。产业长久发展不仅仅是市场带动,而且还有非市场的社会影响。产业发展要综合多头并进,发展不同的产业状态形式,以多样化丰富产业层次,并逐渐融入文化内涵。这种文化要融入当地特色,以当地的历史发展、人文风俗来阐述产业。对于单个企业来讲,企业融入当地的个性文化元素,表达了自己的某种主张,传递了一种人文精神,既是企业文化,又是企业发展产业文化的一部分。如河南省周口市的周棉宾馆,对于自己的餐饮经营的各个包间,以周口市下属的各县区为单位分别进行鹿邑、郸城、沈丘等县区的历史图片展览的装饰,这便传递了一种博览文化,具有科普意义。一些有实力的企业通过建立某一类的博览馆来表达一种企业文化和产业文化,古井集团和张裕集团都通过建立酒文化博览馆来实现文化诉求,以此做实企业发展和酒产业的根基。而对经营柑橘的浙江省忘不了柑橘专业合作社来讲,从外出销售柑橘到在浙江台州本地建立柑橘文化园、品橘村、博物馆来发展都市休闲农业,由此经营思路得以改变,以外来人前来消费而带走"忘不了"品牌柑橘,宣传了企业品牌。对一个地区的产业发展来说,发展产业文化也是如此,特别是农业产业发展要有文化根基,融入当地民俗风情。目前开展农业采摘节,就以农业为依托,从文化上着笔,通过旅游带动来发展当地经济,使农业产业化得以实现。就石榴方面来说,陕西临潼和河南荥阳都是通过石榴采摘文化节的形式来带动产业发展。陕西临潼每年都组织石榴采摘文化节,开展一系列活动,并结合临潼当地的旅游文化资源来开展活动。河南荥阳通过一年一度的石榴文化节活动来宣传荥阳,融入当地旅游,组织书画摄影作品展览,开展石榴盆景观赏活动,使得石榴作为一种文化要素融入社会生活各个方面,这有益于当地石榴产业的发展。

【附4】 农民大讲堂走进阎良区关山镇北冯村

2008年12月5日上午,阎良区关山镇北冯村小学三楼的一间教室内坐满了阎良区科农瓜菜专业合作社的成员和北冯村民,甜瓜种植知识讲座在这里召开,这也是阎良区科农瓜菜专业合作社联合关山镇政府、北冯村村委一同举办的农民大讲堂活动。阎良区关山镇党委书记刘志强同志讲授了党的惠农政策,阎良区农技推广站站长姚建华同志和技术员郭志勇、冯志强同志讲授了甜瓜种植技术,科农瓜菜专业合作社理事长张小平同志则根据自身种植经验生动形象地讲解具体的甜瓜施肥要领。讲座之后,科农瓜菜专业合作社发放了甜瓜种植技术资料。讲座受到了村民和合作社成员的一致好评。

农民大讲堂是阎良区科农瓜菜专业合作社根据阎良区瓜农对于科学技术和经营知识的需要,联合阎良各个镇街、村委、其他农民专业合作社,以科农瓜菜专业合作社提供师资资源、学习材料以及各个镇街、村委、农民专业合作社提供讲座场所而组织的科技知识讲座活动。通过阎良区科农瓜菜专业合作社联合全区其他农民专业合作社共同构建农民大讲堂,为阎良区现代农业发展培养懂科技、会经营的高素质农民。

【附5】 科农瓜菜专业合作社网络信息

销售季节来临，帮科农瓜菜专业合作社网上发布消息20多条，消息如下：

阎良甜瓜供应——阎良科农瓜菜专业合作社

阎良区科农瓜菜专业合作社拥有成员132名，自有甜瓜优质高产、高效规范化栽培展示田152亩，成员种植面积1 106亩，采用统一设施、统一育苗、统一生产资料、统一技术管理、统一品牌销售"五统一"管理。现有大量"蜜霸"牌甜瓜上市，亩产在1.5吨左右，品种优，口感好，价格廉，交通便利，真诚待客，热情服务，欢迎各地客商前来订购。

联系人：张小平。

地址：西安市阎良区关山镇南300米路西（关油二号路东兴村路口）。

发布信息部分网址如下。

易登网陕西-西安：

http：//www. edeng. cn/data/china/shan3xi/xian/useditem/selluse-ditem/11775790. html

赶集网-西安：

http：//www. edeng. cn/data/china/shan3xi/xian/useditem/selluse-ditem/11775790. html

西安企业网：

http：//www. xaqyw. cn/Article/？873. html

搜西安：

http：//www. souxa. com/displayinfo. asp？id＝589

百姓网：

http：//xian. baixing. com/yijiafuwu/a33788297. html

左右手：

http：//www. zoyoso. com/ershou210608

阎良之窗：

http：//www. 710089. com/post/postshow. asp？id＝1205216

三农搜索网：

http：//www. 3nss. com/Portal/Detail. aspx？Action＝SubmitedView & InfoID＝3241459&FormID＝67

【附6】"农产品品牌营销"农民讲堂参会名单

2009 年 6 月 8 日下午，在阎良关山西农甜瓜站，山东临沂师范学院陈令军老师为科农瓜菜专业合作社举办农产品品牌营销讲座，科农瓜菜专业合作社有 5 人参加，此外还有富平富郁香甜瓜专业合作社、阎良西蜜甜瓜专业合作社、阎良芹兴蔬菜专业合作社、阎良利民农资专业合作社理事长参加。陈老师做品牌营销策划及研究 10 多年，自有注册品牌 30 多个，他既有理论基础，又有实战经验，讲课生动活泼，深受合作社的广泛好评。下附名单和活动图片。

"农产品品牌营销"农民讲堂参会名单

编号	姓名	所属专业合作社	任职	家庭住址	备注
1	张小平	阎良科农瓜菜专业合作社	理事长	阎良区关山镇北冯村	
2	李长九	阎良科农瓜菜专业合作社	理事	阎良区关山镇新马村	
3	冯朝阳	阎良科农瓜菜专业合作社	理事	阎良区关山镇北冯村	
4	张增平	阎良科农瓜菜专业合作社	成员	阎良区关山镇北冯村	
5	韩向前	阎良科农瓜菜专业合作社	成员	阎良区关山镇康村	
6	贾相志	临潼农户心声甜瓜专业合作社	理事长	临潼区相桥街道办张八村北贾组	邀请未到
7	赵可合	富平富郁香甜瓜专业合作社	理事长	富平县张桥镇东来村	
8	赵曙光	阎良西蜜甜瓜专业合作社	理事长	阎良区关山镇苏赵村	
9	李刚	阎良芹兴蔬菜专业合作社	理事长	阎良区振兴街道谭家村	
10	宋建堂	阎良利民农资专业合作社	理事长	阎良区新兴街道井家村	

辅导计划（第 5 期）

一、前期辅导开展准备

向几个农民专业合作社学术会议投递文章，申请参加学术讨论，并争取发言。借去浙江大学访学之机，去浙江考察农民专业合作社。

二、辅导计划开展

带阎良区科农瓜菜专业合作社骨干去重庆、青岛参加合作社学术会议，考察浙江农民专业合作社。

三、时间安排

9 月初和 9 月末分别去重庆和青岛，11 月去浙江进行 10 天左右的考察。

四、其他与备注

考虑去阎良区甜瓜合作社中的哪几个合作社及哪些人去。

2009 年 8 月 16 日

辅导报告（第 5 期）

一、第 5 期辅导计划

带阎良区科农瓜菜专业合作社骨干去重庆、青岛参加合作社会议，考察浙江农民专业合作社。

二、辅导计划完成情况

带阎良区科农瓜菜专业合作社理事长张小平参加中国科协在重庆举办的合作社学术会议。去青岛农业大学参加东亚合作社论坛，并考察山东农民专业合作社。去浙江考察台州、宁波、嘉兴农民专业合作社。

三、时间行程安排

1. 2009 年 9 月 7—10 日，带张小平理事长参加中国科协年会和"农民专业合作组织与农村改革发展"分会，拜访了合作社研究专家孙亚范（扬州大学管理学院副教授）、郭红东（浙江大学 CARD 中心研究员）、夏英（中国农业科学院农业经济与发展研究所研究员）等，并与他们进行了交流。张小平理事长通过与国内合作社专家进行面对面的交流，对合作社有新的认识。

2. 2009 年 9 月 22—26 日去青岛农业大学合作社学院参加东亚合作社会议，并去海阳市和寿光市考察山东农民专业合作社。

3. 2009 年 11 月 9—19 日去浙江台州、宁波、嘉兴进行农民专业合作社考察。

四、工作开展详细情况

1. 西北农林科技大学应该促使西北合作社研究中心的建立。通过持续两年的阎良区甜瓜合作社的研究，我们深深感受到农民需要持续的帮扶，长期的指导是非常必要的，西北省份目前缺乏这种研究和指导机构。

陕西作为西北五省份之一，目前缺乏合作社研究中心，西农作为西北农业院校，应该担负起时代的使命，利用自身位置优势，整合项目资源，设立合作社研究中心，并依托西农的各试验站的示范农户，构建各个农民专业合作社的指导中心，指导建设和发展合作社、联合社、联合总社。合作社研究中心可依托西农经济管理学院和人文学院的力量，整合农民专业合作社的研究资源，考虑王征兵老师担任组织的指导教师。

对于农民专业合作社的指导，不是一朝一夕的事情，而是长期关注的过程。而西北合作社研究中心是以机构的建立来保持这种指导的持续性，这可以保持各个合作社获得智囊的持续支持，也保证各个合作社的持续发展。

如今现有的几家合作社培训机构和研究机构为：青岛农业大学合作社学院、浙江大学 CARD 中心中国农民合作组织研究中心、中国人民大学中国合作社研究院、西南政法大学农民专业合作组织研究中心、安徽财经大学合作经济研究中心。

2. 在重庆参加中国科协年会和农技协主办的"农民专业合作组织与农村改革发展"分会。2009 年 9 月 7—10 日，借中国科协年会召开之际，我和阎良区科农瓜菜专业合作社理事长张小平一同参加中国科协年会和农技协主办的"农民专业合作组织与农村改革发展"分会，和参会专家进行了交流。

孙亚范老师从利益谈起，目前合作社研究需要从为什么发展转到怎么发展的研究上来。夏英老师以自身在台湾的经历，讲及台湾农协，认为大户吸引小户未必有利于大户发展。郭红东老师从浙江箬横西瓜合作社谈起，又讲及贵州湄潭烟草产业发展情况，建议依靠专业大户发展农民专业合作社，加强土地流转，对于分散小户则以社会保障来维持，专业户是农民专业合作社的主体。还有一位青年才俊，他是黄胜忠，2007 年从浙大博士毕业，如今已经是西南政法大学的副教授、硕士生导师，他在西南政法大学建立了合作社研究中心，有自己的研究平台。他在会上给大家放映了自制的合作社教学片，颇为不错，影片把握了合作社的理念，语言通俗大众化，很受与会人员的好评。这个教学片不久将在市场上发行，这改变了目前我国农民专业合作社教学片缺乏的局面。

通过与以上专家的交流，专家为科农瓜菜专业合作社提出一些建议，张小平获得启发，并表示有很大收获。

3. 青岛农业大学合作社学院考察和山东农民专业合作社考察。2009 年 9 月 22—26 日，借东亚合作社会议召开之际，我去参会，并就农民组织发展问题作了主题发言，和与会专家进行了交流，并借机去山东海阳市和寿光市考察了山东农民专业合作社。

　　青岛农业大学合作社学院是全国建立的第一个合作社学院，合作社学院院长李中华是留日博士，在日本学习生活9年，前几年毕业回国找工作，考察了不同地方，去过西北农林科技大学，但终究选择了具有区位优势的青岛，在青岛农业大学实施他的合作社理念。青岛近靠韩国、日本，韩资建厂于此地较多，理念先进，是建功立业的地方。在青岛农业大学校长李宝笃的支持下，中国第一个合作社学院建立起来，并每年举办东亚合作社会议，中国、日本、韩国三国参加。

　　这次会议，有几位专家进行了发言，张晓山解析了龙头企业、大户带动下合作社的发展，指出了龙头企业、大户主导合作社的弊病，并就如何防止大户控制合作社、保护散户的利益给出对策。温铁军以自己多年来的实践，站在生态文明的制高点，提出发展"社区＋农业""消费者支持农业（CSA）"的模式。他有自己的理论视角。黄祖辉也作了发言，他结合浙江的实践，对合作社进行全方位的思考，浙江合作社发展具有企业参与带动的特点，主张发展新一代合作社。苑鹏就合作社的规范化提出自己的思考，她当年参与了《中华人民共和国农民专业合作社法》的制定，《中华人民共和国农民专业合作社法》仅仅提出了一个基本的法律框架，对于合作社发展当中出现的新情况，如联合社的问题、农民组建手工艺合作社问题，没有作法律上的规定，各地可出台相关的地方条例进行规范，这也是《中华人民共和国农民专业合作社法》将来需要完善的地方。

　　日韩的专家也作了报告，他们有农协经验，很乐意向中国输入农协模式，且十分关注中国合作社的发展。以青岛农业大学合作社学院为平台，这里聚集了许多留日博士，同时联系了许多日韩专家，合作社学院有聘请的日本研究员，经常性地与日本进行交流。在日本一位农协指导专家（川崎广人）的帮助下①，青岛农业大学正在进行消费者合作社的建设，仿照日本的"生协"进行组建。通过消费者合作社这一渠道，农民专业合作社的产品就相应地进入。目前政府支持的农超对接，李中华认为问题较多，农民专业合作社进入超市难度较大，于是他们在李宝笃校长的支持下进行消费者合作社的试验。

　　之后去临近的山东海阳市考察农民专业合作社，所参观的这几个合作社都是青岛农业大学合作社学院指导的农民专业合作社，也是合作社学院学生实习

---

　　①　川崎广人当时辅导青岛农业大学消费合作社，但最后消费者合作社没有运行，川崎广人后到潘石屹甘肃天水老家帮助种植生态苹果，后来又到河南省原阳县小刘固村，在小刘固农场主李卫支持下，再次发展生态种植，销售农产品，开展培训，推广生态种植理念。笔者2018年底曾去原阳县小刘固农场访问过川崎广人先生。

基地。合作社理事长成立合作社之前都在经商，有的帮浙江茶商在本地发展种植户，有的办农资店，有的做苹果经纪人，借国家政策之机，纷纷成立合作社，接受合作社学院的指导，并借合作社学院推销自己的农产品。他们思路比较开阔，反应快，东亚论坛会议刚开，在我们参观时，他们已经把和参会专家的合影放大悬挂出来，有很明确的商业意识。这边的合作社都是刚刚组建，发展人数不多，成员大多未入股，仅仅有合作社雏形。

又去寿光考察合作社。这边蔬菜销售是由经纪人主导，市场在起作用，合作社发展数量不多。三元朱村就是如此，村支部书记王乐义是寿光蔬菜的名人，蔬菜销路是"公司＋经纪人＋农户"模式，农户生产的蔬菜不愁销路。对于产品质量问题，政府主导介入，严格监管，农户需要自觉遵守，但其中缺乏合作社这类行业自律组织。

4. 浙江农民专业合作社考察。2009 年 11 月 9—19 日，去浙江台州、宁波、嘉兴考察 5 个农民专业合作社。浙江的农民专业合作社多为龙头企业形式，有的具有公司和合作社两个牌子，有的完全以合作社形式设立，看不出公司的字眼。龙头企业有发展合作社的优势，可以以合作社来巩固自己的农民客户，稳固上下游关系。浙江的农业专业化生产能力比较强，受浙江早年的民营经济发展的影响。浙江出现了全国最早的股份合作制企业，这种股份合作制只是很短一段时间的过渡，后来发展为股份制企业。如今国家大力支持农民专业合作社的发展，浙江许多民营资本借助农民专业合作社的形式投资于农业。在农民专业化和农业产业化的过程中，农民专业合作社是专业农民的队伍，农民专业合作社使专业农民和传统农民分开，传统农民需要国家的社会保障，专业农民组成的农民专业合作社是农产品持续供给的保证。

在北方普遍存在协会的情况下，浙江早在 21 世纪初就有大批合作社成立，《浙江省农民专业合作社条例》率先于《中华人民共和国农民专业合作社法》颁布。浙江省级的农民专业合作社联合会也于 2009 年 11 月初成立①，是由政府、高校和各个农民专业合作社共同组建的。在农民专业合作社发展的进程中，联合社可以发挥从上到下的指导作用，并能销售一定的农产品。对于不同类别的农产品合作社能否聚在一起，以及同行业的合作社能否聚在一起，这都

---

① 浙江合作社发展一直走在全国前头，在当年全国尚无联合社时，浙江率先发起联合社，以协会或合作社方式注册，直到 2017 年《中华人民共和国农民专业合作社法》修改之后，联合社才被写进合作社法律当中。

是目前阶段的问题所在。

5. 科农瓜菜专业合作社的近期经营。科农自早春瓜销售之后,2009年未种植秋瓜。科农依托阎良区科技局建立自己的育苗中心,采用了山东式温室。温室除了可以育苗之外,还可以种植一些甜瓜,以2009年的温室设施,第二年能有部分甜瓜早于当年时段上市。具体温室甜瓜的种植用工,理事长张小平准备采取雇工形式。

2009年12月31日

【附1】 关于西北农林科技大学构建农民讲堂的想法和建议

构建目的:解决农民生产经营中的管理和技术问题,组织专家学者或技术人员下乡与民交流,授民以术,倾听民声,促进西北农林科技大学与各试验示范站、当地政府、乡镇、村委、合作社或协会的交流合作。以农民讲堂的形式开展工作,凝聚人心,形成组织和制度,长此以往,逐渐完善,从而完善西北农林科技大学的科技示范体系。西北农林科技大学促进产学研结合,促进科技转化,扩大西北农林科技大学的影响。

构建意义:经济发展的前提是精神的改变、意识的转变。从农民中发掘组织人才,促进现代农业的建设与发展。以学习型社会的构建来改变农民的传统培训思维,使得人人主动参与到现代农业的经营中来。农民讲堂是西北农林科技大学联合地方政府所做的产学研品牌工程,具有公益性质。

远期设想:西北农林科技大学联系陕西全省各地方政府,通过试验示范站联系当地镇街、村委、合作社或协会,企业参与互动,共同构筑科技下乡、文化下乡体系,加强试验示范站与当地政府的联系,为农民提供科学技术,提供文化娱乐。

近期打算:由西北农林科技大学各试验示范站点牵头,联合县市政府、镇街、村委、合作社或协会进行讲课。

组织命名:农民讲堂(针对农民,所讲内容不限于农林方面),农林讲堂(针对农民,所讲内容限制在农林方面),农家课堂(针对农民,开展活动不一定限制于讲课讲座,更加主张农民参与性,融进文化娱乐活动,更注重与农户的互动性,有些类似于电视节目)。

组织机构:西北农林科技大学推广处可安排固定人员,专门负责"农民讲堂"的运作,通过各试验站联系县市政府、乡镇街、村委、合作社或协会,联系讲课讲座师资,印制学习材料。

组织分工：当地乡镇政府、村委、合作社、协会都可组织，人数 30～100 人，由试验示范站组织并派出师资力量；当地县市政府组织，人数 100 人以上，由西北农林科技大学推广处联系组织并派出师资力量。西北农林科技大学负责提供免费师资，并提供一定份数的学习材料。

师资资源：西北农林科技大学专家，企业家。

讲课内容：种植技术，科技知识经营意识或营销知识，鼓舞人心、促进创业的励志故事。

讲课形式：以讲为主，注重课堂的互动，可以考虑文艺与讲座讲课结合。

组织形式：

（1）固定讲座。专家前去讲座，可让各示范站通过当地县市政府组织农林系统人员、镇街干部、村委干部、合作社或协会人员参与。

（2）流动讲座。①针对农民的便利，可以前往镇街、村庄、合作社或协会驻地讲课，流动性讲座。②可以于集市、庙会进行技术讲座，融入娱乐、文艺演出，也可与企业合办，宣传企业产品，争取赞助经费。可以准备专门车辆进行下乡讲课。

讲堂性质：

（1）公益性。为农民着想考虑，为组织单位免费提供师资，具有公益性。

（2）自愿性。发挥农民的自愿性，在农民需求的基础上提供讲课。

（3）战略性。通过构筑农民讲堂，立足长远，通过西北农林科技大学的免费师资和学习材料，促进农民学习活动的开展，以知识技术武装农民头脑，发展当地经济，从而达到"四两拨千斤"的效果。

（4）励志性。注意授民以术，开拓民智，励志图强，奋发精神，使农民精神面貌有所改变。

宣传布局：

（1）媒体宣传。注重宣传，利用西北农林科技大学媒体、当地媒体进行多渠道宣传。

（2）形象识别。设计农民讲堂的徽标，在关键处悬挂；设计农民讲堂的宣传语言（如"农民讲堂，今日开讲"的标语），进行形象的宣传。

初期做法步骤：

（1）成立负责农民讲堂的组织。

（2）确定培训信息。联系当地政府、镇街、村委、合作社或协会，统计培训信息。

（3）提供师资并发放学习材料。联系师资，并向镇街、村委、合作社或协会免费提供师资，免费发放学习材料。

（4）总结回顾。

注意事项：

（1）针对不同人群，要分清讲课听众，要针对性讲课，所讲内容与听众口味相符合。

（2）讲课要发挥农民的主动性，不能使讲课走了形式，为群众所厌烦。要使农民群众所需要和农民讲堂所提供相契合。农民讲堂要在农民听众所需要的基础上迎合他们的口味需要，并提供师资。

（3）注意农民讲堂的讲座讲课与行政性培训的区别，后者带有必须和强迫，因此不能混淆农民讲堂和行政性培训的界限，要营造好农民讲堂品牌。对此问题的解决，短期来讲，培训与农民讲堂的结合可使用以下形式：可以悬挂两个条幅，一个是培训相关的条幅，另一个是农民讲堂的条幅（"农民讲堂，今日开讲""农民讲堂讲农民所想"或更好的语句）。

（4）讲课讲座的教师一定要选拔好，不同的教师讲课风格会影响听众的情绪。农民讲堂一定要有自己的核心讲课人员。

（5）整个过程要精心准备，认真实施，爱心先导，负责到底。

（6）发挥企业家作用。企业家作讲座，能带来新的理念和新的思路，特别是从事农业企业家的发展经历，从中可以看出农业经营的变迁，使农民听众有所启发。企业家的讲课是求真务实，是基于实践的总结，有一定的说服力，而且企业所讲都穿插着自己的创业故事，惊心动魄，曲折起伏，很容易引起共鸣。企业家作讲座是多赢的过程，企业家在为大家传递经营理念的同时也宣传公司产品和品牌，做了公益营销。因此企业家讲座是一举多得，农民讲堂可以多请有公益心、能营销自己的企业家来讲。

（7）农民讲堂要重视本系统的"大"讲座和"小"讲座，"大"讲座是以西北农林科技大学名义请专家，联合当地政府共同举办讲座。但讲课老师一定要选拔好，找些会讲的人。"小"讲座是各试验示范站组织当地镇街、村委、合作社、协会作培训讲座，以西北农林科技大学名义免费提供师资和学习材料，要深入农民之中去讲，到生产第一线去讲，到农村集贸市场去讲。农民讲堂要不拘"大""小"，不拘层次，要多渠道地去讲，讲到农民心坎上。

（8）对于农民讲堂的举办要给以经费支持。要妥善处理好师资使用费用付给、工作餐饮费用支付，不能使农民讲堂讲课接待成为当地政府的负担。

（9）建立农民讲堂网站，就农民讲堂需求与供给发布信息，联系全省地方政府，联系各试验示范站，构筑信息渠道。

【附2】 非农合作社视角下的农民专业合作社解读[①]

摘要：利用合作理论对合作社的合作逻辑或机理进行解读，发掘我国现今非农行业合作的典型经验，如客运车辆合班、网吧联营这些民间自发行为通过非农合作的研究，比较非农行业和农业的行业差异，分析农民专业合作社的合作难以形成的原因，小农经济对中国农业经济组织冲击厉害，从而理出中国农民专业合作社发展的路子。中国合作社的发展应该从非农行业开始，改造集体经济，非农合作容易出效果，能保证维护合作所需要的费用成本，而农业不然，利润低，合作的行动成本难以保证。从非农合作开始，使合作成为一种理念，一种文化，深深扎根于社会之中，逐渐渗透于农业之中，才能造就农民专业合作社发展的大环境。

关键词：非农合作社，农民专业合作社，产品同质性，产品标准化，市场准入

一、前言

合作社是一类经济组织，是分散主体为对接市场而自发形成的组织。虽然有政府外界力量介入，但合作社的前提是加入主体的自愿性。合作社来源于英国欧文的主张，在中国20世纪初被孙中山作为三民主义民生实现之途径。共产党所在的苏区也注重发展合作社，以合作社形式进入社会主义道路，最终迈入共产主义社会。中华人民共和国成立后的20世纪50年代以意识形态介入的合作社，非是在自愿基础上发展的，或者在发展过程中不注重经济理性，使得合作社走了形式，使加入主体不是真正加入进来。这使得合作社发展遇到了挫折，20世纪80年代，中国市场化改革逐步推进，各类行业出现了承包经营和私营经济。农村在家庭联产承包所有制的基础上，出现了专业户，社会经济发展很快。但与此同时，过多的市场主体参与市场，政府监管的不力和行政开支

---

① 此文曾受博士生访学合作导师中国农业大学经济管理学院农经系主任冯开文指导，在此感谢。此文整理后，曾在以下学术年会会议集发表。仵希亮，2010. 非农合作视角下的农民专业合作社解读〔A〕//中国科学技术协会学会、福建省人民政府．经济发展方式转变与自主创新——第十二届中国科学技术协会年会（第四卷）〔C〕．中国科学技术协会学会学术部：329 - 341.

的有限，使得各种质量事故不断发生。分散主体参与市场，不能自律，市场缺乏道德自律和法律空缺，使得市场混乱，在工商业领域"齐二药"事件、"欣弗"不断发生，在农业领域又出现"三鹿"事件，这是潜在问题的整体暴发，是行业存在问题的冰山一角。因此生产经营者的分散无序经营便是一个市场经营者怎样组织化的问题。中小企业的发展为国家所倡导，需大力发展中小企业。中小企业的发展不是重复发展，而是做大做强。中小企业在发展中需要重组合并，需要整体壮大。因此产业组织有合并趋势，分散主体有联合经营之势。特别是对于原材料市场，对于同质性比较强的产品市场，中小企业更需要联合重组，以壮大整体实力，摆脱彼此恶性竞争局面，联合起来做大同一品牌。

分散经营户可以结合成合作社来对接市场，中小企业则是合并重组成联合企业来对接市场。合作社与联合企业是同样性质，都是分散经营者对接市场的一种组织化手段。通过联合结合，避免恶性竞争，使"冤家"变为"同志"，使品牌得以做大做强，使得行业结成利益同盟。这样的组织如果在政府监管下则不能成为垄断，只有政府不给以监管，这样的利益同盟才向垄断发展。农民专业合作社是分散农民经营者对接市场化的组织。农产品同质性很强，分散农民容易受到经营商人的牵制，而处于产业末端，不能与市场需求接轨，因此农民组织化是必然取向，农民专业合作社的发展是历史必然。但鉴于目前2007年《中华人民共和国农民专业合作社法》刚颁布，农民专业合作社发展在试验阶段，农民专业合作社的路还在探索。在农民专业合作社发展过程中，如单纯以《中华人民共和国农民专业合作社法》为条文，农民利益参与不进来，农民不能参与农民专业合作社的管理，农民专业合作社形如虚设，常常为专业大户、农村干部所左右，农民专业合作社没什么人入股，或入股没有发挥作用。因此农民专业合作社的发展需要从利益视角入手，使得农民为利而加入进来。农民专业合作社是一类行业整合组织，使得分散经营者对接大市场。它的发展不是没有经验借鉴，其他非农行业的例子可供农民专业合作社比较借鉴。这里便从非农合作入手来探讨农业合作，来寻求农民专业合作社发展的路径①。

---

① 其实对于非农领域之合作社，在《中华人民共和国宪法》第八条就规定"农村集体经济组织实行家庭承包经营为基础、统分结合的双层经营体制。农村中的生产、供销、信用、消费等各种形式的合作经济，是社会主义劳动群众集体所有制经济。参加农村集体经济组织的劳动者，有权在法律规定的范围内经营自留地、自留山、家庭副业和饲养自留畜。城镇中的手工业、工业、建筑业、运输业、商业、服务业等行业的各种形式的合作经济，都是社会主义劳动群众集体所有制经济"。其已阐述了非农合作的法律出处，但在现实当中，我们只是着重发展了农民专业合作社。

二、非农合作社

1. 非农合作的案例。

（1）客运合班。YL 市与 XA 市之间有一条客运路线，原来有 36 辆汽车，挂靠于 3 个不同运输公司之下，分别属于不同车主所有。由于车辆属于不同主体所有，发车前后争分夺秒，互相挤占发车时间，有时会大打出手；客源有限，兜圈、甩客、卖客现象突出，使发车时间难以保证；票价恶性竞争，乘客可以任意讲价。客运淡旺季客源不同，而运力是一定的，使得车辆经营受时间影响很大，旺季车辆不够用，淡季则是每辆车都坐不满。之后通过车主自发联合，合班经营，车辆由 36 辆减为 32 辆，为 36 个车主所共有，32 辆车分为 8 组，每组之内车辆互相联合，8 组又大联合。各车辆司机仍是原来车主雇佣，售票人员换车工作，以此使票务相互监管。统一分账，具体各车开销则由各车主自己负责。这种班线车辆联合后，效益大好，使得线路车辆转让市场价格大升。

（2）网吧联营。AK 市有网吧 80 家，分布在城区各处，且有 100 多家黑网吧。同行竞争激烈，黑网吧是直接威胁，使上网的价格从 2 元/小时降为 1 元/小时。网吧的恶性竞争，未成年人上网成了严重问题，这成为家长的一块心病。网吧利润微薄，愈发难以持续经营。对此，80 家网吧联合起来，按机子多少，一机一股，统一分账，由此价格又恢复到 2 元/小时。与此同时，统一行业规范，统一不容留未成年人上网。政府对于统一经营的网吧易于管理，便留有精力进行纠查黑网吧。如此，AK 市网吧行业得以净化，行业得到了自治，未成年人上网问题得以解决。

（3）板鸭联合。SC 县是板鸭生产大县，有 21 家板鸭生产企业。大家以前分散经营，相互竞价，使价格很低，企业愈发难以维持经营。且企业生产标准不同，对于原材料更是来源不同，这影响食品的安全，影响 SC 县整个行业的发展。这 21 家板鸭企业在利益基础之上，自发联合，自发成立了联合企业。统一原料，统一品牌，统一生产标准，共同对接市场，使得能够订单生产，并对于鸭子养殖严格把关，以订单订购鸭子，使得板鸭产业上下游紧密连接起来，降低市场风险，做大整个产业，壮大区域经济。

（4）纯净水联合。DC 县纯净水企业有 20 家，并有许多黑作坊生产纯净水。黑作坊的产品质量不能保证。纯净水价格从以前 5 元/桶，竞争到 2 元/桶，纯净水利益越来越薄，生产难以维持。面对市场的生产能力过剩，而客户市场已经达到饱和，20 家企业联合起来，组建新的品牌，统一包装，集中供应纯净水，物价部门对价格监管并给以核定，促成纯净水行业自治，并使产品质量得以保证，纯净水市场得以净化。

2. 非农合作的特征。

（1）产能过剩，过度竞争。行业发展，使得产品愈加同质化。彼此竞争，使得产品质量水平相当。而所能比的便是价格环节，价格在竞争中不断下降。并有些非法企业参与进来，所提供的产品以次充好，形成"柠檬市场"，使得合格产品更是受到冲击。比如客运行业，车辆挂靠于运输公司名下，车辆设备是统一的，服务也是日益趋同。但对于市场的不稳定，运力与运量难以平衡，分散经营车主难以对接大市场，难以调配车辆。只有统一经营，统一分账，使利益环节连为一体，才能根据市场变化而灵活调节安排，以运力调节来适合运量。生产企业也是如此，存在生产能力与市场需求的对接问题，不能平衡产能与需求的关系，需要针对现有企业进行整合重组，以联合企业来做大做强产业，以统一组织来对接市场。

（2）共有品牌，做大做强。产业经营，对接市场，要做大做强就需要统一经营，走品牌化之路。分散经营者各有品牌，而品牌太多，便难分伯仲，不分好坏。在标准生产基础之上，政府对于价格严格调控，企业可以联合进行品牌化经营。分散企业联合起来共同做大一个牌子，在产权分明的基础上进行统一生产，各自调节产能迎合市场需要。统一品牌下是统一的产品、统一的服务，只有标准化的统一产品和服务才能使联合企业壮大力量以应对更大的市场。如板鸭联合中，以前各家虽有品牌，但在产品日益同质化的情况下，品牌不显著，只有统一行业品牌，才能做大这个行业，利于各个经营者的发展。AK 市的网吧行业也是如此，联营之前，各自经营，没有品牌意识，服务不规范。联合之后，在同一品牌之下，统一装潢，统一设备配置，一致严禁未成年人上网，净化网络空间，使行业品牌更清晰明确，壮大了品牌。

（3）经营权控制，政府管制。对于某类产品或服务的经营，政府给以准入限制，赋予经营权。对于产品日益趋同的市场，政府所赋予的经营权要有量的控制。比如客运路线所经营的车辆就有一定的数目，需要在考虑市场需求的基础上试探性经营而确定运营车辆的数目。而对于生产企业也是如此，某类产品，也是根据当地需求市场而考虑经营企业的数目多少，而不是一味给以准入。对于经营权给以控制，考虑市场需求，使市场有序经营，使企业联合自治，政府留有精力监管市场，打击非法生产者。联合的产生离开不了政府管制的作用，如 DC 县 20 家纯净水生产企业在联合之前，企业散乱小，假冒伪劣不合格纯净水到处充斥市场，正规企业受到冲击，价格竞争厉害，入不敷出，经营难以维持。同时消费者投诉纯净水问题日益增多，政府为便于管理纯净水行业，进行清查市场，纯净水企业借机进行整合，统一服务，统一质量。

（4）利益导向，为利而合。工商业为利而合，合作基于利益，合作能壮大整体利益。对于共同的利益，减少内部竞争，强化团体集体概念，统一行动，统一对接市场。联合参与者对未来有预期，在利益基础上合作，为利而合。在合作上虽有所舍让，但合作是为了使所得大于所失，使整体利益最大，个人所得也是最大。同时合作能够降低风险，统一品牌，能壮大整个行业，使利益最大化。随着产品的同质性增强，这些行业产品趋于资源性产品，价格弹性不大，统一产品、统一价格能使利润达到最大化。如网吧经营，所提供服务即是产品，价格弹性小，不会因为价格提高而上网人员锐减，由此会增加行业的整体利润，各个竞争者的利润也会增加。

（5）自愿合作，产权明晰。合作，是产权明晰的合作，而不是全面的合作。合作是在各自经营者的自愿联合之上，是有一定条件的合作，有个人保留的产权。否认这种产权的合作，只能是降低效率，增加监管成本，工作人员积极性也调动不起来。我国 20 世纪 50 年代的社会化改造经验也是证明了这一点，盲目而合，混淆产权，虚夸成风，浪费严重，使无人对产权负责。如今的客运合班也是如此，合班一起，虽统一分账，但各自车辆还为各个车主所有，具体司机聘用和车辆加油维修还是由各个车主所负责，如此能增进车辆保养，使有专人监管，这种情况能降低合班的监管成本，增加财务透明度，使财务明晰，利于管理。同时，网吧联合也是如此，各网吧电脑为各网吧经营者所有，由各经营者负责维护，而经营收入则是按各网吧电脑数量以股份多少进行分成。

（6）标准规格，明确预期。不同产品有着不同价格，但竞争能够造成产品以次充好，形成"柠檬市场"，致使恶性竞争，价格日趋下降，使整个行业利益受损。在产品同质性日益趋强的情况下，产品需要标准化，朝品牌化发展，也需要产品标准化。统一服务，统一质量，这样便于企业内部的管理，便于政府监管。标准化产品由此形成标准化企业，标准化企业造就标准化行业，这使整个行业明晰，能给人预期。有预期，才能窥见风险，降低风险，使市场供给平衡，使供给得以对接。SC 县板鸭在联合之前，彼此竞争，产品质量不在一个层面，价格日益趋低，损失整个行业利益。联合之后，统一板鸭品种，统一板鸭生产标准，由此在产品标准化的基础上，又有了标准化管理的联合企业，使整个板鸭行业发展走向了标准化之路，标准化后的行业对接需求的市场便是游刃有余了。

3. 非农合作中的几个问题。

（1）非农合作中的组织类型认定。对于非农合作成立的新的组织，有不同归类认定。有的以协会相联合，结成同业协会，但其中利益较为分散，仅起协调之功能，不能以经济主体之资格进行运营，如此便只能以企业形式来经营这种联合体，但具体企业的类型认定还有困难。如客运联合的各个经营者是挂靠于各运输公司名下，是在一个运营路线上的合作。对于这类运营车辆如成规模则是以路线为基础组建成新的股份公司，股东为各运输公司，但其中各车辆还为各自经营者所有。如今大部分客运经营者虽然联合，但缺少更大的联合，缺少分组协作之上的联合，缺少组与组之间进一步的合作，而合作所形成的这种合作组织还没有被国家认定。网吧联合、纯净水联合、板鸭联合也是如此，联合体所属的以前分散经营者仍持有营业执照，但对于联合体仅有协议，没有执照认定。对于这种联合体可以考虑注册为股份公司，但民间自发形成的组织是为了利益自愿结合，考虑协议签订，自由联合。这种契约的合作组织也有危险，可能随时解散，成员具有不合作的自由，具有不稳定性。因此，政府应该规范管理这类合作组织，鼓励他们注册，便于监管。考虑到这些组织具有均股的特性，以股份公司或合伙企业注册又不完全符合均股的特性，国家可以设立合作公司这种企业类型以组织分散经营者，以此鼓励非农合作的中小企业发展。中小企业在目前产品同质性较强的情况下，仅靠自身发展积累资金技术是有限制的，只有重组联合形成较大的企业方能规范整个行业，而为中小企业联合重组所形成的新的组织正名可以设立诸如合作公司、合作社的合作企业类型。

（2）对于挂靠经营的改制。对于市场的对接，经营企业愈发集约化发展。分散经营者对接市场，需要联合起来，集约化发展。集约化发展需要大量资金，需资本介入进来。但在企业节约化经营过程中，有许多其他手段来实现企业集约化经营所要求的达标条件。如客运行业，既有历史承包经营的原因，又有资金原因，只有挂靠个人车辆于运输公司名下方能实现集约化发展。这种集约化经营，有的发展为个人入股的股份化经营，但大部分还是挂靠于运输公司名下而实质上是分散经营、单独核算，这两种经营状态之间便出现了分散车主联合经营的局面。挂靠经营是政府强硬集约化之路，使得分散经营者暂且挂靠某一企业名下。企业自己资金不济，仅靠自我资金满足不了规定运营资质条件，只有靠个人投资车辆挂靠企业名下实现企业的规模发展，而个人车辆注册个体工商户经营不被准许，只有把车辆挂靠于运输公司名下。企业和分散车主相互需要，便使挂靠经营成为既定事实。这种挂靠经营也是中国目前经济体制改革过程中的经营特色。这种相互需要的挂靠经营也进一步促使分散经营者的自由联合。

（3）联合不等于垄断，联合趋向于合作。垄断相对于竞争而言，是一种竞争态势走向了极端，市场上仅存唯一或少量的经营者，形成了一种供给地位，依靠垄断高价取得高额的利润。分散经营者如果联合起来为统一组织，在市场上为唯一或少量，就会造成垄断地位，但能否垄断高价，则还是取决于是否有政府和社会的价格监管。分散经营者走向联合，中小企业走向联合。联合是市场利益整合工具，它可以走向垄断，也可以不走向垄断，联合趋向于合作。联合避免恶性竞争，调节市场供给平衡，稳定市场，降低市场风险。但同时联合如在政府不监管的基础上，容易结成垄断同盟。政府在经营权控制的基础上，同时不能排除价格监管，并需要市场上出现自发的消费者组织以抗衡联合经营。目前中国消费者组织缺少，消费者没有融入进来，市场还需要消费者对自己权益的真正保护，中国需要更多的消费者权益保护组织。

（4）对于协作、联合、连锁、整合、合作概念的比较。协作是组织内部相互行动，以此惠及对方，相互帮助。协作是小范围内合作，联合是大范围的合作，是在利益基础上自愿结合以形成更大的组织。连锁则是组织的跨区域发展，统一品牌，统一产品和服务，组织文化和理念相同，其视利益的融合程度分为特许、加盟等连锁形式。整合则是由一种力量去重组组织，整合的主体可以是实力较强的一方去兼并其他组织从而形成更大的组织，也可以是以政府为主导重组行业企业。整合常常与资源联系在一起，分散组织所固有的资源是分散凌乱的，整合之后则盘活了资源，壮大了组织。而合作则不同于以上这些概念，它可以是细微的协作，也可以是行业整合，但合作更是代表后工业时代的一种精神，竞争至极，理性发展，分散经营者改变竞争态势，自发利用诸如协作、联合、连锁、整合之手段，通过调节产能来对接市场，它是一种自律的合作态势。如今社会所倡导的竞合或是双赢、共赢，以及和谐，都是倡导一种合作精神。

（5）合作所需要的开放式环境。张康之（2007）曾对合作和合作组织进行了研究[①]，他比较了人类的合作行为，广义的合作分为"互助""协作"和"合作"三重内涵。互助是感性的，协作是工具性的，而合作是理想的又是扬弃了工具性的人类群体共存、共在和共同行动的形式，后者是狭义的合作概念，是与人类社会的较高级历史形态联系在一起的。合作精神是合作文化的前提，合作体制和制度是合作持续开展的客观保障，社会的开放性是合作的社会基础，信息技术为合作提供了技术支持。合作是后工业时代所必须发展的一种人类的统一行为，2008 年经济危机更是人类走向后工业时代过程中出现的社会震荡，后工业时代需要的已不再是官僚制组织，官僚制组织已经随工业社会而去，合作组织拥有一种网络结构，它将彻底告别官僚主义和低效，它是一种最具有整体效率特征的组织形态[②]。资本主义国家发展多年，已经经历过工业阶段，它如今逐渐走向后工业时代。目前作为发展中国家的中国，经济发展模式是粗放式的，行业更是一种恶性竞争，以重复建设和资源浪费为代价，中国的社会治理组织还是一种官僚制组织。中国是否必须经历资本国家所要经过的工业时代才能达到社会发展呢？西方国家的经验可作为我们的借鉴，目前经济模式的发展还需要集约化，发展绿色经济，经济组织趋向于合作，如今中国共产党作为中国的执政党也是倡导科学发展观的。西方的以环境为代价的工业化发展之路我们不一定照走，后工业时代的合作理念同样也可以用来发展中国的经济。中国的合作组织还需要一个开放的环境，在该环境里人们结成网络，社会自治水平和治理参与力度都会相应提高。

4. 非农合作社。合作社的发展历史证明，合作社不局限于农业，在工商业方面仍存有合作社。合作社仅仅是个行业整合组织，它是分散经营者的整合工具。我国 20 世纪初民国时期合作社的发展是由孙中山所主张，而合作社所从事业务不限制于农业。现今澳大利亚所发展的合作社也存在于各行各业，不限制于农业。当然澳大利亚的农业是自由投资领域，它与中国有不同国情。而中国目前工商业合作组织存在于不同称谓组织当中，如股份公司、合伙企业等。

中国基于意识形态的影响，发展国有经济，对于公有制的划分传统上认为有两类，即全民所有制和集体所有制。中国在改革开放的年代，曾有公有制类型的大讨论。对于公有制应该有辩证的看法，董辅礽（2006）认为公有制包含

---

① 张康之，2007. 论合作 [J]. 南京大学学报（5）：114 - 125.
② 张康之，2009. 探寻新的组织形态的行政学研究 [J]. 中共福建省委党校学报（1）：4 - 11.

两个部分：共同所有制和公众所有制。共同所有制为全体国民所有，国家政府代为掌管，共同所有制的所有者为全体人民。公众所有制是另外一种形式。公众所有制又分两种，合作所有制及公众持股所有制。合作所有制的主体是合作社，一人一票，入退自由，除股金投入之外，也可投入劳动，按工计酬。对于股份所有制，股份不限制多少，可多持股，一股一票①。

由此，对于所有制的形式可有不同理解，中国不应该停留在意识形态之上。但对于公有制之下的股份制和合作制还是有区分，两者虽同属于公共所有制，但合作制企业在股份上是均等的，不同于股份制企业的按股份多少而具有不同表决权。集体所有制企业成员集中，易于核算，便于成员的认同。但对于集体所有制企业的发展，由于是集体所有，产权不明，没有量化到个人名下，因此存在代理人问题，集体中的个人参与性不足，致使集体所有制企业效率低下，问题重重。对于集体企业的改制，股份化不是唯一出路。与股份化并驾齐驱的还有一种合作化道路。但对于工商业的合作化进展仍是不足，目前国家所发展的是股份化，而不是合作化，因此合作化道路需摆到日程上来，促进非农合作社也即工商业合作社的发展。

三、农民专业合作社

1. 农业合作。中国有 8 亿农民，分散农民对接市场难以结成稳定关系。农民较多，土地受限，生产经营规模一直不大。大多数农民经营跟风，对于市场需要仅是盲从，无人保证来年的需求。农民与厂家所结成的关系也不稳定，彼此关系随意性很大，彼此有"敲竹杠"现象，道德风险、逆向选择多有发生。对此农民需要合作，需要结成利益共同体来对接大市场。中国自 20 世纪 80 年代土地承包给分散农户之后，农户便一直是分散经营，难以结成利益团体，这影响中国农业的集约化发展。农民组织化便摆到日程上来。农民之间的协作由村委相互联系，但村委被异化得厉害，容纳政治、社会、经济各方面，不具有市场交易主体地位。农民还可以直接组成产业协会，但协会属于民间组织，是社团法人，不属于自负盈亏、具有经营性质的企业法人。因此，农民专业合作社便被提上日程，2007 年《中华人民共和国农民专业合作社法》出台，规定了农民专业合作社的企业法人性质。农民专业合作社刚开始发展，农民组织化虽有农民产销协会的经验，但目前来讲，农民专业合作社自我发展遇到了

---

① 中国社会科学院科研局，2006. 董辅礽集 [M]. 北京：中国社会科学出版社．

困难,尚有许多路要走。目前农民专业合作社被农民大户、农村干部主导操作,农民参与性不足。但农民专业合作社还是需要更多的农民参与。

农户在参与市场交易的过程中,与龙头企业关系不紧密,利益不能联合起来,使得农户和龙头企业相互不信任,在分散农户和龙头企业之间还存在许多不固定的经纪人,致使许多产品质量安全事故发生,"三鹿"事件就是明证。农户作为产业链上利益一环,过于分散,地位不对等。因此农户只有结成利益同盟才能对接市场,对接龙头企业,农户可以通过农民专业合作社来结成利益联盟。

2. 农民专业合作社的问题与困境。

(1) 农民专业合作社被农民大户、农村干部主导。农民专业合作社受农村能人带动,为农村精英所发动。农民专业合作社刚发展两年,有些从农业经济类协会转化而来。农民大户发展产业有规模,可以成立经济组织以图更大的发展。农村干部有广泛的人际资源,有利于成立农民组织,特别是国家目前对农民专业合作社给以各方面支持,农村干部能率先获得信息和具有获得支持的优势条件。农民专业合作社目前大部分尚不规范,农民参与性不足,农民没有利益参与,合作社为农民大户、农村干部所主导。在农民专业合作社发展初期,农村精英的主导是必然现象,但从农民专业合作社的发展长期来看,没有农民的参与,农民专业合作社就不能称得上名副其实,这也对我国农民收入的提高是有限的。农民作为农民专业合作社的参与主体,对于自己的利益维护争取,只有以对等的身份加入,农民专业合作社方能健康发展起来。

(2) 农民专业合作社量多质轻,规章制度不完善。农民专业合作社的发展应该是自然而然,但目前许多地方政府为捞取政绩,以农民专业合作社数量作为考核政绩指标,使得农民专业合作社数量多,但规范的少。许多农民专业合作社徒有招牌,没有规范,制度不健全,没有入股,农民专业合作社显得量多质轻。以山西为例,截至 2007 年末,有许多合作社虽在工商部门登记注册,但未正式运行。如运城市未正式运行的有 313 个,占 40.49%;忻州市有 343 个,占 50.2%;晋中市有 410 个,占 22.09%;晋城市有 63 个,占 25%;太原市有 83 个,占 30.85%。合作社存在一些不规范现象:一是章程运作机制不规范。合作社虽有规范的章程,但运作时都不能按章程行事,大小事都由理事长说了算,主要原因是参加农户不知道怎么行使自己的权力[①]。二是财务问

---

① 陈世典,2009. 我市农民专业合作社发展现状调查与思考 [J]. 福建农业 (4):5.

题。按章程规定，合作社会计人员需持有财政部门颁发的"会计从业资格证"，但在农村很难找到合适的人选，导致合作社财务管理不规范。

（3）农民专业合作社受小农经济冲击得厉害。中国农村历代是小农经济，农民分散，随着人口的增多，人多地少，小农经济日益凸显。黄宗智认为小农经济威胁着中国农业的发展，中国工业道路进程举足不前也是受到小农经济影响，小农不计成本的生产对农业经营组织冲击厉害[①]。如今社会也是如此，8亿农民占总人口的比例仍是很高。农业准入门槛低，分散农户冲击农业经营组织，农民是否参与农民合作组织对自身经营影响不大。一是分散农户经营自身规模小，农业经济合作组织对自己的收入影响不大；二是农民自身就可以在市场上交易经营，不必通过农民合作组织。分散农户在市场的经营会对农业经营组织和农民经济合作组织构成竞争威胁。目前对于农业的产业化发展，只有提高准入门槛，使农民彼此联合，结合成合作组织，方能提升农业产业化水平，才有能力对接市场。

3. 农业的特点对于农业合作的影响。

（1）农业风险性的影响。农业生产易受自然因素制约，此外农业生产具有周期，具有市场风险。这些不确定因素对农民专业合作社发展都有影响，对这些因素要有辩证的认识。发展农民专业合作社能规避这些风险。国家对农业投入增多，农业逐步向设施农业发展，完备的设施能使农业规避风险，使旱涝保收，不受自然条件所控制。而国家对于农业的补贴则是要补贴于产业组织，而不是分散农户。国家的资金优惠政策通过投给农民专业合作社而使资金得到最大化使用，也使设施得到充分利用。通过农民联合形成农民专业合作社方能对接市场，利用组织获得市场信息，减小市场风险。因此农民专业合作社能够改变分散农户单独经营所缺乏种植技术而存在的生产风险及缺乏信息而存在的市场风险状况。农民专业合作社在发展农业时，为减小农业风险，则需要在设施建设和市场信息获得上加以改善。

（2）农产品不易标准化的影响。农产品受品种、技术、环境的影响而品质不同。不同产品在市场上会混淆层次，从而不能提升价格。保持产品的一致性，不仅仅在外形上给以控制，在口感上也能够控制口味。这使产品能给人预期，使产品美观可口，刺激市场上的需求。分散农户的各种不统一的品种、技术使农产品质量良莠不齐，影响了市场需求，这也影响了整个产业的

---

① 黄宗智，2000. 长江三角洲小农家庭与乡村发展 [M]. 北京：中华书局.

发展。农民专业合作社需要标准化的农产品，可以农户的联合促使农产品的标准化。农民专业合作社的农产品标准化的前提是生产标准化，以利益为导向，制定产品标准，从生产中就加以控制。合作社和政府同时加以监管，保证农产品的品质，以政策来推动农产品标准化进程。农民专业合作社重点发展标准化农产品，以标准化农产品来规范行业发展，宣传维护合作社地域品牌。

（3）分散土地的影响。农业分散经营主要是分散农户受制于分散的土地，各自经营，互相不来往。土地分散也不利于技术的传播、设施的共享。技术和设施对农业发展至关重要，技术的传播受地域影响，连片经营的土地则使技术传播飞快，农户相仿操作，而不必精通技术，只需照搬照学即可。而农业设施的充分利用也是如此，相连土地可以使水电充分利用起来，提高农业设施的利用效率。农民专业合作社的发展需要以加快土地流转为前提，发展集中种植和集中养殖，政府加大对于农业示范园和养殖小区的投资补贴力度，促使农民专业合作社集中生产，促使土地的规模化集约化流转利用。

（4）农业技术的外部性的影响。农业作为"没有围墙的工厂"，在资源使用、产权交易等方面具有外部经济性，农业技术的保密性很差，极易被人模仿，同时对于生产成果的偷盗、侵权占用防不胜防。这意味着农业经营中的搭便车行为与寻租行为极易发生，因而产权保护的费用十分高昂[①]。对于这种产权的外部性，只有结合成农民专业合作社方能防范产权的外溢，使组织达到规模效益，内部产权不需明晰，组织成员之间进行技术扩散。

4. 农业合作中的几个问题。

（1）农户经营和农民专业合作社的关系。农民个体可以从事农业生产经营，但人作为社会人，有结合组织的倾向。组织中个人财产边界不一定十分明显，分散个体在组织内融合在一起，不必为各自得失而计较特多。否则超出组织边界的交易就需要由市场完成。黄祖辉（2008）从交易关系和制度安排的角度，认为合作社是一种科层与市场相结合的产业组织，其内部治理成本高于农户经营成本，但低于市场交易成本，合作社既具有农户经营的效率，又能克服农户经营的弊端[②]。何晓星（2009）以更大的范围解释，他认为内公外私是组

---

① 罗必良，2001. 农业经济组织若干特性分析 [J]. 南方农村 (1)：20-26.

② 黄祖辉，2008. 中国农民合作组织发展的若干理论与实践问题 [J]. 中国农村经济 (11)：4-7，26.

织的一般特征①，也是组织区分市场的原因，具体组织之中的无私奉献、任劳任怨则是组织内部基于封闭组织内的社会资本的一种行为，组织成员之间的产权不是很清晰。农户以家庭为单位进行农业经营，家庭作为一个组织，内公外私，内部分工协作，产权关系不明确，但有共同的利益，以此家庭为单位进行生产既能发挥个人的能动性，又能使家庭分工协作。除农业之外，在工商业方面也不乏家族经营体，普通的个体工商户也是如此，注册在个人名下，但家庭成员轮番辅助经营。

合作社作为规模大于家庭的一类组织，有着规章制度和明确的目标，它的背后也有社会资本。较小的组织是以血缘、乡缘、业缘、友情等社会资本维持的，组织规模超出一定范围便是以规章制度、组织文化等具体管理技术相约束的。农户经营是以社会资本结合形成，而大型企业经营则是以规章制度相约束组织。目前合作社的发展起步于血缘、乡缘等社会资本，但随着合作社规模的扩大，合作社内不得不以规章制度、组织文化等具体管理技术为依靠，并要提高合作社内部类似家庭的小单位的效率，在管理层面上激发小团体的积极性，注重团队内部的协作。

（2）农民专业合作社的规模。《中华人民共和国农民专业合作社法》于2007年7月颁布，到如今实行时间不久。但农民专业合作社的数量迅速增加，虽已注册，但许多合作社还没有运营，或者有些已运营但存在没入股，条例不完善，为专业大户、农村干部所主导等现象。有些地方为图政绩，政府主导合作社发展，合作社数目膨胀。但具体合作社的发展是以利益为主导，农民志愿加入，而不是为图政绩形象的发展。有些地方合作社以村为单位开始推进，村村都有合作社，甚至一个村有几个合作社，合作社量多质轻。如此众多的合作社显得凌乱分散，于是有些地方成立联合社来对合作社进行联合，以壮大整个行业的力量。合作社刚发展之时，人少，规模小，但随着业务的扩大，规模的集中，需要对合作社进行联合整合，以壮大行业的发展，以大组织对接市场。但同时还要注重大联合组织之下的单个小团体的行动效率。对于行业进入的门槛也要提高要求，市场准入控制一定的量，以实际运营情况来要求农民专业合作社的市场准入。

在《中华人民共和国农民专业合作社法》颁布之前，农民合作组织比较分

---

① 何晓星，2009. 内公外私是一般组织的基本特征：一种关于双重合约的理论分析［J］. 社会科学（2）：27-37.

散，注册为不同类别，归属于不同部门指导，有的在民政局注册为社团法人，有的则在工商局注册为企业法人。如今农民专业合作社被定性为企业法人，许多地方由政府牵头都成立了农民专业合作社发展指导小组，以此协调各个部门对农民专业合作社进行支持。有些地方还发展联合社来联合众多合作社以壮大整体规模。与日本的农协组织相比较，中国当前农民专业合作社还比较凌乱，不能形成统一组织以对接更大的国内、国际市场。冯开文（2003）认为中国促进合作社发展首要的是建立一个初具规模的农村合作体系[①]。

当然在大组织体系下，还需要保持小组织的灵活性，由于农业受天气、地域的影响，农业经营存在风险，在种植环节上还需要考虑灵活性。因此在种植技术传播上还需要考虑小组织的好处，而在农产品营销上，要发挥大组织的信息作用，发挥大品牌的营销带动。对于农民专业合作社的规模大小应辩证看待，灵活变通，根据所需随时合作。

5. 非农合作对农民专业合作社发展的启示。

（1）政府赋予经营权，农民专业合作社是封闭主体。目前困惑农民专业合作社发展的一个因素是农民加入的利益引导。农民为什么要加入？加入前后收入有怎样的变化？如今合作社为专业大户、村干部所主导，为他们独家所经营，合作社的建立也是基于他们以前的经营基础。新加入的农户肯定不能分割这些能人的本来市场基础，合作社的成立只能是平等地位能人的联合。一般农户规模小，加入前后收益变化不大，加入合作社也是没有实质性融入。就是这些分散经营农户所形成的小农经济，数量之大足以抗衡农民专业合作社，与农业经营组织相竞争，这些分散经营农户规模不大，数量太多，彼此相互竞争，使行业发展成恶性竞争，影响了农产品质量安全，危害了整个行业，"三鹿"事件便是中国小农经济的鲜活写照。

政府需对行业监管，由于经营主体太多，政府不便对其监管。如不控制市场准入量，一个组织在市场冲击下难以维持经营。农产品日益趋于同质化，太多的小农进入市场，使得市场无序，恶性竞争，潜伏农产品质量安全问题。行业失序，消费者权益得不到保证。对于农产品市场给以准入限制，政府严格农产品进入标准，控制农民专业合作社数量，注重提高合作社实质运行能力。对于农民种植大宗粮食作物可暂且不作限制，但对于具体农户种植经营蔬菜、水

---

① 冯开文，2003. 借鉴与反思：日本农协近况及其对中国农村合作经济发展的启示 [J]. 农村经济管理（6）：46－47，44.

果等经济作物可实行市场准入，凡是农户进入市场经营，必须通过农民专业合作社。农民作为自然人不能进入市场交易蔬菜、水果等经济作物。这样在法律政策上规定农民专业合作社的市场交易地位，支持农民专业合作社的发展，提高市场准入的门槛。

但与此同时，农户加入农民专业合作社进行种植经营的前提是农民专业合作社内部治理完善，防止大户干部操纵，对于合作社所收购成员的农产品必须严格价格监管，防止大户干部坐吃两头（农户和厂商），防止以垄断地位来压榨成员，农民专业合作社内的利益机制日趋明朗。

（2）农民继续分化形成专业农民，专业农民组合为农民专业合作社。传统农民的概念是在土地之上从事农业生产的人，而户籍制度更是使农民演变为一种身份。中国8亿农民如今还有多少人以农业为主要生活收入来源？农民工群体的出现便证明农民不断分化出若干个群体，农民出现兼业化倾向，同时还有部分传统农民中的专业大户身份的加强，使得农民也呈现出专业化倾向。农民群体不仅退出了一部分，而且又进入新的部分，农民群体不受"身份"所限制，农业是投资领域，非农行业的人才流动到农业，大学生毕业选择在农村工作也是很好的选择，这些人也是专业农民中的一员。

农民专业合作社的发展是农民分化的过程，农业产业化得以加强，专业农民得以出现，专业农民与专业合作社共同发展。农民作为投资主体投资于经济作物，农民的"身份"得以改变。专业农民之外的传统农民还是依附于大田粮食作物的种植和经营，这些传统农民需要国家的保护和保障，这也是新农村建设中政府所要逐步分化出来的要保障的农民。农民专业合作社是专业农民组成的队伍，进入有门槛，专业农民通过农民专业合作社而衔接组织起来。专业农民依靠农民专业合作社，通过政府对农民专业合作社的监管和农民专业合作社自我治理而实现产业的可持续发展及保证农产品的质量安全。

（3）农产品的标准化促使农民专业合作社规范化。农产品的标准化是农业产业化的必须，也使农民组织起来，使农民专业合作社规范起来。行业的竞争是产品质量的竞争和价格的竞争。生产技术日益进步，但在某一时段会有个极限，技术也会停滞。特别是农产品是资源性产品，产品具有同质性。除技术之外，服务是产品的延伸，服务难以量化，也日趋同化。如此农产品在同质性的情况下，分散经营者很难有价格空间竞争。相互降价会使农产品降质，形成"柠檬市场"，演化为恶性竞争，市场恶化，产业受到不信任而萎缩。随着产业的壮大，分散农户虽加入了合作社，但如果没有农产品标准化约束，即使选择同样的品种也会由于不同操作而使农产品品质不同。为了一个行业的健康发展，产业需要规范化，产品需要标准化。可以利用技术使农产品标准化便于操作，同时通过农民专业合作社的成立把专业农民组织起来。农民专业合作社治理规模的扩大也有赖于农产品标准化，农产品标准化能精简操作流程，使农民专业合作社以管理技术的提升来拓展组织的边界，扩大组织的规模。

（4）农民加入农民专业合作社从"挂靠"开始。农民成为专业农民，专业从事农业生产，但如要经营，单独农民是否有市场准入资格？农业行业要做大做强，农业经营组织就要集约化发展。政府加强行业准入、质量监管，重组农业经营分散主体，使其加入农民专业合作社。否则分散经营主体会对农民专业合作社有很大的威胁，小农经济的不计成本会导致恶性竞争，不顾产品质量。鼓励专业农民加入农民专业合作社，合作社为经营平台，专业农民可以合作社为名号进行经营，也可委托合作社进行经营。目前农民专业合作社的状态是，农民是否加入对所得效益影响不大，因此农民虽然是合作社的成员，但不一定经过合作社交易。这种状态还会持续一段时间，只有国家行政介入，规范市场经营主体地位，严格农产品质量安全，方能使专业农民为持续经营不得不加入农民专业合作社。"挂靠"是经济转轨时期的一个阶段，虽然是产权明晰，所有权和经营权分离，但是只"挂"不"管"。这种"挂靠"的发展趋势是着重管理和服务，确实要使分散经营者能够融合在一起，发挥组织的团体作用。目前农民专业合作社不是这种"挂靠"状态，专业农民尚未全部加入，即使成员也是游离于合作社之外。这种不紧密关系促使农民专业合作社形同虚设，在市场份额中比较弱小。未来农民专业合作社的发展还需要国家行政力量的介入，规范市场，确定经营者地位，监管农产品质量安全，使众多的小农加入农民专业合作社进行经营，而眼前所做的工作，从"挂靠"开始，促成专业农民组织化生产经营，防止农民专业合作社只"挂"不"管"。明确农民专业合作社内部的利益机制，清晰产权，防止被村干部和专业大户操控。

四、结语：非农合作社是否应该在农民专业合作社之前发展

中国不乏合作社建设的经验，从孙中山三民主义的民生的实现，到毛泽东社会主义道路其中的一段，分散竞争者如何对接市场以实现社会化大生产，这都是他们要探索的问题所在。分散经营者对接市场，为了共同利益就要克服困难通过合作来实现。合作是有成本的，成本的保证需要市场经营者数目的控制来实现收入的保证，同时这种市场准入制度也保证着产品的质量安全。现今社

会有许多非农行业合作的例子，是分散经营者自发调节产能以对接市场需求。非农行业由于自身行业的特征，生产流程易于控制，能形成未来预期，因此非农行业有自身的优势，为利而合，这为农业上合作和农民专业合作社作出示范。

农业有自身特点，生产周期长，易受自然因素影响，且农产品不易标准化生产，这些农业特点决定农民专业合作社有自身的特性。对于具有公有性质的合作社内部治理，非农行业的集体企业已经有了前车之鉴，国有企业也具有公有性质，农民专业合作社可以借鉴其治理之道。农民专业合作社的发展确实需要农民参与进来，随着农民的分化，知识分子加入，专业农民成为可能，合作是专业农民的主动参与。以政府的行业管制、市场准入量的控制来实现专业农民的合并，成立农民专业合作社。这种严格行业准入、政府管制与农民专业合作社内部的治理是分不开的，农民专业合作社需要改变能人治理结构，在利益分配上给以明确的界定。

合作社不是新生事物，不拘束于行业限制，自有一套机制，目前在工商业已经存在非农合作的例子。这些工商业上的组织如能以非农合作社来规范组织，非农合作的特点使得非农合作社容易实现。非农合作社自有利润维护运营成本，这些非农合作的例子能给农民专业合作社带来启示。合作社是一种组织方式，是一种分散经营者对接大市场的方式，不受行业限制。与中国20世纪80年代中国农村的变革一样，当初农业的"分"早于工商业，与此相反，如今工商业的"合"需率先于农业，这两种变革是承前继后的逆过程。目前非农合作社的广泛成立和运作能为农民专业合作社作出示范，如今合作应该从非农合作社开始。

"百名博士挂职服务基层"报告（第1期）[①]

2008 年 6 月 19 日至 8 月 8 日

一、工作开展背景及最近工作进展

（一）基本情况

自 6 月 19 日挂职工作开展以来，我积极与阎良区委组织部沟通，并于 6 月 23 日去挂职单位阎良区农林局报到。后回杨凌收拾一番，随后入住阎良，开始一个多月的服务，并于 8 月 8 日暂告一段落，工作时间共 33 天。其间，我联系农林局各位领导同志，请示任务，并走访了农技站、农经站，接受咨询与委托，还去关山镇、武屯镇的 10 多家农民专业合作社，了解农民专业合作社在阎良的发展情况。在工作过程中，对于农民专业合作社存在的问题，我尽量设法解决，主动帮助，对于不能解决的问题，则当场记录，回杨凌后请教导师以解决。

（二）大事件

以下是进展中的几个关键事件：

1. 6 月 19 日，陕西省组织部在西安曲江宾馆组织会议，省委副书记王侠代表省委书记赵乐际看望大家并与大家合影留念，省组织部部长李锦斌参加会议并发表讲话，各市（区、县）组织部、各大高校都派有人员参加，"百名博士基层行"正式拉开。

会议上午安排发言讲话，下午是陕西省情况培训及陕西省组织部相关情况介绍。会议当天介绍，下一步便是与各地级市组织部门进行联系接触。

当日上午 11 时，西安市组织部副部长任飞舟与我谈话，我与阎良方面初

[①] 此报告及后续相关报告，原名为"汇报"，是为配合导师辅导项目而借陕西省组织部"百名博士挂职服务基层"项目，我身为博士生，申请挂职阎良服务，由此定期总结，向组织部门提供汇报。从此汇报，我们可以从另一个视角看待阎良瓜菜产业及合作社发展情形。由于此挂职报告不同于辅导报告，它自身有一定主题，凸显出政治性，在报告中除了有阎良甜瓜产业和合作社的内容，也有部分政治性的内容和服务当地社会经济发展的建议，这次借出版之际，一并保留全部原文呈现给读者。

步联系。任部长向我介绍了阎良情况，并告知基层工作经验及注意事项，对于我在阎良服务，他和阎良区委组织部大力支持，如有困难随时可以和阎良区委组织部联系。

2. 6月21日，西安市委组织部在西安曲江宾馆召开"赴西安服务锻炼博士生欢迎座谈会"。西安市委常委、组织部部长王启文出席会议，并作重要讲话。西安市委组织部领导以及博士生接收单位阎良、周至等7个县（市、区）及管委会的组织部部长参加会议，来自西安交通大学、西北工业大学、西北农林科技大学、西安电子科技大学等8所高校的40名在读博士生参加会议。

阎良区委组织部张涌部长参加会议，并与我谈话，安排我在阎良的工作事务。并安排我于下周一（6月23日）报到，他将带我去阎良区农林局。随同参加会议的有阎良区委组织部干部科的魏娜科长。

3. 6月23日，去阎良区委组织部报到，组织部张涌部长和组织员舒元华带我到阎良区农林局，并召开了工作会议，阎良区农林局徐建华书记、权利军局长携中层以上干部出席了会议。会上张涌部长和权利军局长分别讲话，我做了发言。

会后，我与权局长会面交谈。权局长介绍了阎良的概况，阎良是个移民城市，移民对于阎良当地发展有很大促进作用，能带动创新。目前阎良合作社方面的建设正在开展，并有联系其他区域农户，吸引其他周边县市农户加入的趋势。权局长为我在农林局三楼准备一间办公室，正在装修，不久就可搬进去。权局长还为我提供了上半年农林局的工作汇报和阎良被批准为陕西省农民专业合作社示范区的批准文件，他希望我能在阎良农民专业合作社建设方面提供些帮助。同时，他希望我能够联系西北农林科技大学经济管理学院的专家教授来推动阎良经济发展。我在西农就读的专业为经管类，以权局长的安排，让我联系主抓农经工作的杨宝明局长，协助杨局长工作。

4. 7月14日上午，见阎良区农林局许建武书记、权利军局长及邢崇军副局长、杨宝明副局长、张学政副调研员，并走访经管站、农技站，与单位工作人员交谈。权局长再次介绍阎良及阎良农业的情况，并希望我能发挥所长，为阎良多作贡献。

5. 7月17日上午，见权局长。权局长介绍，省农业厅准备在阎良建设蔬菜示范区，要规划300亩土地，这个规划准备由西农园艺学院来做，我回杨凌之后，可以联系园艺学院邹志荣院长，就蔬菜示范区规划联系西农与阎良区农林局。

6. 7月23日，解决了"陕西省票证查询报警中心"对农民专业合作社进行欺诈的问题。受信农蔬菜专业合作社委托，针对"陕西省票证查询报警中心"对农民专业合作社进行强令摊派票据登记卡开展调查。"陕西省票证查询报警中心"向多个农民专业合作社打电话销售票据登记卡，以政府口吻，语气强硬霸道，票据登记卡360元，打着政府招牌名义，其实是企业经营行为，他们针对农民专业合作社这一新兴组织进行作案，恐吓欺诈，强令办证，索要费用。我经询问咨询，网上查询，并与省农业厅农经处进行联系，证实了"陕西省票证查询报警中心"的欺诈行为。之后便告知阎良几个相关合作社，并与农经站联系，告知此事。

7. 7月26日上午，去农技站。西农经济管理学院受孙武学校长的委托，由夏显力副教授带队，携经济管理学院10多位教师、研究生就大学技术推广模式进行调研。由我引路，去农技站与姚建华站长进行座谈研讨。

8. 7月29日上午，去农经站，与畅凯旋站长谈话。畅站长提出了一些问题，我可以就这些方面给以帮助。

（1）农村财务审计工作如何开展，有何程序？若请审计局人员进行帮助，我们如何配合工作？

（2）农村负担检查，怎样"一事一议"？

（3）农村土地承包相关问题研究。

9. 最近一段时间，在关山、武屯考察农民专业合作社，力争走遍阎良区31个农民专业合作社，考察合作社开展状况，明确问题，征询意见。下一步便是走访北屯、振兴的合作社。

10. 农民大讲堂正式开讲。经过精心筹备，8月6日，阎良区农林局权利军同志首次开讲，正式拉开农民大讲堂的序幕。农民大讲堂立足于阎良区关山镇，影响辐射周边的富平、临渭、临潼。农村发展关键在于农民的思想意识转变，以启发民智、开阔眼界为出发点，邀请一些专家教授前来技术讲座，还邀请一些市（区）领导来与农民进行交流，了解民意，以此促进农民的观念转变，开放思想，奠定农民专业合作社的合作基础。

二、挂职单位对于工作的支持和指导

自挂职服务阎良区农林局以来，农林局对我的工作大力支持。权利军局长曾表示，为我准备一间办公室，以方便工作和生活；并可在农林局先借款、后期报销，以此解决工作费用开支问题；对于我的好的建议和想法，农林局将大力支持我的工作开展。

在与农林局领导同志接触过程中，他们平易近人，对人友善，非常热情。许建武书记嘘寒问暖，我如果有用车需要，可以找他。权利军局长曾去我暂住的地方看望我，了解我的生活情况。邢崇军局长向我介绍了阎良农业状况，并就我提出的问题给以解答，使我开拓了思路。杨宝明局长给予我诸多业务指导，他为人随和，没有距离感，从他那里我学到了如何与群众更近地沟通交流。张学政局长平和待人，他向我介绍了阎良农机情况，并主动为我的工作提供支持。

我去农林局其他科室，科室同志都热情待人，积极配合、主动支持我的工作。他们会向我提出一些问题，寻求我的解答。我针对性地就他们提出的问题给以解决方案，以此回报他们的热心。

三、工作开展中存在的问题

在阎良工作一个多月以来，工作开展是结合挂职单位的需要，并且是自我安排，主动创造条件，想方设法完成工作任务。目前来讲，工作的开展还比较顺利。

省委组织部对于服务基层项目仅有大致的要求和框架，对于具体的工作开展则无法指点。具体到基层工作方式，比如服务时间如果不限制 3～4 天，可以视个人情况和单位需求情况而进行更长时间的服务，也不限制于省委组织部的基本要求。

四、对工作开展的建议及下一步工作计划

（一）对工作开展的建议

1. 因地制宜，发挥主动。对于服务基层项目，省委组织部仅给出大致的框架要求。具体实施时，个人工作方式不同，且各挂职单位的配合情况不同，因此个人和单位都有很大的游刃空间，省委组织部的要求是任务，但不能局限于此，要发挥个人的积极性，积极主动开展工作。服务基层，需要有爱心，爱心涌动，真情永恒，以真心实意参与到地方社会经济发展当中来。

2. 创新体制，团队作战。在具体服务基层的过程中，要发挥团队作用。具体到阎良服务中，仅我一人力量不够，于是我联系上在航空基地的三名同学，希望在某些事情上能够相互协助，共同完成。西安市组织部在分小组方面的做法，颇为妥当。但具体小组的工作开展，则需要逐渐进行。博士生挂职基

层，要能够带动所在的高校参与到服务中来，借助学校专业优势，进行产学研结合，更好地服务挂职单位的工作开展。

3．"双导"机制，专人指导。借鉴一些地方的挂职做法，可以在挂职当地，为挂职博士生配一名导师，在具体工作中给以指导，关注工作开展，即时汇报。如此，高校一个导师和挂职当地一个导师，实行"双导"机制，有利于高校与挂职当地的融合，发挥高校的智力资源，进行产学研结合，从而更好地服务挂职当地经济社会的发展。

4．人员到位，经费跟进。挂职博士生在当地服务，挂职单位要根据当地需求和挂职博士生的自身状况，充分利用博士生挂职机会，可针对某些工作事项设定课题项目，给以经费支持。不使挂职博士生成为摆设，对于有能力的、有时间的博士生要给以专项经费，保障工作条件，使某项课题项目持续地开展下去。

博士生在当地服务期间，生活要有保障，挂职单位确保食宿有所安排，能就博士生服务期间生活费用给以解决。组织部门如能有经费，则可以对博士生给以经费立项。

5．融入当地，紧密配合。在当地服务，要入乡随俗，能够走进群众，了解群众所需。群众所需，便是政府部分服务重点，政府所做工作，要满足群众最大需要。深入群众，向群众请教，与民交流，给以问题解决反馈。在群众中大家平等，不摆架子，不说空话，实事求是，深入实际，把握群众提出问题的核心所在。

博士生服务基层，要与挂职单位紧密配合，以此获得挂职单位的工作支持，并能针对性地解决挂职单位所提出的问题。挂职单位不能把"助理"看作可有可无的虚设，不能把挂职博士生看作"空谈理论、不符合实际"的书生，要积极借鉴学科前沿的新理念、新思维。挂职博士生与挂职单位的配合程度高低决定挂职服务基层工作成效的好坏。

（二）下一步工作计划

1．远期工作开展计划。以省组织部要求为出发点，结合挂职单位情况，根据自身实际情况，发挥主观积极性，深入实际，扎根基层，为阎良当地社会经济发展服务。

（1）每月都能过来服务一段时间，具体时间以单位需要和自己科研安排来定。

（2）帮助挂职单位解决生产、管理、技术、服务、政策等方面的一些问题。

（3）为当地群众做些好事，办些实事。小事着手，具体开展工作，不分巨细，切入实际地帮助群众解决问题。

（4）撰写调查报告或研究报告。确定研究课题，根据当地实际情况和挂职单位研究需要，搜集资料，理论分析，结合实际，撰写出具有可操作性的研究报告。研究报告需要时间积累，待挂职结束时，最后上交。

2. 总体工作开展方式。

（1）定期驻扎，接受咨询和委托。围绕问题，展开研究，并给以结果反馈。

（2）定期书写工作汇报，汇报工作进展，并在服务期间书写工作日记。对于工作的开展，要详尽记录，即时记载，以便形成资料的积累，以此进行问题研究，综合起来，就可以形成各个专题的研究，并以此撰写调研报告。

（3）联系博士团和西农，发挥团队作用，共同服务挂职单位。与省委博士团成员经常联系，对挂职工作出现的问题及时交流，共同解决。发挥专业优势，利用西农的农业学科优势，与导师及师兄师弟共同解决存在的问题。挂职基层要以团队模式进行服务，重视集体的力量。

3. 近期工作开展计划。

（1）继续调研合作社，协助农林局进行陕西省农民专业合作社示范区建设。

（2）就陕西省蔬菜示范区规划，联系农林局和西农园艺学院。

（3）解决农林局提出的具体问题。

仵希亮

2008 年 8 月 8 日

【附 1】 陕西省将选派百名博士生开展服务基层活动

来源：陕西日报 　　日期：2008 年 5 月 7 日

根据省委人才工作领导小组的部署，2008 年陕西省将选派 100 名博士生开展服务基层活动。近日，省委组织部、团省委、省教育厅、省人事厅印发《关于选派博士生服务基层工作的意见》（以下简称《意见》），正式启动了选派工作。

2008 年陕西省将从普通高校选拔 100 名在学全日制博士生、在站博士后和在职攻读博士学位的青年教师,按照发挥智力优势、满足基层需要、专业尽量对接、就近就便安排、促进校地合作的原则,组成博士服务团,分别选聘挂任县(区)部门、街道乡镇、企事业单位行政、技术或项目部门负责人助理,从事与所学专业相近的知识培训、科技咨询、技术指导、社会服务、行政管理和调查研究工作。选聘博士生挂职服务期为一年,要求其每个月有 3~4 个工作日在挂职单位服务。服务期间,每名博士要结合基层工作实际,确定研究课题,撰写完成调查报告;帮助挂职服务单位解决生产、管理、技术、服务、政策等方面的问题;为基层群众排忧解难,办实事、办好事。

《意见》规定,选派博士生服务基层采取个人自愿报名和学校推荐、教育部门审核、组织人事部门选派的方式选拔。凡在我省高校在学的博士,年龄在 35 岁以下,博士后年龄在 40 岁以下,品德端正、业有所长、学有余力、富有社会责任感和奉献精神,经过学校推荐同意,均可报名参加选拔。

为引导和鼓励博士生服务基层,《意见》要求加大政策激励保障。一是将博士生参加社会实践锻炼,作为研究生教育的重要内容,纳入教学研修计划。二是对选聘服务基层的博士生给予一定的社会实践交通和生活费补助,对在服务基层实践中业绩突出的博士生和博士服务团队予以表彰。三是对服务期满考核优秀的博士生,其个人信息将纳入高层次人才信息库。根据工作需要和个人意愿,市、县(区)、乡(街道办)党政机关在编制限额内接收者可按特殊职位考录;到事业单位工作的,可不受编制限制,先进后出,专业技术职务可直接聘任。四是鼓励博士生与服务单位建立长期联系,促进所学知识、技能和拥有技术成果就地转化,保护知识产权;设立专项资金,对博士生在科技推广、城乡规划、扶贫开发、社会服务、文化建设等方面的项目,给予一定的支持。五是在省直新闻媒体和网站开辟"博士论坛",及时介绍选聘博士生服务基层的情况,交流其社会实践体会,反映改进和完善管理工作的意见,推荐优秀博士论文和研究成果参加省级部门组织的评奖活动①。

日前,选派博士生服务基层的报名工作已在陕西省部分高校展开。

---

① 后来相关配套做法有部分没有落实,一年之后,博士挂职基层项目。本来李锦斌部长许诺的"庆功宴",最后也没有召开。此被认为虎头蛇尾,有些博士生感觉被利用,没有相关待遇,就向上级部门反映,但最后不了了之。我自身挂职基层,并延长挂职时间,也是在等政策落实,因而有了"百名博士挂职服务基层"报告第 5 期,自己一直扎实去做。由此看出,在政策实施过程中会出现某种衰减打折的现象,使政策不能贯穿前后,不能始终如一。

【附2】 陕西省选聘 126 名博士生到基层服务锻炼

来源：陕西日报　　日期：2008 年 6 月 20 日

6 月 19 日，省委人才工作领导小组在西安召开我省选聘百名博士赴基层服务锻炼动员大会。会前，受省委书记赵乐际委托，省委副书记王侠看望博士生，为他们赴基层服务锻炼送行。省委常委、省委组织部部长李锦斌出席动员大会并向博士生提出殷切希望。

王侠指出，选聘博士生到基层服务锻炼，是省委、省政府充分发挥我省教育大省和高层次人才培养优势，更好地实施人才强省战略的一项重要举措，有利于鼓励高层次人才服务基层，有利于高层次人才成长锻炼，有利于将人才优势转化为地方经济发展的动力。近期，首批 126 名博士就将肩负重托，奔赴基层服务锻炼，希望大家在基层服务岗位上，了解国情、了解省情，关注社会、关注民生，将自己的知识、技能和聪明才智，服务于基层，服务于人民，努力提高思想政治水平和解决实际问题的能力，把自己培养成复合型高层次人才。在服务基层的同时，也使自己得到锻炼。希望大家珍惜这次难得的机会，深入经济建设主战场，深入人民群众火热的生活中，严格要求自己，虚心向群众学习，从人民群众的伟大创造中汲取营养，在实践中努力增长才干，实现自己的人生价值。

王侠强调，当前正值抗震救灾和恢复重建的关键时期，全省上下正在以加快经济发展的实际行动支援受灾地区，各位博士生到基层服务锻炼，责任重大，希望大家把握时机，努力推动当地经济社会发展，不断完善个人的世界观、人生观。她要求，各级党委、政府要充分认识选聘博士赴基层服务锻炼的意义，切实为他们提供良好的工作和生活条件，推动选聘博士赴基层服务锻炼工作深入、持续、健康开展。

李锦斌在动员大会上代表省委、省政府向加入服务基层队伍的博士生表示欢迎，向大力支持选聘博士生赴基层服务锻炼的各高校表示感谢。他指出，选聘博士生到基层服务锻炼，是贯彻党的十七大精神、落实人才强国战略的重要举措，是建设西部强省、构建和谐陕西的必然要求，是促进青年人才成长、完善人才培养机制的有效途径，我们必须充分认识开展此项工作的重要性，切实增强做好工作的责任感，紧紧围绕工作的重点任务，不断提高工作的时效性。各位博士生要尽快进入角色，积极服务于地方经济社会发展，在服务基层中建功立业、实现价值；积极服务于广大人民群众，在服务基层中升华品行、甘于奉献；善于向基层和群众学习，在服务基层中增长才干、提高能力。

李锦斌要求，各级党委、政府必须坚持"把握需求、专业对口、体现作为、相互促进"的原则，把人才工作摆到重要的战略位置，抓好统筹规划，实现高校和地方经济社会的共同发展。各级组织部门要做好方案制定、岗位安排和跟踪管理等工作，发挥牵头抓总的作用，对各地各部门的工作起到"加速器"作用。各有关单位要各司其职、密切配合，形成工作合力，使我省丰富的人才资源切实转化为现实发展优势，为夺取抗震救灾和恢复重建工作的全面胜利，为加快西部强省建设作出新的更大贡献。

座谈会上，省委人才工作领导小组向选聘博士生颁发了聘书。团省委卫华宣读了省委《关于选聘周恒等126名博士服务基层的通知》。选聘博士代表、选聘学校代表、接受县区代表分别作了表态发言。

【附3】 西农大3名博士生赴西安参加服务锻炼博士生欢迎座谈会

来源：西北农林科技大学网站　　日期：2008年6月22日

6月20日上午10时，在曲江宾馆2号多功能会议室，西安市委组织部召开"赴西安服务锻炼博士生欢迎座谈会"。西安市委常委、组织部部长王启文出席会议，并作重要讲话。西安市委组织部领导及博士生接收单位阎良、周至等7个县（市、区）以及管委会的组织部部长参加会议，来自西安交通大学、西北工业大学、西北农林科技大学、西安电子科技大学等8所高校的40名在读博士生参加会议，我校有3名博士生参加会议，他们将在西安进行为期一年的基层服务，我校博士生仵希亮被分到阎良区农林局任局长助理，张勃伟和王大玮被分到周至县分别担当畜牧局和林业局相关部门的助理。

西安市委组织部部委委员田周民主持会议，介绍省百名博士服务基层基本情况，并向参会单位和参会博士生致欢迎词。

西安市委组织部部长王启文作出重要讲话，介绍西安基本状况，对博士生到来表示热烈欢迎，并寄托希望，王启文同时部署了工作安排。王启文说，"博士生服务基层"工作是省委、省政府深入贯彻落实党的十七大精神，全面贯彻落实科学发展观，更好地实施人才强省战略的重要举措；希望博士生们深入了解我市市情，发挥自身知识优势，切身服务一线基层，在实践中锻造成为能够担当重任的高素质人才。王启文对参会单位和博士生提出了四点要求：要人才强市；要产学研结合，能够整合资源；要加强人才队伍建设；要深入基层，积极锻炼。王启文对博士生提出寄托，希望博士们发扬持续学习、勇于实践、艰苦奋斗、团结协作、勇于创新、敢于担当精神。王启文同时要求各区县和部门为博士生们施展才华创造良好的环境和条件，使"博士生服务基层"工作成为促进西安科教兴市、人才强市的重要推动力量。

博士生代表表达了在实践中锻炼自己、服务基层、服务西安、建设西安的激情和决心，接收单位表示将尽最大可能为博士们发挥专业特长提供相应的工作、生活条件。我校博士生向王启文介绍了西北农林科技大学的基本情况，王启文明确表示要加大西安农业发展力度，并欢迎我校更多博士生的到来。

会后中午，王启文部长和参会单位各位部长及40位博士生共进了午餐。

【附4】 百名博士服务基层，西农大博士赴任阎良

来源：西北农林科技大学网站　　日期：2008年6月23日

6月23日上午9时，西安市阎良区委组织部在农林局三楼会议室召开"博士基层行欢迎座谈会"。阎良区委常委、组织部部长张涌出席会议，并作重要讲话。博士生接收单位阎良区农林局权利军局长带领全体领导班子参加会议，我校博士生仵希亮参加会议，他将在阎良开展为期一年的基层服务，仵希亮同学被分到阎良区农林局任局长助理。

区委组织部部长张涌作重要讲话，介绍阎良基本状况，对博士生的到来表示热烈欢迎，并提出寄托希望，张涌同时部署了工作安排，对区农林局提出了要求。张涌希望博士生积极主动地工作，寻找问题，确定项目，不仅仅限制于自己专业，要综合全面地参与阎良经济社会发展中来，多对阎良区提出好的建议。张涌对区农林局提出四点要求：要对博士生充分信任，多压担子，提供锻炼平台；博士生挂职锻炼不是形式，而是挂职单位和博士生的双赢；对博士生要严格管理，热情服务；要对博士生负责，要对党组织负责。

我校博士仵希亮作了发言，感谢阎良区党组织的充分信任和农林局的热情接待，保证深入基层，认真服务，热情工作，接受锻炼，并为区农林局介绍引进西农的专家人才。区农林局权利军局长表示热烈欢迎博士生的到来，为博士生提供生活条件，积极配合博士生的工作，给博士生提供一个锻炼的平台，恰

逢阎良区被陕西省农业厅批准为农民专业合作社建设重点示范地区，博士生的到来能为农民专业合作社提供智力支持，区农林局将以此为契机，和西农大开展更广泛的合作，下一步便是和西农大经济管理学院以王征兵教授为首的专家团队就合作社建设培训进行合作。

"博士生服务基层"工作是省委、省政府深入贯彻落实党的十七大精神，全面贯彻落实科学发展观，更好地实施人才强省战略的重要举措，张涌部长在会议总结发言时，再次强调这次活动开展的重要意义，要求农林局多提供条件，积极配合博士生的工作，并要求博士生努力工作，多出成绩，不辜负党组织的希望。

会后，区农林局领导班子对博士生的到来举行了欢迎宴。

【附5】 阎良挂职服务的发言稿

来源：陕西省青年联合会网站　　日期：2008 年 6 月 23 日

尊敬的组织部张涌部长、农林局权利军局长，各位领导，各位同志：

上午好！感谢大家的光临，感谢各位对我的热情接待。

我作为省组织部百名博士基层行的一员被分配到阎良区农林局工作，为阎良区人民服务，这是我的荣幸。我很高兴能与大家结缘，认识大家，与大家一起工作。党的十七大召开不久，两会刚刚召开，汶川大地震考验了我们，北京奥运会对于我们又是很大的挑战。我作为一名党员，一名博士生，除积极捐款捐物、交纳党费之外，更应借挂职服务基层的机会，立足自身岗位，用自己所学，服务阎良人民，以扎实、努力的工作来支援灾区，迎接奥运。

从今天起，我即将在阎良服务一年，我将尽心尽责，服务好阎良人民，做好各位领导和同志的帮手、助手。我将扎根于阎良当地，联系西北农林科技大学，联系省博士团，市博士团，西农博士团，联系航空基地其他 4 名博士及周围三原县、临渭区博士生，发挥团队力量，认真遵照省委组织部的指示精神，在阎良区委组织部和农林局领导下开展工作，用自己所学，服务阎良人民。我是带导师而来的，还有我的同学和师兄师弟们，他们将陆续过来，参与到阎良的经济社会发展当中。

在这一年里，我将结合阎良当地需要，撰写相关调查报告或研究报告，帮助阎良人民解决生产、管理、技术、服务、政策等方面的相关问题，为基础群众办些实事好事。

具体我的工作开展情况，我将以工作日志、工作计划及工作汇报书写的形式向区委组织部定期汇报，并将实质性的研究成果向农林局反馈。

很高兴能和大家一起工作。这一周，我将在农林局开展工作，各位领导和各位同志有工作安排或问题交代都可以联系我。最后，再次感谢各位领导和各位同志对我的工作的支持！谢谢！

【附6】 自荐信

自　荐　信

尊敬的阎良区委领导：

您好！

我是一名来自西北农林科技大学的 2007 级博士研究生，所学专业为农业经济管理，师从农业经济学家王征兵教授。结合省委组织部的百名博士生挂职服务基层项目，我特申请到咱们阎良服务。理由如下：

1. 结合西北农林科技大学的两个农业科技园（关山甜瓜和武屯蔬菜），能更好地发挥西农科技优势，服务阎良经济社会发展。

2. 从今年4月开始，就西北农林科技大学的阎良甜瓜专业合作社组织建设项目，我已经在阎良开展两个月的基础调研工作，并继续开展下去。

3. 我是百名挂职博士生西北农林科技大学20人中唯一的人文社科专业的人员，能以人文社科的专业背景推动阎良的发展。

4. 基于百名博士团，我能团结西北农林科技大学20位来自不同专业背景的人员，我能请他们来阎良针对性地解决问题。

同时，对于省委百名博士生的不同专业背景和学校背景，我能整合这些人力资源，整合专业和学校，能为阎良经济社会发展提供智囊团队。

5. 我的导师王征兵教授，是著名的农业经济学家，是宝鸡市政府顾问，擅于产业规划、产品营销，对于他身后的西北农林科技大学经济管理学院智囊资源，我们可以充分利用。我的导师对我挂职于阎良区政府表示大力支持。

6. 我研究过博士团组织和建设，倡导"省博士团＋大学＋地方政府部门＋博士生＋工作内容（如合作社建设、农业技术推广、农业产业化等）"模式，主张博士团流动作用，综合借鉴，团队作业，充分发挥博士生团队的力量，既有专人负责，又可充分利用各方面人才优势。

综合以上几点，我恳请来阎良挂职服务。

仵希亮

2008 年 6 月 6 日

个人简介：

仵希亮，男，中共党员，西北农林科技大学人文学院 2007 级博士，农业经济管理专业，主要从事农民专业合作社建设、农业产业化、农业科技推广、区域产业规划、博士团制度建设研究工作。发表论文 10 多篇，曾参与导师王征兵教授的陕西省西安市阎良区甜瓜专业合作社建设项目（NCET－05－0859）、"村干部在农村经济管理中的激励与制约机制研究"国家自然科学基金项目（70273035）。

【附7】 博士团建立相关材料

我和几个博士同学曾在 2007 年 9 月尝试成立西北农林科技大学"三农"博士团，以便学有所用，理论来自实践，研究立于实际，服务当地人民，又能对西北农林科技大学科技推广有所贡献。我们曾将"三农"博士团方案提交西农研究生院、党委组织部，并通过西农校园网"书记信箱""校长信箱"向张书记和孙校长发送过博士团成立方案。但由于第一个学期功课紧张，"三农"博士团一直没有成立起来。

借鉴北京、江苏、浙江等省份的做法，我整理地方博士团的新闻资料编辑成"博士生挂职案例"，在 2007 年末通过杨凌示范区公众信息网向杨凌示范区政府发送了"博士生挂职案例"，后又通过陕西省人民政府门户网站向省委政府发送了该资料。

现今欣闻陕西省选拔博士生服务基层工作，组建博士生服务团，我很愿意参加，并希望到我目前正在帮助建立合作社的阎良区政府挂职。博士团重在发挥团队精神，发挥集体力量，集思广益，资源共享，优势互补。我建议这次博士团采用"省博士团＋大学＋地方政府部门＋博士生＋工作内容（如合作社建设、农业技术推广、农业产业化等）"的模式，充分在省博士团的指导下，利用各个大学的学科优势，结合地方政府部门的需要，博士生深入调研，对于问题给以即时反馈，利用省博士团这个平台进行交流，以大学学科优势来推动各个问题的解决。

以下是我以前所做的"西北农林科技大学'三农'博士团简介（见下 1）""西北农林科技大学'三农'博士团方案计划书（见下 2）"和"博士生挂职案例（见下 3）"，希望对陕西省委博士团有所启示和帮助。

1. 西北农林科技大学"三农"博士团简介。

21 世纪以来，党中央国务院对"三农"问题高度重视，社会对新农村建设日益关注；但与此同时，各地政府和企业专业技术缺少，专门人才匮乏，经济社会长足发展受到限制；西北农林科技大学拥有雄厚的科技资源和人才资源，大量科技亟待转化，大批人才需用武之地；杨凌农业高新技术示范区的区位优势，周边密集农业企事业单位的资源优势，每年一次农业高新技术展览会的全国性平台，为科技转化、人才利用提供了可能。

据此，我们西北农林科技大学"三农"博士团以产学研结合为出发点，联系科研机构及其当地政府、企业等组织，以求转化高校科技，促进当地经济社会的发展。博士团是由教授、博士、博士生为主体组成的科研团体，具有自治经营、自我管理、非营利、非政府公益性质。博士团综合聚集农学、林学、水利、经济管理、社会发展等方面的专家学者，结合社会需求，积极转化西北农林科技大学的科研成果，与各级政府合作共赢，以求对社会主义新农村建设及其"三农"问题的解决有所贡献。

西北农林科技大学"三农"博士团祈愿和各地各级政府、企业等组织广泛合作。

（1）提供服务：挂职调研、科研报告、培训讲座。

（2）具体模式：

挂职博士（硕士）＋西农博士团智囊支持

（挂职调研）　　　　（联系科研项目）

（驻地）　　　　　　（流动）

（3）与我联系：仵希亮，电话×××，邮箱×××。

2. 西北农林科技大学"三农"博士团方案计划书。

（1）社团背景：新农村建设，"三农"问题受到高度的关注；依托西农的高校资源，大量科技亟须转化；依托杨凌农业示范区的区位优势，农业示范，周边农业企事业单位资源，农高会每年一次的举行；行知统一，学习实践相结合，理论知识指导应用实践，实践又促进理论创新，并不断迸发出生产力；目前高校研究生扩招，人均科研课题不足，应变被动为主动，主动建立组织，主动寻找课题。

（2）社团命名：西北农林科技大学"三农"博士团。

（3）社团成立宗旨：发展"三农"，产学结合。

宗旨详述：

①服务"三农"，回报社会。

②知行合一，实现自我。增加科学实践机会，与党政部门协调结合，可到县市乡镇挂职锻炼。

③产学研结合，促进高校科技的转化，促进生产力水平提升。与西农院系建立联系，展示应用科技成果；为西农专家提供科研及其报告讲座机会；与此同时，与杨凌示范区创业孵化中心、生产力促进中心广泛联系，使西农博士团成为杨凌经济发展的重要力量。扎根西农，立足杨凌，带动陕西，辐照全国。宣传西农，发扬杨凌精神，使关中大地飘扬西农红旗，传颂杨凌赞歌。

（4）社团训词：爱心—合作—实践—创新。

爱心是人们共同生活之基石，我们是非营利组织，以爱心为前提，爱心为关键，我们所参加的是社会公益活动，回报社会，回报"三农"；合作之精华体现，正如农民专业合作社建设一样，社团同样需要组织起来，大家默契地交流和沟通；充分发挥团队精神，知识共享，信息共享；实践的深刻意义也即产学研结合，知行合一，理论指导实践，但来源于实践，加大科技向生产力的转化力度；创新"是一个民族进步的灵魂，是一个国家兴旺发达的不竭动力"，对于社团来说也是如此，创新在于有超前的观念，先前的意识，独特的思维，不同于常规的思路，但来源于朴实平常的生活，我们的社团便给每个人一个宽松的环境，发挥每个人的创新思维，倡导鼓励创新。

（5）社团性质：NPO（非营利组织），NGO（非政府组织），自我管理，社会监督，志愿加入，民主管理。

（6）发展规划：

①远期发展：运用"大视野、大眼光"去看待。成为生产力促进的主力军，产学研结合的根据地，创新型、创业类人才产生的摇篮。

②近期规划及社团组织的切入点：核心业务以科研联系为主。

③近期准备开展的活动：考察咸阳市永寿县店头镇，磋谈具体合作；考察西安市临潼区何寨镇，磋谈具体合作；参观考察本香集团，与燕君芳进行合作交流；参观考察《农业科技报》报社，对农村报业具体发展进行交流；与西农

村长助理项目进行合作，博士团提供智囊支持；与陕西省委组织部进行接触，宣传西农博士团，争取博士生挂职名额。

（7）社团组织：

①组织构成。

团长：组织代表，组织目标战略的坚定执行者。

办公室：部门协调。

策划部：博士团愿景规划，战略制定，CIS编制，管理标准化制定，项目立项讨论，智囊团支持。

财务部：日常费用收支。

项目组：分A、B、C等小组，具体不同项目，不同专业人员结合，形成项目小组。具体针对某一项目，在一定时期持续观察跟踪，直到评定审核通过。

外联部：联系客户，客户跟踪管理，建立长期联系。

内联部：联系专家，协调学校，为不同项目寻找合适的人。

②项目小组模式。

（团长）办公室—策划部—外联部—财务部

......

（8）服务对象：乡镇政府、市县政府、农民组织（合作社、农民协会、农民专业经济性组织）、企业。

（9）服务内容：

①科研项目：新农村建设规划；科研报告撰写；或根据当地政府或企业组合要求针对性地成立项目小组，组织科研活动或规划。

②讲座项目：新农村系列讲座、科技讲座、经营讲座。

③项目过程：外联—考察—立项—人员组织调查调研—出台方案，撰写成果论文。

④间接效果：搭建课题科研对口项目单位桥梁、挂职锻炼联系。

⑤模式：

　　　　挂职博士（硕士）驻乡干部＋博士团西农智囊支持

　　　　　（挂职调研）　　　　　（联系科研项目）

　　　　　（驻地）　　　　　　　　（流动）

（10）经费来源及管理：

①经费来源：研究生院资金支持、会员费每人15元、服务项目提取费用（纳入项目费用预算开支）。

②经费使用：支付日常管理费用，公基金提留用于扩大再发展，不可分配给个人。

③费用使用原则：收支透明；可以创收，收入不可再分配，仅供博士团持续再发展。

（11）社团成员：初期人员拟为20人左右较好。具体人数在组织活动时，可以适当再增加。

①成员学科构成：来自不同学科交叉综合而成。

②成员构成：教授、博士生、硕士生。以博士生为团队组织主体。

③人员安排原则：教授、博士为技术指导、核心技术智囊团，博士生、硕士生为具体经营操作团体，硕士生为日常管理人员或具体调研人员。

2007年9月

3.博士生挂职案例。

（1）北京师范大学：

北京师范大学20名博士生来太原挂职锻炼

来源：山西新闻网　　日期：2006年12月15日

本报讯（记者：张小林）12月14日，记者从太原市人事局了解到，为了促进太原市与北京师范大学建立长期、稳定、全面的人才培养合作关系，北京师范大学将于18日选派20名优秀博士生来太原挂职锻炼。

据太原市人事局有关负责人介绍，这20名博士生来自北京师范大学的哲社学院、文学院、教管院、物理系、地遥学院等13个院系。主要挂职地、单位为迎泽区、杏花岭区、万柏林区、尖草坪区、清徐县5个县（区），高新区、经济区、民营区3个区，发改委、建管委、教育局、公安局、民政局、司法局、财政局、人事局、规划局、环保局10个市直部门，还有太原大学、商业银行，主要挂职副处级职务。

届时，太原市人民政府还将与北京师范大学签署"太原市人民政府与北京师范大学人才培养合作协议"，双方在学术交流、人才培养、远程教育、选派挂职干部、建立实习基地等方面开展广泛合作。太原市人民政府将会在北京师范大学设立人才培训基地，同时每年为北京师范大学提供 50 个副处级挂职岗位，供北京师范大学优秀博士生到专业对口岗位进行为期半年的挂职锻炼，还为博士生发放一定数量的生活补贴。对挂职锻炼表现优秀的博士生，根据本人意愿（愿意留在太原工作的），按照干部选拔任用的有关规定进行选拔任命。

第二批北京师范大学博士生挂职锻炼

第二批北京师范大学博士生共 12 人日前来到太原市，开始为期半年的挂职锻炼。

据了解，根据市政府与北京师范大学签署的人才培养合作协议，太原市每年提供一定数量的副处级岗位，供北京师范大学优秀博士生进行为期半年的挂职锻炼。首批来太原市挂职的北京师范大学 20 名优秀博士生，分别受聘担任了太原市迎泽区、杏花岭区、高新区、规划局、教育局等 20 个区、局等单位的区长助理或局长助理。此外，北京师范大学生命科学学院副院长刘建武挂职担任了市长助理。

他们挂职期间，不仅实现了发挥名校人才和资源优势、推动地方不断创新发展的目的，而且还使双方在知识交流、人才培养和文化传承等方面取得了显著的成效。在此基础上，北京师范大学选派了第二批共 12 名博士生来到太原市挂职锻炼。

（2）北京大学：

包头市委组织部引进北大优秀硕士博士挂职锻炼的通知

为了认真贯彻落实《中共中央办公厅 国务院办公厅印发〈关于引导和鼓励高校毕业生面向基层就业的意见〉的通知》（中办发〔2005〕18 号）精神，根据中共包头市委组织部《关于引进北京大学优秀硕士、博士来我市挂职锻炼和工作的函》，学校热忱欢迎有志于到基层锻炼成才、建功立业的学生踊跃报名！

专业要求：法学、管理学等专业。

学历：硕士、博士。

报名方法：有意者，向就业中心提交报名表及简历到北阁二层管理办公室王老师处。

报名截止日期：4月20日（周五）。

（3）清华大学：

建设国家创新城市，清华大学博士将来沈阳挂职锻炼

时代商报讯（记者：王术）小到街道办事处主任助理，大到市属大中型骨干企业的总经理助理、厂长助理，这些职位都有可能由清华大学的博士来担当。

记者昨日获悉，沈阳市人才工作办公室已经与清华大学党委组织部签署了关于博士毕业生挂职锻炼协议。从现在起，每年将有一批清华大学博士到沈阳挂职锻炼。

沈阳市管单位中层领导助理职务、街道办事处主任助理，市属大中型骨干企业的总经理（厂长）助理，市属高校、科研单位重点学科带头人或特聘首席教授等向清华大学博士开放，进行挂职锻炼。

沈阳每年从清华大学推荐的博士研究生中选拔部分优秀人才到沈阳挂职锻炼，沈阳每年年初向清华大学正式提出需求人数、岗位安排、挂职锻炼条件、待遇标准等相关情况。清华大学据此初步选拔，向沈阳择优推荐。

据了解，清华大学博士挂职锻炼时间为一年。期满后，沈阳市给清华大学出具挂职博士的锻炼鉴定。经考核合格，挂职博士可优先被挂职单位录用并担任相应职务。

沈阳市委副书记苏宏章强调，沈阳要建设国家创新型城市，推动老工业基地的全面振兴，现正处于重要的转折期，工作重心从老工业基地结构调整转移到科技创新上来，这是一个战略层面的重大转变。这种转变需要大批人才，没有人才，不可能完成这种转变。沈阳的经济发展和社会发展需要大批人才，现在正是用人之际，同时也为人才提供了用武之地，希望各位博士毕业生在沈阳能够选择适合的岗位，在沈阳获取事业的发展，创造人生的辉煌。

清华大学党委常委、组织部部长韩景阳说，沈阳是一片振兴的热土，其中很多经济发展领域和清华大学的优势学科有着宽广的合作基础和条件，清华大学愿为沈阳经济的快速发展提供人才支持。

（4）北京邮电大学：

北京邮电大学举行 2007 年博士生挂职锻炼启动仪式

11 月 8 日，我校 2007 年博士生挂职锻炼启动仪式在行政办公楼 502 举行。党委赵纪宁副书记、组织部曲昭伟部长、学生处辛玲玲处长、学生处王明华副处长、研究生院张泳副院长、学生处就业指导中心葛丽梅主任、继续教育学院张正扬书记、电信工程学院王生卫副书记、经济管理学院宋丽丽副书记、信息工程学院黄天丞副书记以及我校 11 名挂职锻炼的博士生参加了启动仪式。会议由学生处王明华副处长主持。

首先，王明华副处长介绍了博士生挂职锻炼此项工作的相关情况，向我校首批首届参与挂职锻炼的博士生们表示祝贺。各位博士分别介绍了个人情况、挂职单位及从事工作等相关信息，柳强等博士踊跃发言，表示作为北邮挂职锻炼的博士、北京高校的博士代表，感到身上担子很重，在挂职单位一定会以高度的责任感，踏实肯干，不断进取，在展示北邮博士风采的同时，为学校、为社会、为国家多作贡献。

纪宁副书记在听取了各位博士的发言后说，博士生挂职锻炼是一次难得的机会，对个人未来发展可能起到关键作用，希望大家能够珍惜机会。要求在这次与社会接触的过程中，要亲身实践、把握定位；尽快融入工作环境、处理好人际关系、兼顾学习和工作，在实践中学习，在学习中提高！

我校博士生挂职锻炼工作，是根据北京市委组织部、市委教育工委、市教委、市人事局、市国资委《关于组织选拔博士生和博士后到北京市挂职锻炼的意见》的精神进行的。在校党委组织部、研究生院、学工部及各相关学院共同参与下，经历了报名申请、筛选与考察、落实挂职单位、双向见面等环节，最终确认的人选参加了市委组织部在清华大学举办的有关课程培训。

11 名博士生虽然挂职于不同行业，从事不同工作，但都怀着一颗为学校、为社会、为国家作贡献的责任感和进取心。希望我校 2007 年挂职锻炼的博士们能尽快找到专业和工作的结合点，把理论运用到社会实践中去，立鸿鹄之志，成栋梁之材！

（5）同济大学：

同济大学四名博士到宜宾市挂职锻炼

据悉，同济大学的四名博士老师将到宜宾市进行挂职锻炼，作为宜宾市和同济大学的市校合作项目的一个，这四位博士将被派到规建局、环保局、旅游局和宜宾学院挂职，分别担当副局长和院长助理职务。

（6）浙江大学：

浙江大学青年博士来嘉善挂职锻炼

从昨天起，来自浙江大学的 5 位青年博士分赴我县魏塘、姚庄、大云、干窑和建设局进行为期 1 年的挂职锻炼。这 5 位浙大博士在农业、经济管理、机械、建筑等学科领域拥有较强的科研能力，县领导郑明、魏建国等欢迎他们的到来，并希望青年博士们找准专业实践、志愿服务与挂职锻炼的有机结合点，充分发挥自身的专业技能和优势，深入基层，真正融入嘉善的经济建设中去。

为进一步促进浙大和嘉善的合作与交流，"浙江大学青年讲师团嘉善社会实践基地"也正式成立。

（7）中国人民大学：

关于组织博士研究生赴合肥挂职的通知

近日，中共合肥市委组织部发来《关于合肥市引进博士研究生挂职锻炼的函》，要求我校选拔优秀博士研究生（不含委培和定向）赴合肥市挂职锻炼，现就报名相关事宜通知如下。

①挂职锻炼时间一般为一年，挂职岗位为合肥市各区县的副职或者一把手助理，具体岗位详见附 1《合肥市博士研究生挂职岗位一览表》*。

②各院系相关专业的优秀在读博士研究生（不含委培和定向）均可报名，

---

* 附 1 在此不再列出。

含硕博连读三年级及以上的学生，博士生报名前必须征得导师同意并请导师在报名表签字。

③博士生下载报名表格一式两份，需于 9 月 24 日 17 时之前报送到所在院系的分团委。

④各分团委以院系为单位在 9 月 25 日 17 时之前将纸质版报名表送至学生活动中心 206 室，并将电子版打包发送至 twxcb@ruc.edu.cn（请在邮件主题中注明学院和"挂职报名"字样）。

报名工作结束后，校团委将向合肥市委组织部反馈报名情况，最终录用名单由合肥方面决定。

共青团中国人民大学委员会

2007 年 9 月 18 日

（8）南开大学：

南开大学招募选拔百名在读博士生到基层挂职锻炼

来源：科技日报　　日期：2007 年 5 月 19 日

5 月 18 日，"百名博士当'村官'"项目的首批 31 名南开大学在读博士生郑重地从天津市津南区区长李广文手中接过了红色的聘任证书，即将开始他们的"村官"生涯。

近年来，南开大学推出了"南开大学博士生服务滨海行"系列活动，与天津市津南区政府合作的南开大学博士生赴津南区挂职暨"百名博士当'村官'"项目即为该系列活动之一。南开大学每年根据学科背景、个人意愿、服务意识、责任意识、交际能力、组织管理和策划能力等，招募选派 100 名左右的博士研究生分批到津南区的委、办、局、镇、村和重点企业，以行政助理或科研项目研发方式挂职，期限为 1 年。

南开大学负责人介绍，自项目启动以来，得到了南开大学在校博士生的广泛关注与积极参与，近 130 名来自周恩来政府管理学院、商学院、环境科学与工程学院、哲学系等不同院系的博士生争先报名，专业涉及政治经济学、企业管理、环境规划与管理、计算机技术与应用等，其中 70% 的报名者希望到最基层的村镇中挂职。顺利通过考核面试的马克思主义教育学院 2006 级博士生赵化刚即将到津南区北闸口镇担任党委书记助理的职务。他说："到基层挂职锻炼能够让我将所学应用到实际工作中，积累工作经验。同时，我也能从工作中获得第一手的数据材料，为完成高质量的学术论文提供条件。"

南开大学党委书记薛进文认为，博士生到基层挂职锻炼是高层次人才培养过程中积极推进实践教育，努力提高博士生社会实践能力，强化其应用知识、造福社会的品质与精神的很好途径。学生能够由此完成从理论到实践的过渡，同时这也充分发挥了高校服务社会的重要功能。

据介绍，百名挂职博士研究生在津南区工作期间，将主要协助服务单位制定经济社会或科技发展规划，区域经济发展战略，产业布局、工业结构调整规划。此外，百名博士生还肩负着推动南开大学的技术转化和技术转让的重任，组织南开博士团寒假、暑期社会实践活动等，他们将成为南开大学与津南区交流、沟通、合作的桥梁和纽带。

津南区区长李广文说，津南区正处在全面上升期和难得的机遇期，迫切需要各类人才为津南区的发展献计献策。此次"南南合作"借南开大学的科技和人才优势，对于促进津南区的发展、提升津南区的综合竞争力具有重要作用。

博士研究生挂职期间，身份仍然为南开大学学生，享受南开大学博士研究生的一切待遇，并实行弹性学制。南开大学将对挂职人员跟踪考核，督促挂职博士生认真完成岗位工作。挂职结束后，由学校主管部门会同任职单位颁发挂职锻炼证书，挂职锻炼鉴定书归入本人档案。

据悉，"百名博士当'村官'"项目还在进一步招募选拔中，其余的 69 名将于近日派遣。

（记者：冯国梧；通讯员：张丽）

（9）东南大学：

东南大学博士生挂职锻炼来扬州

日期：2004 年 11 月 16 日

现代企业竞争，人才是关键。今天上午，东南大学的 5 名博士研究生与我市 5 家单位签订了挂职锻炼协议，各企业如获至宝。

这 5 名东南大学的博士生，将分别落户我市 5 家国有企业和国有控股企业。

据人事部门统计，我市经济发展目前急需包括建筑、生物医学工程、信息技术、电气工程、管理工程等十几个专业的高级人才，仅博士生需求就达到32人。这时，东南大学研究生院提出，他们将选派博士生到江苏用人单位挂职锻炼，在提高博士生社会实践能力的同时，也能促进地方经济发展。双方是"一拍即合"，东南大学很快确定5名优秀博士生到扬州企业挂职锻炼，并成立了研究生实践基地，开创了省内校地合作的先河。

据了解，这5名博士生，将为挂职企业提供技术咨询、项目论证、企业管理、产品开发、市场分析等方面的研究服务，为期2～3年。

"百名博士挂职服务基层"报告（第2期）

2008 年 8 月 31 日至 11 月 28 日

一、上期工作计划落实

1. 继续调研合作社，协助农林局进行陕西省农民专业合作社示范区建设。

继续走访了部分合作社，走访了利民农资专业合作社、牧歌奶牛专业合作社，对合作社给以指导帮助。并协助农林局经管站就阎良区作为陕西省农民专业合作社示范区的建设作出规划，提出自己的观点和建议。

2. 就陕西省蔬菜示范区规划，联系农林局和西农园艺学院。

结合阎良区武屯镇西相村所建的蔬菜示范基地，我去西北农林科技大学联系了园艺学院的邹志荣教授，联系西北农林科技大学和阎良区农林局，就其中的具体问题进行协调解决。

3. 解决挂职单位提出的具体问题。

结合挂职单位阎良区农林局的需要和提出的问题，我积极调研，协调联系，撰写方案，组织农民大讲堂活动，以使学习型组织建立在全区展开。以农民经营意识的提高来促使农业经营的转变，结合十七届三中全会的精神，发展现代农业，促进阎良区农民增收。

二、最近工作进展

（一）开展情况

续上期，我自 9 月以来，阶段性前来阎良开展工作。其间，积极联系阎良区委组织部和农林局，先后进行了一些调查和走访，并开展了一系列的活动。8 月之后，我对之前开展的农民大讲堂进行总结，撰写方案，作出规划。进入9 月，我走访基层合作社，查看秋瓜长势。10 月，我积极联系导师，让导师前来免费讲座。11 月初，我带科农瓜菜专业合作社走进农高会，来到杨凌，并在杨凌开展了农民大讲堂的讲座。

这一阶段来阎良的时间如下：8 月 31 日至 9 月 3 日，9 月 17 日至 9 月 22

日，9月22日至10月2日（其间还去河南郑州考察农民专业合作社），10月14日至11月3日（其间还去陕西宁强帮扶灾后重建）。

前后共40天。

（二）大事件

以下是进展中的几个关键事件：

1. 9月2日，受利民农资合作社理事长宋建堂之邀，前去考察。不同于瓜菜种植或畜牧养殖专业合作社，农资合作社可以充分发挥售后服务优势，对合作社服务的农户给以技术指导，并以此结成利益团体，进行农民专业合作社入股的探索。

2. 9月18日，考察阎良牧歌奶牛专业合作社，并在一周后，帮助该合作社制定出章程、各种规章制度。牧歌奶牛专业合作社依托养殖小区，合作社理事长是小区的经济法人，小区由福建人和阎良本地人合伙投资。奶牛小区将来的发展走向是小区养殖和奶牛寄养相结合。小区对散养户不收场地租金，但对农户散养的奶源进行统一收购。小区服务散养户，以此为依托，构建合作社。

3. 9月20日，去临潼相桥、阎良关山查看秋瓜长势。秋瓜病害较多，生长状况较差。秋季水果较多，直接对秋瓜构成竞争风险，且秋瓜凉性，多吃对肠胃不利。秋瓜可以尝试性种植，不能大面积推广。

4. 9月22日，随后十日，前去郑州荥阳考察农民专业合作社，并对农民专业合作社"郑州模式"的失败进行分析，以期对阎良农民专业合作社有所启发。

5. 10月14日，受阎良区委组织部、农林局委托，前去宁强帮扶灾后建设。在随后的几天里，我考察了当地香菇市场，访谈了村民，并对滴水铺的香菇种植户作农产品市场营销和农民专业合作社建设的讲座。宁强香菇种植发展多年，受河南西峡的香菇产业带动，由经纪人经济推动。但当地香菇市场，鱼目混珠，产品质量不等，香菇发展受外地市场制约。当地香菇的发展虽然比较晚，但要起点高，力争上游，占领市场，把握市场销售环节，进行产品质量分级，以及农产品品牌建设。

6. 10月29日，请来西北农林科技大学王征兵老师就农民专业合作社建设和农产品营销进行免费讲座。经过前一阶段的联系与协调，在阎良区委组织部、农林局大力支持下，结合学习贯彻当前的十七届三中全会精神，如何发展现代农业，我请来王征兵教授为区镇街农业从业人员、区农林系统人员、村委书记主任、各合作社或协会负责人300多人作了一场免费讲座。讲座受到大家的好评，在农民经营意识提高方面给广大农业经营户以激励鼓舞。

7. 10月31日，走访阎良区武屯镇三和村养牛协会。三聚氰胺事件之后，牛奶检查很严格，有不同部门轮番抽检。三和村养牛协会依托奶站和养牛小区，但奶站和小区是一位老板联合银桥公司所建，虽然为奶农提供养殖场地，但管理松散，在喂养上不能统一，且少有技术培训，农户对于饲料的获取也是各自购买。

8. 11月4日，联系阎良科农瓜菜专业合作社，组织人员围绕农高会开展农民大讲堂活动。阎良农高会期间，科农瓜菜专业合作社组织20人前来参加，我积极参与组织，对科农瓜菜专业合作社开展农业经营讲座，并邀请西农王征兵教授、樊志民教授、郭亚军博士前来讲座。

三、问题和建议

阎良工作开展又进行了一段时间，对于当地的具体帮助，需要长年累月持续进行。这段时间，阎良区委组织部对我关怀备至，主动提供服务机会，如去宁强帮扶灾后建设，发挥我所学，让我调研当地产业，为当地提供农产品营销讲座，并提出香菇长远发展的建议，使我能够为灾后建设奉献一片爱心。阎良区农林局为我安排食宿，使我在当地生活无后顾之忧，能够全身心投入工作。其间，阎良区委书记苗保明同志对我在宁强的工作进行慰问，问寒问暖，暖至人心；区委组织部部长张涌同志给以关怀，对我委以重任；挂职单位农林局局长权利军同志对我细心照顾，安排食宿，并让我负责去做一些具体事情。所有的一切，他们无微不至的关怀，使我发愤图强，不辜负他们的殷勤希望，我将百倍努力，为阎良的发展，发挥我作为一名农业方面博士研究生的所学和专长，真情服务阎良人民。

博士下乡服务基层，对于当地，不能从物质上直接帮助，仅能从智力上提供需要，如开展培训，以自己的思维和行为方式影响人，并联系高校和地方政府，努力为当地服务，提供讲座，以讲座来激励人心，促进发展。农民经营意识和思想对于农业经营非常关键，一念之差便有不同的效果，一个点子便可以改变不同的命运。传统农民的培训仅仅限于种植养殖技术的培训，而不能在经营意识上给予农民启发。农民增收在种植养殖技术上提高有限制，只有改变传统经营观念，农民方能进行农产品的分级标准化，并包装成品，进行品牌化发展。我作为下乡挂职的一名博士生，应该以激励农民思想转变为己任，丰富农民的经营头脑，以具体的实例来对他们产生激励。

对于阎良农业的最近一阶段的思考，我有以下认识：

1. 具体学习组织的构建，不限于阎良农业系统单个方面，可在阎良全区进行，如针对机关系统，请一些专家学者定期前来讲座。

2. 阎良农业要发展都市农业，在产业层面确定农产品发展方向。有些农产品适合规模发展，对外大规模走瓜走菜；有些适合精品化发展，以都市农业来发展精品农产品，吸引外地人前来阎良消费，宣传阎良农产品品牌。

3. 阎良农业要充分利用网络营销，农业经营户或单位应能上网，网络营销可以占领市场的制高点，以互联网的强大搜索引擎来使阎良农业信息遍布全球。阎良发展果蔬产业，政府要充分提供平台，使阎良农业抢得先机，网络营销能为阎良农业插上双翼。

4. 农民专业合作社的发展，是在农业领域的探索。农民专业合作社的发展需要合作意识，需明确各方利益。现今与中国 30 年前的改革开放初期的情况不同，30 年前农村可以家庭联产承包责任制来进行经营上的探索，但现今具体农业上的合作则不同。合作精神需求从有较高利润的工业合作社开始，工商业合作社的构建促使合作意识逐渐产生，在合作意识全面普及之后，开始进行农民专业合作社的建设。从工业到农业，合作社可尝试探索。

四、下期工作计划

1. 继续定期驻点，阶段性前来开展工作。

2. 结合冬季农闲季节，联系农林局和乡镇街道，为农民提供农产品经营相关讲座。

3. 继续构建农民大讲堂，寻找问题，建立长效机制。

仵希亮

2008 年 11 月 28 日

【附 1】 对于关山、武屯几个农民专业合作社的走访

一、绿阎蔬菜专业合作社和新兴蔬菜情况

7 月 19 日上午，去新兴绿阎蔬菜专业合作社，见到王志强理事长一人。据王志强所讲，合作社虽然入股（怀疑没有正式投入股金），但没有股金协

议，合作社的具体分成，是成员（代办）进行收菜联合，当场交易，当天分成。

4月曾去过新兴绿阊蔬菜专业合作社，当时大门紧闭，不见人来。对合作社的办公地址寻找半天，对面经营户对这个协会或合作社的存在并不知情。由此绿阊蔬菜专业合作社对当地影响不大。

4月又访谈了新兴的代办、菜农和外地菜商。代办各自经营，与合作社联系不多。瓜农更不知道自己是不是合作社的成员，抱怨"卖菜没价"，他们建议政府应于当天给个指导价格，并在当地公示。外地菜商则是在讲，当地代办没有标准，人人都可成为代办。菜商希望当地政府能建立个市场，方便瓜农与菜商直接交易，而代办只是提取代办费，不直接控制蔬菜市场。菜商同时希望，依托市场，当地菜农分门别类，把蔬菜整齐分级摆放，方便瓜商挑选给价，从而形成瓜商和代办的自由交易市场，而代办仅仅提取代办费，不使代办主导当地菜市。

二、阊兴棉花专业合作社

农户白天较为忙碌，我便试探性晚上调查。7月23日，晚上饭后8时，去关山镇代家寻访阊兴棉花专业合作社，按图索骥，按农林局农经站所给的合作社联系名册，我寻找这家合作社的主人代万星。农经站仅仅是提供了地址，但没有联系方式，我便打听寻找。找到了代万星，他是村委副主任，他有看报的便利条件，由《农业科技报》获知国欣棉种的情况，十分欣赏国欣的经营形式，便加入了国欣棉种的阵营，经销国欣棉种。

国欣棉种位于河北河间，由技术员卢国欣创办农研会，创办于20世纪80年代，后渐渐发展壮大。农研会是国家科协重点推广的农民技术合作组织，国欣便是在如此背景下发展起来的，有自己的农场，后来育种，经销棉种，现在还有自己的棉被厂。国欣基于自己的发展经历，很是推崇农民经济合作组织来经营棉种，这是一种营销扩散方式。

代万星感叹，于上一年参加了国欣棉种的营销大会，回来之后很受启发，便建立了阊兴棉花专业合作社。但目前来讲，他忙于村内事务，组织一直没有运营。但合作社的手续都办理下来，并办理了税务登记证。

以公司来传播合作思想，建设合作组织，提供规范产品，国欣棉种便是个例子。而阊良农民专业合作社中，阊兴棉花专业合作社是个很典型的代表，它与国欣棉种有很直接的联系。

三、兴牧奶牛专业合作社与奶牛养殖小区

兴牧奶牛专业合作社成立于 2008 年 6 月 26 日，刚成立不久，我便于 7 月 22 日前去考察。合作社的法人代表冯晓红，家里是三代兽医，如今他做兽医，给牛配种，兼售奶牛饲料，同时是关山苏赵奶牛养殖小区和北冯奶牛小区的技术顾问。基于兽医和技术顾问的身份，他便成立了合作社，以此联系小区、农户，大家多作技术交流，统购农资，交换奶源市场信息。他把合作社划为苏赵、复合、北冯、南冯、南樊 5 个片区，每一片区有专人负责。

苏赵奶牛小区，福建人经营，消毒严格，管理严格，对于在阎良发展奶牛有很大信心。这里养牛 100 多头，全部为个人独资所有。苏赵奶牛小区，将来想发展规模，把农户的分散奶牛同样寄存过来，以此控制奶源，统一销售，以免费场地使用来换取奶源。福建女老板希望能够贷款养殖，她反映在南方福建，银行贷款普遍好贷。她的奶牛小区，农林局还没给绿化，她等待着政府的绿化到来。对于奶牛的补贴款，她盼望能很快下达。

又去复合村，这里奶牛散养，没有奶牛小区，仅有规模很小的挤奶站，当地养殖户希望能有个奶牛小区。对于奶牛补贴款，他们也是盼望尽快下达。

去北冯奶牛小区，不同于苏赵，这里散养着 30 多头奶牛，都是归农户所有。奶牛小区冯老板，免费提供养殖场地，但需要控制奶源，统一挤奶，集中销售。这里设施和消毒条件便不如苏赵奶牛小区好，人员随便进出，不消毒。

北冯奶牛小区抱怨，政府所给绿化的树木全部死了，留下枯枝枯叶。

奶牛专业合作社提供的产品为初级加工鲜奶，为乳制品厂提供原料，由此他们如何对自己的产品进行品牌经营便成了问题。合作社发展中，不同农产品有不同特征，水果（如甜瓜、相枣、酥梨）可以包装后走终端市场，但初级原料产品（如鲜奶、芦荟）如何实现合作社自己的终端品牌产品呢？

四、绿秦芦荟专业合作社及芦荟种植现状

农技站的通讯录上没有绿秦芦荟专业合作社的电话号码，而把"绿秦"印成了"绿色"两字[①]。我于 7 月 24 日傍晚，前去通讯录上所说的界坊村寻找这个合作社，经过询问，在镇上君再来餐厅找了合作社的法人邓永贤，他是这

---

① 从以下这则新闻中，我们可以看出当年阎良芦荟经营得很好，曾经出口。《阎良芦荟走出国门》，《陕西日报》，http://news.sohu.com/20060922/n245478531.shtml。

家饭店的老板。先与邓永贤交谈，又去地里与芦荟种植农户交谈，然后去了芦荟加工厂找到邓永发（邓永贤的弟弟）交谈，回到关山住处已经夜里 10 时多了。邓永贤经营饭店 14 年，当初从蒲城进些芦荟用来炒菜，发现芦荟市场潜力，便于 2002 年前后办理了芦荟加工厂。加工厂需要芦荟原料，因此需要当地种植，与界坊村的村支书进行联系，利用界坊村的现有温室设施（农林局 90 年代支持所建），与农户签订协议，进行规模化的种植。发展几年，问题重重，加工厂经营艰难，生产断断续续，与农户关系僵化。企业不愁销路，但苦于资金缺乏，且本地芦荟原料缺乏。虽然企业与农户签订了协议，但企业不能按协议执行收购，不按协议价格，不给现金仅打白条。农户经营几年下来，收入寥寥，抱怨很多。如邯郸一退休工人 2004 年来到此地，承包土地盖起温室，信心满怀地种植芦荟，结果两三年下来血本无归，投资 11 万元仅仅收回几千元。承包的土地有 10 年的协议，如今还留有 6 年，每年还要为土地承担租金。现今他的温室已全部坍塌，他把土地全部种了杨树，他本人也是每日无所事事，在此一人孤苦伶仃地养老。

其他农户所种芦荟的温室渐渐改作它用，改为种菜。还有几户种植芦荟，有人销往西安各个饭店作菜肴之用，但大部分人还是发愁销路。有销路的芦荟温室整理得好，草很少。许多温室是杂草横生，杂草淹没了芦荟，这些农户对芦荟行情不看好，便疏于对芦荟种植的管理。

加工厂前几年经营了几个温室，由于和种植户的关系紧张，便被人夜里放火烧了。加工厂只能怪当地村民素质低，但其后有深层的矛盾。由此看来，加工厂在外地经营，要处理好方方面面的关系，履行承诺，诚信经营，协调好部门关系和人际关系，如此方能造福一方，并能奠定自己长远发展的根基。

绿秦芦荟专业合作社为加工厂所办，据邓永贤、邓永发所讲，目前精力放在企业经营上，只有经营好企业方再考虑发展合作社。他们先是注册合作社，大半年过去，没有工作开展。

当年建立的芦荟种植基地，如今农户纷纷毁掉芦荟，芦荟种植面积日渐缩小，农户种植积极性已经严重挫伤。基于芦荟在阎良当地的消失，芦荟加工厂何去何从？绿秦芦荟专业合作社何时登场？我们静待观察。

【附2】 农民大讲堂

一、农民大讲堂开展经费申请和农民大讲堂构建项目介绍

1. 农民大讲堂开展经费申请。

尊敬的局领导：

您好。

目前阎良农民组织发展缓慢，人心分散，与农业的产业化步伐不相称。借助农民大讲堂的组织形式，根据农民的真实需求，构建管理和技术平台，促进农民组织之间的交流，联系专家与农民、政府与百姓，使他们得以沟通交流，开发民智，以农民精神的振奋来发展经济，发掘农民人才，构建农民组织，促进阎良经济社会的发展。

特此申请。

申请人：仵希亮

2008 年 8 月 28 日

2. 农民大讲堂构建项目介绍。

项目目的：解决农民生产经营中的管理和技术问题，组织专家学者、技术人员或领导干部下乡与民交流，授民以术，倾听民声，促进农民组织之间的交流与合作。以农民大讲堂的形式开展工作，凝聚人心，形成组织和制度，长期进行，逐渐完善。

项目意义：经济发展的前提是精神的改变、意识的转变。从农民中发掘组织人才，促进农民专业合作社的建设与发展。以学习型组织建设来改变农民专业合作社的传统培训思维，使得人人主动参与合作社的建设。

项目进展安排：先推行，总结研究，不能操之过急，要精品，宁缺毋滥，逐步开展。以科农瓜菜专业合作社为先行，向其他扩散，凡是有学习需求的农民组织，我们都可以提供师资及学习材料。

项目实行区域：阎良区内有学习需求的农民组织皆可联系农民大讲堂。

项目时间与经费：一年时间，费用 8 万元。

费用用途：象征性支付师资（以师资志愿为原则），发放学习材料。

项目硬件设施：一套会议音响，一台照相机，一台摄像机，一辆昌河车。对于工作中的人员，可从高校中招募志愿者。

项目预期结果：启发民智，促进相互交流，以精神的改变来发展经济。

二、喜迎奥运抓生产，农业发展大家谈——阎良农民大讲堂开讲，欢迎博士团同学登场

8月6日上午9时，阎良区关山镇甜瓜示范站培训教室，济济一堂，座无虚席，阎良区科农瓜菜专业合作社在此举办农民大讲堂首场讲座，邀请区农林局局长权利军同志作《浙江省农民专业合作社发展经验介绍》的报告。科农瓜菜专业合作社成员以及应邀前来的阎良区各个农民专业合作社和周边临潼及富平农民专业合作社人员共60人参加此次讲座活动。

科农瓜菜专业合作社理事长张小平致欢迎词，欢迎权利军同志的到来，欢迎兄弟合作社的到来，欢迎科农瓜菜专业合作社的各个成员的到来。

阎良区农林局局长权利军同志就浙江农民专业合作社发展经验和现状作了介绍，着重介绍了宁波和温岭的经验，肯定了浙江农民专业合作社建设成绩，浙江农民专业合作社在组织建设及制度完善上走在全国前列，且合作社成员有很强的市场意识、商品意识，能在种苗提供、商标品牌、农资提供、种植或养殖操作标准、结算分配等方面实现统一，浙江农民专业合作社有合作社结合成联合社、跨区域发展之势。基于陕西省的历史与区位，阎良区的农民专业合作社发展中要注意人的意识、观念的落后以及陕西省整体经济环境的差别，寻找自己所长，走阎良区农民专业合作社的自我发展道路。

权利军同志结合农民组织化演变历史来讲，从"公司＋农户""公司＋协会＋农户"到如今的"公司＋合作社＋农户"，合作社是农业发展的必然，分散的农户只有加入农民专业合作社才能对接大市场。权利军同志分析了"农民专业合作社"含义，进行了剖析，农民专业合作社一定要突出农民的主体性、从事农业的专业性以及成员参与合作的重要性。对于阎良区农民专业合作社的发展，先发展后规范，在规范中发展，充分调动农民专业合作社的主观能动性，自我发展，政府在其中的作用便是服务，提供资金、人才支持。对于资金支持，要划出不同要求等级来，只有符合规范方给以支持；对于人才支持，要给每一合作社配备辅导员，并配备一名大学毕业生。

在权利军同志发言之后，科农瓜菜专业合作社、信农蔬菜专业合作社、利民农资专业合作社、西蜜甜瓜专业合作社等农民专业合作社成员进行了提问，权利军同志就成员费收取、如何入股、"三会四室"建设等问题和大家进行了交流。权利军同志建议阎良甜瓜主打阎良区域品牌，而甜瓜生产基地可以挪至

甘肃省乃至海南省。

本次讲座在热烈的掌声中结束，张小平同志致感谢词，感谢权利军同志所作讲座，感谢大家冒着炎热酷暑参加，并代表大家邀请权利军同志下次再来为大家作农业方面的讲座。

会后，经科农瓜菜专业合作社理事长张小平和成员冯朝阳介绍，农民大讲堂是科农瓜菜专业合作社努力打造的一个利民项目，立足于阎良区关山镇，借助于西北农林科技大学的师资力量、智力支持，影响辐射周边西安、渭南、咸阳、铜川。科农瓜菜专业合作社不仅仅自己形成学期制度，构筑学习型组织，还要借助农民大讲堂的讲课形式，定期组织科农瓜菜专业合作社骨干成员外出讲课，与兄弟合作社共同学习，从而形成"基地讲堂＋流动讲堂""定期讲座＋常年学习"的双重学习模式，走阎良区农民专业合作社共同壮大之路，从而带动阎良区农业的整体发展。

农民大讲堂是我作为陕西省委组织部"百名博士基层行"项目一员挂职在阎良区农林局帮当地农民专业合作社构筑的一个知识讲堂，以农村的教育文化建设来促进当地的农村社会经济的发展。基于农村的精神文化的贫困，欢迎省博士团的同学们及社会仁人志士前来阎良登台演讲，授民以术，启民心智，与民交流。欢迎更多的有爱心的人士走进农村，服务"三农"，播撒爱心，收获希望。爱心涌动，真心永恒！

三、农民大讲堂走进农高会——西安市阎良区科农瓜菜专业合作社《农产品营销和农民专业合作社建设》学习侧记

11月4日至5日两天，农高会召开之季，阎良甜瓜示范户20余人，联系西北农林科技大学科技推广处，前来杨凌参加农高会，并开展了农民大讲堂活动，邀请西北农林科技大学专家教授对合作社成员作了《农产品营销和农民专业合作社建设》的讲座。

这次农民大讲堂活动时间总共两天，组织形式采取课堂教学与现场参观交互进行。这次农民大讲堂是由西北农林科技大学经济管理学院王征兵教授主讲，王征兵教授在大讲堂发言中强调人文社科对农业经营的重要性，观念改变对合作社发展尤其重要。在为期两天的大讲堂讲课过程中，西北农林科技大学人文学院樊志民教授对中央惠农政策进行解读，经济管理学院郭亚军博士对农民专业合作社建设进行讲解。教授们与科农瓜菜专业合作社进行了亲切交流，现场解答。大讲堂上还发放了农产品营销、农民专业合作社建设的学习

资料。

科农瓜菜专业合作社成员对这次农民大讲堂走进农高会活动给以高度评价。作为阎良区瓜菜种植能手的张小平，他同时是阎良区科农瓜菜专业合作社的理事长，他认为农产品营销对农民增收至关重要，农民要有经营意识，在农产品营销方式上要有所创新，要更新种植观念，发展现代农业，要有商品意识。他以农民大讲堂的平台构建，邀请更多专家教授为科农瓜菜专业合作社讲课，农民所听不一定是科技知识，同样人文社科能激发斗志，促进农民增收，增加农民专业合作社的凝聚力；农民大讲堂不拘于在阎良举行，同时可在其他地方流动举行，如这次借农高会召开之际，前来西北农林科技大学举行农民大讲堂活动。

农民大讲堂除了请来专家教授讲课之外，还把讲堂搬进农高会现场和新天地农业设施园内，以多种渠道开阔合作社成员眼界，增加农民的现代农业认识和对农产品营销的把握领悟。

【附3】 帮扶宁强

一、苗宝明：全力援建宁强灾区，携手共建美好家园

来源：阎良党建　　时间：2008 年 10 月 22 日

各位领导：

大家好！我们阎良区对口帮扶的是宁强县汉源镇七星池村和滴水铺村。目前，已投入援建资金 40.5 万元，派驻了 3 批援建工作队员，向村上捐赠价值 1 万余元的农村实用技术书籍、电教片以及蔬菜农药残留检测仪，向学校捐赠了 1 000 册图书、50 套学习用具。

阎良区 26 万人，在西安来讲既是人口小区，又是财政小区。虽然我们区小，但是援助灾区的责任不能丢，援助灾区群众的感情不能薄，这不仅是民族的美德问题，还是共产党人的责任问题。所以，经过我们积极报名争取，省委组织部批准我区承担两个村的帮扶任务。接到任务后，我们及时召开常委会议进行专题研究，由区委、区政府主要负责人担任组长，成立对口援建领导小组，制定援建方案，组建援建队伍，携带资金，拉运物资，驻村开展帮扶工作。

　　为筹集资金，我们打破常规，特事特办，快事快办，一次性从财政列支50万元，将分期送到帮扶村。针对帮扶的工作特点，我们从200余名志愿报名驻村援建的党员干部中精心挑选了13名具有较强组织管理能力、具有一定专业特长和丰富实践经验的优秀年轻干部驻村帮建。首批驻村帮建干部主要是建设、规划、交通等部门的业务干部，我们要求他们以"对宁强负责、对阎良负责"的态度搞好村级组织活动场所，从地质勘探、制定方案、场所整体规划以及选用建材的规格型号等方面着手，严格把关，精心施工，确保建设"抗震牌"工程，建设"永久牌"工程。

　　帮扶工作开展以来，我们一直在思考一个问题。灾后帮扶是受时间限制的，解决的问题毕竟有限。怎样才能留下一支永不走的帮扶队，怎样才能帮助当地群众彻底走出贫困、走向富裕呢？经过认真思考，我们得出两点结论：一要帮助发展主导产业，二要帮助学习实用科技知识。例如，滴水铺村有种植香菇、木耳、烟叶的传统，但是规模小，不会深加工，产业链短，附加值低，没有叫得响的品牌，我区就派出这方面的技术员驻村帮扶，帮助其理清产业发展思路，制定长远规划。我想，授人以鱼，不如授人以渔，要切实搞好帮建工作，就要让群众真真正正掌握致富本领，就要让群众依靠自己的力量发家致富。按照这个思路，我们已经派出区农林局局长助理、博士生仵希亮参与到农业技术专家组，帮助受灾村制定长远规划，指导恢复农业生产。另外专门邀请西北农林科技大学种养方面专家教授定期深入村组，举办农作物技术培训班，提高灾区党员群众科技水平，增强"造血功能"。

　　下一阶段，我们将着力做好三个方面的工作：一是进一步加大资金投入力度。今天，我们就带来了常务副区长、组织部部长，财政局局长、农林局局长、教育局局长和相关街道的党工委书记，让大家都来这两个村看一看，能帮什么就帮什么，需要帮什么就帮什么。我区非公企业代表，西安航联测控设备有限公司总经理刘建华这次就带来了10万元。二是针对这两个村的种植、养殖特点，从全区再挑选一批农业技术专家，派驻汉源镇帮助发展香菇、木耳、烟叶等；还将邀请西北农林科技大学的教授到这两个村，针对当地群众广泛从事的某一主导产业，循环举办六期培训班，让教授反复讲，让群众反复学，真正把一项技术搞精搞透，并让群众依靠这项技术发家致富。三是拿出5万元，在这两个村设立奖学金，凡是考上大学二本以上的学生，每人奖励5 000元，激励这两个村的孩子努力学习，用知识改变命运，力争让更多的大学生从这两个村走出来。

参加这个会议，从兄弟单位学习到了不少好的经验，有些做法值得我们回去后认真研究借鉴，从而真正把这项援建工作做实做好。我们相信，在省委组织部的坚强指导下，在大家的共同努力下，这次传递爱心活动一定能够取得巨大成功。

谢谢大家！

二、真情帮扶宁强地震灾区重建家园

来源：陕西农业信息网　　时间：2008年10月28日

10月17日，"阎良区结对帮扶汉源镇七星池、滴水铺村灾后重建捐助仪式"在宁强县汉源镇政府临时办公大院召开。西安市基层办副主任杨禄民，区委书记苗宝明，区委常委、常务副区长张发俭，区委常委、组织部部长张涌同志出席了捐助仪式。区委书记苗宝明作了重要讲话。

捐赠仪式上，权利军同志代表区农林局向七星池村和滴水铺村捐赠农药残留速测仪一台，香菇、木耳、烤烟及养殖科技书籍600册，科技致富碟片4套240张。针对两个村香菇产业初具规模的特点，我局精心制定培训方案，由局长助理、西农大博士仵希亮就发展专业合作社对促进产业发展的重要性作了报告，并积极鼓励当地农民组建自己的专业合作社，进一步壮大食用菌产业。技术人员李建武、郭智勇重点就香菇生产和木耳栽培技术作了详细讲解。同时，阎良区农林局还派驻优秀技术人员孟伟同志驻扎当地，帮助村民进行灾后重建。

三、对宁强负责、对阎良负责——我区赴宁强援建帮扶活动侧记

来源：阎良区政务信息网　　时间：2008年10月28日

近日，记者赴宁强地震灾区采访。"对宁强负责、对阎良负责"，这是我区赴宁强县对口帮扶驻村干部对自己的工作要求。

汶川大地震后，我区和宁强县汉源镇七星池村和滴水铺村结成帮扶对子，并陆续派出13名援建干部在此开展帮扶工作，首批驻村干部于8月5日进驻七星池村和滴水铺村。这些援建工作者经区委组织部严格挑选，具有较强的管理能力，一定的专业特长和丰富的实践经验。他们帮助对口村搞好村级组织活动场所建设，帮助受灾群众解决生产生活困难，发展生产，走出

困境。

"这七位同志来到咱汉源镇以后，对灾后重建、对帮扶两个村的村居委会建设都投入了非常大的精力，一直深入一线，帮助我们村搞好了村委会建设，现在正在帮助筹建村级组织活动场所。为了我们的党员干部早日用上宽敞明亮的办公、学习和活动场所，他们付出了很多。"宁强县汉源镇镇长丁世鹏说。这些帮扶驻村干部从地质勘探、制定方案、场所整体规划以及选用建材的规格型号等方面着手，严格把关，现场指挥施工，努力搞好村级组织活动场所，确保建设"抗震牌"工程，建设"永久牌"工程。

我区在帮扶内容上更多地结合当地的实际需要，力求创新，努力实现更大的帮扶效果。凤凰路街道办干部马旺从事环保工作，他积极帮助滴水铺村的养猪大户在粪便无公害处理方面给予技术上的指导，让他们充分利用牲畜的粪便，变废为宝，为农民带来更大的利益。滴水铺村所在的地域环境非常适合香菇、木耳的生产，其产品品质优良，成为当地著名的农业品牌，结成帮扶对子后，我区组织专业技术人员赶赴香菇、木耳生产一线，为当地群众提供生产指导，提供技术服务。区农林局技术人员李建武经常深入农户为群众讲课，与当地农民交流，了解当地的实际情况。村民叶茂成一边采收着自己的香菇，一边感动地说："我们自己根本没有什么技术，阎良技术人员带来的技术就像雪中送炭。"

香菇、木耳收获后，如何上市营销，也是整个产业发展的重要环节，我区派出的技术人员结合我区甜瓜、无公害蔬菜的营销经验，加强和当地干部群众的探讨沟通，帮助他们在产品营销方面走出更好的路子，获得更大的收益。我区甜瓜试验示范站技术人员仵希亮走村入户，指导当地农民组建农民专业合作社，提高木耳、香菇的商品价值。宁强县汉源镇滴水铺村村委会主任说："香菇、木耳是我们滴水铺村的主导产业，虽然发展多年，但因为基础单一、规模不大，没有品牌意识，很难抢占市场，让农民获得更大的效益。通过阎良区援建人员的帮助，组建专业合作社，这为我们当地蘑菇种植业发展壮大提供了一个平台。"

据了解，我区在帮扶地震灾区发展生产的基础上，还将加大科技力度，特邀西北农林科技大学专家为当地特色产业提供更多的技术服务。

【附4】 组织农民专业合作社和农产品营销讲座

一、关于组织农产品营销讲座的请示（请示区农林局）

区农林局领导：

　　西北农林科技大学经济管理学院王征兵教授，是位很有思想的农业经济学家，他在学术上提出了"精细密集农业""绝对收入原理""不在意资金""人性论激励"等新理论，对我国农业发展作了有益探索。他最近受科农瓜菜专业合作社之约，到阎良考察。同时，他愿意到咱们这里为局工作人员、农民经纪人、农民专业合作社理事长作关于农产品营销的讲座，并与大家交流。讲座免费提供，并不需要我们接待。我们仅需提供讲课场所，并邀请农业系统人员，我们也可邀请其他相关单位人员（可通过区委组织部来组织）前来听课。

　　现在问题在于，不知能确切邀请来多少人及需要多大教室。以前打算在关山镇甜瓜站培训室，现在担心人多时便坐不下。因此，请示局领导，看能邀请来多少人，并请帮助提供相应教室或会议室。

具体讲座设置，可以刚建立不久的农民大讲堂为依托，由科农瓜菜专业合作社、区农林局、区委组织部、西北农林科技大学共同举办（或其中的一两个单位联合举办）。先此一期，以后联合西农力量，陆续开展讲座活动。

妥否，请批示。

仵希亮

2008 年 10 月 15 日

二、关于组织农产品营销讲座的请示（请示区委组织部）

区委组织部领导：

西北农林科技大学经济管理学院王征兵教授，是位很有思想的农业经济学家，他在学术上提出了"精细密集农业""绝对收入原理""不在意资金""人性论激励"等新理论，对我国农业发展作了有益探索。他最近受科农瓜菜专业合作社之约，到阎良考察。同时，他愿意到咱们区为农业系统工作人员（农林、供销、新农办）、乡镇农业干部、农民经纪人、农民专业合作社理事长作关于农产品营销的讲座，并与大家交流。讲座免费提供，并不需要我们接待。我们可以依托区农林局邀请部分人员，同时请区委组织部邀请其他农业系统（供销、新农办、乡镇）人员参加。

现在问题在于，不知能确切邀请来多少人及需要多大教室。以前打算在关山镇甜瓜站培训室，现在担心人多时便坐不下。因此，请示上级领导，看能邀请来多少人，并请帮助提供相应教室或会议室。

具体讲座设置，可以刚建立不久的农民大讲堂为依托，由科农瓜菜专业合作社、区农林局、区委组织部、西北农林科技大学共同举办（或其中的一两个单位联合举办）。先此一期，以后联合西农力量，陆续开展讲座活动。

妥否，请批示。

农林局仵希亮

2008 年 10 月 15 日

附后：王征兵教授相关资料（略）

三、有关王征兵教授所作《农民专业合作社与农产品营销》的讲座活动方案

讲座目的：结合党的十七届三中全会精神，发展阎良经济，宣传阎良农

业，增强农业经营商品意识，增加农业主管干部的营销能力，培养阎良农业经营人才。

讲座意义：与高校结合，以此为契机，与西农经济管理学院建立联系，促使产学研结合，建立阎良农业的智囊专家团队，借助西农资源，以高校师资支援阎良发展。

讲座人：王征兵，西北农林科技大学经济管理学院教授。

讲座内容：农民专业合作社运营与农产品营销。

讲座形式：150 分钟（2 小时 30 分钟）。

讲座地点：区委礼堂。

讲座时间：10 月 29 日（周三）下午 3：00 至 5：30。

主持人：张涌，西安市阎良区委组织部部长。

主办单位：西安市阎良区委组织部、西安市阎良区农林局。

会务组织：阎良区农林局。

条幅标语：贯彻十七届三中全会精神，促进阎良农业现代化发展。

邀请单位：农业系统人员，区委、区政府、农林、供销、新农办、各镇街等分管农业方面的干部领导、从事农业工作的人员，各村委主任、支书，农民专业合作社理事长及理事，协会相关负责人，农产品经纪人。

组织方式：组织部邀请组织其他单位农业系统人员。

农林局组织本系统人员（包括合作社、协会相关人员及经纪人）。

讲座安排：①张涌同志开场致辞，致欢迎词。②王征兵同志讲座。③张涌同志上台致结束语，感谢王征兵同志所作的讲座。④讲座结束。

宣传工作：区电视台、今日阎良（区委组织部联系）、农林局信息中心（区农林局联系）宣传。

西安市阎良区农林局

2008 年 10 月 26 日

四、学习贯彻全会精神，促进现代农业发展

来源：今日阎良　　时间：2008 年 11 月 7 日

10 月 29 日，我区举行"学习贯彻党的十七届三中全会精神，促进现代农业发展"辅导报告会，邀请西北农林科技大学教授王征兵作报告。区委常委、组织部部长张涌主持会议。

报告会围绕如何促进农业增效、农民增收、构建和谐新农村等几个方面，为与会人员就十七届三中全会精神进行详细讲解；同时还结合我区农业生产实际，讲解了农民专业合作社及产品营销的知识。

张涌希望各级农业部门要积极指导各涉农协会，充分发挥各自优点，依靠与西北农林科技大学联合建立的产、学、研为一体的新形式农业合作机制，建立我区农业智囊专家团队；要借助西北农林科技大学的农业、林业资源，宣传阎良农业，发展农村经济；要借助高校师资，增强全区农民的商品意识，增强农业主管干部的营销能力，为我区培养农业经营人才，带动现代都市农业和谐发展。

五、学习全会精神，提高三种能力——阎良区对新一届村党支部书记进行培训

来源：阎良党建信息网　　时间：2008 年 10 月 30 日

村党支部换届工作刚刚结束，阎良区委组织部联合区农林局，立即组织对78 名新一届村党支部书记和部分涉农干部进行了集中培训。邀请西北农林科技大学王征兵教授，针对"学习贯彻党的十七届三中全会精神，促进现代农业发展"等内容作了专题辅导培训，帮助新一届党支部书记深入学习贯彻全会精神，迅速适应新角色，提高工作能力，确保农村工作的连续性，为促进农业增效、农民增收提供了有力的保证。

深刻领会全会精神，提高贯彻执行中央决策的能力。此次培训结合阎良农业的发展实际，对党的十七届三中全会精神进行了深入解析，从长期以来党中央对农业、农村、农民等方面的基本政策，到三中全会提出改革措施的背景、目的和意义，再到三中全会对农村民生问题的关注，教授的辅导深入浅出，使广大村党支部书记对全会精神有了系统、全面、深刻的认识，从思想上得到新的升华，既提高了贯彻落实全会精神的自觉性，又提高了带领群众贯彻落实全会精神以及中央各项决策的能力。

准确把握农业发展方向，提高引领农村科学发展的能力。大海航行靠舵手，一个村农业发展如何在一定程度上取决于党支部书记对发展方向的把握。为此，此次培训结合国际农业的发展，对我国农业的发展历史沿革、现状、趋势以及农业集约化、标准化经营和科学化管理的必要性进行了深入分析，使党支部书记对农业发展的轨迹有了更加深刻的认识，进一步提高了立足实际、把

握农业发展方向的能力，为农村的可持续发展奠定了坚实的基础。

　　系统学习现代农业知识，提高带领群众致富的能力。系统理解、全面把握党的各项方针政策和现代农业知识，是一名村党支部书记必须具备的基本素质。为此，这次培训还专门设置了针对性很强的农产品营销、农民专业合作社运营等方面的内容，让党支部书记对农产品生产、营销以及合作社运营等方面的知识，先学一步，学深一步，促进其在社会主义新农村建设中带头致富、带领群众共同致富。

"百名博士挂职服务基层"报告（第3期）

2008 年 11 月 20 日至 2009 年 3 月 4 日

一、上期工作计划落实

1. 继续定期驻点，阶段性前来开展工作。

如实落实，经常前往阎良驻点，帮扶单位基层。

2. 结合冬季农闲季节，联系农林局和乡镇街道，为农民提供农产品经营相关讲座。

开展了几次农民大讲堂活动，为农民讲课，讲课内容涉及农产品营销等方面。

3. 继续构建农民大讲堂，寻找问题，建立长效机制。

构建了农民大讲堂，继续开展农民科技知识和市场营销培训，并形成方案。

二、最近工作进展

（一）开展情况

续上期，11 月及以后，我阶段性前来阎良开展工作。在此期间，积极联系阎良区委组织部和农林局，继续深入群众，调查走访阎良农民专业合作社，力求解决出现的问题。与此同时，访谈临潼先进合作社，寻访经验，调查思考。于冬季农闲时节，依托农民大讲堂，进行农民培训，讲授农产品营销知识。结合对宁强灾区的帮扶，我随同宁强灾区群众考察阎良，并向他们讲解农民专业合作社知识。对于阎良农业的发展，我有颇多思考，希望通过自己脚踏实地的努力为阎良人民多作贡献。

这一阶段来阎良的时间如下：11 月 20 日至 12 月 5 日，12 月 9 日至 12 月 11 日，12 月 28 日至 12 月 31 日。前后共 22 天。

（二）大事件

以下是进展中的几个关键事件：

1. 农民大讲堂走进武屯镇。11 月 21 日上午，在武屯镇政府二楼小会议室内，我为武屯镇 20 多名经纪人进行农产品营销讲座，这也是农民大讲堂走进武屯镇的活动。我就农产品营销的基本理论，结合阎良情况和全国果蔬产业布局，引用几个例子，并就阎良果蔬如何进行产业升级作了讲解。会后，我向各位经纪人发放了营销知识材料。

2. 农民大讲堂走进阎良区关山镇北冯村。12 月 5 日上午，阎良区关山镇北冯村小学三楼的一间教室内坐满了阎良区科农瓜菜专业合作社的成员和北冯村民，一场关于党的惠农政策和甜瓜种植知识的讲座在这里举办，这也是阎良区农林局联合阎良区科农瓜菜专业合作社、关山镇政府、北冯村村委一同举办的农民大讲堂活动。阎良区关山镇党委书记刘志强同志讲授了党的惠农政策，阎良区农技推广站站长姚建华同志和技术员郭志勇、冯志强同志讲授了甜瓜种植技术，科农瓜菜专业合作社理事长张小平同志则是根据自身种植经验生动形象地讲解具体的甜瓜施肥要领。讲座之后，阎良区农技推广站的人员发放了甜瓜种植技术资料。讲座受到了村民和合作社成员的一致好评。

农民大讲堂是阎良区农林局根据阎良区农民对于科学技术和经营知识的需要，联合阎良各乡镇街道、村委、农民专业合作社，由农林局提供师资力量、学习材料以及各乡镇街道、村委、农民专业合作社提供讲座场所而组织的科技知识讲座活动。通过阎良区农林局联合全区其他单位共同构建农民大讲堂，为阎良区发展现代农业培养懂科技、会经营的高素质农民。

3. 走访调查几个合作社。12 月 4 日，我前往振兴街道办走访芹兴蔬菜专业合作社、雪峰果业专业合作社、荆源奶山羊养殖专业合作社，并向各个合作社赠送浙江农民专业合作社案例材料。

在芹兴蔬菜专业合作社见到理事长李刚，询问当前生产经营情况，目前来讲，菜价很低，市场蔬菜集中上市，造成蔬菜供应过多，蔬菜价格较低。随着农资价格的提高，农户通过比较外出打工和蔬菜种植的收益，选择外出打工，因此蔬菜种植受到影响。但与此同时，空置的土地可以作为规模种植田地进行流转。芹兴蔬菜专业合作社要发展的蔬菜种植示范园属于阎良农林局规划的西禹产业示范带的一部分，300 多亩的示范园分散于各个地方，不集中，这样的土地流转可以避开部分农户租地价格过高。但农户种植过于分散，不便于建立整体产业园区，不便于农民专业合作社统一管理。合作社目前没有成员入股，正在探讨具体经营模式。芹兴蔬菜专业合作社所在的谭家村，发展蔬菜也是最近几年的事情，受到武屯蔬菜的扩散影响，李刚本人由于岳丈家是武屯的，他在武屯卖菜多年，后来便回到自己的老家谭家村卖菜。振兴这边的蔬菜种植是后来发展起来的。对于菜花的收购，虽然出口，但需要经过三原的冷库储藏，阎良本地没有冷库，建一座冷库需要投资 300 多万元。

去北塬之上的振兴雪峰果业专业合作社，到了理事长冯雪峰家，他家住在葡萄园内，是承包别人的地。北塬土地缺水，土地租赁价格便宜，每亩二三百元，但随着将来的开发，地价会逐步提高。周围是合作社成员的地，许多人种有葡萄。冯雪峰家的葡萄大都卖给超市，其中以配送爱家超市居多。留有 20% 的葡萄则是游客采摘消费，阎良本地采摘客户较多，尤其是西飞公司前来采摘。此外还有西安客户前来采摘，富平虽然离此地很近但消费能力有限，不能占采摘的主导。采摘业要求葡萄品种多，品质优异，且今后葡萄的采摘越来越向绿色食品、有机食品发展，采摘农业利润高，但生态绿色农产品是采摘产业之本。采摘刚开始一年，对于第二年的发展，可以逐渐发展都市休闲采摘。冯雪峰家准备利用葡萄园进行土鸡养殖，销售土鸡蛋，发展立体农业，以休闲农业带动家庭经济发展。振兴雪峰果业合作社目前还未入股，成员处于分散状态，达不到种植和经营环节的统一。合作社所利用的包装也无品牌，借用绿阎蔬菜的牌子。振兴雪峰果业专业合作社的发展还有很长的路要走。

之后到了红荆村的荆源奶山羊养殖专业合作社，该合作社为理事长李金玉所建。李金玉为村委一员，合作社有村委支持，合作社的监事长也是村委书记。红荆村养羊 10 只以上的农户有 30 多家，其中李金玉家喂羊 30 多只，村委书记喂羊 10 多只，这边散户都在自家院子里饲养。虽然有挤奶站，但空置着，未投入使用。羊奶现挤现收，具体销售则不固定销售对象。同时有收购的是阎良本地的百跃奶业公司和富平的奶业公司，由于百跃公司给出的价格较高，红荆村的奶山羊养殖户大多销售给了百跃公司。农户养羊比养牛多，养羊投入少，回收快，灵活经营，利于发展。

4. 为宁强帮扶村民讲课。12 月 9 日上午，我陪同宁强帮扶村民走访关山镇甜瓜示范站、武屯镇杨居村芹兴蔬菜专业合作社、新兴街道办井家村绿丰源科技畜牧养殖公司、井家村文化活动室。我在武屯镇杨居村芹兴蔬菜专业合作社为宁强帮扶村民讲解农民专业合作社知识，并对宁强香菇市场进行分析，提出市场销售策略建议。

5. 参加西安市博士生服务基层工作座谈会。2008 年 12 月 23 日上午 10 时，西安市人才工作领导小组在西安市建苑大厦召开西安市博士生服务基层工作座谈会。陕西省委人才办副主任陈平社出席座谈会并发表讲话，组织部副部长、市委人才办主任田周民向西安市基层单位挂职博士生提出殷切希望。西安市 5 个接收区县组织部门领导和挂职服务的 40 多名博士生参加了座谈会。

陈平社强调在挂职期间要发挥团队的重要作用，以团队来开展课题合作，要加强博士生所在高校和博士生挂职单位的联系，促进产学研的转化。田周民肯定了博士生挂职半年来的工作成绩和接收区县的妥善措施，并勉励挂职博士生再接再厉，创造新的辉煌。西安市各个接收区县纷纷就博士生挂职服务基层工作开展的典型做法进行发言，博士生就目前挂职开展情况和问题进行热烈讨论。

6. 12 月 30 日下午，阎良区农林局四楼会议室，农民大讲堂在此举行。农林局局长权利军同志就合作社的起源发展及阎良农民专业合作社的情况，并结合澳大利亚的合作社建设进行了讲座。他与参会的十多家农民专业合作社的负责人进行了交流，就合作社发展所需要的资金、合作意识、宣传力度等问题与大家进行了探讨。

我就农产品营销进行了讲座，结合阎良实际，基于农产品市场营销理论，提出阎良农业发展要树立市场、商品、文化、公益四大意识，并作为阎良农产品营销手段。

7. 12 月 31 日，我走访牧歌畜牧养殖专业合作社、兴牧奶牛专业合作社、科农瓜菜专业合作社，考察合作社工作开展和农业生产。牧歌畜牧养殖专业合作社、兴牧奶牛专业合作社都是刚建立不久，刚把规章制度建立起来。与合作社负责人交谈，牧歌畜牧养殖专业合作社暂不准备发展入股，他们认为合作社的合作就是为分散的养牛户提供比市场价格便宜的饲料，而对于成员入股则不知道如何做。兴牧奶牛专业合作社理事长冯晓红打算将合作社成员分区分片，准备建有机养殖示范区，但目前不知道如何做。我给他们的建议是以市场为引导，遵照市场规律，成员在利益基础上进行合作，充分尊重成员对于个人利益的诉求。

在科农瓜菜专业合作社的甜瓜基地，大棚正在建立，还没有棚膜。我建议科农瓜菜专业合作社理事长张小平对于甜瓜基地的整体布局要妥善规划，而事先布局，要眼光超前，发展精品甜瓜，以甜瓜采摘来促使品牌宣传，带动甜瓜分等划级，促进精品甜瓜的销售。

三、问题和建议

1. 发展采摘农业，进行休闲观光。通过采摘农业来对阎良瓜菜进行提档升级，带动阎良瓜菜品牌发展，使阎良瓜菜由走出去到引进来，由此思维的颠覆能够带来阎良瓜菜销售革命的实现。政府引导，企业对甜瓜采摘可以试验性开发，争取在当年甜瓜销售中实现采摘农业。

2. 对于阎良瓜菜的宣传和销售，要充分利用网络资源，使得规范性农民专业合作社产品信息发布在网络上得以实现，创建"阎良甜瓜""阎良相枣"等代表性网站。

3. 继续举办农民大讲堂，使农民大讲堂形式多样化。结合当前经济危机，对于返乡农民工及失业青年，要构筑就业技能讲堂。请专家学者、技术人员及企业家来讲课，深入实地、切合实际地开展技能和市场营销讲座。

4. 阎良技术培训和农产品营销讲座应该系统化，统一编写教材，形成文字记录。

建议具体展开可参考附件。

四、下期工作计划

1. 结合春夏瓜菜收获销售之季，为当地群众开展农产品营销讲座，并帮助阎良瓜菜销售。

2. 探索农民专业合作社建设机制。

仵希亮
2009 年 3 月 4 日

【附1】 关于阎良区政府构建农民大讲堂的想法和建议

构建目的：解决农民生产经营中的管理和技术需要，组织专家学者、技术人员或领导干部下乡与民交流，授民以术，倾听民声，促进农林局与镇街政府、村委、合作社或协会的交流合作。以农民大讲堂的形式开展工作，凝聚人心，形成组织和制度，长此以往，逐渐完善，从而构建学习型社会，营造和谐社会。而对于农林局内部系统来说则是比武练兵，历练了队伍，构建了学习型组织。

构建意义：经济发展的前提是精神的改变、意识的转变。从农民中发掘组织人才，促进现代农业的建设与发展。以学习型社会的构建来改变农业从业人员的传统培训思维，使得人人主动参与现代农业的经营。农民大讲堂是农林局联合其他单位所做的民心品牌工程，具有公益性质。

远期设想：农林局联系科技局、文化局、教育局等涉农单位，联系镇街、村委、合作社或协会，企业参与互动，共同构筑科技下乡、文化下乡体系，为农民提供科学技术，提供文化娱乐。

近期打算：以农林局牵头，联合镇街、村委、合作社或协会进行讲课。

组织命名：农民大讲堂（针对农民，所讲内容不限农林方面），农林大讲堂（针对农民或农林系统工作人员，所讲内容限制在农林方面），农家大课堂（针对农民，开展活动不一定限制于讲课讲座，更加主张农民参与性，融进文化娱乐活动，更注意与农户的互动性，有些类似电视节目）。

组织机构：农林局可安排固定人员，专门负责农民大讲堂的运作，联系镇街、村委、合作社或协会，联系科技局、文化局、教育局等单位，联系讲课讲座师资，印制学习材料。

组织分工：

（1）针对农民。①乡镇政府、村委、合作社、协会都可组织，人数30人以上。农林局负责提供免费师资，并提供30份或更多学习材料。②农林局下属科室联系的培训。首先考虑能否利用农民大讲堂的组织形式，但注意要充分遵照农民听课的自愿性，不能使农民大讲堂与行政性培训混淆。

（2）针对农林局系统人员（选用农林大讲堂的命名）。农林局组织本系统人员，经常进行技术练兵比武，举行讲座，外聘专家或本系统人员为本系统工作人员作讲座。

师资资源：农林局技术人员、外聘专家学者、企业家。

讲课内容：种植技术，科技知识，经营意识或营销知识，鼓舞人心、促进创业的励志故事。

讲课形式：以讲为主，注重课堂的互动，可以考虑文艺切入，使文艺与讲座讲课结合起来。

组织形式：

（1）固定讲座。针对外聘专家前来阎良讲座，可以组织农林系统人员、镇街干部、村委干部、合作社或协会人员来听。

（2）流动讲座。

①针对农民的便利，可以前往镇街、村庄、合作社或协会驻地讲课，开展流动性讲座。

②可以于集市、庙会开展技术讲座，融入娱乐、文艺演出，也可与企业合办，宣传企业产品，争取赞助经费。

演出车辆可以借文化局的下乡流动车。

讲堂性质：

（1）公益性：为农民考虑，为组织单位免费提供师资，具有公益性。

（2）自愿性：发挥农民的自愿性，在农民需求的基础上提供讲课。

（3）战略性：通过构筑农民大讲堂，立足长远，通过农林局的免费师资和学习材料，促进全区农技学习活动的开展，以知识技术武装农民头脑，发展全区经济，从而达到"四两拨千斤"的效果。

（4）励志性：注意授民以术，开拓民智，励志图强，奋发精神，使农民精神面貌有所改变。

宣传布局：

（1）媒体宣传：注意宣传，利用今日阎良、阎良农业、农林局信息中心进行多渠道宣传。

（2）形象识别：设计农民大讲堂的徽标，在关键处悬挂；设计农民大讲堂的宣传语言（如"农民讲堂，今日开讲"的标语），进行形象的宣传。

初期做法步骤：

（1）成立负责农民大讲堂的组织。

（2）确定培训信息。联系农林局镇街、村委、合作社或协会，统计培训信息。

（3）提供师资并发放学习师资。联系师资，并向镇街、村委、合作社或协会免费提供师资，免费发放学习材料。

（4）总结回顾。

注意事项：

（1）针对不同人群，要分清讲课听众，要针对性地讲课，所讲内容与听众口味相符合。

（2）讲课要发挥农民的主动性，不能使讲课成了行政命令，为群众所厌烦。要使农民群众所需要和农民大讲堂所提供相契合。农民大讲堂要在农民听众需要的基础上迎合他们的口味，并提供师资。

（3）注意农民大讲堂的讲座讲课与行政性培训的区别，后者带有必须和强迫，因此不能混淆农民大讲堂和行政性培训的界限，要建设好农民大讲堂品牌。

对此问题的解决，短期来讲，培训与农民大讲堂的结合可使用以下形式：可以悬挂两个条幅，一个是培训相关的条幅，另一个是农民大讲堂的条幅

（"农民讲堂，今日开讲""农民讲堂讲农民所想"或更好的语句）。

（4）讲课讲座的教师一定要选拔好，不同的教师讲课风格会影响听众的情绪；农民大讲堂一定要有自己的核心讲课人员。

（5）整个过程要精心准备，认真实施，爱心先导，负责到底。

（6）发挥企业家作用。企业家作讲座，能带来新的理念和新的思路，特别是从事农业企业家的发展经历，从中可以看出农业经营的变迁，使农民听众有所启发。企业家的讲课是求真务实的，是基于实践的总结，有一定的说服力，而且企业家所讲都穿插着自己的创业故事，惊心动魄，曲折起伏，很容易引起共鸣。企业家作讲座是多赢的过程，企业家在向大家传递经营理念的同时也宣传公司产品和品牌，做了公益营销。因此企业家讲座是一举多得，农民大讲堂可以多请有公益心、能营销自己的企业家来讲。

（7）农民大讲堂要重视本系统的"大"讲座和"小"讲座，"大"讲座是书记或区长或局长从外边邀请些专家学者或企业家，组织本区大农业系统人员和全区农民大户参与讲座。但讲课老师一定要选拔好，找些会讲的人。"小"讲座是村委、合作社、协会作培训讲座，农林局免费提供师资和学习材料，要深入农民之中去讲，到生产第一线去讲，到农村集贸市场去讲。农民大讲堂要不拘于"大""小"，不拘层次，要多渠道地去讲，讲到农民心坎上。

（8）对于农民大讲堂的举办要给以经费支持。要妥善处理好师资使用费用付给、工作餐饮费用支付，不能使农民大讲堂讲课接待成为下面单位的负担。

（9）对于农民大讲堂的培训信息来源联系，可以挖掘个人资源，出于为对方办好事情的目的而进行联系。可与各个镇街就瓜菜种植技术方面联系一些村子，以村委组织的方式联合举办农民大讲堂。也可与区委组织部结合，就新农村建设试点村进行联系，在新建设的村公共场所（党员之家）联合新农村试点村进行培训。

【附2】 略论采摘农业——基于阎良甜瓜产业发展的考察

一、采摘农业的概念

采摘农业是基于果蔬成熟之后供消费者直接前来采摘的农业，它限制在方便采摘的果蔬，在采摘的人体工学考虑的舒适性、果蔬品种的多样性、采摘园经营的规范性等方面都需要自己独有的特征。采摘农业与都市农业、观光农业、休闲农业联系非常密切，它是以果蔬的采摘而实现观光休闲的功能。都市农业强调农业融入工商业，以"泛都市""大都市"的概念包含周边农村，使都市周围农业发展提档升级，满足市民参与农业发展的需求。观光农业和休闲农业都是从功能上划分的农业形态概念，它是为了实现某一"观光""休闲"的功能而发展起来相配套的农业布置格局。休闲农业比观光农业更具有包容性，它一般包括观光农业的部分功能属性。采摘农业是都市观光休闲农业的重要一环，它是以采摘为突破，来实现农业价值的最大化。

采摘农业是以采摘为突破口，来宣传优质农产品，实现农产品的品牌宣传，实现本地的产业宣传，并以前来的人流带动当地其他产业的发展。采摘可以成为农业经营的一个手段，能有"四两拨千斤"之效。当地的采摘农业发展要融入地方经济发展，可作为都市观光休闲农业的一部分，也可以作为企业经营农业示范园的一个营销手段，不可以大面积推广，农业发展不能单单依靠采摘农业，但采摘农业能为当地农业发展寻找到一个突破口。

采摘农业的考虑要点：

1. 考虑人体舒适性，果蔬种植在间距、高度等因素上要考虑人采摘的可进入性。

2. 采摘农业同时配套礼品包装果蔬，方便顾客带走。

3. 采摘建设要配套桌椅的设置，以便游客的驻足休闲。

4. 采摘农业是农产品营销的一个手段，不求大面积推广，但可以使农产品提档升级，拉开产品等级。

二、采摘农业需求分析——对于阎良甜瓜产业发展的考察

甜瓜在阎良发展多年，面积日益扩大，农户效益曾得以提高。但与此同时，传统种植，技术落后，病虫较多，农资价格上涨，种瓜成本渐高，种植甜瓜多年，重茬问题也是存在的，影响甜瓜的品质。目前阎良市场甜瓜销售，以外来客商前来收购为主，客商拼命压价，农户欺客，有生瓜上市。阎良人出去联系甜瓜市场更少，外地市场更没有阎良品牌。当地甜瓜经销，以散户经销为主，另有甜瓜协会、合作社销售一部分，但管理问题较多，阎良甜瓜品牌未建立、品牌声誉颇废。甜瓜先从阎良发展，目前已经发展到富平、临渭、临潼等地，甜瓜新区逐渐建立，阎良甜瓜种植地位正在动摇。

因此，要结束目前散乱局面，需要规范化经营，政府引导，有社会资金参与，引进工业资本，成立阎良甜瓜开发总公司，开发本地甜瓜。政府改变工作

思路，从对外买瓜，到终端消费者来阎良消费甜瓜，发展生态观光休闲农业，实行甜瓜采摘。先在某一区域分点布局，沿乡间公路两侧，布局甜瓜园。甜瓜园由甜瓜开发公司统一开发，政府帮助协调土地，建设大棚使采摘方便，可考虑在甜瓜种植技术和经营体制上进行探索。如甜瓜园建设，周围设绿色铁网隔离带，统一甜瓜站设施，使看起来美观；甜瓜栽培，可实行吊蔓，便于采摘；对于倒茬的土壤，可以隔年换土，实行花盆式种植，以营养液供给；对于甜瓜采摘，可以以甜瓜园为单位，统一由公司印制包装，统一品牌，各个大棚由农户承包，但农药喷洒一定要统一供应；具体到阎良甜瓜，阎良政府可以统一申请"阎良甜瓜"地域品牌；甜瓜上市周期从早期到晚期，持续上市，产量保持稳定，逐渐上市，使采摘得以持续，价格得以恒定。

对于甜瓜园开始的尝试性建设，可由政府主导，在公路两侧有意规范化种植甜瓜，与路用栅栏隔离，设立采摘标牌，待采摘有效益后，可示范带动其他农户的加入。但甜瓜园的建设在开始时便要高起点建设，由公司或合作社经营，品牌化运作，防止分散农户太多而产生恶性竞价、不讲究质量的局面。

阎良甜瓜要改变经营思路，政府于大的问题上进行产业引导，规划区域典型示范，并对外宣传，使阎良成为西安人的"果园"，采摘品尝新鲜，体验自己劳动，休闲散心。阎良瓜果经营总体思路是，阎良甜瓜实行"两条腿走路"，甜瓜采摘树立品牌，瓜商来拉甜瓜解决偏远地区销售问题；以甜瓜采摘为先导，逐渐尝试相枣、酥梨采摘，休闲农业与阎良飞机城及当地旅游资源相结合；政府搭桥，企业唱戏，农户参与，配套宾馆餐饮环节，使阎良成为飞机阎良、绿色阎良、瓜果阎良。

三、采摘农业的实现途径

1. 品种和种类——种类要多，品种要多。种类要多，对于阎良全年，政府要合理规划，采摘企业合理布局，采摘根据不同季节，发展不同水果品种，使采摘一年四季在阎良进行，实现从5月到11月半年的采摘旺季。如河南荥阳的百果庄园就是个人投资的，利用邙山荒地进行开发，从5月到11月能实现杏、树莓、梨、石榴的陆续上市，以不断的水果品种来吸引游客常来，陆续不断。

品种要多，对于同一种果蔬，也要实现多品种种植，使得新奇特的同一类但不同品种的水果琳琅满目，增加前来采摘游客的新鲜感，并给游客顾客留下深刻印象。不同品种水果的比较还有传授知识的功能，能满足城市市民获得新知的需求。

2. 品质——强化绿色、有机食品种植规范。采摘农业本身就利润高，此时农业种植仅是一个经营要素，是采摘经济的依托，是根本，务必使采摘的水果是绿色食品、有机食品。绿色食品、有机食品是果蔬种植的发展方向，未来果蔬越来越趋向于自然生态种植。因此采摘农业种植必须规范生产、有机施肥、对农药严格控制，严格标准化生产管理。其中政府要加强监管，着重发展规划之中示范采摘园，采摘要有经营实体，支持公司、农民专业合作社对于采摘农业的运营。作为采摘农业经营实体的公司、农民专业合作社要把握企业信誉和产品名牌，绿色食品、有机食品是企业发展的基础，是企业多样化经营的最基本要素。绿色有机食品经营不应停留在注册申请和概念炒作，要切实可行地基于企业长远发展、经济利益考虑去实行，毕竟随着采摘事业的发展，绿色有机食品种植所需要的成本在运营成本中所占的比例越来越低。

3. 经营模式——在农户直接经营和企业经营之中进行选择。政府规划采摘产区，给以采摘进步设施的建设支持，统一重点规划。在采摘中，可以选择农户直接经营和企业经营两种。农户直接经营是投资快，成本低，农户能迅速把自己的采摘园建立起来，但与此同时果园小，规模小，品牌化程度低，经营不易规范，会出现欺诈勒索采摘顾客的情况，而且会出现经营户过多导致的为抢客源而恶性竞争局面，有些会上路拦车买水果而导致交通事故。对于企业化，把果蔬种植控制在企业内部管理范围，而对于经营则是统一管理，有专门人员负责销售，这样使采摘产业的经营有序化，易于做大采摘的品牌，并且有机构对于采摘消费者负责。但与此同时，企业对于采摘园的初始投资会很大，企业需要筹措很多资金。如河南荥阳石榴开发只有几年时间，政府免费发石榴苗木并每年主导举办河阴石榴采摘文化节，但市场开发力度与经营者的数目不成比例，致使经营者数目过多，而普遍出现石榴采摘销售难问题，个体经营很为分散，缺乏企业主体经营。因此产区采摘要采取新的组织形态，融合个人经营和企业经营的优点，可考虑农民专业合作社经营。

4. 营销渠道——要充分利用多种渠道对阎良特产进行营销。采摘观光园只是营销手段之一，以此来发展采摘经济，融入特产经营思维，促进餐饮宾馆业、农家乐的发展。我们也可以结合采摘农业，利用开发阎良本地特产的手段，对于阎良农业进行特产营销，改变以前的大宗贸易单一局面做法，对阎良特产分级划等，进行市场细分，进行不同定位。以市场细分来标准化农产品，对农产品进行分类，使提档升级。可以转变以前以外地市场为主、到外地宣传品牌的做法，开拓本地的高档市场，提升本地品牌知名度，以阎良人来宣传阎良特产，针对阎良的会议酒店、农家乐饭店、旅游景点进行特产营销。并可以在西安进行营销活动，以农民专业合作社为经营单位，可在西安钟楼广场开展宣传，并在鼓楼回民街以陕西特产进行专卖。对于阎良土特产开发，可以考虑成立阎良土特产开发公司进行经营，也可以农民专业合作社牵头进行尝试性经营。

5. 文化考虑——采摘农业的深厚内涵。采摘农业的发展，要依托深厚的文化基础。现今的各种采摘文化节就是各地从举办各种文化活动出发来发展当地产业，以采摘为突破，来实现当地经济发展。同时从文化着笔，改变单纯发展经济的单一做法，使社会经济得以综合发展。对于各种采摘园的建设，应融入科技文化，增加科技教育功能，融入地方历史故事，使文化成为采摘园的深厚内涵。

三、结论

结合目前阎良发展，把阎良采摘农业发展纳入西安市乃至陕西省的农业发展布局体系当中去，重点发展，在某些点突破，比如阎良农业先从阎良甜瓜产业方面突破。对于阎良的甜瓜、相枣、酥梨、葡萄等水果，要实现消费渠道的缩短，改变营销观念，发展田间地头采摘营销，实现从农户到消费者的直接交易。在采摘过程中，要注意规范农户行为，标准化农产品种类，注重农产品的品牌化发展，以公司、农民专业合作社经营实体开展采摘运营，确保采摘产业的可持续发展。因此阎良针对农业采摘，可以多发展采摘农产品种类。采摘农业是精细农业、高端农业，利润很高，但同时果实品质要好，品种要好，种植过程中要无公害种植。发展采摘农业，不能仅仅牢牢依靠采摘农业这单一局面，还需要综合利用其他营销渠道，如阎良甜瓜要继续稳固外销批发渠道，积极开拓本地市场，利用会议、酒店、农家乐开发阎良特产市场渠道，多渠道、多层次发展阎良农业，从而以采摘农业为支点跷起阎良农业发展的整体杠杆。

"百名博士挂职服务基层"报告（第4期）

2009 年 3 月 4 日至 6 月 18 日

一、上期工作计划落实

1. 结合春夏瓜菜收获销售之季，为当地群众开展农产品营销讲座，并帮助阎良瓜菜销售。

2. 探索农民专业合作社建设机制。

二、最近工作进展

（一）开展情况

续上期，春节过后，3 月，我不断到阎良开展工作。联系西农同学来阎良，访谈当地政府及农户，进行相关的调研工作。考察阎良甜瓜收获市场，走访农户，了解行情。继续走访农民专业合作社，调查合作情形，走访汽车站，了解客运联营合班情况，以工商业合作来研究农民专业合作社的合作。这一阶段来阎良的时间如下：3 月 4 日至 3 月 10 日，阎良，7 天；4 月 16 日至 5 月 15 日，阎良，29 天；5 月 30 日至 6 月 8 日，阎良，10 天。前后共 46 天。

（二）大事件

以下是进展中的几个关键事件：

1. 3 月 5 日周四下午，见新来的陈顺利局长。言谈几句，以后再细谈，最近他十分繁忙。下午，去组织部见舒元华组织员，汇报工作；后又见张涌部长，汇报工作。张部长肯定我的工作成绩，对于我的详细工作报告，他颇为满意，勉励我一番，希望我再接再厉。挂职仍余 3 个月，我要继续努力，再做些事情。

晚上 7 时开会，陈局长主讲，提到目前任务繁重，许多工作需要去做，按区领导指示，需 4—5 月出工作成绩亮点。目前植树造林是关键之举，西禹高速两侧需要绿化，北塬开发公园需要绿化，周日全体动员，去北塬绿化植树，以此纪念三八妇女节。对于武屯开发的农业示范区项目，要把农林局所有项目投放进去，集中资源，多出成绩，多出亮点。切忌资源分散，否则难出成绩，不能凸显效果，要集中优势资源于一地。因此，农林局要有支持重点，在支持重点对象中，综合调配资源，投入项目。区委相关部门的党建工作，是政治工程，要与项目同时进行，在对重点支持对象投入的同时，进行科学发展观实践活动建设，把合作社建设与党建结合，在示范基地设立活动房，开展党员帮扶活动；农林局设立流动服务点，这也是农林局的工作亮点。

对于沼气池项目，陈局长有自己的想法，他认为，要理念超前，沼气池项目要多位一体，实现多个功能，如沼气池项目可以在名称上改为富民生态家园项目，从而依靠沼气池发展庭院经济。北塬开发要注重土地流转的探索，科农瓜菜示范园已经有成功的实践，农林局在北塬要主抓经济林建设，要避免前几年百姓挖枣树的做法，必须在经济林项目上选择好，不能选择核桃树，而应该选择可以看得见、受人欢迎的桃树。农林局要结合西北农林科技大学的三个示范站，进行校区建设模式的探索。

会议召开至10时，陈局长有观点，有主见，有魄力，希望农林局辉煌发展，更上一个台阶。

2. 3月6日，周五下午，去见农林局前任权利军局长。在他离任之时，我还没见到他。与他言谈一番，谈及阎良农业，他目前就任交通局局长，客车营运管理与农业有相似之处。商业性的营运更容易管理，产权明确，产品标准化，交通主管部门可以通过经营权的控制，来实现安全生产、规范运营。阎良到临潼的班车是合班经营，这与农民专业合作社具有相似之处，分散经营的主体希望通过联合来实现规模运营、统一服务，整合资源，避免恶性竞争，防止浪费。有些公共性质的资源和弱势主体的经营，只有依靠整合，才能经营出效益，也便于政府集中管理。合作社是个组织形式，不应该限于农业，以澳大利亚合作社的实践，工业、商业、农业都可以用合作社来命名，并以合作社的组织形式来运营。运营上如何避免主体分散，汽车合班更高阶段的公车公营模式也值得研究。采取班车合班的合作社模式或公车公营的公司模式都可以，这便牵涉到经营中的具体管理。杨凌的交通运营管理最为不错，无论公交车、出租车，或是客车，都管理得不错，阎良可从中借鉴。

这几天在农林局，我又有新的思考，既然探索校区共建的发展模式，我可以从农民大讲堂这个讲座形式出发，继续探索下去。可以由西农提供师资，阎良政府提供场所和组织人员，农民大讲堂可以持续地开展下去。农民大讲堂应该激发创业热情，激发农民的商品意识，传播经营理念，从而增加农民收入。

农民大讲堂应该是民生工程，应该在阎良办下去，以阎良为试点，之后推广到陕西其他地方。

3. 3月7日，周六，关山育苗情形。上午，见陈局长在办公室，我便与他打招呼，我下乡去。来到关山，到西北农林科技大学关山甜瓜示范站。目前甜瓜站正在育苗，但瓜苗供不应求，受天气影响，很多农户现在还没得到瓜苗。有些人非常着急，便不顾管理人员的阻挡，强硬拉走有限的瓜苗，因此产生了与管理人员的冲突。瓜苗当年需求空缺较大，天气不好，农户设施简陋，自己育苗不成。提前订苗的农户大都得到了瓜苗，没有订苗的农户便迟迟未得到瓜苗。科农瓜菜专业合作社理事长张小平认为，要发展订单农业，提前预订，保证供给。西北农林科技大学甜瓜站的一个棚已经种上了瓜苗，长势良好，长得很高。甜瓜站内一个棚留着育苗，其他棚暂且空置，因为目前瓜苗供应不上。

下午去科农瓜菜专业合作社示范园内，访谈农户。农户正忙，甜瓜地活较多。目前科农是发展合作社成员93户，有些资金入股。对于红利的分配，合作社理事长张小平准备以一分的利息分红，按资金多少，进行分红。合作社目前盈利，销售农资有一定盈利，因此合作社有赚头。对于甜瓜的销售，合作社准备以交易额返红。剩余的盈利便算是合作社的公积金。

对于当年甜瓜的销售，在营销培训上，我准备在甜瓜收获之前为大家讲一些农产品营销知识。关于具体的销售，可以发展甜瓜采摘，以采摘来促宣传，增加科农"蜜霸"甜瓜的知名度，从而带动销售。与此同时，对于合作社的销售，可以统一销售，但必须明确具体某一箱是由谁提供生产的，具体生产者对其甜瓜要负责到底，这种生产责任追究制可确保每箱甜瓜带有合格证。

4. 3月8日，周日，三八妇女节植树。为度过有意义的节日，陈局长于几天前就打算于3月8日出去植树男同志帮女同志植树。上午，在北塬，农林局一百多人，局长率队，大家一起植树。植树看似简单，却挺讲技术，有一定的规律步骤。前后左右都需照顾看齐，否则不整齐划一，样子很难看。之后又一起去吃农家乐，大家十分高兴，3月8日便是一个愉快的节日，凝聚人心，汇集人气。

5. 3月9日，周一，参加例会。周一上午8：30，开每周例会。传递精神，宣讲文件，领导作出指示。陈局长强调，对于北塬开发，要提升农家乐档次；甜瓜产业支持的发展资金要统一调配，多部门合一，注意不同部分的资源整合；要积极探索苗宝明书记所讲的三型农业，积极把握"高校＋基地""企业＋农户""城乡互动"三型农业的深刻内涵；对于目前武屯镇倒羊奶事件，寻访企业，解决农户问题，积极汇报区政府，采取补救措施。许书记最后发言强调，面对新的形势，农林局同志要有为才有位。

6. 4月16日，周四，确定了挂职服务的最近工作思路，着重合作社调研。前一段时间去杨凌，如今又返回阎良。这最后一段时间准备待在阎良，估计有两个多月。对于阎良农民专业合作社的发展，我需要认真开展调查，找出这些合作社的档案，并结合实际的走访，探讨农民专业合作社的合作逻辑。我注意到如今客运合班联营情况比较多，如阎良汽车站就是如此，有阎良—西安、阎良—临潼等路线的合班，阎良—关山的路线也有部分车辆合班。结合网吧联营的趋势，我需研究工商业方面存在的合作现象，借鉴工商业合作社的成功经验，比较工商业和农业的不同，从而探讨农民专业合作社的建设发展合作之路，其中以我所在的阎良为调查对象。

7. 4月17日，周五，探讨综合服务中心模式。在单位拜见各位领导，了解到最近农林局建设了一个综合服务中心。如今随着中央部门实现大部制建设，地方基层各个乡镇和机关单位都在建设自己的综合服务中心，由此看来，"一站式""窗口式"综合服务中心是大势所趋。

8. 4月18日—19日，周末，与农林局科学发展观观摩团一同到各地考察调研。随农林局科学发展观观摩团前往泾阳、高陵、灞桥、扶风参观现代农业，观摩团是由农林局各科室正科级人员组成，以观摩来开阔眼界，提升思路。陕西有许多地方有自己的发展思路，有自己的农业闪光点，如泾阳县的现代育苗中心通过专业服务、提供育苗来提升了当地百姓的育苗水平，促进当地农业现代化建设；高陵县何村的温室蔬菜大棚集中连片，规模较大，促进本村农民增收；灞桥区白鹿原上樱桃大棚种植，提前上市，效益可观；扶风县关中风情园挖掘扶风县本地文化风俗，以传统农具展示农耕文化，宾馆公园化建设，很有特色。阎良农业要综合各地优势，结合本地实际，再上新台阶。

9. 4月20日，周一，带领同学前来阎良调研。联系同门师妹前来阎良，就有关乡镇职能转变进行调查。我借挂职阎良之机，联系西农老师同学来阎良进行调查，以阎良为案例进行相关研究。他们的研究结果将回馈给我，我将这些研究结果反馈给阎良政府，以利于阎良的发展。我在阎良开展工作，力量是有限的，通过带来我的老师、同学等更多人，参与阎良的发展。

10. 4月23—24日，周四至周五，带领同学前来阎良调研。我的同学石河子大学副教授付青叶老师和咸阳师范学院副教授万生新老师前来阎良，考察阎良农业。他们深入考察西蜜甜瓜专业合作社、牧歌养殖专业合作社、科农瓜菜专业合作社，与农户交流。他们对合作社给以营销指点，介绍外地经验。我深刻认识到，让更多人来阎良调研、访谈、指导，对阎良农业发展有很大的帮助。我们"百名博士服务基层"也应该是团队服务，以自己为驻点，引领自己的老师同学前来阎良做农业研究、指导。

11. 4月27日，周一，参加单位周一例会。会上主要就阎良"国家、省、市、县支农惠农政策及农业产业布局"作出修改说明。阎良农业发展迅速，产业格局已经形成，有重点示范园建设，并有都市农业休闲采摘园建设，阎良农业迈上了新台阶。

拜见局里各位领导，请教农民专业合作社建设。从武屯新调来的陈良龙副局长之前是武屯主抓农业的副镇长，他对武屯镇的李大京、孙克敏蔬菜合作社进行了对比，建议我前去调查。张调研员认为，我仅对农民专业合作社调查分析是不足的，还应该调查农民专业合作社背后的制度环境和农业现状。

12. 5月1日，周五，考察甜瓜市场。自上月末，甜瓜逐渐收获，代家市场收瓜逐渐多了起来。起初甜瓜量少价高，瓜农在高价位诱使下容易让生瓜上市。西农关山甜瓜站对面的农户利用位置优势，销瓜量多价高。他们将果形好的甜瓜进行装箱零售，余下果形不好的甜瓜则卖到代家甜瓜市场。结合群众意见，我进行思考，认为西农关山甜瓜站周围应该发展甜瓜采摘区，以展示、零售为主。政府进行棚区设置规范，给群众补贴以进行建设，公司化运营，引进不同品种甜瓜经销商，进行示范对比，一是对比甜瓜品质，二是规范甜瓜品种，从而以甜瓜采摘来发展农业观光旅游。

13. 5月2日，周六，考察甜瓜市场。上午去关山镇南的科农瓜菜专业合作社甜瓜种植基地考察，上门收购的瓜商络绎不绝，科农甜瓜基地的甜瓜供不应求，价格高于代家市场。瓜客以周边瓜商为主，运到西安、大荔等地，也有湖南客户上门收购。如今价格是 4.60～4.80 元/千克，当年阎良甜瓜间隔上市，价格普遍稳定。合作社成员对于科农瓜菜专业合作社普遍满意，甜瓜价格很高，与往年相比增收不少。基地农户少则一天能卖 500 多千克，多则能卖 2 500 多千克，以当天每千克四元多的价格，许多农户一天收入能达到上万元，科农瓜菜专业合作社当年发挥了很大作用。

下午去代家考察甜瓜市场，如今甜瓜渐有上市，来的客户逐渐多些。甜瓜刚收获时，湖南客先来，逐渐湖北客前来，待市场价格降下来时，河南客前来，河南消费能力低些，故此不能消费初期价格较高的甜瓜。阎良甜瓜市场开始几年在康村，后来转移到代家，代家北接富平，富平的甜瓜熟得早，有大量种植，因此代家市场综合位置考虑，融合富平与阎良甜瓜种植位置的优势。

我访谈一些代家甜瓜代办，他们向我反映，关山镇有个执法大队，收各种代办卫生费用，不开票据。我向关山镇政府反映，他们承认问题存在。

14. 5月3日，周日，考察甜瓜基地。上午去甜瓜基地考察甜瓜销售情况，这边有些客商来收购，但局势不如我昨天去的科农甜瓜基地，客商有限，且有些客商反映该基地生瓜较多，不愿意来收购。基地虽然是甜瓜专业合作社负责，但销售季节不见有人管理，大家各自销售，基地甜瓜收获较晚，具体有无生瓜，无人监管，只要有客商来收购生瓜，自有农户采摘供应。

甜瓜基地农户普遍反映，灌溉水价太高，灌溉12元/小时，一户农户每年灌溉用水就花费一千多元。井水是国家投资，被村委会承包给个人，个人依靠垄断地位，虽然国家电价大幅下降，但灌溉水价一直不降。基地农户无可奈何，但灌溉水不用不行。国家对此有相关补贴，但基地种地农户并未享受到该方面的补贴。对此，我尚无解决之道。对于市场垄断国家虽有干涉，但对于农村灌溉水的垄断，目前还没有解决办法。

挂职基层之后，我方发现民间事无巨细都关系民生，都需要有人出面解决，政府还有许多事情要做。

15. 5月4日，周一，去西安参加"陕西省纪念五四运动90周年座谈会"（发言稿附后）。由于我在阎良，要在早上8：30赶到陕西宾馆参加会议，所以需提前一天到。我前一天便赶到西安，在陕西宾馆对面一家小旅馆住了一晚。

16. 5月5日，周二，参加阎良关山甜瓜采摘节。经过筹划，上午，阎良区关山镇甜瓜采摘节在西农关山甜瓜站开展，阎良区主要领导出席，区长王凤萍启动采摘仪式。对于阎良甜瓜采摘我早已有考虑和方案，结合河南荥阳、陕西临潼石榴采摘考察，我有所主张，瓜果采摘是推介宣传的一种方式，以客人前来消费带动瓜果外出宣传。甜瓜采摘可以尝试开展，必须在严格引导监管下进行采摘，否则容易造成瓜果浪费，践踏瓜蔓。以甜瓜采摘为切入点可以撬动观光农业的发展，促使当地经济综合发展。

17. 5月5日，周二，答应帮农民工解决工资拖欠问题。下午，在阎良润天大道与一些农民工聊天，他们的工资自当年元旦以来一百多天都未发，吃饭费用已经没有着落，带班工头未与他们签订劳动协议，他们找区劳动监察大队反映但没有结果。我获知情况，让他们搜集证据、提供资料，答应帮他们索要工资，当然他们能够自己解决更好。

18. 5月6日，周三，参加陕西省人才办、团省委的"服务基层博士生助理领头雁"活动。我虽然通过西农没有报上名，但还是主动参与这项互动，我与团省委领导（卫华书记率队）和博士生们来到阎良进行首日活动。以我的观察，这次活动开展效果不错。如果形成日常机制，挂职博士生参与平时的交流互访，互搭平台，互相提供师资，紧密配合，这样的活动能取得更大成果。我所设想的农民大讲堂缺乏师资和资金，目前运转出现困难。按照设想思路，农民大讲堂应该大有可为，能为农村培养许多人才，如有机会，我将继续举办农民大讲堂。

这次活动也使我认识到团省委容纳、团结、连接年轻人的作用。通过结识毛宗学老师、王浩澍老师，我感觉到他们确实一直在努力做些事情，他们很敬业，行为很感人。

19. 5 月 15 日，去省委人才办见陈平社老师。与陈老师谈及农民增收问题，农民增收关系国计民生，是我国要解决的重要问题。我们深入基层就要重视农民生计的解决，想方设法去促进农民增收。陈老师书法很好，题写"农业是我们的基业，农村是我们的家园，农民是我们的衣食父母"对我进行勉励。

20. 6 月 5 日，去考察白水苹果产业。白水苹果发展多年，虽然在某些年份农民收入不少，但当年收入不高，每家收入两三千元。白水龙头企业昌盛、宏达不能带动农户销售，还有一个果汁加工厂是烟台投资的，当年遇到经济危机，更是停产滞销。白水企业所有"白水"品牌是当年白水政府招商引资创建的，但如今品牌的维护和对苹果品质的监管，依靠大量销售包装箱盈利。白水苹果产业发展出现问题，品牌化道路遇到坎坷。这对于阎良甜瓜有启示借鉴作用。

21. 6 月 8 日下午，在阎良关山西农甜瓜站，我请来山东临沂师范学院陈令军副教授为阎良区几个农民专业合作社作农产品品牌营销讲座。我邀请了 10 多个合作社，最后科农瓜菜、西蜜甜瓜、利民农资、芹兴蔬菜等合作社 20 多人参加了讲座。陈教授做品牌营销策划及研究 10 多年，自有注册品牌 30 多个，既有理论基础，又有实战经验，讲课生动活泼，受到合作社骨干们的广泛好评。

三、问题和建议

1. 阎良农业发展需要政府引导，但不能主导。阎良农业发展的主体应该是阎良农民，要挖掘培养农民中的人才，给予支持扶持。政府应该摆正在农业发展的位置，改正"错位、越位、缺位"问题。因此，阎良都市农业发展，应该是政府布局，企业参与进来。

2. 阎良甜瓜采摘还需精确定位，对于关山甜瓜产区，在西农关山甜瓜示范站两侧，着重开发规范甜瓜采摘展示零售区，政府补贴，公司化运营，以采摘来进行推介，宣传阎良甜瓜，带动休闲观光农业发展，进而带动阎良经济发展。同时采摘展示零售区可以引进甜瓜各个品种经销商，对比试验，规范甜瓜品种。

3. 农民讲大堂是一个交流平台，能整合资源，需建立长效机制，用心经营。与此同理，政府用心经营自己的项目，进行各种项目的融合与合作，能产生更大的价值，解决经费不足的问题。如今社会资源比较分散，要产生效益、有所成绩，应该进行资源整合，重视并开展广泛合作。

4. 农民专业合作社的发展现状不尽如人意，中国小农经济限制了诸如农民专业合作社这样的农民经济组织的发展，小农经济对农民经济组织形成冲击。阎良也是如此，改变目前农民专业合作社散乱的局面，需要重新认识农民专业合作社，农民专业合作社仅是合作理论、合作社理论在农业上的应用，工商业方面已经有了合作成功的例子，已有民间的潜在合作需求和行动。目前农民专业合作社的建设不完善，合作意识尚未深入人心，需借鉴工商业合作的成功经验，就工商业和农业的特性异同进行对比，从而规范农民专业合作社的发展道路。

5. "服务基层博士生助力领头雁"活动开展效果不错，对于挂职服务博士生的交流如能在平时进行，利用这一平台稳步开展，形成长效机制，有利于博士生展示自己，服务当地经济社会。博士生希望省人才办、省团委、各个高校、当地政府能够提供更多参与进来的机会。

6. "百名博士服务基层"开展一年，我收获了许多。我认为，省组织部来年再做活动，可以多选拔一些文科专业博士生，使挂职博士生的博士论文与当地经济社会结合起来，与挂职工作结合起来，以此使博士生与当地政府能够"共赢"。

仵希亮

2009 年 6 月 18 日

【附 1】 农民专业合作社发展初探——从浙江经验到阎良实践①

摘要：浙江农民专业合作社目前建设如火如荼，发展迅速。结合浙江几个农民专业合作社的建设经验，总结下来，根据西安市阎良区农民专业合作社的实践，进行对比。从浙江经验到陕西借鉴，以西安市阎良区为例，南北方进行比较，从中可以得到启迪启示，以期对全国其他农民专业合作社建设有所裨益。

关键词：农民专业合作社，合作社，农业产业化

一、农民专业合作社的含义和发展农民专业合作社的意义

（一）农民专业合作社的含义

农民专业合作社是在农村家庭承包经营基础上，同类农产品的生产经营者或者同类农业生产经营服务的提供者、利用者，自愿联合、民主管理的互助性经济组织。农民专业合作社以其成员为主要服务对象，提供农业生产资料的购买，农产品的销售、加工、运输、贮藏以及与农业生产经营有关的技术、信息等服务。

对于农民专业合作社的理解，还可以从名字释意，可以表现在如下三个方面：

1. 农民专业合作社表现出农民主体性。农民专业合作社的成员中，农民至少应当占成员总数的 80%。

2. 农民专业合作社表现出专业性。农民专业合作社从事产业或行业要具有专业性，有主业，能对自己的行业充分了解，有技术、业务或市场优势，农民专业合作社不排除品牌优势，能利用品牌壮大产业发展，带动致富。

在发展农民专业合作社的过程中，要协调好专业发展和多元化发展的关系，抓主业，具体到其他方面比如消费合作，则利用和其他兄弟合作社的关系，利用联合社的优势，多种渠道地为成员谋福利。

3. 农民专业合作社要能够体现"合作"的深层含义。农民以科技来致富，以合作促发展。农民专业合作社要体现出"合作"的深层含义，先富带动后富，大户带散户，照顾重视弱势群体，帮助贫穷家庭，体现出公正的道义。同

---

① 本文为笔者与西安市阎良区农林局权利军局长合作成果，权利军局长提供资料和观点支持，在此感谢。

时在合作社的决策过程中"一人一票",附加表决权总票数依法不得超过本社成员基本表决权总票数的 20%,这样体现公平原则,调动社会成员的参与积极性。

(二)发展农民专业合作社的意义

为什么要发展农民专业合作社?发展农民专业合作社有大的背景,20 世纪 80 年代的家庭联产承包责任制对我国农村有深刻的影响,农村有很大的变化。到 20 世纪 90 年代,农户的分散经营不利于农业的进一步发展,分散的农户对接不了大的市场。20 世纪 90 年代初,在山东开始推行"龙头企业+农户""龙头企业+协会+农户"的模式,来推动贸工农一体化的发展。但这种模式发展到目前来讲,它不是一个最后的模式。所以一些经济学家一直在研究这个事情,农民是最大的创造者,从而又演化到"龙头企业+合作组织+农户"这种模式。

农业在经济发展中起到很大的作用,是工业的重要的原材料来源,影响到经济的走势。如今,党和国家重视"三农",党的政策倡导工业反哺农业,农业已为社会创造了很大价值。如今发展农民专业合作社正是社会所需,是经济发展的需要。农业需要增加附加值,需要向上游要效益,只有发展农民专业合作社方能把分散的农户组织起来发展经济,单家独户对接不了大的市场。通过农民专业合作社,可以实现农民增收,也可以通过农业的规模化、产业化发展,有规模效益,从而降低成本,提高效益。

市场经济中品牌很重要,树立品牌,保证品质,追求信誉。如今市场,大家都认品牌,挑品质。讲品牌,有包装,分门别类,精品生活,是发展方向。农业发展应该追求绿色发展,无公害是农产品的最低标准,有机食品是发展方向。品质的评定需要一个组织和一个商标,单家独户评定不了,而农民专业合作社有资格参与。

二、浙江农民专业合作社的发展经验

浙江农民专业合作社发展较快,自 21 世纪初,农业产业化的发展要求,迫使分散的农户联合起来,统一对接大的市场。沿海发展很快,工业发展很快,工业的发展带动了农业。农业的产业化进程便要求有专业的组织与之对接。浙江农业发展的同时,农民专业合作组织相应而生,浙江出台了《农民专业合作社条例》,从而从法律上给以农民专业合作社很大的发展空间。

这里主要以慈溪市三北振慈禽业合作社、慈溪市志海蔬果合作社、临海市的浙江省忘不了柑橘专业合作社、温岭市绿牧草鸡产销专业合作社、温岭市箬横西瓜专业合作社 5 家农民专业合作社为案例进行浙江农民专业合作社的发展经验介绍。

（一）浙江农民专业合作社的现状——以浙江 5 个合作社为案例

1. 慈溪市三北振慈禽业合作社。慈溪市三北振慈禽业合作社是慈溪最大的养殖业农村新型专业合作组织，也是宁波市和浙江省示范性农民专业合作社。合作社现有成员 106 个，密切联系和带动慈溪市内十几个镇、街道及北仑、镇海、奉化、宁海等地的 300 多个养鸡大户，是一个跨区域的农民专业合作社。合作社成立前，慈溪三北镇分散的小规模经营的养鸡农户在面对肉鸡生产销售中出现品种退化、技术落后、信息不灵、销售不畅、效益偏低等问题，面对农户养殖利润微薄、养殖风险较大的情况，20 多户养殖大户在养殖能人范伟达的牵头下，按照"民办、民管、民受益"的原则，于 2001 年 1 月组建慈溪市三北振慈禽业合作社。

慈溪市三北振慈禽业合作社运行特点可归纳如下：

（1）规模壮大，股金规范。合作社成员由以前的 20 个扩大到 106 个，最大认购股金由原来的 50％下降到 20％，其中生产者股金占 90％。对于盈余分配，提取 20％作为积累，其中公积金 5％，公益金 3％，风险基金 12％。盈余的 80％用于二次返利，分别按股金的 30％和成员交易额的 50％进行分配。

（2）开拓市场，稳定销路。建立销售窗口，在宁波家禽批发市场设立 2 个销售窗口，并挂上无公害农产品认证和注册商标。建立自己的销售队伍，分区划片，有所重点。利用互联网，网上发布信息，开拓市场，举办产销会，现场签订，确定订单。

（3）标准产品，规范生产。严格产品标准，规范操作流程，进行标准化生产，确保肉鸡质量安全。产品质量生产环环相扣，紧密相连，通过"统一的产品质量标准、统一的生产操作规程、统一供应苗鸡、统一供应饲料及添加剂、统一供应药品和防疫、统一品牌和认证、统一销售"的服务，从而保证产品质量的持续性，不发生偶然性偏差。

（4）重视保险，防范风险。针对疫情和自然灾害，建立风险防范机制，保护成员利益。建立风险基金，合作社从盈余中提取 12％风险基金。合作社还加入了慈溪市禽业协会牵头设立的农业风险基金，并组织成员中的养殖大户参加政策性农业保险。通过合作社，养殖户可以多种渠道地进行养殖防范，免除农户抵抗疫病的后顾之忧。

（5）加大培训，提高素质。合作社重视人才在组织中的关键作用。合作社安排专门经费，用于成员的学习，并派人员去大专院校系统学习。与高校联系，邀请专家，经常培训，并发放大量学习资料。与此同时，联系国外，开阔视野，学习国外经验。合作社曾联系泰国正大集团，派出 3 名成员去泰国学习，带回国外养殖新方法。

（6）依托基地，延伸产业。合作社规范养殖，不能依靠农户的散养局面，要有养殖小区，以此统一规范养殖。基于小区平台，合作社产量扩大，并延伸产业链，进行肉鸡加工，提高养殖效益。只有占据上游利润环节，才能高屋建瓴，统筹全局，使更多的养殖户参与进来。

（7）扶助弱势，共同富裕。合作社制定了"扶贫帮困计划"，对困难成员和贫困地区的养殖户进行重点帮助，促使共同富裕。

2. 慈溪市志海蔬果合作社。志海蔬果合作社与发起人组织者陈志海不无关系，陈志海之前一直从事农产品的购销，1998 年，他在慈溪市浒山街道河角村建立了第一个种植基地，之后逐渐扩大，到现在已在万亩畈等地建立紧密型直属农场基地 540 亩，松散型农场和加盟农场 8 000 多亩。他依托基地，寻找引进新品种和新技术进行试种，待试验成功，便推广给其他种植大户，通过联合其他大户成立志海蔬果合作社。

合作社特点可归纳如下：

（1）土地入股，现金入股。合作社股份主要由现金股和流转土地股两部分构成，总股 976 股，其中现金股 436 股，土地股 540 股，现金股每股 5 000 元，土地股大概每亩地按 5 000 元算。多元化的入股渠道，减小了现金入股比重，使得成员大户股份不超过总股的 20%，使更多成员参与进来，使大家对合作社发展关心起来。

（2）紧联市场，以需定产。合作社有自己的供货市场，供应企事业单位学校食堂及农产品加工企业，根据需求，下达订单给自己的生产基地及加盟农场。发展订单农业，以保护价收购，着重发展加盟农场，自己的生产基地则是于市场不足时调剂。一头联系市场，一头联系产地，实现从田间到餐桌的连接，把消费者和生产者紧密地联系在一起。

（3）灵活用人，能者上岗。合作社劳动用工优先考虑合作社成员，劳力空缺时则面向社会招聘。对于人才给以精神和物质奖励，能人上岗，因才适用。对于岗位人员，经常开展培训，进行集体学习，以此保持机构常新。

3. 浙江省忘不了柑橘专业合作社。浙江省忘不了柑橘专业合作社位于浙江省临海市，是一家以"浙江省"为地域冠名的农民专业合作社，成立于 2002 年 10 月。现有成员 132 人，基地面积 1 100 亩，有桔果市场 6 000 米²，柑橘包装厂一个，柑橘科技示范休闲观光园 200 亩。

其特点可以归纳如下：

（1）严格制度，明晰股权。合作社总股金额 108 万元，每股股金 10 800 元，凡入社成员（含单位法人）都要认购股金，股金以货币出资，其橘园面积必须在 5 亩以上（技术、加工企业股除外），至少一股，单个成员认购最多不得超过股金总额的 20%。盈余部分则用于提取公积金、公益金、风险金，并分配余额。但如果亏损，则成员要共同承担。合作社总体要求是"决策民主，运作规范，管理制度，股权明晰，分配合理"。

（2）加强培训，持证上岗。科技是第一生产力。发展科技，以科技致富，提高种植水平，实现科技创新。合作社建立了多媒体教室，拥有优越的学习环境。合作社经常联系聘请柑橘专家前来培训，做各种讲座。对合作社成员进行农民技术员资格认证，培训颁发绿色证书。由此以科技促发展，规范技术培训。

（3）融入文化，产业升级。在发展柑橘经济的同时，融入文化，增加柑橘产业的内涵。基于此，合作社建立"涌泉柑橘文化园""品橘村""柑橘博物馆"，使柑橘产业有了文化底蕴。同时，结合文化建设，发展观光产业，使文化园同时也是休闲观光园，展示生态农业，普及农业知识，增强无公害意识。

（4）品牌发展，信誉是金。品牌是品质的标志，规范品质，发展品牌，捍卫信誉。严格质量管理，确保规范化生产，提供无公害绿色产品。在市场开拓上，主动联系，多面出击，参加各种展销会，在大中城市设立销售窗口，直接销售。合作社注册的"忘不了"品牌已经获得浙江省著名商标和省名牌产品。

4. 温岭市绿牧草鸡产销专业合作社。温岭市绿牧草鸡产销专业合作社成立于 2002 年 8 月，是一家集草鸡育种、孵化、饲料加工、养殖、屠宰加工、销售的合作经济组织。目前有成员 118 人，分布在本市 7 个镇，总股金 252 元，每股 1 000 元，下属种禽场和饲料加工厂各一个。

绿牧草鸡产销专业合作社特点如下：

（1）不同分工，不同分配。从事养殖的合作社成员按饲养合同付给每只一元的报酬，从事服务的成员按服务量乘以服务定额确定，从事营销的成员按销售量乘以销售定额确定。除此之外，还有二次分配，20% 作为公积金，20% 作为风险基金，20% 作为奖励基金，其余 40% 按股份比例返还成员。

（2）订单生产，确保供给。合作社在具体的销售中，要确保货源的稳定供应。合作社的饲养户有两种：紧密型和松散型。紧密型的有收入基金参与，除了劳务费外还有合作社的利润分成；松散型的需要有一定的资金投入担保，再投入饲养场地和劳力，获得饲养劳务费，没有二次返利。合作社以这两种渠道保证合作社的持续货源供给。

（3）八大统一，环环相连。统一使用商标，本社成员共同使用"绿牧""峤牧"商标；统一生产标准，按无公害农产品标准、绿色食品标准组织生产；统一供应鸡苗，按合同供应鸡苗；统一提供饲料，成员按合同领取饲料；统一饲养规程，成员必须按照规程科学饲养；统一技术服务，合作社提供免疫、疫病防治和饲养管理技术，上门服务；统一市场销售，合作社统一回收、加工和销售商品鸡；统一结算分配，按合同进行一次和二次分配。

5. 温岭市箬横西瓜专业合作社。2001 年 7 月，由彭友达联合 29 户西瓜种植大户创立了温岭市箬横西瓜专业合作社。合作社现有成员 197 人，注册资金 50 多万元，注册"玉麟"商标，有西瓜种植基地 19 个。箬横西瓜专业合作社经多年发展，其特点可以总结如下：

（1）合理结构，工厂生产。对于生产的组织，形成"合作社—生产基地—生产小组—成员"的模式，合作社负责规划调度、物资配送、品牌提升和市场营销；生产基地是个相对独立的生产车间，负责生产；生产小组是基本的经营单位，负责具体的实施。

（2）机制保证，产品跟踪。合作社建立了质量追溯制度。每件产品都有某一生产基地某一生产小组的编号标记。产品如有质量偏差，这样可以查出责任人。

（3）积极宣传，认真策划。合作社积极宣传箬横牌西瓜，以政府牵头进行推介，并召开新闻发布会。与电视台合作，制作专题片，在多个频道播出，与此同时，建立网站，网上互动，宣传品牌，接受客户反馈。

（二）浙江农民专业合作社特点总结

从浙江台州和宁波的经验来看，浙江农民专业合作社的特点可以归结为如下几个方面：

1. 合作社很规范，能统一管理。规范在于运作很规范，制度很规范，办公场所、培训场所、机构设置及民主管理都很规范到位。合作社实现了统一管理，有"五统一""六统一"，甚至有"八统一"。合作社依靠自身资源，实现规模效益，促使资源得以统一利用。从大的方面来讲，有的统一供种，比如箬横西瓜专业合作社则是统一供种，不论跨区域或不跨区域，在"信息技术、农资配送、市场销售、财务核算"上实现统一。又如温岭市绿牧草鸡产销专业合作社在规范化建设中实行八个"统一"，即"统一使用商标，统一企业标准，统一提供鸡苗，统一提供饲料，统一饲养规程，统一技术服务，统一市场销售，统一结算分配"。合作社向成员提供仔鸡，并提供饲料和防疫，统一回收，给以每只一元的返利，待合作社向上海市场销售之后，扣除公共积累，再向成员进行二次返利；在生产环节上，统一标准化的生产规程，按照一个标准生产；在销售方面，统一销售，采用一个品牌，合作社销售价格能比市场价格高出一元以上。

2. 合作社实现股份制。少则入股五六百元，多则入股一万多元。这种入股方式，是与浙江省从 20 世纪 80 年代开始的乡镇企业发展分不开的，大家有经济发展观念，有合作需要。股份设置有返利，第一返利是从销售收入中返利，第二次返利则是除去公积金、公益金、风险基金后进行返利，从而实现交易额与股权相结合的分配体制。股份中大股所占比例不能超过 20%。有些合作社对于入股有要求，入社有门槛，如浙江省忘不了柑橘专业合作社要求 5 亩以上的种植面积的农户方能加入合作社，而且必须至少有一股，每股股金10 800 元，且单个成员认购最多不能超过股金总额的 20%。

3. 模式灵活多样，管理模式不拘于相同，股金多少不同。有大户牵头组建的，有企业牵头组建的，有农技人员牵头组建的，有村委会组建的。浙江在培育中注重因地制宜。在发展模式上，坚持因地制宜的原则，多类型组建、多领域覆盖，积极鼓励农村种养销和农机大户、农技推广机构、基层供销社、农产品加工流通企业、农村基层组织利用各自资源优势在投入品供应、生产、加工、流通、仓储和农机、植保服务等多领域开展专业合作。

4. 跨区域发展，不局限一个区县。比如箬横西瓜专业合作社虽处于浙江省台州市，但它在浙江省其他地方都有基地，在海南也有基地。

5. 合作社体现出专业性，充分体现出农民专业合作社的"专"。比如忘不了柑橘专业合作社在柑橘上很专业，绿牧草鸡专业合作社便专是围绕草鸡进行工作，箬横西瓜专业合作社则是在西瓜方面做精做专，慈溪市志海蔬菜专业合作社则在蔬菜配送上十分专业，还有黄岩院桥番茄专业合作社专门从事番茄的生产加工。

6. 合作社建党，合作社组成联合社，并有 3 家以省命名的农民专业合作社。如忘不了柑橘合作社就是浙江省忘不了柑橘专业合作社，是冠省名的专业合作社。阎良区甜瓜方面的合作社可以借鉴他们的经验。

7. 等级划分，区别对待，重点发展。浙江合作社分为 ABC 等级，有不同发展要求，政府给以不同的补助，这些资金仅供合作社发展规范所需，合作社不能指望能够从政府获得更大的补助。对于合作社所需要的资金问题，浙江的农民专业合作社有自己的信用平台，农村信用社对于各个合作社设有信用等级，有 20 万元、50 万元、100 万元的信用等级，不同等级则有相应不同的贷款。这些钱对农民专业合作社有很重要的作用。

8. 进行产业升级，融入文化元素。合作社依托生产基地，进行标准化生产，进行科技示范，并进一步结合观光农业，多元化发展，上升到产业文化层次。比如位于浙江省宁波市的忘不了柑橘专业合作社依托 100 多亩橘园建立了"忘不了"柑橘科技示范休闲观光园，进一步加大投资力度，扩大规模，融入绿色观念发展高效农业，开展多元化经营，建起了"涌泉柑橘文化园""品橘村""柑橘博物馆"，使产业升级，融入文化元素，使柑橘生产有了文化底蕴。

9. 在"一村（镇）一品"的基础上建立农民专业合作社是一种较好的发展模式。浙江省温岭市的箬横西瓜合作社就是在"一村一品"基础之上发展起来的，充分利用"一村一品"时构建的"玉麟"品牌，在统一生产、包装的前提下，为"玉麟"西瓜制定了关于外观、质量、口感、安全等各方面的标准，该品牌使西瓜的销售价格和知名度大幅提高。

（三）浙江农民专业合作社发展中存在的问题

同时浙江农民专业合作社也存在一些问题。如大户不能超过总股数的20%，这对成员的参与性有一定的调动，但发起人股金受到限制，积极性会受影响。同时对于合作社第一次分配的价格确定还有空间，应该留给合作社多大的二次分配空间，这些都有待探索解决，需要在实践摸索中寻求解决。

同时，关于合作社规模的探讨，浙江省农民专业合作社规模的扩大，带来了管理的困难。农民专业合作社发展时间不长，但成员有逐步增加趋势。无限制发展成员确实对于农户是个好事情，但与此同时带来管理成本的增加，农民专业合作社相应机制应该建立起来，对应增加的合作社成员数量。否则，农民专业合作社的运行机制不健全，组织制度不能使合作社顺利运行，这样容易使得合作社成为极少数人操纵下的合作社，合作社不能够为现有的成员提供很好的服务，合作社信誉受损，发展受阻。因此，目前的初步发展的农民专业合作社便需要逐步发展成员，不能无限制扩大，待等到机构健全、管理完善，便可逐步规模发展。

例如，浙江省的箬横西瓜合作社现今规模的不断扩大给合作社的管理带来了挑战，在合作社处于小规模、位于同一个地域时，其运行主要靠带头人、发起人的能力和威信来保证，大家的凝聚团结程度便与此有很大关系，同时一个地域有相同的风俗文化，乡土民情很相同，大家易于交流和团结。随着合作社规模的扩大，生产基地扩展到省外，同时成员也发展到省外，各个地方民情不同，风俗迥异，而且平时由于距离太远，大家交流不多，彼此存在心理鸿沟，这使管理不便进行，管理成本增大，效率降低。

同时，对于浙江农民专业合作社而言，在合作社发展壮大的同时，与资金环节相比较，土地受限，人才缺乏。如瓜菜种植需要倒茬，周围土地有限，从事瓜菜生产的合作社不得不在其他地方建立基地，以此保障供给。但在其他地方建立基地，又有管理上的问题。合作社的人才比较缺乏，农村很难吸引人才，农民现有的文化技术难以适应生产经营的需要。要使农民专业合作社持续经营、正常运转，人才保证是关键。

三、阎良的经验比较

目前，西安市阎良区发展农民专业合作社 30 多个，成员户 1 万多户，占全区总农户的 24.8%，总资产 1 490.86 万元。虽然阎良区农民专业合作社发展取得了不错成绩，但仍处于初级阶段，与浙江比较起来，规模小，发展不平衡，覆盖面小，内部运行机制不够规范，市场服务功能弱，发展环境尚待优化。阎良区专业合作社发展起步和浙江省差不多，但在合作社发展水平上则是相差一截，经营水平和规范水平上有需努力。浙江省经济水平高，2008 年人均 GDP 为 4.1 万元，这是比较高的水平。合作社成员的年收入也比较高，比如忘不了柑橘专业合作社的成员年收入水平是在 10 万元左右，绿牧草鸡专业合作社的成员年收入在 8 万元左右。

浙江省人的商业观念强，有很高的市场意识，人均土地很少，如何在有限的土地上要效益很关键。浙江省 20 世纪 80 年代便有了把人转移出去的做法，浙江人走出来，先做苦力，后做老板，浙江人遍布天下，从事商业，发展经济。如今陕西人则是出去打工，做苦力，经济落后，观念落后，守家观念强。对于农业的重视与投入，临海、温岭等县级市每年从财政上拿出 3 000 万～5 000 万元投入农业，而我们阎良则是财政投入农业每年 300 万～400 万元，与沿海城市比起来很低，但这在西安已经是很不错的。

阎良的甜瓜协会和蔬菜协会发展这么多年，成效甚微，效果不理想。这些协会管理不规范，大家参与不够，使协会成了一个人的事情。这些协会要么一股独大，要么没有实行股份制，没有进行真正的合作。农民专业合作社含义深刻，主体是"农民"，其中必须有 80% 的农户参与加入，从事行业则具有"专业性"，具体到农业中某一产业某一行业，做精做专，在具体的组织中，大家是利益共同体，一起"合作"，为大家谋福利，使成员利益最大化。合作社要能起带动作用，成员和非成员要有区别，成员要普遍能亩产高出非成员 500～1 000 元。

浙江合作社的经验可被阎良区的合作社借鉴。比如绿牧草鸡专业合作社的八个统一，统一商标，统一标准，统一提供鸡苗，统一提供饲料，统一饲养规程，统一技术服务，统一市场销售，统一结算分配，可以被阎良区农民专业合作社借鉴。

阎良政府要加大推介力度，为阎良农业多做宣传，多加推介。单独农户或合作社目前由于发展阶段，没有财力出去宣传。政府所做工作，则是为合作社服务，为阎良这边农业多加宣传，发挥公共服务职能。随着农民专业合作社的壮大，合作社要走出去宣传自己，合作社出去推介，政府逐渐淡出推介领域。浙江农民专业合作社则是自己宣传，参加农业博览会、展销会，自己推介宣传。如温岭绿牧草鸡专业合作社基地市场在浙江，后来发展扩大，发展到安徽、山东，把山东许多养鸡场和加工厂兼并了。如阎良甜瓜，要跨区域发展，要其不限制于阎良当地，可以在省外其他地方建立基地，在 6 月之后，在甘肃做基地，可以延续上市，同时冬季在海南种植，使阎良甜瓜一年四季都有，做大阎良品牌。同时，阎良甜瓜要使目前的单季种植变成多季种植。与此同时，要先期解决跨区域管理问题，提高农民专业合作社的管理水平。

合作社作为一种农村新的经营组织，发展之路正在探索，但有很大的发展空间。浙江省的一个县市发展合作社能达到上千家，阎良这边则是没有这么大的规模，目前仅有 30 多家，但要稳扎稳打，严格要求，逐步发展，多发展规范农民专业合作社。同时对于合作社人数，以浙江经验，虽有七八百人的合作社，但一般合作社成员数为一二百人。这一二百人都是入股成员，并且大多数是农民。

四、阎良农民专业合作社发展的对策建议

基于阎良的现实，结合浙江省农民专业合作社的发展经验，阎良农民专业合作社的发展要立足自身实际，借鉴经验，取长补短，建议从以下几个方面着手农民专业合作社的建设。

1. 规范管理，保障渠道。从统一供种到统一销售，从统一操作规程到统

一农资提供，要逐步规范各个环节。特别是销售渠道，要设法保证供货渠道。基于农产品的特性，目前市场需求稳定，市场价格容易受到供给影响，以此加大供给，稳定供给，保障供给渠道，从多渠道寻求农产品货源，自己种植一部分，有自己的核心成员种植户，发展准成员生产，多种渠道相互补充。也可以发展加盟农场，向外地寻求种植基地补充货源。

2. 设以门槛，征收会费。关于入会的门槛问题，要有通行证，要收会费，只有交了会费，成员方能感觉自己是合作社的主人，会有一种荣誉感和归属感。同时可以搞股份合作，集腋成裘，集齐人力财力办大事，由此以共同的利益机制把大家捆绑在一起。依照以前的经验，合作社不能松散管理，要严格入会门槛，规范管理，认真为成员服务。

对于合作社的非正式成员可以采取准成员制，借鉴浙江的做法，浙江省温岭市箬横西瓜合作社成员分为正式成员和准成员两种。准成员只有在一定时间之后，经过考察，才有资格成为正式成员。吸纳成员时的考核条件有：具有 3 年以上种瓜经验，基本上掌握"玉麟"牌西瓜的生产技术，并具有领导农民组织生产的能力等。正式成员与合作社关系紧密，合作社认真为正式成员服务，优先考虑正式成员的利益。合作社对于正式成员的名额有所限制。

阎良这边对于成员也可如此，设立门槛，严格要求，对于入社的成员精心服务。对于准成员则是作为后备队伍，外溢性影响，扩大社会影响。

3. 甲乙丙丁，分门别类。阎良区可以对合作社设置等级标准。如可以设甲乙丙丁等级标准，不同合作社对号入座，符合甲级标准可以申报省级项目，达到乙级标准可以申报市级项目，达到丙级标准可以申报阎良区农业项目。陕西这边，对于农民专业合作社的扶持资金，省级合作社有 10 万元资金，市级合作社则有 4 万元资金。阎良区农业部门可以出台政策进行规范化农民专业合作社创建活动，使各个农民专业合作社以规范化要求自己，以更高的标准严格要求自己。

对于阎良区农民专业合作社的发展，先发展后规范，在规范中发展，充分调动农民专业合作社的主观能动性，自我发展，对于符合规范，有发展势头的农民专业合作社重点支持，政府在其中的作用是服务，提供资金、人才支持。

4. 品质保证，品牌建设。处理好品种、品质、品牌的关系。好的品种能保证品质，但后天的操作规范也影响着品质。好的品质需要好的品种选择和统一的种植规范，以此育出好的产品，保证产品标准化、规范化，质量是产品的保证，是各个合作社的生命线，也是合作社市场制胜的法宝。好的品质有品牌作标榜，品质靠品牌来宣传，好的品质是创立名牌的第一步。

　　农民专业合作社第一大建设是品牌建设。品牌是质量标示，信誉保证。质量的提高，会在品牌建设上提高。而品牌的好坏，直接影响销路。农民专业合作社成员技术统一的前提，必须能为好品质的农产品寻找销路。因此，农民专业合作社要想方设法寻找销路，固定销路，稳定销售量，适当时候以协议来固定销售渠道，从而产生订单农业，对合作社成员进行派单生产。只有有了标准化农产品需求，合作社成员才能据单生产。农民专业合作社要开拓销路，树立标准，建设品牌。

　　对于阎良本地市场和外地市场的关系，在阎良本地、西安市区及陕西省内容易出品牌，对于外地则适合走批发销路。精品市场应还在阎良，在本地市场稳定阵脚，树立信誉，通过阎良人来宣传阎良产品，是最好的品牌化之路。如阎良蔬菜市场，当地超市所售蔬菜，是由西安一家公司提供，蔬菜基地在高陵县，阎良当地蔬菜合作社则是失去本地市场，更不可能去其他城市发展高档蔬菜，因此做好本地市场十分关键。又如阎良甜瓜，本地精品瓜市场还没开拓，所产的瓜大批销往外地，是一种档次不高的销售，各个甜瓜专业合作社的品牌尚未建立。最好的做法是让阎良人把阎良的精品甜瓜带出去，宣传各个合作社的品牌。合作社立足本地，辐射发散，从"走出去"到"引进来"，通过优良的品质、精心的服务吸引客商找上门来，市场就从阎良当地开始。

　　阎良甜瓜发展多年，目前阎良本地受到土地限制，已经向周边富平、临潼发展。因此阎良甜瓜要主打品牌，寻找销路，在本地建立市场，树立阎良甜瓜地域品牌。农民专业合作社在销路上建立渠道，主抓市场，占领甜瓜产业的上游。甜瓜在阎良本地种植，受时间限制很大。对于不同时节，可以在省外建立甜瓜基地，阎良人走出去，流动作业，农民专业合作社主抓销路，打出品牌，而不拘束于种植基地在哪里。阎良甜瓜主打阎良区域品牌，而甜瓜生产基地可以移至甘肃省乃至海南省。

　　5. 因地制宜，逐步规范。根据省农业厅对于合作社建设的办公室、财务室、信息室、培训室四室要求，基于目前农民专业合作社的现实考虑，可以建设成二室，使办公室、财务室、信息室组合在一起成为一室。合作社的建设更加需要政府指导，但要切合自身实际，分阶段看情况分步实施，逐步规范。

　　6. 对口辅助，人才支持。对于合作社给以智力支持，有专人辅导。每个合作社都配以一名专职辅导员，每个辅导员可以指导一两个合作社，农技站指导瓜菜方面合作社，畜牧站指导养殖方面合作社。目前大学毕业生可以到农村来，帮助农村建设。合作社的成员要多参加培训，要取得农业方面的专业技术资格证书，取得绿色证书，还有其他方面的证书，如职业农民证书。

7. 自力更生，自我发展。合作社组织自身也要规范，不能作为摆设，作为样子，要切实运行起来。合作社发展不要养成依赖心，不能依靠政府，要依靠市场，自我发展。浙江农民专业合作社在发展开始，政府给以初期 5 000 元补助，以后合作社便自我发展。阎良这里也是如此，政府对于初发展的农民专业合作社给以 5 000 元的补助，用于其初期开展工作。

农民专业合作社必须坚持民办性质。农民专业合作社是为了满足分散小农对接大市场的需要。以合作社经济的发展来促进合作社自身发展，以社养社，良性发展。政府在推动农民专业合作社产生、发展的过程中，必须对自身角色正确定位，即要推动而不强迫，扶持而不干预，参与而不包办。政府不要替农民专业合作社决策，不要任命合作社的负责人，而且政府部门的干部不宜去合作社兼职。政府应更多地运用经济手段和优惠政策为专业合作组织服务，对其进行推动、扶持、引导。

8. 文化着笔，增加底蕴。依托农民专业合作社，阎良农业产业发展，可以上升到文化层次考虑。如甜瓜发展从经济环节继续转变为文化方面的考虑，阎良甜瓜需要换一种思路经营，甜瓜需要从经济转换到文化层面，让甜瓜融入生活之中，成为一种文化。以文化为题，寻找甜瓜渊源，引经据典，吟诗作赋，举办甜瓜文化节，拓展甜瓜美食文化。以甜瓜基地为据点，发展采摘观光旅游，发展农家乐，融入阎良风土人情，融入甜瓜文化，多渠道、多元化发展甜瓜产业。

9. 规范财务，严格审计。财务方面要逐渐规范，政府引导组织财务方面的统一培训，规范账务，农民专业合作社会计人员要持证上岗，拥有从业资格证书，会计和出纳互不兼任。农民专业合作社实行独立的财务管理和会计核算，严格按照国务院财政部门制度的农民专业合作社财务制度和会计制度核定生产经营及管理服务过程中的成本与费用。对于符合省市辅助项目的合作社，逐项详细列出开支，只能被用作公共开支，作为公积金或公益金，不能被成员所分配，项目资金使用状况接受审计监督。

【附 2】关于扩大双面打印规范范围的建议

我曾观察到，各局公务人员所交报告等材料（只要不明确规定双面打印规范要求）都是单面打印，即使双面打印已经是自动化操作，技术上已经不存在难题。现今单面打印的范围很广，凡是没有明确规定双面打印的材料提交，公务人员都倾向于单面打印，这造成国家纸张资源的巨大浪费。双面打印的好处很多，大的角度是节省国家资源，小的角度是便于装订、节省存放空间。双面打印对于个人没有直接的实惠、打印店对双面打印不优惠是制约双面打印发展的因素。在这种情况下，规范打印能够起到节省纸张的作用，具有导向性，能使纸张得以大量节省，同时倡导节约意识。

因此，建议政府逐渐加大双面打印的规范范围，如通知、报告、报表等材料的提交。双面打印的一个原则也可以是"凡是不明确规定单面打印的都必须双面打印"。以下是一些单位对于双面打印的明确规定和做法。

1. 投标文件双面打印：

能节约就节约

来源：政府采购信息报　　　作者：湘樟　　　时间：2009 年 2 月 17 日

近日，从湖南省政府采购网上看到这样一个通知，湖南省政府采购管理办公室收到群众来信，指出政府采购活动中采购文件和投标文件"基本是单面打印"，纸张浪费现象严重。为了进一步贯彻落实十七大精神，以实际行动建设资源节约、环境友好型社会，他们对于今后的政府采购活动提出了两点意见。一是树立资源环境意识，增强节能、环保的使命感和责任感。二是在采购活动中，除必要的商务文书和法律文书外，采购文件和投标文件尽量使用双面打印，节约使用纸张。

据了解，在政府采购各项招投标活动中，对于纸张的需求是非常大的，特别是一些大项目，参与投标的供应商也比较多，包括资质证明、相关证书、服务机构分布等资料累积起来就是厚厚的一摞，更有趣的记忆是，在某省的一次 5 000 多万元教育配套设备招标项目完成后，采购中心工作人员将标书堆积成宽 3 米、高 4 米的一面墙，纷纷在其前面拍照留念，由此可见，纸张的需求是多么庞大。与此同时，一旦项目结束，大多数投标文件并没有太多用处，期限一过，也都就地处理了。

对于投标文件本身的信息含量，大多数投标人认为能多写就多写，这样才不会有遗漏，对此个人认为无可厚非，而对于投标文件是用单面打印还是双面打印，大多数供应商好像没有思考过这个问题，"也就那么点钱，平时倒还真没注意"。现在，有人注意到了，并做了公开的提醒，而这对于政府采购活动合理节约用纸来说，无疑是一种非常大的促进和改善。

节约财政资金，提高资金使用效益是政府采购承载的一项重要使命；建设资源节约、环境友好型社会也是我们国家的一项英明决策，湖南省政府采购管理部门从实际工作中注意到了这个"小问题"，并对全省的同行进行提醒，无疑是值得肯定和学习的。在政府采购这个巨大的市场里，节约更应该从具体的小事做起。

2. 公文稿双面打印：

全市机关节能行动要求从点滴做起

来源：梧州日报　　时间：2008 年 9 月 27 日

我市（梧州市）将于 10 月 6 日起，在机关开展节能行动。节能行动涉及公务车使用等 6 个方面，市委督查室负责监督各机关行动实施情况。

据悉，我市开展节能行动，是为了贯彻落实《国务院办公厅关于深入开展全民节能行动的通知》（国办发〔2008〕106 号）精神，结合我市机关工作实际而设定的。具体涉及每周少开一天车、严格控制室内空调温度、减少电梯使用、减少使用纸杯和签字笔等一次性用品、夏季公务活动着便装等。在节能行动中，要求机关人员培养自觉节俭习惯，从现在做起，从自己做起，从身边点滴事情做起，养成节约一度电、一杯水、一张纸、一滴油、一分钱的良好习惯，白天尽量使用自然光照明，随手关灯，杜绝白昼灯、长明灯。及时关闭办公设备，减少待机能耗。节约办公耗材，双面打印文稿等，把节约变成自觉行动，形成崇尚节俭的机关作风。

3. 太原市双面打印：

太原"双面打印"的绿色经济

本报驻山西记者：吉晓明、张玉兰　　特约记者：杨志敏　　来源：香港文汇报

改革开放 30 年来，山西省太原市经济社会发生了翻天覆地的变化。同时，作为能源重化工基地的中心城市，太原也为全国经济建设发展作出了巨大的贡献和牺牲。近年来，为了改变高投入、高消耗、高污染和低效益的传统经济模式，实现经济社会的可持续发展，太原提出并实施了"绿色转型"。

太原市市长张兵生在接受本报访问时称，推进绿色转型的基本途径和战略

重点，就是发展绿色经济。他认为，太原建设创新型城市、推进绿色转型，就是创新发展模式，转变发展方式，从根本上改变粗放型、高消耗、高污染、低效益的传统工业化模式，强力构建以绿色产业为主体，新兴产业、高科技产业为主导，先进制造业为支撑，服务业全面发展的具有国际竞争力的绿色产业体系。

（1）改造传统，发展新兴。今年 3 月 1 日，随一声巨响，太原市迎泽区大河滩煤矿被炸毁，作为太原市个体办矿第一人的大河滩煤矿老板陈先锋，如今帮助村民建起了沼气池，考察了周边的乌金山旅游区，决定就地发展"农家乐"。而太原市迎泽区和尖草坪区等六城区于 6 月底前关闭了 90 座 9 万吨以下的煤矿，开始率先加快退出煤炭产业。

张兵生说，"当前退出煤炭产业，经济损失肯定很大，但这种小煤矿不仅浪费资源，而且对人民的生命安全造成巨大威胁"。他认为，煤炭产业的逐渐退出，不仅可以推动太原市新兴产业的发展，而且能提升整个城市的质量，强化绿色城市化理念，打造生态宜居城市的全新形象。

（2）不"吃祖宗饭、断子孙路"。在张兵生看来，绿色经济一点也不抽象：绿色经济就是既要享受物质丰足、又要享受蓝天碧水的经济，而不是"富翁与垃圾为伍"的经济；就是人与自然和谐相处、天人合一的经济，而不是"战天斗地、掠夺自然"的经济；就是既要赚钱又要健康的经济，而不是"前几十年拼命赚钱、后几十年拼命看病"的经济；就是以人为本、共同富裕的经济，而不是为富不仁、两极分化的经济；就是既能使我们这代人过上好日子、又能使子孙后代过上好日子的经济，而不是"吃祖宗饭、断子孙路"的经济。

张兵生解释说，在实践中，绿色经济就是通过"绿化"市场、"绿化"政府、"绿化"社会和"绿化"观念文化，强化绿色转型的推动力。而政府是绿色转型的第一推动力，必须承担起保护环境和自然资源的第一责任，实施人与自然和谐、生态与经济协调的绿色管理。

（3）"双面打印"节约一半纸。去年太原市"两会"期间，张兵生手中的《政府工作报告》稿首次采用双面打印。张兵生向全体代表作政府工作报告，当讲到绿色转型和绿色标准时，他拿起手中的讲稿，脱稿解释说："什么是绿色转型？什么是绿色标准？很简单，以前都是单面打印，现在改成了双面打印，节约了一半的纸张，这就叫绿色转型，就是一种绿色标准！"言毕，掌声雷动。当然，太原市人大代表、政协委员手中的《政府工作报告》稿早就是双面打印了，只有供市长宣读的《政府工作报告》稿，一直是单面打印。

张兵生回想起那天的情景笑言："说实在的，读双面打印的《政府工作报告》，一开始我还真有点不适应，但要实现绿色转型，就是要从节约一度电、一滴水、一张纸、一支笔、一粒米做起。"

为切实加强绿色治理和推进绿色转型，太原市开始在全国率先全面构建区域性"绿色标准"体系。到当前已在经济、社会、生态环境、政府管理等领域制定实施了 20 个地方绿色标准。

4. 吉林市双面打印：

关于严格执行文件双面打印的通知

来源：市局　　　作者：办公室　　　时间：2008 年 6 月 27 日

为提倡节约，合理使用办公经费，市政府要求各委办局向市政府报送材料、文件时，一律采用双面打印。如发现仍然使用单面打印的浪费行为，将直接扣除该单位对应的财政经费。

为此，市局要求机关各处室、各基层单位今后向市政府报送文件、材料一律双面打印。

【附 3】 与陕西省团委统战部毛宗学部长通信[①]

毛部长：

您好！

"百名博士助力领头雁"的想法很好，我很赞同。博士生下乡到基层，与其说是讲，不如说是交流。讲课是一种沟通，一种心与心的交流。这里以农民群体为例，我建议：

1. 使"百名博士基层行"和"领头雁"两个项目契合起来，把握其中的契合点。

2. 确定需求和供给，调节需求和供给平衡。

（1）确定需求：基层组织是否需要培训，需要哪方面培训。

（2）确定供给：挂职博士生中谁愿意去讲。可在挂职博士生中进行征询报

---

① 原报告无此部分，编辑此书，特加收录。

名，确定专业供给。

3. 文以载道，活动也是如此，讲课时宣扬致富创业精神。相比较单纯讲授知识而言，沟通和交流更为重要，要重视人文情怀。相比较致富技术的缺乏，农民更缺乏致富能力，这种致富能力就是一种内心的升华，对于致富的本身认识，也是一种致富的励志。这次活动的关键是通过博士生和农民的交流来激发创业热情。这次活动开展不单单是技术一方面，更应该是综合的讲授，是自然人文社科与农民的对话。

4. 与其说这次活动是培训，不如说是讲座，或更好听的名字。后者更重视交流，是心灵的沟通。

5. 这次活动谨慎把握，规模要适度，群体需限制规模与范围，需要细分讲授对象，小范围有助于沟通。同时，活动开展贵在坚持，长此以往，坚持下去，建立长效机制，不断总结经验，提升活动水平。如果来年还有"百名博士生基层行"活动，还要依靠这个"领头雁"平台不断把活动开展下去。如有可能，我很愿意明年继续参与咱们的活动。

总之，寥寥数语，内心是真挚的。活动是要用心开展的，不能走形式，不能盲目扩大规模，要使活动控制在可预想范围之内。想要使活动真正有效果，活动的发动者和参与者需要与农民心与心进行对话。

毛部长，以上是我粗浅的看法，仅供参考。谢谢。

仵希亮

2009 年 4 月 10 日

【附 4】 暖气改造建议

对阎良机关单位有些感受，单位办公室暖气不能调控，不能关闭，如果暖气太热，只能借助于开窗户。放假期间，虽然办公室没人，暖气照样供应。在目前举国提倡节能减排、建设节能社会的时候，老式暖气需要改造。暖气节能，可节省国家的资源。对于老式暖气改造，我有如下建议和设计①。

---

① 之后于 2010 年前去奥地利维也纳，维也纳冬季时间长，冬季供暖时间长，暖气来自垃圾发热，即使不是冬天，天气稍冷，暖气即来，之后天热，暖气随时关闭，其房间有电子调温设备，或暖气片上有调温设备。

暖气改造方案

一、办公室暖气现状

支管串联，不能单独安装阀门控制，可调控性差。

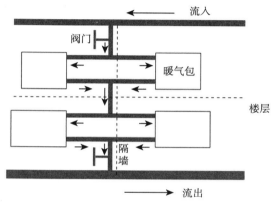

现在办公室暖气安装现状

二、改造

有两种改造方式，其一，支管并联，使每个阀门都可以控制暖气包。

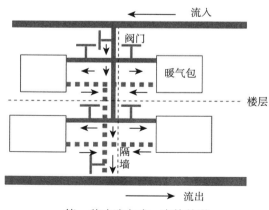

第一种改造方式，支管并联

其二，现有暖气支管上安装三通调节阀，能使水流形成回路。其中的三通调节阀是总流量恒定，一进两出，两出流量互补，一路流量大则另一路流量小，一路流量小则另一路大。其中如需防止暖气关闭所造成的结冻，可使三通调节阀在设计上考虑暖气包一路始终至少保持有最小流量。

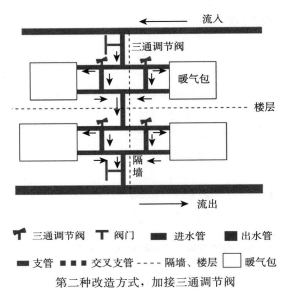

第二种改造方式，加接三通调节阀

第一种改造方法，支管并联，动工多，耗材多。但基于一般阀门，这种改造比较常见。

第二种改造方法，在现有暖气基础上，稍加改造，加接三通调节阀，实现暖气可控制。需在试验后推广使用。

三、结论

老式暖气的改造是大势所趋，是节能社会建设的必然要求。改造需要耗材，要增加暖气的可控性就必须要求增加支管和阀门。改造一次性投资，长期经济划算。第一种改造方式支管并联是普遍选择方式，但耗材多些。第二种改造方式，是在现有基础上进行改造，耗材相对少些，但需试验后进行推广。

【附5】 在陕西省纪念五四运动90周年座谈会上的发言

2019年5月4日上午，陕西省纪念五四运动90周年座谈会在西安召开。全省各界青年代表、新中国成立以来青年英模代表、团干部代表共计100余人参加了会议。省委组织部部长李锦斌出席并发表讲话，团省委书记卫华主持会议。我受省委人才办、团省委邀请参加座谈会，并作发言，这里附发言稿如下：

各位领导，各位老师：

大家上午好！

作为参与我省"百名博士服务基层"活动的一名博士生代表，能在今天的会议上向各位领导、老师汇报，我感觉非常荣幸。首先，我要感谢组织开展"百名博士服务基层"活动的省委组织部、省委人才办、团省委、省教育厅、省人事厅各位领导，感谢承接此项活动并为我们提供了工作条件的相关高校、各基层服务单位和地方组织部门，感谢各级领导和老师为我们120多名博士生提供了一个能够深入实践、锻炼提高、展示自我、知识报国的好机会，使我们能够理论联系实际、学有所用。

就我个人来讲，在我们学校西北农林科技大学宣传"百名博士服务基层"活动并组织动员报名的时候，我就感觉到这是个好事情，我也非常需要这样的实践机会。对于我们博士生来说，"百名博士服务基层"活动是一次深入农村、了解农情，深入农民、促农增收，深入实践、增长才干的大好机会，"百名博士服务基层"活动能促进我们博士生更加自觉地践行科学发展观，更加自觉地坚定知识报国、服务"三农"的志向，更加坚定为社会主义新农村建设贡献力量的信心和决心。

在积极报名并经过学校严格评选之后，我被确定为参与"百名博士服务基层"活动的成员。在参加了2008年6月19日全省动员会和6月20日西安市动员会后，我第二天就到服务单位——西安市阎良区农林局报到，挂职局长助理，并很快投身工作。挂职以来，我充分利用本身的专业优势和我校的学科优势，以做好服务为出发点，积极锻炼自己。按照省委的要求，并结合单位要求，定期前去挂职单位阎良区农林局驻点，针对性开展工作，为基层群众做些好事、实事。结合阎良区农民专业合作社示范区建设的时机，我在认真调研的基础上，拟定了阎良当地的农民专业合作社发展建设方案；我积极进行阎良农业调研工作，为阎良发展现代农业献言献策；结合十七届三中全会召开和会议精神的贯彻，我邀请我的导师王征兵教授前来阎良义务作讲座；我积极构筑农民大讲堂的农民学习体制，挖掘培养懂技术和经营的高素质农民；在阎良区委组织部牵头下，我联系帮扶宁强地震灾区，并为灾区群众提供农产品营销知识讲座。

我是用我的真心真诚和青年学生的热心热情来积极开展工作的。从 2008 年 6 月 19 日到目前为止，我已经在基层服务 150 天，走访乡镇街道办 5 个、村庄 30 多个、农民专业合作社 30 多个，访谈基层群众 300 多人，举办农民大讲堂 5 场，义务讲课 3 次，发放学习资料 200 多份，记录工作日志 150 篇，撰写新闻稿件 5 篇，撰写工作报告 4 期，提交发展建议 5 篇，所记录文字 20 万字。我在做好本职工作的同时，没有局限于"百名博士服务基层"活动的基本要求，而是积极主动地开展工作。

通过参加"百名博士服务基层"活动，我有以下收获和感想：

第一，通过"百名博士服务基层"活动锻炼提高了自我。"百名博士服务基层"活动对我个人最大的收获，就是锻炼提高了自我。基层是实践的场所，是验证真理的地方，基层也是锻炼人的地方。深入基层，深入一线，与农民打成一片，了解民生，关心群众，只有明确基层问题的关键所在，才能针对性开展工作。通过基层工作，提高了自己发现问题、构建问题、解决问题的能力；通过实践，也找出了自身的不足，明确了今后改进和努力的方向，"百名博士服务基层"活动对我的人生是一次难得的历练。

第二，"百名博士服务基层"活动使理论结合实践创造更大的价值。自己长期在学校里进行理论学习，对于社会涉足不深，理论缺乏实践，理论知识有时候并不能正确运用于实践当中。通过"百名博士服务基层"活动，我找到了理论与实践相结合的切入点，使我学有所用，理论的知识转化成可见的工作成效，转化成农民实实在在的经济效益。同时，实际工作开展中所出现的问题，进一步检测和验证了所学理论，深化了对理论知识的认识。

第三，"百名博士服务基层"活动促进了自身学习和研究。我在实际工作开展当中，把阎良农民专业合作社建设发展作为我博士论文研究的一部分，深入实际当中，认真开展调研，努力使我的研究有益于陕西农业的发展。在明年我博士毕业时，我将在我的博士论文后记中加上"百名博士服务基层"活动对于我的博士论文研究的支持和帮助。

总之，通过这一次"百名博士服务基层"活动，我收获了许多东西。我的感受可以总结成一句话："真情奉献，认真服务；深入基层，百炼成钢；服务人民，回报社会；学以致用，实事求是。"以后如还有"百名博士服务基层"这样服务基层的机会，我还会踊跃报名，并积极工作。

在这里，我要特别感谢我工作的地区，阎良区委书记苗保明同志、阎良区委组织部部长张涌同志和阎良区农林局局长陈顺利同志对我的关心、支持和信任。还要感谢我的学校——西北农林科技大学的领导和老师，经常通过电话、QQ群和电子邮箱与我联系，建立了相应激励机制，还积极利用学校农业专业优势和阎良甜瓜实验示范基地等，对我的工作给予了极大的支持与鼓励。

最后，再次感谢省委组织部、省委人才办、团省委、省教育厅、省人事厅所开展的"百名博士服务基层"活动，感谢各级领导和老师给我们博士生提供了一个学有所用、知识报国的机会。

谢谢大家。

【附6】真情奉献，认真服务——西北农林科技大学人文学院博士生挂职服务陕西省西安市阎良区的感受

"百名博士服务基层"是陕西省委组织部联合团省委、省教育厅、省人事厅开展的一项选派百名博士生服务基层活动。该活动坚持以党的十七大精神为指导，以推进科学发展、促进社会和谐、服务基层群众为主题，充分发挥我省高层次人才培养优势，充分发挥高校党团组织的作用，组织引导和鼓励青年学生深入基层、了解国情，深入群众、关注民生，深入实践、增长才干，更加自觉地践行科学发展观，更加自觉地坚持知识报国、服务人民的志向，更加坚定地走与实践相结合的道路。我从活动开始就积极申请挂职基层，很想借此机会服务人民，锻炼自己，从而奉献爱心，实现自己的价值。在挂职之后，我对博士生挂职服务基层活动有了更深刻的认识，很有感受。

一、下到最基层

既然服务基层，就要深入群众，走入基层，驻村蹲点，经常入户，不能总是待在办公室，不能足不出户。挂职服务基层，就要有深入基层的精神，脚踏实地工作。自2008年6月末挂职服务基层以来，我树立积极态度，长驻挂职单位，走访乡村，访谈群众，了解问题，寻求解决之道。目前已来阎良间断性开展工作100多天，走访乡镇街道办5个、村庄20多个、农民专业合作社30多个，访谈基层群众200多人，举办农民大讲堂5场，义务讲课3次，发放学习资料100多份，记工作日志100多篇，撰写新闻稿件5篇，撰写工作报告2期，提交发展建议5篇，所记录文字已过10万字，并围绕相关问题前去临潼、富平及郑州等多个地方进行农民专业合作社建设方面调研。

我挂职阎良以来，以服务基层为出发点，积极锻炼自己，按照省委的要

求，定期前去挂职单位阎良区农林局驻点，并结合单位需求，针对性开展工作，为基层群众做些好事。结合阎良区农民专业合作社示范区建设，我积极调研，并做出阎良当地的农民专业合作社建设方案。结合十七届三中全会目前召开，我积极构筑农民大讲堂，挖掘培养技术经营新型农民；积极做阎良农业调研工作，为阎良发展现代农业献计献策；联系帮扶陕南地震灾区，服务宁强灾区民众。

二、小事非小

挂职基层，作为公务人员，服务人民，理所应该。在具体服务的过程中，有些事情，从公务人员角度看似很小，但如果换位思考，便是意义重大，很不一般。在公务人员办事过程中，每一件事背后都牵涉到一个群体或一个人的命运或一个家庭的生活兴衰，我们作为公务人员不能等闲视之，而要采取积极主动的态度。

在我挂职的过程中，我留意小事，对受托事情都认真去办，马虎不得。如我解决了"陕西省某中心"对农民专业合作社进行欺诈的问题。受阎良区信农蔬菜专业合作社委托，针对"陕西省某中心"对农民专业合作社进行强令摊派票据登记卡开展调查。"陕西省某中心"向多个农民专业合作社打电话销售票据登记卡，以政府口吻，语气强硬霸道。票据登记卡销售索要价格 360 元，打着政府招牌名义，其实是企业经营行为，他们针对农民专业合作社这一新兴组织进行作案，恐吓欺诈，强令办证，索要费用。我经询问咨询，网上查询，并与省农业厅农经处进行联系，证实了"陕西省某中心"的欺诈行为。这个事件对于刚发展起来的合作社举足轻重，事情的解决能促进合作社的健康发展，并鼓舞人心。

三、容易感动

博士服务基层，身挂公职，执政为民。政为民事，关注民生。立足自身岗位，扎实工作，做好调查，结合实际情况，从一点一滴做起，从小事做起，踏实工作，做好研究。为公事，要有爱心，出于本心才去工作，以爱心贯穿挂职工作当中。维护公共利益，为公共利益而工作，公共利益是个崇高的事业，作为公务人员要扎实本职工作，讲求奉献精神，克勤克俭，认真服务。博士挂职基层，是身心的锤炼，内心的净化，与群众密切联系，走群众路线，给予爱心，不计劳苦，勤奋敬业。服务基层，需要有爱心，爱心涌动，真情永恒，以真心实意参与到地方社会经济发展当中来。

在具体奉献爱心的过程中，接触基层群众，容易感动，容易落泪。在基层走访群众，见贫困户，见群众有所困难，我总是心里酸酸的，常常忧虑。为规划阎良农民专业合作社方案，我去河南荥阳调查，见当地农民销售困难而出现大量滞销，我非常难过。见一位年龄很大的大爷摆摊卖石榴而一天没有卖出一个时，我难过的心情无法表达，便给他 20 元钱，仅拿一个石榴而去，虽然大爷追我很远，要给我多拿几个石榴，但被我拒绝了。我回去之后，就结合当地的石榴销售情况作了研究，整理出解决方案，以学术研究成果来力所能及地为他们提供更大的帮助。

四、智力重要

博士下乡基层，对于当地的直接帮助，物质上帮助有限，但能从智力上提供自己所能，如通过开展农民大讲堂活动，以自己的行为举止和思维方式影响人，并联系高校和地方政府，努力为当地服务，提供讲座，以讲座来激励农民经营，促进农村发展。农民经营思想意识对于农业经营、农民增收非常关键，一念之差便有不同的效果，一个点子便可以改变不同的命运。农民所学不仅仅限制于种植养殖技术的知识，而且在经营思想意识上要有新的启发。农民增收在种植养殖技术上提高有限制，只有改变传统经营观念，农民方能以经营思想的转变来进行农产品的分级标准化，并包装成品，进行品牌化发展。我作为农业经济管理专业的一名博士生，挂职服务基层，更应该以激励农民思想为己任，丰富农民的经营头脑，以具体的实例讲解来对他们产生激励。

对此，我通过不同渠道先后为阎良当地农民义务讲课多次，后来便逐渐想构建起农民大讲堂的农业技术传播平台。农民大讲堂的构筑是为了解决农民生产经营中的管理和技术问题，组织专家学者、技术人员或领导干部下乡与民交流，授民以术，倾听民声，促进农民组织之间的交流与合作。以农民大讲堂的形式开展工作，能凝聚人心，形成固定组织和运行机制。经济发展的前提是精神的改变、意识的转变。通过农民大讲堂的举办能从农民中发掘经营管理人才，促进农民专业合作社的建设与发展，以学习型组织建设来改变农民的传统思维，使得人人主动参与乡村发展。

总之，挂职之后，我的感受可以总结成一句话如下："真情奉献，认真服务；深入基层，百炼成钢；服务人民，回报社会；学以致用，实事求是。"

"百名博士挂职服务基层"报告（第5期）①

2009年6月18日至2010年3月31日

一、最近工作进展

（一）开展情况

1. 2009年9月7—10日，与阎良区科农瓜菜专业合作社张小平理事长一同参加中国科协年会和"农民专业合作组织与农村改革发展"分会，拜访了合作社研究专家孙亚范（扬州大学管理学院副教授）、郭红东（浙江大学CARD中心研究员）、夏英（中国农业科学院农业经济与发展研究所研究员）等老师，并与他们进行了面对面的交流。由此，张小平理事长对合作社有了新的认识。

2. 2009年9月22—26日，去青岛农业大学合作社学院参加东亚合作社会议，并去海阳市和寿光市考察山东农民专业合作社。

3. 2009年11月9—19日，去浙江台州、宁波、嘉兴进行农民专业合作社考察。

（二）大事件

以下是进展中的几个关键事件：

1. 去重庆参加中国科协年会和农技协主办的"农民专业合作组织与农村改革发展"分会。

具体内容略，同辅导报告第5期。

2. 去青岛农业大学合作社学院考察和山东农民专业合作社考察。

具体内容略，同辅导报告第5期。

3. 去浙江农民专业合作社考察。

具体内容略，同辅导报告第5期。

---

① 在挂职考核结束之后，我又申请挂职延期，持续到博士毕业前夕，结束挂职，再结合在合作社方面的调研内容，另行总结。

二、问题和建议

以市场行为引导合作社发展，发展 CSA（社区支持农业）经营。政府对于阎良农业发展可以引导，但不能主导。阎良农业发展的主体应该是阎良农民，要挖掘培养农民中的人才，给予支持扶持。政府应该摆正在农业发展的位置，改正"错位、越位、缺位"问题。因此，阎良都市农业发展，应该是政府布局，企业参与进来。

【附1】 报业连锁——城镇化中的县市报建设

20世纪末的政府所办县市报曾风靡一时，21世纪初大都被取消停办。余下市场，电视及因特网由于自身局限，没有报纸的便于携带特性且不如报纸易于深入阅览。县市报有地域性，省地市报也取代不了。强县扩权，县域经济发展，新农村建设如火如荼，县市报大有作为。规范县市报，实现规模经济，共享稀缺资源，利用现今先进管理方式和电子网络技术，报业连锁给我们带来县市报发展的新的契机。阎良区同样如此，《今日阎良》的定位同样也存在着种种问题，如何发展《今日阎良》，从报业连锁的具体分析中，我们可以寻求《今日阎良》的发展愿景。

一、县市报的发展现状

据新闻出版总署2005年7月的统计，全国共出版报纸1 926种。其中中央级报纸218种，占我国报纸总量的11.3%；省级报纸806种，占总量的41.8%；地市级报纸848种，占总量的44%；县市级报纸54种，占总量的2.8%。54家县市报当中浙江占有最多，拥有15家，浙江日报集团掌控15家中的9家。报业发展与地方经济关联性很大，由此可见一斑。

在此之前，县市级报纸种类数量很多，大都为县市政府的党报，面目生硬，效益不好，发行强行摊派，搞得民怨沸腾。中央一道通告，2003年在全国范围内开展了报刊治理整顿，全国有200余家县市报被取消刊号，停办。38家经营状况良好，拥有相当市场份额和赢利能力的县市报被幸运地保留下来，分别由省级或地市级党报进行有偿兼并。后来又有发展，县市级报纸有54家之多。浙江日报集团所掌控的9家便是效益不错的，被兼并于集团报业的旗下，产权是股份联合，经营是创新发展。浙江报业经营给全国地方报业做出了典范。

县市政府为三级行政机构，先前经营党报，是计划经济体制下的全面发展，政府包办社会，媒体也是如此。这种从上到下的报纸运作方式，经费来源依靠财政，发行是行政关联，从上到下，单位征订，且有些是被行政主管部门强行摊派到企业及农民头上。报纸形式内容不见新意，大都为政府新闻，政治导向性强，有关百姓生活消费的少，在编辑形式上没有创新，面目陈旧。许多报纸出版单位效率不高，没有效益，亏损严重。取消县市报纸，可以减轻企业负担，规范政府行为，树立亲民形象。

取消县市政府所办的报纸，并不能使县市报需求消失，余下的市场空缺了。开放的发展中的中国需要面向市场的充满活力的县市报。这种县域报纸是推进中国城镇化进程、推动中国县域经济社会发展、缩小城乡信息差距的重要手段。21世纪，政府职能转变，事务外包，报业主体的空缺，给民营企业进入报业市场提供了机遇。

随着超市及快餐店的连锁加快，行业管理方面已经积累了许多经验，在连锁中可以规范质量，提高效率，使行为和品质都在控制之中。商情广告在连锁中有所发展，逐渐成熟。县市报连锁有自己的新闻特性，有社会生活报道的地域特色，如何规范，使之成熟起来，针对县级市报业市场的空白，可以开始初步的尝试。这种尝试需要国家的政策支持，是与政府机构改革、事务外包分不开的。

二、县市报的服务定位

县市报纸的取消，取消的大都为县市政府所办的党报，留下的市场空白为民营报业提供了广阔的空间。县市报纸取消，是国家出于政府机构改革，政府放下包袱，做自己该做的事，不直接做媒体经营，转而实行媒体监管，政府是裁判员而不是运动员。当地还有商品交易，就必须有媒介存在，以此交换信息。报纸的空缺，使得商业广告转向于电视。电视稍纵即逝，保留时段性差，电视的优势是利用空中传播技术使得覆盖受众广阔，传播即时快速。报纸不同于电视，报纸携带便捷，可供反复查找翻阅，深度思考。报纸如果细心经营，依靠纸张载体的特点，也可形成自己的读者群。

对于中央、省、地市报与县市报的关系，县市报的业内资深研究人士洪佳士进行了深入分析，他在《萧山日报》提出"养鱼理论"，不同水层有不同的鱼，不能混淆层次，县市报有自身的定位。身居基层，县市报的壮大可以发展基层读者，可增强其读报意识，培养当地读者，有利于地市级以上报纸的发行量进一步提高。阅读习惯需要培养，县以下镇、乡、村的群众，以前还不习惯读报，由于县市报的发展，挖掘他们潜在的兴趣，培养他们的阅读习惯。与此同时，其中一部分文化水平较高的读者，又有了阅读更高一层报纸的需求。这种读报取向彼此联系，相互依存，按需订阅。

具体到电子网络的影响，对于草根阶层，民间需求还是以纸张为载体，传播便捷快速，大众文化的需求在县市还是停留于传统阶段。对于报业的发展，如今也与网络发展相互关联，可以提供网络电子版，现今电子版都有成熟模式可供借鉴。政府在综合信息方面，可以综合网址，统一到一个政府网站上来建立链接，便利百姓。当地信息来源之一，便是县市报的报道，县市报在县市信息提供中起到很大作用。县市报可以广泛与其他媒体网站合作，规范商情广告，提供网络搜索查找，如可以与慧聪及阿里巴巴等合作建立以地域为条件的网络商情搜索，使得商情信息更为系统，更便于查找。

报刊发行都是针对特定人群，其有阅读能力，有经济实力，是大众中生活有品位，有主见且能找到自己兴趣的人。他们支撑着城镇中的生活，引领经济消费和文化前沿，带领时尚，引领新观念，这个过程便加速城镇化进程。县市报的发行能有力推动城镇化进程，交换有无，繁荣经济，文明社会。县市报发行定位应该是当地特定人群，即党政机关、城乡企业、个体户、学校或农村干部、广大教师等。对于城镇、农村中的群体，可以设立报栏，与县市精神文明办、新农村建设相关部门、户外广告公司合作，进行针对性、有点有面的投递、张贴，扩大县市报的发行量和影响力。例如，县市中学是县市报的发行对象，可以报道他们的学习生活情况，为他们办专版，刊登作文，交流学习经验。他们既是读者，也是报纸的作者，是县市报服务的重要群体。文化教育版块要贴近当地生活，与百姓息息相关。

县市报价格定位要低价格，惠民，使人人买得起。要有价格，不能免费送，真正有内涵和深度的报纸，有自己的价值，不能屈身于人，宁可低价格，不可无价格。无价格就会造成浪费，使不读报纸的人图小利而挥霍报纸，而真正的读者则争抢不过而不能获得报纸。报纸要户外展览，要有人买单，有公益成分，读者为图阅读便利，会单独订阅，形成批量订阅户。报纸扎根立足基层，要有公益精神，服务当地发展，要运作好公共场合的阅读展览，以点带面，深入民间，随处可见。

三、县市报的品质规范

20 世纪，县市报都为政府所办，政府主导，强行订阅，内容陈旧，面目死板，政治教条，行政新闻多。这是自上而下站在高层的发号施令，宣传功德，不能走入民间体察民情，批评意见少。随着报业改制，报业渐渐转变身份，事业制向企业制转变。与此同时，报纸面目有所美化，内容丰富起来。要建一定商业模式，规范报纸内容与品质。报纸内容不同于看得见的商品，它摸不着，但能使读者感受到内容的好坏，感受到是否报道自己身边的事情。报纸要在内容上规范化，内容选择上可和政府宣传部门合作，做行政新闻，充当社会公益角色，做足地域特色，提供足够信息。信息为王，精简版面，不盲目扩版，做好信息提供，做好本地新闻，提供商情信息，不包打天下，与其量的增加，不如质的提高。

目前大多数县市缺乏对于当地行政新闻的报道，对于报纸内容的选择，可从县市宣传部门的信息中心获取素材，获得亮点，但需要选编，切忌刻板面目。社会性经济类新闻在内容上要关心百姓生计，报日常小事，细心留意观察，在细节上做文章，写身边事，写给百姓看，由百姓来写。这些内容一般大报觉察不到，大报没有深切感受，县市报可以发现细微之处，设一专题版块，深度报道，挖掘下去。报纸专题版块要不断成熟起来，并要有一定模式可以规范操作。

市县报采用人员要求精简，定编定员，严格控制，按需招聘，形成团队。现今的媒体发展已经有足够经验可以借鉴，形成自己专业记者团队，特约记者，资深报道，采编一体，精简人员，深入民间，洞察民情，细微深入报道。走入企业，深入学校，和企业学校联办专刊，服务当地经济。寻访古迹，探访人物，回忆过去经历，探究未来发展。县市报大有文章可做，要深入下去，民间处处是文章，就怕不去走访。做足地方特色，地方特色就是浓厚的地方文化、生活气息，是融当地的人文历史与时代风貌于一体，是布衣人士的喜与忧，是草根阶层的事情。地方特色是县市报的发展中坚，关键之举。做好地方特色，是县市报的质量要求。

对于在县市市场发展报业，不能走以前的老路子，不能由政府来办，政府可以监管。如今政府改革为提高效率，职能转变，公共事业逐步外包。报业也是如此，服务当地经济，不一定由当地政府来办。县市报主办主体，要有市场运作，要有成熟模式，渐渐推广。报纸是信息载体，渠道终端，政府可以提供信息发布，县市企业可以发布商情信息，联系当地经济行情，使县市报成为各类信息发布的平台。报业与县市政府合作，可以刊登当地新闻，硬新闻讲究技巧，软新闻需要故事化，内容取向平民化，一样的问题有不同方式的报道，由此产生的效果也是不同的。媒体发展要有严格规则，严把政治方向。当地政府部门须严格审查新闻内容，对于新闻的报道，要认识大局，做好国家政治导向工作。媒体属于舆论工具，国家需要管制，要把握正确舆论导向，某些节目版块还需政府去做。与报纸媒体经营类似，我们可以以一个电视媒体外包为例，海南旅游卫视虽包给民营公司经营，但具体的《新闻联播》《地方新闻》节目还保留着，而且在旅游卫视所办其他节目终审权还在海南电视台手中。县市报民营，县市报走自己的特色之路，但栏目内容的监察审批还离不开地方政府的宣传部门。民营县市报与地方政府合作，承担行政新闻宣传任务，承担社会责任，与此同时自办栏目，接受政府和民间社会的监督。公益营销，树立形象，长远发展，倡导爱的公益精神。

县市报规范管理，要用好人，规范发稿要求，不做有偿新闻，不拿客户红包，严格公正，公开透明。在规范当地市场秩序、促进民主发展的同时，县市报要严格律己，以身示范，方能发展。县市报要不断量化管理，规范要求，使行动处于可控当中。

四、县市报在两个极端中融合

报纸为传媒媒体，信息载体，沟通有无，连接供需，配置资源，为经济之桥梁；阐明观点，宣传政策，激浊扬清，嫉恶扬善，明辨是非，为社会之喉舌。国家政府出于对大众利益考虑，需对信息管制，监察监管，澄清事实，实事求是，以此建设诚信社会，确保交易公平，政治稳定。

广告对于报纸之作用，是发展社会经济便民之需，政府党报专注于社会民生之报道，具有公共服务之职能，广告是版面余留之调剂，不是报业之根本经费来源，是副业。现今报业改制，如果混淆公共服务及创收谁为根本，则是本末倒置，不务正业。党报发展还需要公共财政支持，但具体到媒体平台提供则是多样化，可利用民营报业渠道。民营报业，以经济创收为目的，提供商业信息，以广告收入实现积累，获得利润。对于社会公共服务的提供，报业充当一个信息发布的平台，传播社会公益，实现政府事务外包，具有部分社会功能。

根据有无广告部分来分，我们可以设为两个极端的例子，纯新闻报和纯广告报。前者专注新闻报道，政府或公益机构买单，后者纯为商业运作，沟通有无，商情提供，经费是广告收入，可公司化运营。而今中国报业的改革，许多报纸便是自我经营发展，既要担行政任务，由政府财政部分支持，又要自我创收，刊登广告。县市中的报纸，便是处于纯新闻报和纯广告报之间。

纯新闻报，为政府所办，或是为传达文件，弘扬精神，政治方向性很强，或被称为"政治家办报"，属于政府上下之间发行阅读的报纸，以便政府的沟通，大众阅览是为了解政府公告。这里的新闻大都为政府领导讲话、上级视察、重大活动的报道，报纸的经济类社会类新闻不够，与社会经济没有关联，没有广告。因为凡是涉及经济类社会类新闻的报纸，都应该设一版块用以刊登商情信息和广告。没有刊号、不大面积扩大发行的县市报纸大都为政府所办，广告少，或没广告，如能自给自足，委实不易。现今政府所办党报在风格上逐步向都市报、晚报风格靠近，以此显得平易近人，雅俗共赏。这种风格与政府职能转变，文化体制改革不无关系。政府所办报纸逐渐改制，放下财政包袱，专注精力为民服务。对于政府信息发布，还需要有渠道发布，可充分利用民营机构发行公告与公共服务信息，政府不自办报纸，并不意味着政府政务公开及其公共服务信息提供的功能削弱了，而是政府转变服务观念，集中精力做好本职公共服务工作，对于媒体的管制还需加强，监察审批，讲究事实报道，建立诚信社会。

纯广告报，便是商情广告报，它提供市场信息、商品行情，但是内容如果全为广告，会单薄死板，不受读者欢迎。它和纯粹新闻报纸都是报纸的两个极端。现今商情广告，在页面内都会加上谜语、笑话之类，增强读者阅读兴趣，使之具有可读性，不完全是广告。具体再加上生活消费导引介绍，便更有可读性，引领时尚消费前沿。目前市场上的商情广告报，有专业之分，都有自己的发行渠道，行业种类很多，可专注于某一行业，做细做强。商情广告可向互联网靠近，比如慧聪的成功之路，传统纸质商情广告借助网络，如虎添翼，发展迅速。商情广告也有综合面对大众，依靠某一特定渠道发行，比如面对公交车乘客大众群体的巴士广告杂志，刊登商品信息很综合，大众化。

商情广告的进一步发展，如上文所说，把广告软化，同时给以消费引导，使报纸内容丰富起来，有可读性，成了生活消费类报纸。《上海星期三》定位于广告信息类周报，广告为主打，占2/3的幅面，在广告形式上实行"软硬"结合，软广告又占总体广告的3/4，既有文字，又有图片，图文并茂。基于《上海星期三》的内容特定，便于捆绑连锁，如今已经在扬州（《扬州星期三》）、苏州（《城市星期三》）、温州（《温州星期三》）建立了子报，和当地媒体机构进行合作。

商情广告类报纸易于控制，便于连锁经营。政府类新闻报，广告如经营不好，便把广告业务交出去代理。如何寻找合适的广告代理商是关键之举，如今媒体跨地域合作，已经有了很多的例子，目前还在实践。如 2006 年 3 月 28 日，萧山日报社通过竞拍的形式取得河南省《三门峡日报》的广告经营权，并组建三门峡三山文化传媒有限公司，全权代理《三门峡日报》广告。这种新型的报业跨区域合作如果再扩大，不仅仅广告上的合作，在新闻报道上再加合作，由《三门峡日报》扩展到其他地方日报，在产权上参股，由此便是报业连锁了。《华商报》立足西安，经过 10 多年发展，在都市报运作方面有成功经验，现今也是跨省输出，品牌共享，资金参股，与其他省市合作，先后发展了《华商晨报》（沈阳）、《重庆时报》（四川）、《文化报》（吉林）、《大众生活报》（天津）等报纸，《华商报》已在省市报业连锁上开始了尝试。

其实随着报业的发展，一份报纸，很难把新闻和广告分开，两种相互调剂补充，充实版面，广告给新闻以资金发展，新闻使广告有看头。报纸便在新闻和广告中综合，如果把广告再做得入情入理，如上所说，广告软化，便是一种"服务"，报纸便是"新闻"与"服务"的组合。两头抓，报业方能做大做强。但对于初始的县市报发展，民营投资，可以在新闻上弱化，在服务上可大做文章，报业的盈利便在于此。报纸盈利非常关键，企业的盈利可以使其可持续发展。待模式成熟，加盟连锁，做大做强，有所作为。县市报利于当地经济发展，它沟通市场，交换信息，优化资源配置，调整市场规模，防止浪费，平衡供需，它的发展有很大社会效益，政府应该大力支持民营县市报的发展。

报业跨区域经营，是一种资源和观念上以及管理方式的输出，是地地合作，是共赢的合作。基于传统计划经济留下的问题，国家对新闻媒体的严格管理，目前对于报业上的联合联盟在广告经营权代理方面较多。对于以前的县市党报的问题，中央当时的处理是，县市报并入省市报业集团，或成为地市报的县市版。报业的合作不仅仅是广告资源上的合作，现今许多报社在新闻报道、联合采访、互设记者站方面都实行了合作。但全面的合作或兼并收购，步履维艰，国家政策有所限制。

报纸联合的同时，电视媒体也在行动，电视媒体合作的某些示范能给报业界带来启发。电视媒体的跨区域合作与报业有些类似，在内容制作及广告代理方面都有合作。2007 年电视媒体跨区域合作方面有一个不错的例子，贵州电视台与甘肃电视台合作成立子公司，负责甘肃卫视及其都市文化频道的广告经营和电视剧购买，资本构成中，贵州台占 51％，是大股东。这有些类似于《萧山日报》和《三门峡日报》的合作，都是广告代理问题，贵州电视台的广告经营经验可以向经营不善、问题频出的甘肃电视台输出。具体到县市电视广告的规范，已经有了奥美地亚传媒集团于 2002 年成立县市电视广告网，进行全国县市电视媒体整合的示范性的尝试，它对于报刊平面媒体也进行了初步尝试。报纸媒体的跨区域合作已经先行于电视媒体，但在经验借鉴上模式尚未成熟，电视媒体联合运作的某些成功例子也为报纸媒体下一步发展提供了参考。

五、发展县市报报业连锁——以陕西省为例

基于以上分析，构筑报业合作，实现跨区域报业的合作，可以规范报业，促进当地社会经济的发展。报业连锁是地域合作的一个模式。县市报报业连锁是一个报业总公司在县市成立分公司，建立分报，基于同一品牌，输出经营观念、人才技术、管理方式，标准化队伍，规范化报纸质量，共享资源，定期发行有当地特色的报纸以期服务地方社会经济发展。报业连锁面对空白的县市级市场，可以开拓新市场，或与经营不力的先前县市报社进行广泛的合作。报业连锁与报业联盟或联合不同，报业联盟或联合是现成的既有媒体的联合，相互合作，跨区域共赢。报业连锁是零市场的起步，易于规范，易于连锁，具有可控性。

报业连锁其实已不是新鲜概念，不同报业已做尝试，但具体到县市报的报业连锁，便是一个利国利民、利于当地发展的概念观念的突破。有了观念，有了团队及技术，空白的县市级市场可使县市报报业连锁大有作为。根据当前陕西县市报空白的现状，我们可以成立一家报业连锁公司，即在西安建立报业连锁公司，辐射开来，发行陕西全省。对于技术设备、编辑队伍、印刷物资纸张、广告资源可以统一起来，但对于内容还得从下到上，建立当地记者采编队伍，立足本地特色，深入基层，调查走访，立于实际，写出草根文章。广告有一部分全省发布，还有余留版面用来发布地方广告。以下基于陕西当地的考虑，举例说明县市报报业连锁的建立过程。

公司名称：百兴报业连锁公司。

县市报名：××时讯。

品牌：百兴（百业兴旺、百姓高兴之意）。

报业连锁之品牌商标

宗旨：民主，民办，民发展（突出民生之基本大计）。

报头（以户县时讯为例）：规范报头，品牌经营，突出当地特色，服务当地经济发展。

报业连锁之户县时讯报头

刊号：国家对于刊号实行审批严管，对于县市报的发展应该基于现实需要的考虑，试点尝试发展，与当前行政机构改革、报社改制及其新农村建设结合一起综合考虑，放开报业经营，严抓内容监管控制，对于中小报社给予政策扶持，把中小报社作为中小企业一样看待，给以民生经济发展之重要地位。

版面设计：建设之初，版面设为四版，周报，两版当地新闻及社会经济文化报道，两版商情广告，广告部分由省内统一发布，余下部分可刊登当地广告，要充分突出地方商情之需要，建设好分类信息版块。当地广告可综合融入地方新闻、社会经济报道版块，分版位置不同则有不同定价。初始版面不求多，后待发展，增版增量，但必须保持品质，信息为王，品质至上，关注民生，服务当地。

辐射模式：品牌共有，分散经营。先发展一家或几家，示范性经营，规范报业质量，渐渐滚动性发展。

资源共享模式：发展报业连锁，可以统一编辑队伍，提供技术支持，规范县市报的行为，引进规范化管理。在印刷纸张耗材上可以共享，产生规模效益。与此同时，县市报的广告资源也可以共享，由全省发布，分散于县市报上，以此避免县市广告资源之不足。

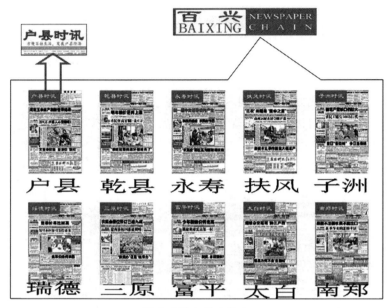

报业连锁之模式推广

县市政府是合作的重要伙伴，行政新闻提供，内容及其广告的监察和审定都离不开政府的主管部门。在公益内容提供上，政府是合作伙伴，掌控信息来源。政府也是报纸的重要订阅客户，政府可利用报纸迅速传达信息，沟通工作，了解民情，获取反馈，党和政府的大政方针由此得以有效制定和落实。社会公益精神倡导，爱心奉献，褒扬见义勇为，都离不开县市报这一平台。县市政府应大力支持县市报的发展。

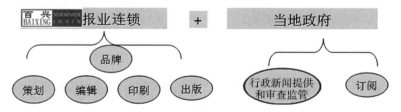

报业连锁与地方政府的合作

发行模式：发行针对单位、个人，可由邮局投递。报纸要增大影响力，可以多多布点，橱窗展示，和县市精神文明建设办公室及新农村建设相关部门合作，使报纸深入下去，提高影响力。利用网络优势，开办电子版，使广告在网上也有浏览，广告点击率与新闻阅读量同步增长。利用网络使得发行区域以外的其他省市也可以了解该县市的发展，即使身在海外也可阅览，便于宣传当地，吸引投资。

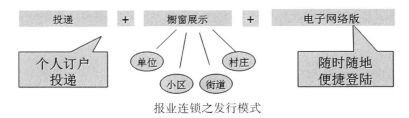

报业连锁之发行模式

六、结束语

报业连锁，是基于现今的成熟管理经验和发展迅速的科学技术，如果没有成熟管理经验和先进科学技术，信息沟通不便，资源难以共享。目前县市级市场缺乏本地报纸，是县市报报业连锁的发展优势和机遇，但同时还存在报业的规范的问题。商情广告报易于规范，新闻类报纸则是以新闻为特色来吸引读者，最终对于报业来讲要靠广告赢利以此实现报业的可持续发展。报业连锁要在新闻及其广告上划出篇幅比例，新闻提供上一定要地域化，这便规范了新闻质量。基于一个县市的成功模式，可以试点，逐步开展起来，争取政府支持，与新农村建设和城镇化进程联系起来，与国家支持中小企业发展联系起来，争取国家政策的支持。东南沿海省份经济发展起来，报纸行业已经有成熟模式，特别是浙江省，县市报发展已经给我们提供了宝贵的经验。

具体到报业连锁的产权主体，可联合资本，民间投资，国家入股，基于报业集团的格局现状，利用行业优势，融资参股，综合吸引各方投资，共同发展县市报市场。县市报报业连锁与地方政府合作，要能控股，规范质量风格，与上级集团公司一致，又要有地方特色，在地方特色发展中要充分利用好地方资源，深入实际当中，不同县市报有不同之处。

对于报业是否多元化发展的问题，县市报是连锁性经营、专业性服务，县市报可以专注发展，不必多元化发展。对于总公司，可以充分利用自身条件，因地制宜地发展自身产业，多元化发展可以考虑。总公司和县市公司的关系是股权合作，地方政府可给予政策支持，县市报公司清晰定位产业目标，不可多头出击，要与其他行业公司合作，发行工作及其广告代理可交给其他公司去做。县市级报业的发展基于当地市场，待发展到一定程度，规模受限，市场饱和，不便扩展，应专注于本地发展，认真服务本地域即可。

【附 2】 市场办合作社或是合作社办市场

与 CARD 中心博士生扶玉枝聊聊，我们谈及合作社，她前不久去了一趟金华调研合作社，刚回来。我们谈论合作社对成员农户有多大带动作用时，我们不讲合作社是否对成员农户返利分红，我们就合作社与成员农户关系谈论起来，成员农户和合作社之间的关键主要看交易额，成员农户有多少农产品通过合作社销售出去。有些合作社从成员农户手中收些礼品果蔬，礼品果蔬市场份额比较小，成员农户所依托合作社销售不了多少农产品。由此便影响到农产品的品种、种植技术的统一，从而浙江这边的"四统一""八统一"就实现不了。农户为什么选择统一，农户是最现实的，他们选择统一的前提是合作社能把他们的产品的大部分卖出去，而不仅仅是少量的礼品果蔬。一方面合作社收不到统一的品种农产品，另一方面农户不愿意为少量的合作社交易量而规范"统一"。因此，能帮农户销售多少农产品便是农户参与合作社的关键所在。

扶玉枝告诉我，金华一家果蔬合作社能帮成员农户销售 100％的产品，我便问及农产品的等级分类，不合等级规范的残次产品哪里去了。扶玉枝以图片展示给我，并讲及合作社在一个大院有个自由交易市场，农户可在其中进行交易，合作社提供服务，并按交易额收取一定比例交易费。我讲及，这和农贸市场有什么不同，她又告诉我，合作社除提供场地进行交易外，还为农户提供苗木和技术，对于种出的产品，农户可以在合作社的市场里进行交易，因此合作社是帮农户 100％完成了销售。合作社与农贸市场的区别，便是农贸市场是否注册为合作社，是否为农户提供苗木和技术服务。由此合作社也可以办成农贸市场，在大市场中建立小市场，有自己的品牌优势，正因为大市场中的品质安全问题才使小市场繁荣起来。目前许多合作社缺乏市场提供功能，为成员农户提供不了销售服务，有些合作社仅仅做技术培训，而不管销售，或仅仅提供苗木而不管销售。合作社帮助农户建立交易市场很有必要，使农户委托交易或自由谈价。合作社也可以有自己的收购价，针对礼品果蔬市场。对于残次的剩余，合作社通过建立交易市场的形式来使得农户自我销售。

在阎良时，科农瓜菜专业合作社的做法是使土地集中连片起来，农户在种植上进行了协作。与此同时，收获季节，瓜商为求上乘的质量和较大的规模，自然而然找上门来。合作社自己收购农户的一些礼品甜瓜，农户的大部分甜瓜是足不出户而被瓜商不论残次全部收购。这种地头自发的市场，虽然不像金华那家合作社是有围墙的交易市场，但这边市场交易也吸引来了许多客商。对于交易中的服务和分歧的解决，合作社需要承担义不容辞的责任，维护市场，维护商誉，维护品牌。科农瓜菜专业合作社在地头自发的市场还需要整理规范，明确合作社和农户各自的责任权利，这样就是一个成熟的市场形式。

前一段时间，在我拜访 CARD 中心徐旭初老师时，我提出以非农合作视角解决农民专业合作社问题，合作社的责任在于解决分散经营者对接大市场问题，非农合作的手段可以为合作社所用，如现今许多工商业的联合现象可为农民专业合作社带来启示，市场的操作手法使分散经营者更有力量。徐旭初老师对我非农合作视角研究农民专业合作社表示疑惑，他认为非农合作不一定采用合作社的形式，分散经营者也不一定采用合作社的形式，如农户可以通过农贸市场来对接市场。合作社与农贸市场的关系，可以通过比较金华和阎良科农的例子得出，农贸市场与合作社的区别在于参股人群为谁所办，是否采取罗虚代尔原则，农贸市场是否为农户提供产前服务，是否提供苗木和技术。由此通过这种比较，我们可以发现农贸市场可以改造为合作社，联系农户更紧密些，合作社也要借鉴农贸市场的经验，加强市场推广和品牌建立。而目前合作社在市场运作上普遍不足，更不用提品牌化发展。

【附3】 从温州企业发展看农民专业合作社的发展

一

前几天去温州，见温州有许多企业，马路两侧林立，数不胜数，非常多。据在这边工作的姑父讲，温州企业都有自己的定位，每个企业都有自己的市场。企业之间相互协作，小企业为大企业供应某些配件原料，有些单个人从大企业中领回配件，自己在家加工，按件返回领酬。这些企业相互配合，大企业建立品牌，但大小企业的产品有许多重合，如德力西与正泰有 2/3 的产品相同，但品牌不同。小企业也有相同产品，但根据品牌不同而有不同价格。大厂利用自己的品牌知名度，可以通过小企业拿来产品，自己贴牌生产，让小厂为自己生产。当然不排除大厂在某些方面有自己的核心技术，但除核心技术之外某些部件，其他许多部件或产品都可由小厂生产。温州还有些人，专门造假，仿照德力西、正泰产品，甚至说明书都从原厂里拿来，这种造假以假乱真，难以看出，但确实是仿造的。因此，温州这边企业多，现象多，各种情况都有，企业之间联系紧密，大企业宣传品牌、维护品牌，弱化生产功能，实施品牌战略。而小企业有自己的市场，能够直销一部分产品，还能为大企业加工些产品，赚取有限的生产手工费。

我又看了一些资料，费孝通曾三去温州，写了三篇文章，一去温州，再去温州，三去温州。一去温州是在1984年，当时温州个体发展，从销到产，由小货郎到批发市场，又在本地建立生产市场。二去温州和再去温州都是20世纪90年代，温州人不仅在当地建立市场，而且围绕市场建立工厂，家家都在办工厂。他当时就已经认识了南存辉。他通过南存辉的例子来说明温州企业的发展，温州企业从以前的个体经营到后来的股份合作制，一直形成现在的现代企业制度。温州企业之前是比较分散的，千家万户都在做工厂，仿制国有企业的产品，1990年受到了政府的严厉打击，后来规范出了一些企业，如正泰、德力西就是如此，企业走了品牌化之路。企业从以前的单家独户的家族企业，改造为股份合作制，企业的一部分人员可以入股，技术人员可以入股，使企业得以壮大，一直到后来允许资本进入，企业迈入现代企业制度阶段。南存辉的股份也下降到了20%，但企业的股本壮大了，利于企业的发展，企业也不单纯是家族企业，企业是现代企业，充分融入了社会，走向了国际。

温州企业从千家万户，到如今的品牌化发展，它经过了整治的阵痛，没有规范的发展只能是无序的发展，损害的是行业的利益，损害的是温州的整体利益。只有规范下的发展，政府管制下的发展，才能为一些企业创造发展环境，一些企业以过硬的产品质量脱颖而出，迅速成长起来。政府的监管和整治，也为企业的品牌化发展奠定了基础，品牌是企业发展的最终走向，品牌也使企业做到行业自律，约束规范自己的行为，保证向消费者提供合格的产品。

农民专业合作社发展也是如此，农产品质量需要监管，政府只有通过农民组织才能保证农产品的质量。提供农产品的千家万户不易监管，通过行业整治，规范发展一部分农民专业合作社，使之成为农产品提供的大企业，成为行业标兵，带动小企业的发展，带动众多规模小的农民专业合作社的发展。农产品整治之后，农产品行业得以规范之后，农产品行业在经过阵痛之后，农民专业合作社方能走向壮大，农产品的生产从以前的单家独户的生产，到农民专业合作社生产，到现代企业制度的品牌化生产。农民专业合作社的发展重在品质监管，通过打造品牌，来实现农产品质量的安全。

农民专业合作社作为一个企业，它的发展与工业企业一样，必须建立现代企业制度，向品牌化方向发展。农民专业合作社作为一个合作社，它又有自己的内部机制，在运行机制上按照合作社的原则进行。农民专业合作社发展初期，可以不拘泥具体的内部机制，待发展到一定程度，必须要按照合作社原则运行。它赋予合作社企业家一定的权限，使合作社企业家能够在市场运作中有权利去参与市场竞争，能有自己的决策。农民专业合作社发展走品牌之路，重在农产品质量监管。

二

最近在国家图书馆看一些温州经济发展的书。对于温州企业的发展有了更进一步的认识。

温州土地比较贫瘠，在计划经济时期，人吃不饱，许多人都走出去，做家庭副业，维持生计。从走出去，到本地建立市场，再办家庭工厂。当时的家庭工厂是挂靠在集体经济社办企业之下，被称为"挂户"，家庭经济还没有市场资格，不被当时的法律体制所承认，只能掩盖在集体经济之下。后来，家庭经济又有了股份合作制这一"红帽子"，股份合作社虽有支持，但还是被认为是集体经济的一个类型，当时的家庭经济、私营经济就在股份合作社旗号下得以发展。但具体企业内部不是严格按照股份合作制来做的，当时股份合作制企业占温州企业类型的70%，许多股份合作制企业没有公积金提取，员工也没有盈余返回。股份合作制只是私营经济发展的一瞬间，这些股份合作制企业后来直接发展为有限责任公司，发展了股份制。

从温州企业发展来看，目前农民专业合作社的发展，也是工业资本注入农业，使龙头企业得到补助合法化。农业的产业化道路一条是工商资本的介入，龙头企业的主导；另一条道路是国家严格限制农业经营主体的资格，使小农确实以合作社运营体制来开展农业。

对于目前合作社的研究，在国家图书馆中所看到的合作社书籍仅仅占总藏书籍的一小部分。农民专业合作社的研究比重小，分量轻，我却陷入其中不能自拔。如此则会混淆思想，把简单的问题复杂化，凡事应适可而止，不能过分拘束于细节。

【附4】 嘉兴农民专业合作社考察

一

2009年11月18日，与徐旭初、郭红东老师及几位卡特博士生们一同前往嘉兴，中午出发，乘卡特的小车，几人刚好坐满。

下午 2 时后，来到新奇特果蔬合作社，理事长十分热情，与我们交谈了一下午，并回答了我们的问题。以他所讲，自成逻辑，寻找不到纰漏，好似事情发展就是如此。但我们没有见农户和社员，是否如此只听他一面之词。对于他这些讲法，我印象不深，寻找不到发展的逻辑。我需要走近农户，了解当地的番薯行业，从农户口中获得销售信息，才能把握合作社的发展逻辑。如果不走访农户，下乡调查只与合作社理事长交谈，就会失去广泛的群众基础，难以了解事情真相，也不了解合作社的产业基础。

合作社理事长是王安村支书，从村干部起家，之后与承包土地的大户联合组建合作社，以番薯种植为主，供应上海市场。他们通过上海的济红蔬菜配送中心供应上海超市，而不直接与上海超市联系。一般来说，超市需求量规模大小不定，配送中心不仅仅配送单一品种，配送番薯的同时也配送其他品种，由此，配送中心实现了专业化，降低了配送成本。新奇特果蔬合作社通过配送中心能够销售大量番薯，相对于直接与超市联系也方便。因此，农超对接需要一个配送中心作为平台，具体这个平台是由企业搭建、合作社搭建还是政府搭建，是值得探讨的问题。徐旭初老师讲及这个问题，深有感触。

该合作社以番薯销售组建合作社，进行了自己的农产品定位，这也是其独特之处。合作社的销售渠道也很有特点。

二

2009 年 8 月 19 日，在嘉兴调研 3 个合作社，早上饭后 8 时从宾馆出门的时候，嘉兴在下着雪，雪粒很大。途经嘉兴南湖，雪景下的南湖十分美丽，听徐旭初老师讲，这就是第一次党代会毛泽东、李大钊他们所参加会议的地方。

先去了市农业局，这边农办和农业局合在一起，农林、畜牧、新农村建设都在一起，统一由一体办协调指导，这种综合模式是嘉兴农业的亮点，受到广泛的好评。

然后去了海盐县农业局，见到了元通兔业专业合作社的陈理事长，他向我们讲述合作社的发展过程。陈理事长也是畜牧站站长，政府出于发展元通镇当地的长毛兔产业，由他成立合作社进行组织化发展。对于长毛兔的兔毛收购，单家独户卖给收购商，也容易掺假，向兔毛中掺入面粉、水分，长毛兔产业存在危机。合作社的出现，可以规范产品质量，稳定供销的关系。但合作社与非社员交易占很大的比例，合作社对社员也不定期返利，当年返利微乎其微。因此，这个合作社所起到的作用，以徐旭初老师和郭红东老师所讲，是社会化服务功能，对社员的影响是有限制的。

元通镇的养兔已经有一些年头了，曾有一段时间家家户户都养兔，养兔比较适合老年人群体。元通合作社的利润来源主要是配种、销售种兔、销售饲料。

之后去了青莲食品公司，这家公司刚发展几年，成长迅速，企业负责人从养猪到卖猪，到如今的屠宰，还委托一家公司进行熟食加工，形成礼品装。他们在上海有 300 多家直销店，在杭州有 100 多家直销店。公司环境很整洁，比较有序，员工统一着工装，有很强烈的企业文化。这边在发展工业游，前一段时间让一批消费者前来参观。企业负责人在浙江大学读的是 EMBA，有自己的一套思路。企业成长十分迅速，几年之间，扩增了几亿元，翻了几百倍。青莲公司做的是毛猪屠宰，它销售大部分鲜肉，具体部分肉制品和下脚料委托其他公司加工为熟食品，如公司的"金蹄"产品是委托遂昌张记食品公司进行贴牌加工，而"麻辣主尾""麻辣猪蹄"则是委托江苏迈斯克食品有限公司进行贴牌加工。这种贴牌加工，是企业专业化生产的表现，通过委托定制加工，企业之间开展紧密合作，自打品牌，依托各自产品渠道进行销售。这种专业化协作，来源于各自的竞争力，大家领域不同，分工明确，相互协作，各有市场。青莲公司如果自己引进生产线进行熟食加工，还缺一些熟食秘方，由此青莲公司不如通过委托定制来实现自己熟食产品战略，委托加工显然能够降低成本。如今企业销售终端依托自有销售渠道，营销品牌化产品，即使是相同产品也可以进行差异化品牌经营，形成企业自己的发展之路。

我们来青莲公司，是考察这边的合作社，他们公司是利用合作社来稳定毛猪供应环节，获得毛猪的持续供应。公司自有养殖基地所能生产的毛猪是有限的，只有通过市场才能获得大量的毛猪。乳制品厂在抢奶源，肉食加工厂是否也在抢"猪源"呢？

中午在青莲公司食堂吃饭，他们所做的肉食颇为不错，比较有风格，代表了公司口味，他们通过食堂来展示自己的公司产品是很好的营销宣传手段。

饭后，下午来到城镇八字村村委，在村委楼上还有一家合作社，村委楼下有个招牌"海盐八字葡萄果业股份合作社"，这块招牌是 2001 年挂的，风雨 8 年，见证了浙江省合作社的发展过程。在合作社成立之前，曾经有一段时间是协会，后来发展为合作社，直至农民专业合作社。合作社获得国家的补贴较多，先后获得不同部门的各项补贴。该村发展葡萄产业，这边葡萄与温岭葡萄一样，作为水果供人消费。其所占领的市场时令，是在南方温岭葡萄和北方葡萄之间的错开时间。他们用大棚进行生产，以老人种植管理为主。合作社理事长周金连，之前为村委会计，刚退休不久。合作社依托村委，村委为合作社提供方便。早先有部分集体股，如今通过股份配送形式，集体股的份额下降，社员的股份增多。郭红东老师点评，八字合作社的配股有特色，八字合作社建立党支部的做法，能提高合作社的执行力，但不能使合作社被党支部主导。

八字合作社依存于八字村的葡萄产业基础，销售通过收购商收购，合作社搭建平台，提供信息。合作社的收入来源于销售包装箱，统一流转土地再出租。

结束对于八字合作社的调研，便一路返回杭州，这两天共考察了 4 个合作社，这边调研告一段落，我可以返回中农大。与徐旭初老师、郭红东老师一起来到这边调查，他们不走访农户，只听理事长讲述。我坚持从基层调研开始，先走访农户，后访谈理事长。我认为专家学者应该结识一些基层农民朋友，经常访谈，结下友谊。他们应该听听基层百姓的心声。

浙江合作社发展多年，发展开始于 21 世纪初，北方着重发展协会，而浙江发展合作社。徐老师他们所做的研究有丰富的素材作为依托。浙江的合作社和合作社的专家在《中华人民共和国农民专业合作社法》颁布之后受到全国的关注，全国开始学习浙江，浙江专家的书也开始有人来读。徐老师他们的研究是针对合作社研究而研究，不是以合作社之外的视角来看待合作社。

我认为，合作社的发展应该有一套机制，合作社是一个平台，盈余大都被分配，成员受益，为利而合，对于合作社的公积金，以盈余提留或成员缴纳。成员在能见到效益的基础上进行合作。政府需要进行行业管制，实行市场准入，使一定量的合作社进入市场。合作社的发展就是经营权赋予，大家通过合作社平台实现交易。

【附5】 毛泽东的合作社论和农业发展观

对于农业合作化运动的开展，首先从生产互助合作开始。尊重单干农民，对单干农民不歧视，要尊重，团结，不许嘲笑打击，享受与互助组一样的优惠政策，鼓励和教育他们加入互助组，他们单干的行为是合法的（为《共同纲领》和《中华人民共和国土地改革法》所规定）。与互助组相配套，每个省市要建立生产新式农具的国有农场，以便农民购买各种农具。省、专区和县都要建立一个或几个公营农场，作为农民的示范。互助组在初期发展的时候，有指标，有"摊派"，让党员干部各地自我把握指标，多了冒进，少了右倾。后来逐渐注重质量，注重建社前的准备工作和建社后的整顿工作。

互助组是以私有财产为基础，到后来的初级社、高级社，这始终是半社会主义性质，高级社仅是集体所有制，不是全民所有制。农业合作化运动自始至终是在党的带领下进行，尊重个人的意愿，说服教育，但党委政府的要求是带头发展。当时的合作社比较规范地设为"一类社""二类社"等，各地先建立样本社，对互助组、高级社起示范带动作用。

合作社有的也可以不经过互助组直接建立起来，如城市郊区负责向城市供菜，可以直接搞合作社。对于合作社要"积极领导，稳步发展"，世界上许多新生的、正确的东西，常常是非法的，合作社也是如此，非法的社坚持下来，办好了，还是可以承认的。

合作社要起到合作的作用，要比单干农户和互助组多产粮食，因此合作社要有效益，使农户志愿加入。同时粮食的增加可以从改善经营管理、提高耕作技术、增加生产资料上下功夫。合作社需要妥善规划，提前规划，经常有资料汇编，办简报也是一个工作交流的办法，领导们都要懂合作社。

合作社发展得很快，1951 年 12 月有 300 多个生产合作社，两年后 1953 年 12 月农业生产合作社已经发展到 14 000 多个，到 1954 年时农业生产合作社发展到 65 万个。1955 年党中央决定发展 100 万个，而毛泽东本人觉得发展 130 万个也可以，全国 20 多万个乡，除边疆地区外，每个乡都有几个小型的半社会主义性质的示范性农业生产合作社。后来才意识到，农业合作社发展不单单地追求数量，还要注重质量，党的干部需要花更多时间去整顿已有的合作社，暂停发展或少发展新的合作社，重点对已有的合作社进行整顿。一个乡通过解决一个合作社的问题，其他合作社的问题也就是一样的，其他合作社照此解决就行了。建立乡、区和县的合作网的组织是很有用的。

1958 年以后，在合作社的基础上，构成人民公社，高级社也称大队，大队下属生产小队。有些"一拉二平"的情况开始出现，上级县、公社占用调拨下级大队的财产，农民开始恐慌。农村中开始刮起来"共产风"（贫富拉平，平均分配，县社两级无偿调走生产队的某些财务），中央开了几次会议，强调这种做法的不对，其中的会议有两次"郑州会议"。在第一次郑州会议上，毛泽东对共产风既往不咎，后来的会议上，毛泽东主张要把以往占有大队的财政返回去。虽然毛泽东和中央反复强调，但共产风愈演愈烈，1960 年前后的 3

年自然灾害想必也与此有关系。对于共产风的纠正，毛泽东还需要上升到理论高度，借鉴苏联历史经验，认识到社会主义是一个长期过程，目前仍需承认差别，按劳分配，社会主义也存在贸易交换，对于农民的物品需求需要交易的方式，不能无偿占有。他很是推荐斯大林的《苏联社会主义经济问题》这本书，这本书是花费斯大林 35 年（从 1917 年到 1952 年）的时间方才写出来的，书中就讲社会主义内部的贸易交换的价值规律。毛泽东对他在合作社初期发展时下了指标的做法作了自我批评，他是能认清现状，积极反思，实事求是，为人民大众考虑的。

毛泽东坚持事实基础，一直强调走群众路线。这也是他成为伟大人物的原因。从民间能汲取气魄。毛泽东有自己的经历，有自己的涉猎书籍，有自己交往的人群，他所交往的不乏一些大学者。但毛泽东能坚持己见，他把群众作为自己学习的老师，历史是人民群众创造的，向人民学习，向各种人学习，从人民群众那里能获得工作的动力，满足人民的需要也是自己努力的方向。

基于那个年代，毛泽东的经济思想也是承前继后，有所渊源的。在新中国成立前的革命年代，毛泽东了解农民，在与国民党一起工作的时期，他负责农民运动，了解社会现实。革命就需要组织各方面的力量来反对国民党政府，他们自有一片天地。需要把工人、农民组织起来，以工人协会、农民协会来号召组织。为解决经济问题，在苏区就有"变工队""扎工队（陕北的叫法）""互助队""耕田队（江西的叫法）"，国统区叫"互助社"，发动党员带动农民开展生产合作，与农民打成一片，发展农民自己的党员，共产党不辞劳苦地帮助农民，这也是一名党员的工作所在。在那时，党员就是要往下看，真心实意地为百姓服务，他们为了革命的理想，家都舍弃了，还留着钱财干什么，经济不是他们的追求，他们要实现一番事业。通过互助组、合作社这个形式，实现了与农民打成一片的目的，在革命中争取农民。同时，农民的经济丰富，也解决了革命所缺的物资问题。那时革命苏区被国民党封锁，物资不容易调配过来，只有发展农民生产，把农民多余的粮买过来。而当时苏区也一直在推行自己的货币，农民虽然有些排斥，有些意见，但还有人接受了这种货币，农民可用这些货币去苏区政府所办的消费合作社购买一些所需非农产品。这些货币是一种信用，农民在犹豫是否接受，随着革命政权的巩固，这种货币被日益认同。但革命政权撤离苏区时，国民党政权占领过来时，这些苏区的货币又能做些什么呢？因此，农民对于苏区的货币一直在犹豫中接受和拒绝。

新中国成立后，革命政权虽然在全国建立，但新的政权还需要经济基础，城市粮食蔬菜供应紧张，各种势力在操纵经济，与新的政权争粮。因此，新的政权需要从上到下广泛地建立，苏区的互助组、合作社的经验一样可以为新的政权所用，党员干部发动群众，从社会改革和技术改革来多产粮食。技术改革，除使用机械操作之外，毛泽东还总结了"八字宪法"促使农作物增产，这"八字宪法"对如今的生产仍有帮助，仍很适用。社会改革就是统一队伍，广泛合作，使分散的农民组织起来，合作起来，从大的道理上讲，彻底地实行社会主义。毛泽东基于中国的现状，提到精细密集农业，想方设法调用一些因素，促使农作物高产。看来王征兵老师所讲的精细密集农业，不是首创，而是有所渊源，师承于毛泽东的"精细密集"农业，不知道王老师在写论文之前有没有看过《毛泽东文集》。王老师所写中国农业经营方式就是增加农作物的产出，调动一些资源要素，除此之外，还贯穿了一些"经营"思想，而要素投入是仅仅"生产"方式的改变，"经营"方式则是引进一些营销概念，有些"新奇特"的东西在里面。

毛泽东在经济上讲求商品交换的贸易原则之外，还注重经济部门的平衡。农林畜牧相互需要，"爷爷孙子"角色相互担当，在目前机械化尚不足的情况下，畜牧业为农林提供机械动力，提供肥料，而农林为畜牧提供饲料，因此他们相互需要，这就是平衡。在畜牧业中养猪放在首位，养猪能够解决人们吃肉问题，而且能够为田地提供饲料，"一亩田一头猪"应该提倡发展。因此，当年毛泽东的经济思想是比较注重经济之间相互关联，这种相互匹配在今日很有价值，可以称之为循环经济。农民在自家发展家庭经济，循环利用，自给自足为什么不好呢？后来，有人写信给毛泽东，陈述公社食堂的弊端，有食堂，家家就不能养猪了。毛泽东肯定了这种建议，这是百姓的心声，这也促使他转变了对公社食堂的看法。合作社在牲畜的使用期间也使许多牲畜死去了，牲畜的饲养是需要精心照料的，是否交给个人饲养照看更好些呢？如今郑州荥阳广武养猪者合作社所开办的寄养小区也存在照料不到的问题，没法统一雇喂养员喂猪，养猪是要用心的，要用感情的，要知道哪头猪没吃饱，喜欢吃什么，统一喂养解决不了这个问题。

合作社的发展一直在实践，从1958年人民公社建立起来后3年一直没有条例，只有些规定。发展初始有效果，尊重农民的单干，可以不加入，对他们一视同仁。看互助社效果不错，就大范围地增加指标，"摊派"数量，党员任务就是抓合作社建设。后来看出些问题，控制数量，积极整顿，重在质量，各地认真规划。1958年把这么多的合作社统一起来，设人民公社和生产大队、生产小队形式，把合作社固定下来。这个时候，不知单干农户还有没有地位，他们的生存空间在哪里（或许那个时候，单干农民也有自己的生存空间，待议）。这个时候，是否农业的生产空间都被合作社占有，民间的不合作意愿没有一点保留的空间呢？这就是值得问的问题。将生产组织行政化之后，政府对经济容易管理，这是事实。而且政府通过这个合作社网络化的组织，进行了农田水利的整治，防虫防害，推动扫盲教育，提升农民的健康水平，这都是有利的做法。毛泽东承认人民公社内还有商品交换，对于"共产风"的调拨的物品还要追回。他一直在教育党员干部，走入民间，下去看看，走群众路线，要实事求是。当年的合作化运动一直在这种"出现问题，然后解决"，不断地教育党员干部的做法中前进。承认缺点，寻求对策，不要抱残守缺，当今所进行的农民专业合作社建设也是如此，分析问题，寻求解决。当年毛泽东对于早期合作社的质量要求，是去解决一个乡中的一两个合作社的关键问题，然后其他合作社的问题仿照解决，这样合作社的普遍问题都解决了。这对如今农民专业合作社的问题解决一样具有启示意义。

【附6】 地域品牌——由金华火腿说起

在从杭州回来的那天晚上，在学习室与史中美的同学聊天，她是金华浦江人，紧靠义乌，对义乌国际小商品城和金华火腿比较了解，我从她那里了解到许多情况，又查找一些金华火腿的资料，对金华火腿有所认知。

金华火腿千百年传承下来，形成地方特色。计划经济时期，这一品牌已有注册，从属于金华当地食品公司，之后食品公司变更隶属关系，"金华火腿"被浙江省食品公司所有。金华地方使用"金华火腿"品牌，需要向省食品公司支付使用费用，买下省食品公司包装，否则会侵权。为此，许多金华市火腿加工企业与省食品公司官司不断，省食品公司告他们侵权。

金华市政府最近两年注册了地理标志商标"金华市金华火腿"，交由火腿协会管理使用。在此之前，许多企业使用"金华火腿"只能通过省食品公司的"金华火腿"的使用权授予，现今金华火腿加工厂通过协会也可以使用"金华市金华火腿"的地理标志商标。这改变了以前单一依靠省食品公司的"金华火腿"品牌的局面。

省食品公司通过商标权授予使用，来收取费用。省食品公司拥有"金华火腿"的所有权，又积极地申请了"中国名牌"认证。地方整个行业的发展与省食品公司有所冲突，金华地方认为省食品公司靠出售商标使用权盈利，未能有效监督。

但地方火腿协会能否形成有效监督呢？在此以前，金华火腿散乱生产，作坊式加工比较普遍，火腿反季节收购，为保鲜而使用敌敌畏，曾被中央电视台报道，影响了整个行业的发展。政府部门进行查处，销毁大量火腿，许多作坊厂家被关闭。如今金华火腿有 100 多家，分布在金华不同地方，各个厂家都是自己生产，有自己的商标品牌。即使有金华火腿的字样，也是在金华火腿前加上自己品牌，如江南村金华火腿、老汤金华火腿等。协会能否对这些企业的产品质量进行有效的监督呢？协会所授予的"金华市金华火腿"能否对企业产生影响呢？

企业拥有品牌的例子还有陕西白水的"白水"苹果商标，为陕西昌盛公司所拥有，该公司也生产包装，出售包装。黑龙江"五常大米"地理标志商标虽为协会拥有，但其也是靠出售包装，对包装内的产品是什么不重视。浙江临海的"涌泉柑橘"地理标志商标虽为协会管理，各个合作社可以在"涌泉柑橘"之下有自己的二级商标，但不知道协会对于柑橘的质量监管如何。

如今，企业壮大，产业发展，单个企业无法应对需求市场，如此情况下，许多企业都涌现出来。许多品牌有些散乱，这需要统一建立一个品牌，但要使品牌不被滥用，需要对品牌进行保护，使其获得地理标志商标。但地理标志商标的监管使用也是一个问题。地理标志商标交给企业运作管理不合适，但由协会进行管理，还需要看协会能否发挥作用，否则也会造成地理标志商标的滥用。

一个地方的产业发展，需要宣传当地，使当地的名声不被滥用，这也是地理标志商标设立的出发点。设立地理标志商标最终还是出于产业的发展考虑，政府加强监管，通过协会的自律作用，掌握本地区的生产状况，防范伪劣产品的上市。设立具体的地理标志商标是利用产品质量监管的一个做法，最终的问题解决还需要政府有所作为和协会的充分自律。地理标志商标是地方的品牌，地方政府要能维护好这种品牌，使该公共资源不被滥用，协会发挥作用，以身作则，发扬民主，坚持"谁使用谁负责"的做法，明确地理标志商标负责人。原产地认证需要制度和原则。

后　记

　　《中华人民共和国农民专业合作社法》于 2007 年 7 月 1 日开始实施，到如今，已有 16 年历史，2017 年《中华人民共和国农民专业合作社法》得以修改，有较多变化。合作社思想来源于欧文，具体制度起源于英国罗旭戴尔先锋社，国共两党早期在合作社原则的中国实践上都做了探索，如今中国共产党更是肩负历史使命，在社会主义道路上更深一步地寻求合作社的意义所在。

　　笔者在西北农林科技大学读博士期间，借导师王征兵教授的"阎良甜瓜专业合作社规划与建设"课题项目，有幸于 2008 年、2009 年辅导陕西省西安市阎良区科农瓜菜专业合作社两年，并借陕西省委组织部"百名博士挂职服务基层"项目，兼任阎良区农林局局长助理，对当地农民专业合作社进行调查，记录，形成调研日志，最终整理集成本书。本书记录着笔者对农民专业合作社的调查与思索，其中涉及当地的甜瓜、蔬菜、养殖等农业产业，就合作社而言，不仅限于科农瓜菜专业合作社，还涉及阎良区其他专业合作社。同时笔者也去了陕西之外的河南、重庆、山东、浙江等地考察，这些都展现于本书中。

　　对阎良区科农瓜菜专业合作社辅导的开展，一开始我感到十分迷茫，通过与导师王征兵教授交流，前期我从图书和网络搜集大量有关阎良甜瓜产业和农业合作经济组织发展的资料，之后到阎良，定期做出工作计划和报告，这样两年时间很快就过去了，如此积累下来，就形成了详细的记录资料。这种对合作社辅导的模式是我们在当时全国没有特定的辅导方式情况下的尝试。这种尝试也形成我们自己辅导农民专业合作社的风格与特征。如今借这些材料的公开发行，期望对《中华人民共和国农民专业合作社法》修改之后新一阶段的合作社辅导有所帮助。

　　就我们所辅导的科农瓜菜专业合作社来讲，它的发展非常迅速，从 2008 年成立时由几户农户简单组合，到如今拥有 2 000 多名成员，合作社资产 1 900 多万元，合作社甜瓜面积从成立之初的 20 亩发展到 2020 年的 5 100 亩，社员人均收入从 2008 年的 5 000 元提升到 2020 年的 25 153 元，甜瓜亩收入高达 2.6 万元，收入高出周边瓜农 40%。

科农瓜菜专业合作社的发展是多方面因素推动的结果，包括当地阎良区政府对当地农业的大力推动。阎良区作为西北地区的蔬菜和瓜果基地，当年其土地种植蔬菜有 5 万亩，种植甜瓜有 5 万亩，当地政府对每个农业大棚骨架补贴两千元，补贴力度已经不小。当年的阎良区农林局权利军局长，如今早已是阎良区人大常务委员会主任。笔者有幸当年在辅导科农瓜菜专业合作社的同时，参与了陕西省委组织部的"百名博士挂职服务基层"活动，当时十分荣幸担任阎良区农林局局长助理。这种挂职安排也有力地形成了我对阎良农业的总体认识和对阎良区农民专业合作社发展状况的总体把握。

围绕阎良的蔬菜和甜瓜两项产业，西北农林科技大学在阎良区关山镇设立了甜瓜试验示范站，在阎良区武屯镇设立了蔬菜试验示范站，共两个农业示范站，在这里综合展开甜瓜蔬菜育种、种植、土壤配方、节水等农业方面的试验。这里是西北农林科技大学的"高校＋地方政府＋专家大院＋农户"模式的试验平台，是西北农林科技大学建设世界先进的一流农业大学的展现窗口。在来到当地参观的人群中，有中央、省市及当地政府各级领导，有世界很多国家的农业机构人员，有高校及其他教育领域的教师们，有其他各地前来参观学习的农民，当然也有西北农林科技大学本校的师生。这里也是西农教学实践环节的一部分，这样的试验站是西农合并陕西省农科院，在省农科院专家大院基础上进一步扩展而成的，因此具有西农自身特色。在这些试验站常见有校车载着西农学子们前来田间地头上课，因此试验站也是本科生的课堂，硕士生和博士生的试验场。在国家大力推行农民专业合作社的同时，西北农林科技大学科技推广处支持王征兵导师的合作社辅导项目在这里展开，科农瓜菜专业合作社在其中受益最大。

除当地政府和西北农林科技大学支持之外，科农瓜菜专业合作社的发展还得益于阎良区是全国主要甜瓜生产基地，当地日照充分，早晚温差大，使得阎良甜瓜甜度高。当地农民采用两膜覆盖的种植方式，如今又采用温室种植，使阎良甜瓜于 4 月初就可以上市，正赶上 4—5 月北方水果供应不足的大好时机，因此能够卖上好价钱，农民能有较高的收入。但随着市场发展，当地也存在技术水平参差不齐、青瓜上市等突出问题。科农瓜菜专业合作社自身也存在管理不民主、家族主导等典型问题，当年的这些调研记录，就能很好地展示农民专业合作社运营的实际情况、存在的困难、合作社与当地产业发展之间的联系，以及合作社与政府、高校之间的关系等一些内容，虽时隔10多年，但这种回顾与总结想必对其他农民专业合作社进一步健康发展还能有所启示。

科农瓜菜专业合作社张小平理事长于2018年6月因癌离世，年仅53岁，英年早逝，实为可惜。科农瓜菜专业合作社也由其子张行接手运营，使合作社事业后继有人，同时对合作社原则及制度本身是不是一种挑战，我们只能在以后持续对科农这一合作社进行观察。科农从2008年成立至今，已有15年，历经曲折，委实不易，据原关山镇书记刘志强所说，科农尽管有种种问题，但在当今的合作社中也算是最接近合作社法和合作社原则的一个。

通过本书笔者对10多年前调查和辅导农民专业合作社的回顾，从其中对相关产业和政府机构运行机制的描述，我们可以同时看到如今农民专业合作社相关联的产业和扶持机制运行的不足。当时《中华人民共和国农民专业合作社法》刚刚出台，国家鼓励大力发展农民专业合作社，阎良区农林部门当时也持有"先发展后规范"观点，在数量上先发展起合作社，之后逐渐规范，当时阎良区就是陕西省农民专业合作社示范区。

同时农业部也于2010年出台了《农民专业合作社示范社创建标准（试行）》，2017年农业部又联合其他部门出台了《国家农民专业合作社示范社评定及监测暂行办法》，各省市也推出农民专业合作社示范社标准，2019年中央农办又联合农业农村部等部门出台了《开展农民专业合作社空壳社专项清理工作方案》，加上2017年《中华人民共和国农民专业合作社法》的修改，农民专业合作社发展日益成熟完善。本书内容成于2008年、2009年，当年对农民专业合作社帮扶、辅导也未有详细的经验，各地都在尝试去做，中央部门没有相关文件可以作为指导。毛主席时代曾大规模推行辅导合作社发展，但时过境迁，年代久远，现今市场经济下建立的合作社又不同于新中国成立初政治意味浓厚的合作社。

在王征兵老师指导下，我对阎良区科农瓜菜专业合作社尝试辅导、帮扶。我们的自我探索立于陕西本土对合作社辅导的经验。之后2011年，农业部出台《农民专业合作社辅导员工作规程》，使农民专业合作社辅导工作有法可依，更加专业和精细。2017年新修订的《中华人民共和国农民专业合作社法》第十条规定："国家通过财政支持、税收优惠和金融、科技、人才的扶持以及产业政策引导等措施，促进农民专业合作社的发展。国家鼓励和支持公民、法人和其他组织为农民专业合作社提供帮助和服务。对发展农民专业合作社事业做出突出贡献的单位和个人，按照国家有关规定予以表彰和奖励。"此把帮助和服务农民专业合作社进一步写进了法律。我和王征兵导师当年对阎良区农民专业合作社辅导和帮扶的探索，结合当前党中央大力推进精准扶贫和乡村振兴战略，本书中计划、报告的辅导方法，仍可为今所用。

这里笔者感谢导师王征兵从当年至今一直以来的指导和帮助，本书序言正是导师王征兵教授所作。感谢当年陕西省委组织部"百名博士下基层"所给机会，感谢西北农林科技大学甜瓜站杜军志、司立征、常宗堂、朱绪让、牛玉武等老师在甜瓜站给予帮助，感谢阎良区科农瓜菜专业合作社冯朝阳、李长久等以及阎良其他相关合作社冯晓红、冯建堂、孙克民、王春弟等人的帮助，感谢临潼石榴协会柏永耀、岳建峰、赵盈盈等人的接待，2021年十一期间我在北京也对柏永耀会长进行再访，进一步了解临潼石榴产业和合作社发展现今状况。感谢郑州农业局原局长陈书栋以及荥阳市广武镇养猪、石榴种植等相关合作社苏新民、赵人民等人的接待。感谢当年挂职过程中，陈平社、李新霞、毛宗学、张涌、舒元华、谢娜、王宽让、仵江、权利军、许建武、邢崇军、杨保明、陈良龙、刘清明、张学政、畅凯旋、王飞、姚建华、刘志强、贺睿宇等人提供帮助，如今在他们当中，有些已退休，有些已升迁或调离至其他岗位。

在读博士期间，借教育部博士生访学交流项目，我先后访学了浙江大学和中国农业大学，感谢浙江大学黄祖辉老师之指导，感谢徐旭初、郭红东等老师，感谢浙江大学扶玉枝、邵科、梁巧、史中美以及鲁汶大学赵黎等同学的建议与帮助，感谢中国农业大学访学导师冯开文老师之指导，感谢中国农业大学经济管理学院时任院长王秀清、副院长郭沛、师兄袁庆禄对我们访学博士生给以细致关怀。感谢扬州大学孙亚范老师、中国农业科学院夏英老师在2009中国科协重庆年会上提供宝贵建议。同时感谢同学陈令军、毛飞、汲剑磊、刘宇翔、付青叶、万生新等人提供帮助和建议。

博士毕业后，我在河南师范大学政治与公共管理学院工作至今已经十二载，感谢学院现今及曾经领导同事李洪河、韩万渠、王鹤亭、陈四海、程秀波、张小敏、赵凤英、赵海山、张云昊、李韶星、徐晓攀等人在本书出版过程中给予的关心与帮助。同时感谢好友邢台学院吴明君老师为本书题写书名。

最后感谢我的父母和家人对我的支持，大女儿喜乐将近5岁，在上幼儿园中班，小女儿以勒仅9个月，养育她们俩是我们夫妻二人平日里最大乐事，本书出版也算是给予她们俩的一份礼物，以此鞭策自己，在研究合作社道路上继续铿锵前行。

仵希亮

2023年3月于新乡牧野